落筆驚風雨

我的一生與國民黨的點滴

周德偉 著

（一）

我的一生與國民黨的點滴　　李德嫡老人手于美國

加州 1978.

序言

孔子臨淵而嘆曰：「逝者如斯夫，不含晝夜。」今年已七十七歲。皂女學均以

弱冠，向未想到不含晝夜的沙到七十七歲。國伯卯以養

不知知之往事為慨，藝藝隨歡享祥身欲讚其國于手自傳，供他人的觀

摩。最初，國欲心個傳揭西方名人的風技，内容不過量記

孫劒又、歐橫人茱郁之紫觀事家、即僑信的諉個挂自唱呈

也、中國文化學士之修養，不自炫以鳴高，不藏美以為德。

如是，人心方楚敦享，教化方昭純美。我又以為：最好的回

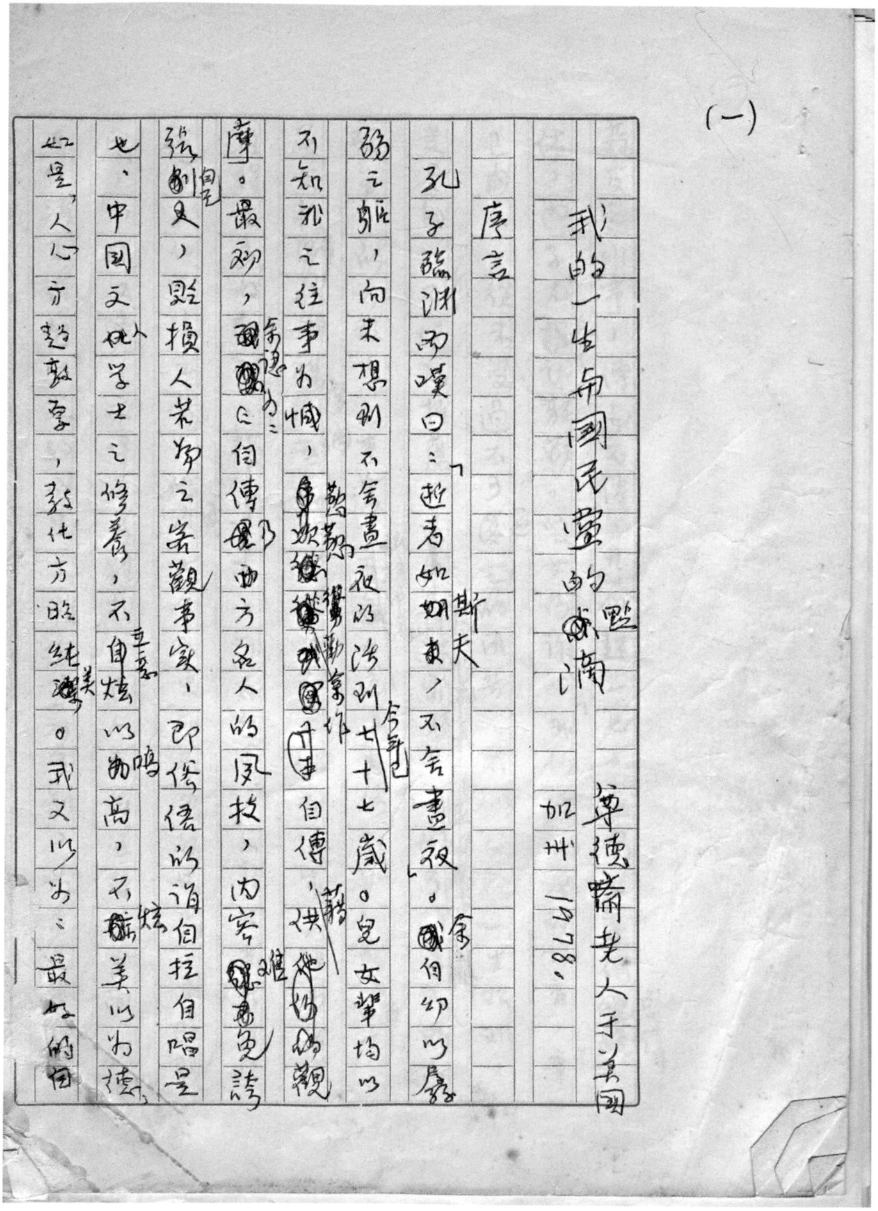

回憶錄手稿，序言局部。

傳，莫如自己所制作，我既刊行數百萬言的著述，看以對...之著...

見於世，是非得失由後人鑒定，何必贅...

○聖如文王周公孔子，以及後代無數名賢碩彥，一言以辨...

照耀古今。我雖菲薄，亦嘗讀書求學問，友國屬，但是之莊莊宇宙，及日...

益世教也務，從未寫過自傳，身鳴得意，卒之剎那萬文，...

造不已之文化中，真是渺小不足道，古往今來千萬人...

題畧為之知識多多，文明發展之水準高，則個人手...

知識畧少。我之有待於人者與人之有待於我者，不若甚...

之別，專理乃天下之公。莊生云：計人之所知，不若其...

不知。知個人之微末知識及之逼，自後人視之，已成芻矣

（果執所而喜也，豈不使獨立。而安心，我不自殺，人而將殺之）

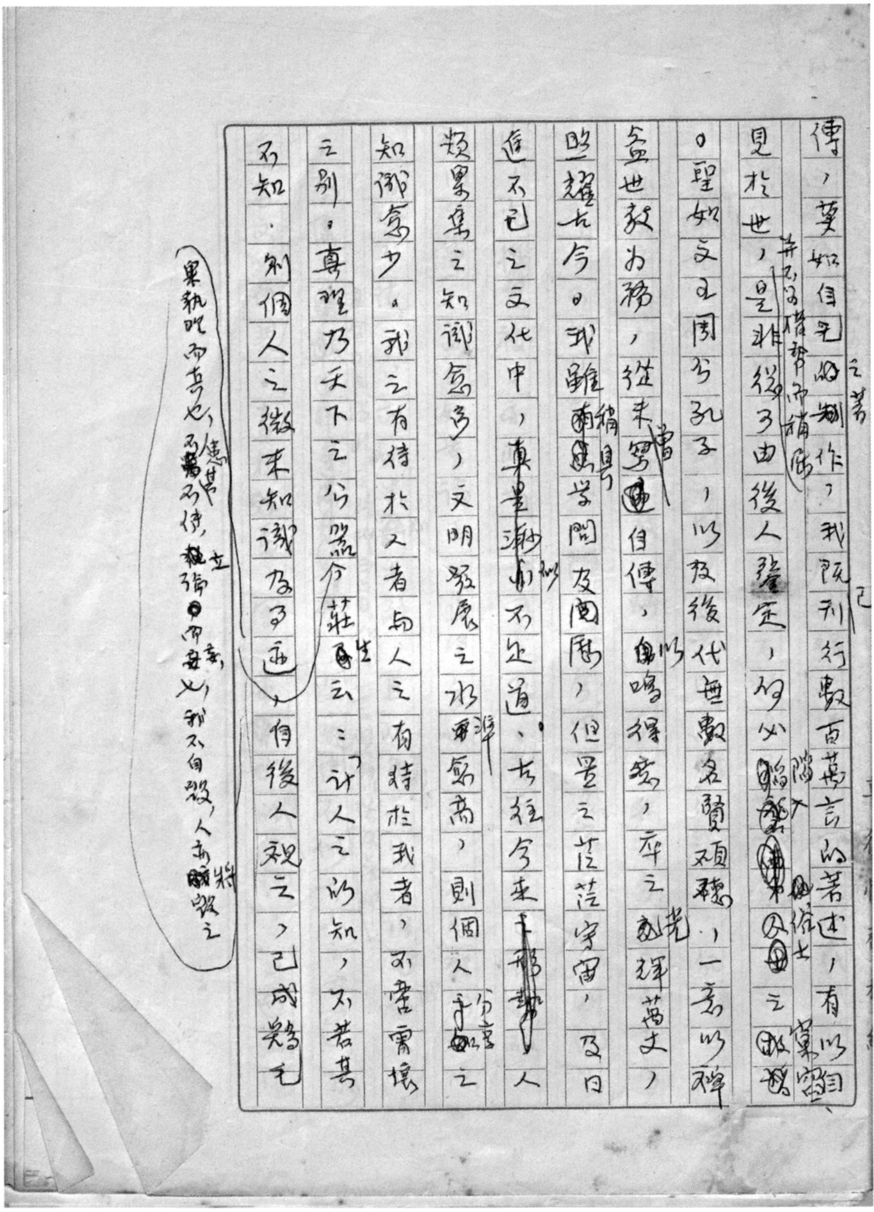

回憶錄手稿，序言局部。

晚年的娛樂為下圍棋，圖為周氏與夫人奕於家中。

約一九七〇年代前期，客廳，夫人懷抱為孫女。

周夫人攝於周氏七十壽辰，客廳一角。
（現為紫藤廬大廳）

周德偉先生七十歲生日暨夫人攝於客廳，背後十二條屏書法，好友賀其燊書法寫出「周子若的微言與大義」。

周氏一九七六年與夫人、長男周弘、張靄鑾夫婦、次女周芷與 Thomas Broker 夫婦、長孫、次孫合影於美國。

周氏夫婦與周渝、孫兒（周辰之子）攝於南加州。

晚年攝於美國南加州 Tustin 家中，約一九八〇年。

晚年攝於美國。

感謝

周弘 先生

張靄鍙 女士

周辰 先生

周芷 女士

Dr. Thomas Broker

馬士敏 先生

馬萍玲 女士

贊助此書的出版

目次

編輯說明

本書係根據周德偉先生留下的手稿整理而成，老先生原定的書名是《我的一生與國民黨的點滴》。在戒嚴時代如此落筆憶往，不僅絕無出版之可能，就連形諸文字也有可能招來殺身之禍、牢獄之災，是故所謂「我的一生」，實則只寫了半生，終因老病而力有未逮。出於對老先生的尊重，並示不忘當年，仍將原定的書名保留在副題。

文中多處提及將某文收入附錄，應係當時老先生心中的規劃，並不見於留存的手稿中，甚且無從查證追索。本書編輯之原則無他，力求存眞而已，盡量做到雖一字不敢易，「見附錄」之字樣有名而無實，但可見老先生心跡，故仍然保留。所能找到的若干附錄篇章，包括顧孟餘先生在《前進》雜誌上的文章，日後將刊於紫藤廬的網站。原稿字跡難辨，老先生書寫時手中資料有限，記憶錯漏在所難免。如今事隔多年，老成凋零，查問無著，編輯力有未逮，尚祈海內外方家不吝指正。

此書所述多有不爲人知的內幕，是非常寶貴的民國史材料。出現在書中之人名極夥，爲了方便讀者查閱使用，又不增加書籍篇幅，將於此書出版之後兩個月內，將人名索引公佈於網路上。有此需求的讀者可至「遠流博識網」或「紫藤廬」的網站進行下載。此外，老先生的自序寫於一九七八年，第二十章是一九八三年續寫，在此也一併說明。

序一
紫藤廬與周德偉先生

尉天驄

紫藤廬是台北市的一間文人茶座，座落在新生南路和和平東路之間，對面是台灣大學，背後是台大教授宿舍。五十多年前，新生南路中間還有一條小溪瑠公圳通過，四處佈滿稻田。這間紫藤廬在日據時期原是一家官員住宅，一九四九年以後，國府遷台，就被分配爲周德偉先生的宿舍。周先生退休、過世之後，就由他的兒子周渝開放成爲一些文人聊天的地方，因爲院子裡有幾棵大藤樹，花開時一串一串的花穗繁盛地垂下來，大家就把它名之爲紫藤廬。

紫藤廬是一座二樓建築，樓下客廳有一座壁爐，雖然台灣天熱不常使用，但它上面所掛的一幅對聯卻很有力量地把人吸引過去。對聯是周先生自己編撰的，粗大的隸書是湖南耆舊趙恆惕寫的，上下兩聯分別是：

豈有文章覺天下
忍將功業苦蒼生

這兩句話雖然沒有明白地指出確實的意旨，卻讓人立即體會出其中所宣示的卓立獨行、不自作權威的精神。我生也晚，沒有趕上認識周德偉先生，但一想到他，就立即有一幅活生生的形像出現眼前。這形像就是由這幅對聯引起的。有一次，有幾位由大陸來的朋友來紫藤廬喝茶，一面聊天，一面望著這幅對聯思惟聯中的意思，我就李逵式地說：上一聯是勸胡適之一類傲然以學者自居的人，下一聯是罵蔣介石。上一聯勸胡適不要自傲以爲可以文章救世，後一聯是罵蔣介石一類的政治人物，諷勸他們不要以民族救星自居禍害了蒼生百姓。我的解釋當然只是自己一時的隨興而作，但卻自認爲多多少少體認了周老自由主義者的胸襟。

台北有很多文人聚會的茶館和咖啡座，但一提到紫藤廬就會讓人把它與自由主義聯想在一起，其所以如此，是與周老先生脫不了關係的。

所謂自由主義，這是五四以後流行於中國知識界的名詞。西方社會進入近代以後，有一批知識份子產生出來，他們要求人的尊嚴和自由，反對不合理的統治和壓迫，對於原有的權威和統治常保持批判的態度，把人的作爲置於政治和勢利之上。近代世界文明的所以有著很大的進程，這種精神所發揮出來的力量是不可磨滅的，然而在民國以來的權威統治之下，這一精神與作爲也就經常受到摧殘。尤其在一九四九年以後，夾在強力的政黨之間的中國大陸和台灣，所謂自由主義者就日益消沉起來。

一九四九年以後，台灣的自由主義者大約有兩種類型，一種認爲中國的權威統治者常借重傳統的道德、習俗壯大自己的力量，消滅民眾的懷疑和反抗力量，所以受到五四徹底反傳統的影響，也激烈的輕視宗教和道德，發展到極度便成絕對的個人主義者。這樣的放任就很輕易地會使人走上虛無主義。又由於一些人把傳統與中國舊社會聯想在一起，於是一些自由主義者便不約而同地成為西化派。這在當時台灣必須依賴美國的保護的現實互相結合起來，便不可避免地使得當時的教育、文化產生「類殖民地」的現象。「來來來，來台大，去去去，去美國」之在當時成為流行的口號，就是如此產生出來的，因此，方東美教授在一場演講才說：台灣的教育根本是殖民地教育，台灣的經濟根本是殖民地經濟。

而與此相對的便是一批被稱為保守的自由主義者。他們堅持自由主義的精神，但更注重道德，而且認為宗教和傳統依然有它們存在的價值。沒有這些作基礎，所謂自由和人權便會流於空談。

在這樣的人物之中，周德偉先生是最重要的一位。他的基本認識，就是所謂自由主義的精神，實際上就是中國儒家幾千年來傳承下來的「士君子」精神。

周先生生於一九〇二年，是湖南人。他出身於北京大學，又多年任教於湖南大學，常稱湖南大學是世界上歷史最古老的大學開創地。在別人聽來，也許會認為那只是一句戲言，其實其中卻含有深厚的鄉土意義。這就涉及到中國的學術傳統。這裡所謂的鄉土，實際上就是一種扎根深厚的文化傳統。湖南這個地方，在先秦以前，雖被中原人士視為蠻荒之地，但他所孕發的文化力量卻是在中國歷史上佔有極重的地位。國學大師錢基博先生，曾有專著談到湘學，他認為湘學有兩大潮流影響後世，一是屈原傳下來的為堅定信仰而散發出來的浪漫精神，一是由宋代大儒周敦頤所開創的追尋人生價值的理學基礎。這些混合起來在南宋以後，便漸漸開拓、擴大為「尊德性，道問學」的思想和學術傳統。宋朝在南遷以後，在南方維繫了將近一五二年，這一百多年的時間，在文化上也有很多建樹。回顧當時，就連中原人士也有很多學者鑑於國家的破敗，有一大批人就遷居湖南一帶，從這破敗中反省國家民族、乃至個人的問題。當時在新的首都臨安（杭州）聚集的大多在現實政治上付出關心，而在其他各地的則在文化上作著反省。朱熹、陸象山在閩浙一帶講學，胡宏等人則在湖南講學。這就是中國歷史上湘學弘大的時代。

湘學的一開始注重「春秋」之學。他們認爲春秋所講的三世——據亂世、昇平世、太平世，正是當時的寫照。國家亡了，流離失所，這當然是亂世，但南宋到了孝宗以後，已經稍稍安定，社會恢復了秩序，可以稱之昇平世。但一到昇平之世，也會有它的危機存在，「山外青山樓外樓，西湖歌舞幾時休？暖風薰得遊人醉，直把杭州做汴州」，如把握不住，也可能孕發腐爛的現象。能不能走向太平世，眞是一大文化的問題。所以湘學三世之論實在是憂患之學。這與後世出現王船山、曾國藩等，都是有其傳統存在的。南宋是中國書院興盛的時代，嶽麓書院就是湖南最古老的書院，也是後來湖南大學的前身。周德偉先生把自己書房命名爲「尊德性齋」，拳拳服膺於中庸中「尊德性，道問學」的傳統，的確是有著莊嚴意義的。我們想到他在民國初年的紛紛擾擾，和一九四九年以後淪落台灣的沉痛，就知道他的心情也是與湘學的春秋三世的傳統一脈相承的，更何況他們周家這一支脈又是從周敦頤這一傳統下來的。所以，在他成長的年代，深厚的中國文化基礎，實在讓他難以接受粗暴淺的徹底反傳統的行爲。

談到湖南，就不能不談中國近代史上的湘軍。這一問題，在中國史學界好像已有定論，事實上至今混淆不清。湘軍和太平軍之爭，由於涉及到滿漢之間的糾纏，於是國共兩黨的史學家便有很多人把曾國藩、左宗棠一批人視爲保皇黨的漢奸人物，又由於兩黨抄襲左派的階級史觀，就把湘軍和太平軍之爭當成地主階級和無產階級的鬥爭；把太平天國當成最重要的農民革命。實則，中國歷史上的農民革命，實際上多是由遊民階級引發出來，《水滸》故事實際就是出自這樣的背景。這些人以暴力的手段，只能產生破壞作用，而無助於建設，它們引發窮苦民眾的反抗情緒，實際上只是徹底破壞了農業社會的秩序，就此而言，面對太平軍的大破壞，湘軍之起也是農民運動的一種自我救助。說得明白些，這也才是一次農民革命。於是由這運動的完成，才有晚清的洋務運動、近代化運動；招商局、同文館、漢冶萍公司的成立，留學生的派遣，不都是由此而衍發開來的嗎？毛澤東的〈湖南農民考察報告〉繼承的是水滸的梁山作風和太平天國的大破壞作風，在根本上，徹徹底底地是虛無主義。其所以讓國家未能很快走上正途，其原因實在值得反省。

大概即因爲如此，周德偉先生不反對革命，但反對把革命當成解決一切事務的手段。周老在北京大學讀書的時代，正是高舉革命的時代，他不喜歡《新青年》雜誌，即由於他們的建設先以打倒它不贊成的事物爲先提，而「革命」之同時又緊跟著要推動自以爲是的「主義」爲唯一要務。（周先生不贊成自由主義這個名稱，原因在於它有「主義」二字，但也不能不從俗。）這一推動是「強制」的，不容反對的，於是「主義」就成了「革命」與「反革命」判斷的標準。這樣以來，由革命、主義、政黨組成的結合體，不管名稱爲何，無一不成爲壓制人民的專制。就國民黨而言，不信仰三民主義有罪，語言文字不合乎三民主義者有罪；就共產黨而言，不信仰共產主義者有罪，語言文字不合乎共產主義者有罪。如此以來，一部憲法就是一部壓制人民的機器。所以，周老所體認出來的自由主義（在這裡「主義」是指一種精神）的根本就是不要任何主義。在這方面他非常認同奧地利的思想家海耶克的主張。他到歐洲留學最大的收穫，便是受到海耶克的薰陶。海耶克的《到（通往）奴役之路》就是經由周德偉先生而推介給國人的。

也因爲如此，他對於民國以來各政黨要走的「軍政—訓政—憲政」道路是不贊成的。由軍政走向訓政，其實是藉著原有的控制力量，經由教育、宣傳向人民作灌輸、洗腦的工作，於是軍事強人同時又成爲思想領導、民族救星。這樣的訓政而發展出來的「憲政」，便仍然成爲另一形式的專政。而更讓人擔心的，在國家機器和利益權勢的操控下，很多知識份子也隨之產生質變。周德偉先生晚年曾寫了一部未完成的回憶錄，我因與他的公子周渝是多年好友，有幸讀到他的手稿，在其間便不時地見到他對一些當代學者的失望。他們向學生們講說著自由人權等動人的學說，一碰到利益便又變成另一形式的保皇黨，甚至在標榜「民主」、「自由」的刊物上公然主張開明專制。專制能產生開明嗎？想起來眞正令人啼笑皆非。

因此，熟讀西文典籍的周德偉先生，不但在政治上反對集權主義（他名之爲全體主義），而且在文化、思想上也反對威權主義。他在翻譯海耶克的《自由的憲章》時，在序言中即批評西方近代思想說：

> 唯理主義（即一人般所說的理性主義——驄註）的思想創造了法國大革命，唯物主義的思想創造了蘇聯的共產主義，及本世紀二十年代前風靡歐洲的社會主義。兩派的出發點雖

異，一尊純粹理性，一重物質，但同樣為全體主義的極權政治鋪路，導致史無前例的悲劇。

他更從西方極端個人主義的氾濫，在資本主義社會引發普遍的道德敗壞與倫理淪喪，而覺得非恢復中國儒家傳統的道德哲學不可。這一點，不但得到海耶克的認同，也讓海耶克的自由主義思想得到了補充。一般人都稱周德偉先生所服膺的自由主義爲保守的自由主義，其實這「保守」二字更有穩固的意義存在。他認爲激進主義雖然一時引發了人們的狂熱，但帶來的卻是難以預測的災害。

周先生已經過去很多年了，讀著他這本未完成的回憶錄，不但讓人見到民國史爲人不知的一面，也讓人在思想上得到了深刻的啓發。我們眞希望他曾經住過的這座紫藤廬，能夠一直延續下去，成爲人們沉思、反省的地方。

尉天驄，作家，文學評論家，曾任《筆匯》月刊、《文學季刊》、《文季》、《中國論壇》主編。民國四十五年考上政大中文系，之後擔任助教、教授到退休，並獲頒名譽教授。一九七〇年代提倡寫實文學，引發鄉土文學論戰。著作包括小說集《到梵林敦去的人》、《鄉土文學討論集》（編著）；散文集《天窗集》、《眾神》、《棗與石榴》、《歲月》等。

序二

一個儒家自由主義者

邵建

（一）

周德偉這個名字，我接觸很晚；但一經接觸卻深抱敬意。這是一位逝去的儒家自由主義者，應該是朱學勤先生較早在文章中涉及了他；但就朱文言，眞正吸引人的不是周本人，而是他那幅六十初度時的自撰對聯「豈有文章覺天下，忍將功業苦蒼生」。對聯讓我沉吟不已，人卻未曾多加留意。後來有當時在廈門大學讀研究所的林建剛君，傳我一文，是他撰寫的二十世紀思想傳播史之一：海耶克在中國的傳播歷程。這是一篇功夫文字，第一個提到的中國學人就是周德偉。初讀時漫不經心；但，很快眼睛爲之一亮，這位五四時代的青年，卻不喜歡《新青年》。一個人的眼睛總是看到自己想看到的東西。就我本人而言，我也屬於反感《新青年》以及新文化運動的一個，而且正在做這方面的事。如果我眼前出現一個五四時就免疫於《新青年》的學生，而且還是北大的，教我如何放過他。巧合的是，二〇〇九年五月，有過一次臺灣行。在台大附近的新生南路三段十六巷一號的紫藤廬茶舍，我拜訪了周德偉先生的故居，並見到了他的兒子周渝。蒙渝兄送我三本周德偉的書，隨即又見到一本厚厚的未經整理的手稿，字跡潦草難辨，那是周老先生晚年在美國撰寫的回憶錄。序言寫於一九七八年，也就是說，它沉埋在書篋裏已經三十來年了。我即建議渝兄整理出版，儘管知道那很煩難（當時他面有難色）。時過一年有半，二〇一〇年十二月下旬，接到臺北寄來的快件，裏面正是剛整理出來準備付梓的周氏自傳《我的一生與國民黨的點滴》。從家世寫起，一直到任教於湖南大學，這當然只是生平的一半。於是，連續若干天，除了上課，就是讀傳。

我們現在知道的周德偉（一九〇二——一九八六），只是這樣幾個基本情況：湘人，一九二〇年代在北大讀書，一九三〇年代留學於英國倫敦大學經濟政治學院，師從海耶克。一九三七年回國後在湖南大學經濟系任教授若干年，一九四二年又轉入中央大學。其後進入政府，長期擔任國民政府的關務署長。後半生在臺北度過，關注思想文化問題。晚年至逝世，僑居美國洛杉磯。這樣的線條當然很粗，他的自傳無疑可以豐富我們對這樣一個亦學亦政人物的理解。儘管自傳本身偏重於「政」，但，周德偉是典型的學以致政。觀其政不可不觀其學，觀其學則脈搏有二：一爲孔儒之學，二爲海耶克式的自由主義經濟學和政治學。於儒學和自由主義兩者間作交互闡釋，是周德偉晚年的學業；而以儒家治天下的抱負兼以自由主義的知識運作於職守，則是周德偉一生的「政業」。兩者結合，不難凸顯周德偉這樣一種中西兩致的「儒家自由主義」的形象。對此，〈紫藤廬及其它〉的作者陳明先生有過一種描述：「周德偉的意義就在這裏，作爲自由主義者，他溶匯進了傳統文化；作爲儒生，他接引進了自由主義思想。」

還是在蒙學時代，周德偉從其家傳，就接受了儒學的薰陶，打下了儒生的底子。該自傳從周族先世寫起，指出湖南周氏家族不下數十，大都尊宋代周敦頤爲始祖。自己家的先祖通叟公去世遺囑即爲：「余本北宋周濂溪之嫡裔也」。而後敘及自己的先君及先長兄，蓋在梳理周氏一脈耕讀傳家的士紳傳統。這裏必要敘錄周德偉的父親對他的期許與栽培，這關係周德偉的一生：「七歲中，鄉里共迎塾師，父聞余將就私塾，乃急歸，送余入學。繳學費外，拜師之日，須另送紅包贄敬。鄉里贄敬極微，自二百錢至五、六百錢不等。父曰：今日小兒開蒙，發軔之初，此大事，余所重視，望先生善教之。又曰：小兒已識得數百字，望勿從一般世俗書籍開始。……又曰：先從《論語》開始如何？俾高尚其志趣，余欲此兒終身爲儒生也。」讀傳至此，不禁想起〇九年拜訪紫藤廬時所見到的周德偉先生的大幅照片，它懸掛在茶舍進門的右壁。據渝兄告知，那是周德偉六十周歲的生日照，背景是上述自撰的聯句，傳主著一襲長衫恬立於聯句之前，笑容敷面，淳然一儒者。這是一幀內斂著傳統文化意味的寫照，無論人，還是後面的對聯。然而，一九六〇年代的大陸中國，具有這種文化意趣的照片，包括那襲長衫，想來早已杳如黃鶴。

不妨順著這一線索往下追，「我從六歲開蒙到十三歲的七年中，完全受的是舊式家塾教育」，非經即史，兼及子集，是儒家文化形塑了少年周德偉。有了這樣一個初步，一九一六年六月，父親帶著他去報考長沙府中學。時周德偉尚不滿十四歲，放榜時名列第二，入學後被編入德文班（英文乃以後自修）。一次，也是湖南人的章士釗應邀到校講演，內容是社會調和論。周德偉第一次聽講演，聽得眉飛色舞。由於他是低年級，坐在第一排，他的神情引起了校長注意，後來校長把他叫到校長室，問他能否聽懂。周德偉滔滔不絕把講演大致覆述，校長很高興，便叫校工去圖書室取來章士釗主編的全套《甲寅》給他看。這又是一次開蒙，從儒家教育中得到了治國平天下觀念的周德偉，又從《甲寅》上初步獲得了西方有關自由憲政的知識。一九六三年在紀念胡適的文章〈我與胡適之先生〉中，周德偉自陳：「自讀了《甲寅》之後，我得了人民保障自身權利的觀念，及白芝浩、戴雪著的制度及憲法上的主張，又得了人民授權政府的觀念及保障人民的出庭狀的辦法。」此刻，周德偉才是一個十幾歲的中學生，中西兩種文化不但在他的身上不打架，而且正是這兩種文化的初步「調和」決定了周德偉後來的一生（章講演時的「社會調和」周德偉認爲叫「協和」更合適）。可以看到，周氏其人一輩子的政業都出自儒家治國平天下的抱負，此一抱負不但賴以他所追隨的海耶克自由憲政之學說，而且周氏其人努力將它落實於自己的政業中。但，身爲國民黨員，周面對的始終是一個威權主義的黨國體制；另外，周身屬當年汪精衛、顧孟餘一系的國民黨改組派，因而與蔣介石甚對立。這樣的環境與際遇使周的抱負根本無從兌現。但，作爲一個被歷史陳埋了的人物，今天看來，至少在學術或思想的角度上，讓我們看到了傳統儒家與現代自由主義「調和」或「協和」的可能。

一九二〇年周德偉考上北大預科，進入北大前，據其自述，這樣三個人對他深有影響，他們第次是章士釗、嚴復和胡適。前兩位在西方法政學和社會學等學科上各有造詣，但他們向不反傳統，文章幾乎都是由文言構成。胡適比較複雜，新文化運動中有反傳統的一面，因其推廣白話文；但亦有不失傳統的一面。比如進入北大後，周德偉曾請胡適開列一份應讀書單，胡適從先秦諸子開始，一直開到滿清的王念孫、王引之。另外，胡適影響周德偉，也是他的那部《哲學史大綱》。一九一九年夏，周德偉的父親就胡著這樣指點他：「著者信當代英才，以西學方法整理國故」，並謂：「學術信無國界也，余獨不解西方學人之持論……，多與中國儒學通，今人之持論有時反不及古人。」此番言論，莫非是對當時流行的新文化運動而發？自周德偉發蒙至考入北大，他的身上從來沒有被種下過反傳統的基因；相反，影響他的，基本上都是致力於中西學術打通的人。這就不難理解後來五、六十年代周德偉論述海耶克時，經常援引傳統儒學以與海氏交互闡釋，這樣的題目就顯示了作者的態度：《西方的自由哲學與中國的聖學》、《西方的法治思想與中國的儒學》。不獨如此，有了傳統儒學的墊底——這正是新文化運動試圖推翻的對象——使他能夠在還是做學生的時代，便有能力抵禦當時風行的俄化西學。

受新文化運動裹挾，周德偉初進北大，正是那些要求進步的北大學子集體左轉的時代。周德偉開列了一份當時北大馬克思研究會的名單，「會員有鄧康（鄧中夏）、羅章龍、劉仁靜、李國暄、范鴻劼、張國燾、李梅羹、鐘繼璜、金家風及金妻毛女士。范鴻劼於民國十五年被張作霖絞殺，鐘繼璜病死，金家風後來加入國民黨，民國三十年加入汪僞政府，做了中委，其餘的人都做了共產黨的中委。」如果這份名單代表了五四那個時代青年潮流乃至主流的話，可以看到的是，周德偉恰恰是這個主流中的另類。自傳中，周德偉記載了當時他與湖南同鄉鄧中夏的一次衝突：民國十年秋，余已升入預科二年級，鄧康、羅章龍等邀余加入馬克思學說研究會，由李大釗教授主持，余思入會覘形勢亦未嘗不可。一日鄧康（中夏）來訪，請余每週赴長辛店教課一次，月酬三十元，旅費亦由學會擔任。余曰：「余讀書之不暇，何有時間教書？」鄧曰：「無階級意識乎？」余受儒書及心理學之影響甚深，乃曰：「余只知個人方有意識，階級乃一集體空名，不能衣，不能食，不能思考，何來意識？」鄧曰：「你不相信唯物辯證法乎？」余曰：「辯證法之名稱甚古，黑格爾之辯證法亦從心性入手，馬克思以物易心，其中問題甚多……。」……鄧曰：「既如此，你不夠格做馬克思學說研究會會員。」余曰：「既稱學會，應使人人有研究之自由，你輩爲此固執，我願退會。」……鄧康大怒曰：「你眞不配做會員，請你退會。」余曰：「我已言明退會，何待你請。」如此舌戰，周德偉遂與該會分道揚鑣，失去了以後也做中委的機會，更走上了與之截然相反的道路。事後，有同學告訴周德偉：李大釗曾責鄧康「操之過急，致使本會喪失一英俊青年」。然而，當初湖南老鄉拉周入會，正是「會員當中有人看上了我這個窮苦學生，料想我的階級意識濃厚」。此時的周德偉，階級意識所以不進其腦，蓋在於他的腦子裏已經先行佔據了傳統的儒家意識。他拒絕去長辛店做工人運動並教書，是用孔子的話來抵擋：「君子務本，本立而道生。我就是本，沒有我自己，一切也沒有了。」所以「我不曉得什麼階級意識，只曉得我自己的意識。我只曉得要讀書，讀不好書對不起我的父母，發展不了我自己的抱負。」這段事蹟，除自傳外，《我與胡適之先生》亦有記錄，可以相互參看。

一九二三年，周德偉由預科遞入北大本科讀經濟。所以選擇經濟學，是因爲北大教授陶孟和推薦他讀亞當．斯密的《原富》（即《國富論》）。「讀完《原富》，使我大爲吃驚，原來治國平天下之術，悉在於此。徹底懂得了衣食足、禮儀興的道理，徹底地懂得了民富而後國富的道理，並引起了幼年所愛好的治國平天下之道。因此乃決定進經濟系。」時北大教授顧孟餘講授經濟學原理，「上第一堂課時，就問：你們爲何要學經濟學？學生寂靜無聲。顧先生曰：經濟學不是教你們去發財的，不是教你們經營工商業或者從事銀行會計業務的，而是教你們如何經世濟民。習經濟須高瞻遠視，注意全盤人民各方面的經濟活動，加深瞭解，從而培養自己成爲社會的領導人才。此一學科，需輔助的知識甚多，牽涉到社會學、倫理學、法學、哲學、史學等知識，缺一不可。你們無如此等志願，或無力奠立鞏固的基礎，改習他科還來得及。」周德偉當然沒有改習他科，因為「此言正合我當時的抱負，亦符父親對我的期望。」入讀經濟系，乃為周德偉十年後負笈英倫、追隨海耶克埋下了伏筆。

從發蒙到北大，回望周德偉的成長來路，可以清晰看見傳統儒文化對他的滋養。這種滋養並非學問，而是一種自稚童始就開始塑造的精神人格。儒家「立德立功立言」之三不朽，首在立德。周德偉移居臺灣時，把自己的寓所命之為「尊德性齋」，並且文章寫完後，亦慣於文末注明何年何月寫於尊德性齋。雖然，周德偉曾經把「德性」解釋為「理性」，這種理性顯然一種倫理理性而非認知理性，它是周在幼年時便經由其父一手栽種。在儒家那裏，德是一種心性，從誠意正心修身始；也是一種擴展程式，到齊家治國平天下。周氏之父常以此為目標訓育其子，而周德偉也沒有讓父親失望：先立德，後立學，復以所學為立功立言之具。可以看到，從歐洲歸國後的周德偉，無論壯年從政（立功），還是晚年從學（立言），在知識上都不脫海氏自由主義之框架；一如其一生，於心志上亦未脫儒家「修齊治平」之軌轍。

一九三三年七月，周德偉取得鐵道部的公費名額，赴英國就讀倫敦大學經濟政治學院。一九三七年七月，抗戰爆發，因鐵道部要求返部服務，遂束裝回國。留學期間，英國三年，德國一年，學業上主要追隨海耶克。在海耶克的指導下，周德偉研讀英國經驗派的休謨與柏克，繼之以康德以後的德奧知識論。在經濟學上，研習新古典主義，包括維也納學派和北歐學派等。其時，海耶克的經濟思想與流行的凱恩斯主義正相反對，後者因其強調政府對經濟的干預，從而成為海耶克持續的批判對象。周德偉對此深為關注，且獲益甚多，他直陳：「余此後一生與唯物論之異，反對一切全體主義，即形成於留學時期」。這裏的「全體主義」就是「極權主義」，即指政府權力因掌控經濟從而掌控人類社會生活乃至日常生活的所有領域（此即「全體」）。可以說，年輕的周德偉因為遇上了海耶克，使得他有幸成為中國自由主義中最早反對極權主義的一位。筆者不免孤陋，但就我目前閱讀，在一九三〇年代抗戰爆發前這段時間，暫時還找不出第二位。相反，不但自由主義代表人物胡適此時尚未完全走出蘇俄集體經濟的迷思，至於中國知識界，更是在整體上傾向於拉斯基的費邊社會主義。

抗戰爆發後回國的周德偉，應湖南大學之邀，任經濟學教授兼系主任。他和朋友創辦了一份雜誌《中國之路》，傳播他在英倫習得的古典自由主義思想。然而，面臨那個時代整體向左轉的趨勢，周德偉的處境極為不利。《尊德性齋論著拾遺序》中，周德偉記錄了自己當年在湖大教書時發生的一幕：「余在倫敦既熟聞凱恩斯及奧國學派之爭議，斟酌實情，乃毅然採米塞斯及海耶克之論據，主張自由企業，反對當時流行之統制經濟，並駁斥唯物論及任何形態之計劃經濟，影響頗深，湖南大學經濟系學生，遂無左傾思想。」但，當時華北淪陷，北方各大學學生多來湖大借讀，思想龐雜，很不喜歡周德偉的論調。不但散發傳單，以相詆毀；因其不為所動，更直接書信威脅，聲稱「將以手槍相餉」。周的同事從旁觀察，獲知學生主動者的名單，給了周德偉。周按圖索名，招十餘學生到辦公室，曰：「吾已知君等之所為，無論君等承認與否，吾已作此認定。今日之事，非君等以手槍擊余，即君等退學。」並表示凡周某主講之地，不允許抱有特殊政治目的的黨徒大肆活動。那些左傾學生相顧失色，次日即全部退學。這件事周德偉沒有驚動學校當局，只在自己的辦公室以片刻談話擺平危機。

然而，這並非僅僅是學生問題，而是時代問題。周德偉的知識理路，照樣不得同事與社會之同情。古典自由主義既認爲早已過時，周德偉也就被譏諷爲保守落伍。迨至一九四〇年代初轉入中央大學，情況依舊，以致他無法在中大待下去。同樣，在國民參政會上，周德偉發現「高級層執政人員大談統制經濟、計劃經濟，在思想上確確實實受到了共產主義的玷污」，他用他的方式反駁，並駁倒了只待大會形式通過的糧食公賣及限價方案。不但得罪了朋友，引起嚴重誤會，還獲得了狂妄不聽指揮的頭銜。以至於下屆參政會競選，二百多名參政員都獲得了候選人的資格，只有他一人因不受指揮而排除在外。在左翼潮流氾濫的那個時代，周德偉聲稱自己是「孤軍奮鬥」。

以後進入政府，周德偉所秉持的古典自由主義那一套依然不時碰壁。如果沒有經濟自由主義的自覺意識，任何一個政府（包括蔣氏國民政府）無不想擴張自己手中的權力，無論政治還是經濟。一九四六年抗戰勝利後，國民黨中央常會據某方決議，決定徵收財產稅及強制收購黃金美元，並限定物價。這個方案正是一九四八年夏上海推行金元案的預案。周德偉聞之驚駭，乃著文給財政部長俞鴻鈞力陳不可，否則會招致大亂。俞鴻鈞將周德偉召到辦公室，告訴他這是中常會決議，非照辦不可。周回答：「德偉明知其不可，含默不言有違君子立身行己之道，部長一意執行，政治經濟後果嚴重，部長當負其責。」俞問其該當如何處理，周德偉建議將他的文章簽報行政院長，邀請專家研究。俞照辦，因而這個後來擾動上海灘的金元案被擱置兩年之久。但，兩年後該方案還是由蔣經國掛帥在上海全力推行，它直接成爲國民政府在大陸垮臺的最重要的經濟原因。時周德偉已奉命代表國民政府參加聯合國一個國際貿易代表團，赴歐美工作兩年。一九五四年，周德偉著文「發表十年來之金融外匯貿易政策，敘及此事時，俞鴻鈞先生尚健在，持文請益，相對噓唏。」周德偉雖然官至關務署長，但在國民黨的軍政體系內，畢竟還只是一個經濟方面的技術官僚。他的平生志向在這個位子上無從實現，更何況他所秉持的海耶克那一套，與他所處的時代潮流不合。即使海耶克本人，在那個時代也是一個孤獨的反潮流者，因為他的時代還沒有到來。要等到一九七〇年代以後，海氏的思想才大放異彩。

以上只是大致勾勒了周德偉一生的某些片段，它給我們疊加出一個儒家自由主義的形象。然而，這樣一個形象是失意的，無論從儒家這一面來說，還是從自由主義來說，都如此。儒家的「修齊治平」，周德偉充其量只能做到一半，治平之願，只是願景。古典自由主義在二十世紀的精義，即是與極權主義抗衡。周德偉在留學時就有此自覺，無奈回國後幾乎流於單打獨鬥，結果不敵潮流，自己鎩羽而歸，落荒到東南沿海的一個小島上。還是一九四〇年代初，周德偉因執己見而屢屢受挫，「常稱述德詩人席勒之言曰，予乃未來世紀之公民，我之時代尚未來臨。」

（二）

〈不讀《新青年》的周德偉〉，是我寫周德偉的第一篇文字。他之不喜歡《新青年》，乃是我個人欣賞他的觸點。該文〇九年在臺北《傳記文學》發表時，已逝的前主編成露茜女士在「編輯室手記」裏說：「提起『五四運動』就不得不講到《新青年》這本雜誌」，因此在接到文章時，「的確愣了一下：居然當時還有不讀《新青年》的『五四』人！」這「一愣」一「居然」，頗可玩味。一份雜誌讀與不讀本兩可，然而輪到《新青年》就「居然」起來，潛臺詞莫非是怎麼可以不讀。然而，這正可見周德偉在當時乃至今天的殊與異。「《新青年》給時代影響甚大，但我不大喜愛，我嫌《新青年》的文筆太潑辣……。」讀過周氏自傳，可以發現，周德偉不喜愛《新青年》，委實還有他沒有說出的緣由。

以《新青年》爲號召的五四新文化運動向被稱爲二十世紀中國啓蒙運動，前不久一次會議後，我和一位稱讚啓蒙的朋友交流，言及我對這個運動的評價。在我看來，新文化運動在思想領域主要做了兩件事，一件是推翻最不壞的儒文化，一件是引進了最壞的布爾什維克文化。這就是啓蒙，名副其實地啓人入蒙。傳統儒文化並非沒有問題，它可以經由我們棄取，但《新青年》的態度是連根拔去，爲了趨新。比如，當時有人建議《新青年》張揚新文學，但不必破壞舊文學。《新青年》回答：「不塞不流，不止不行。」「舊文學，舊政治，舊倫理，本是一家眷屬，固不得去此而取彼。」因此，新文化對整個傳統文化的態度是「安得不取而代之耶」。該回信的題目是「論《新青年》之主張」，作者署名爲胡適之、陳獨秀。這種對傳統文化一鍋攪且欲整體排除的態度，對自小就接受儒家薰陶的周德偉來說委難接受。在那個風習已經形成的「只手打孔家店」（胡適）、「少看或不看中國書」（魯迅）、「把線裝書扔到茅廁裏去」（吳稚暉）的時代，青年周德偉有他自己的表現。一九三〇年春，爲生計故，周在濟南的山東省立高中謀得一教席，因對國文教材中那些充斥著新文化課文的不滿，第一次上課時，「余初語學生云：『中國文化流傳四千年豈無一物可取，豈無變遷之沿革。君等日常所用之語言文字、資生之工具以及流行之風俗習慣究爲先民之遺跡，抑爲君等一手一足之所能創造？凡個人之臨時杜撰能爲社會一般所接受乎？』人之所以異於動物者，正固其不必一一從頭做起耳。如一一從頭做起，尚有文化進步之可言乎？」因此，周德偉的國文課偏以古籍爲主，還特地給學生選上司馬遷的

〈孔子世家〉，且對孔子大加稱頌。可以看到，那時的周德偉在價值取向上與新文化甚為相左，往前推，他讀北大時不喜那份囂張的《新青年》，良有以也。

這裏帶出一個堪有意味的對比，如果說《新青年》是從反傳統走上了蘇俄主義的道路；周德偉則從儒家出發，走向了自由主義。這個對比不妨是一個事實判斷，那麼，這裡是否會出現這樣一種價值糾結，即文化取向彼此相反的《新青年》和周德偉，到底誰是自由主義？所以會有這樣一個問題，蓋在於今天的一些學者，早已把北大視爲中國自由主義的策源地，北大傳統也被視爲自由主義傳統。然而，這裏的自由主義針對的顯然是以北大《新青年》團體爲主要對象的知識群，它當然不包括周德偉這樣的學子（何況就年齡資歷言，周也不夠格）。問題是《新青年》與周德偉毋寧是排中的，如果《新青年》的價值取向可以視爲自由主義，反對它的周德偉則不是。相反亦然，否則將會出現自由主義的淆亂。

也許對二十世紀的中國自由主義我們需要重新體認。本文既然認可周德偉的路徑（亦即從傳統孔學走向西學海耶克）屬於自由主義，那麼，北大所謂的自由主義傳統就顯得非常可疑。金觀濤、劉青峰先生近年出版的《觀念史研究》，其中一篇爲〈五四《新青年》知識群體爲何放棄「自由主義」〉。該文一開始就提出這個問題，可是，寫著寫著，到文章最後，卻產生了一個致命的懷疑：「是否可以說一九一九年以前這一知識群體是信奉自由主義？」可是，我們知道，還是一九九八年北大百年慶典時，劉軍甯先生編了本《北大傳統與近代中國》，開篇是已故李愼之先生的序〈弘揚北大的自由主義傳統〉，緊接著劉軍甯先生的前言也是〈北大傳統與近現代自由主義〉。但，即使我們今天要在北大尋找自由主義的傳統，無論如何也無法坐實到《新青年》的頭上，哪怕它有過介紹自由主義的文字。正如一個人不是看他說什麼，而是看他做什麼；一份雜誌也不是看它介紹過什麼，而是看它自己的文化主張和表現。根據以上筆者提出的新文化運動所做過的兩件事，如果第一件以一種決絕的態度反傳統是非自由主義的話，第二件對俄式布爾什維克的引進，直接就是反自由主義。就二十世紀前五十年《新青年》和新文化對北大乃至整個社會持久而深遠的影響看，北大即或有傳統，也不是自由主義，而是激進主義；並且它的線條是從文化激進（反傳統）趨轉爲政治激進（揚蘇俄）。

新文化運動從文學革命、文化革命始，終而推向政治革命，無疑《新青年》是其中的推手。針對革命，周德偉在其自傳第一章有過這樣的討論：「故予常感革命事業，只應革腐敗政府之命，不應革社會基礎之命，傳統文化之積累，豈能一朝盡革……。如必欲盡去舊有之傳統而後快，則眞歷史文化發展之罪人也……。文化只有演變及進步，非革命可施之物件。」問題在於，傳統文化被革去之後，出現了價値眞空，這時並非自由主義取代了傳統文化及價値，甚至只要是眞正的自由主義，必不會用推倒的方式取代傳統文化及價値。周德偉後來在論述海耶克時，不止一次引用海氏這樣一層意思，十分精彩：自由不僅是一種價値，而且是一切價値生長的園地。在這片園地裏，自然也有傳統文化生長的空間。那麼，如果不是自由主義成爲北大那個時代的主流價値，又是什麼思潮將一代青年學生裹挾而去。自傳第十二章，周德偉痛陳：「五四運動後號稱覺醒時代，實則自陳獨秀、吳虞、吳稚暉倡爲打倒孔家店之說後，過去的文化遺產，已盡失其信用……，胡適之當時被崇爲思想家，實則彼毫無獨立之思想，僅爲乾嘉時代考證諸子之續。如此何能滿足知識青年一貫解釋事象之欲望，而青年心靈又如一張白紙，一無所有。如是四千年之文化遺產喪失無餘，如是唯物主義及歷史辯證法乘虛而入，掌握了青年之心靈。」這裏，周德偉對胡適不免嚴苛。在《新青年》反傳統的陣營中，胡適算是有自由主義氣象的一位，畢竟他還主張文言白話可以討論。至於後來《新青年》鼓吹的蘇俄那一套，不僅與胡適無涉，胡適還參與了批評（可見當時「問題與主義」的討論）。但，周德偉對胡適下筆往往毫不客氣。新文化後期蘇俄主義抬頭，在周看來「大抵由於胡適之、吳又陵等在北方摧毀舊思想後，自己在思想上又一無建樹，俄國革命成功後更刺激青年思想左傾，以致……」。不過這一段文字周德偉聲稱是一九三〇年汪精衛在上海對他所言。

根據《新青年》的表現，不難形成這樣一個判斷，文化激進主義本身無以形成自由主義。然而，從周德偉的個案看，如果我們找不到一個激進主義的自由主義傳統，但卻能斷斷續續發現一個保守主義自由主義的傳統。這裏必得注意，周德偉不喜歡《新青年》是以嚴復和章士釗爲參照的；因爲周認爲《新青年》的「分析及陳述不如《甲寅》及嚴氏譯述之精密而有系統」。當年對周德偉形成影響的三個人第次是章、嚴、胡，胡暫且不論，章嚴二人，周德偉在自傳中時有提及。比如周在北大由預科升爲本科，由於沒選胡適的課，所以說自己「不能冒稱爲胡門弟子也」。他選了王世杰的比較憲法，但，「對我而言，斯課已不新奇，自清季維新運動以來，國內報章雜誌討論法律及憲法問題之文章不少，尤以《甲寅》爲最有系統，我均嫺熟。」後來在濟南教書時，其國文課除了古籍，「近人之文則取嚴譯《天演論》，章行嚴、白芝浩《內閣論》，一明社會演化之理，一明憲政法制。」應該說，以儒學立身的周德偉是通過章嚴二位走向西學乃至自由主義的；但可以看到，無論嚴復還是章士釗同時都是文化保守主義者。

當年周德偉在中學課堂上偷看章士釗的《甲寅》，被清華畢業復留美歸來的西洋史老師發現，認爲《甲寅》大都是英國典籍中的片段介紹，不是整本成系統的著作，於是送他三本嚴復的譯述，要他按順序閱讀，不懂即問。這裏不在於章嚴二位把周領進了西學之門，而是從自由主義角度看，如果有一個傳統，嚴與章都是其中的重鎮。不用說，因爲譯述密爾的《論自由》，嚴復當爲中國自由主義之始。章士釗的《甲寅》先於《新青年》一年（創辦於一九一四年），從這兩本雜誌的作者構成來說，由於《新青年》的作者起初多來自《甲寅》，有人便認爲《甲寅》是《新青年》的濫觴。但這裏忽略了一個根本的區別，即《甲寅》以英倫取向爲主導，是一份自由主義性質的政論雜誌，它尤其注重自由主義在國家政治法律上的建構。《新青年》不然，它以法蘭西文化爲主導，偏重于倫理與文化，一開始就帶有排斥傳統的激進主義色彩。因此，民初的章士釗是繼嚴復和梁啓超之後的一位自由主義知識人（至於章人生後期的依附性轉變不在此論），他的政治主張即是在北洋時代推進英倫式的政黨政治和內閣政治。

然而，在自由主義之外，觀其對傳統文化的態度，嚴章二位分明又都是保守主義者。進而言，這裏的保守主義未必不是自由主義的變相。因爲保守相對激進而言，無激進即無保守。當激進主義整體上排斥自己的文化傳統時，保守主義保持傳統存在的合理與必要，本身就帶有自由主義多元的色彩。嚴章等人俱不排斥西學，惟其在西學中得自由主義之堂奧，故不會返身與傳統過不去。新文化運動興起，嚴復的福建同鄉林琴南和《新青年》論戰，在嚴復看來大可不必，他的意思，新文化不過「如春鳥歌蟲，聽其自鳴自止可耳」。章士釗是位調和論者，不獨在政治上主張黨派調和，文化上亦主張調和中西。這兩位在介紹西學時有一個共同的特點，即用文言表達（這一點對周德偉影響極大，乃至自己的人生晚年，其行文仍不脫文言特點）。巧合的是，影響周德偉的第三人胡適，從語言角度比較過章士釗與嚴復，說「他的文章與嚴復最接近；但他自己能譯西洋政論家法理學家的書，故不須模仿嚴復。嚴復還是用古文譯書，章士釗就有點傾向『歐化』的古文了。」從傳播角度，用白話翻譯西學，自然受眾更多。但語言是文化的命脈，用古文介紹和翻譯西方自由主義，於此可見章嚴二位的文化心志。

以上曾言北大傳統不是自由主義，或曰，自由主義傳統即使訴諸北大，也不能把《新青年》看成自由主義。但，假如中國自由主義可以構成一傳統，比如它從嚴復、梁啓超、章士釗、（半個）胡適到後來的周德偉，倒也與北大（人）不無關係。不用說，北大校長蔡元培主持校政時的相容並包是自由主義的。即就本文所涉，嚴復是北大第一任校長，章士釗和胡適同一年進入北大（一九一七年），周德偉又是北大的學生（這裏只有梁啓超與北大無緣，周德偉的看法是胡適不喜梁啓超）。這裏，必得判明胡適的身份，所以說「半個胡適」，是指胡適當時只有文化激進沒有政治激進，另外即使在文化激進中，胡適尚能持一種寬容的態度接納新舊討論。因此在那個以《新青年》為中心的激進主義知識群中，胡適畢竟還表現出半個自由主義者（其另面就是半個激進主義者）的形象。

如此拉出一條自由主義的人物譜系，我們看到，自由主義是否與北大有關倒不重要，重要的是，它和文化保守主義的關係。嚴復、梁啓超時代的自由主義與保守主義關係不大，那時文化激進主義尚未出現，因而也無所謂文化保守不保守。但新文化發生後，自由主義在激進主義和保守主義之間，對我們後人來說，便產生一個認知歸屬的問題。過往我們往往把自由主義與五四新文化視爲一體（因爲自由主義本身就是一種新文化），但，錯了。激進主義的五四新文化非但產生不了自由主義，甚至還會葬送它。相反，早已被歷史邊緣化甚至被遮蔽了的文化保守主義，在那裏，我們卻看到了自由主義的身影。

保守主義自由主義，這是我讀周德偉後對中國自由主義產生的一種體認。這種自由主義落實到傳統那裏，指的就是儒家。不獨周德偉是一個儒家自由主義者，其實從嚴復開始，一路下來，即使是新文化時期的半個胡適，都是深受儒文化影響的士君子。即以胡適論，五四過去沒幾年，傅斯年（孟眞）就對胡適說：「我們思想新，信仰新；我們在思想方面完全是西洋化了；但在安身立命之處，我們仍舊是傳統的中國人。」胡適認爲「孟眞此論甚中肯。」如果思想西洋化可以是指自由主義化；能讓胡適安身立命的那個傳統，若非儒文化，還能是什麼？周德偉雖然有時瞧不上胡適，也並非沒有理由，但我還是要爲胡適說幾句公道話。除了新文化那一時期外，就其一生來看，胡適庶幾就是英美自由主義和傳統儒文化協和而出的一個風範。這是一種什麼形態的協和，我以爲胡適去世後蔣介石送上的輓聯就很精準：「新文化中舊道德的楷模，舊倫理中新思想的師表」。不知該聯是否出自蔣氏自己；如果蓋棺論定，眞的，很難有其他內容比這幅對聯更適合胡適的了。

新文化／舊道德，或，舊倫理／新思想：這新舊關係在《新青年》那裏是二元對立；但在保守主義自由主義那裏，卻是二元協和，甚至很圓融。如果不必用楷模、師表之類的高詞，周德偉本人不也是一個新文化中舊道德的標本？讀其自傳，可以發現，周氏其人不但是一個純粹的海耶克式的自由主義者，同時也是一個很純粹的恪守舊道德的儒生。第十七章是記述他自己在英倫的留學生活，有一節概述頗能說明問題：「余自入研究所後，選擇海耶克爲指導教授，對彼所主持之討論班從未間斷參加，仍每二星期訪羅賓士一次，報告學業。對負盛名之拉斯基及希克斯等名人在課業外，各僅會談一次。留英三年從未涉足舞場及電影院。」這是海外留學式的「三年不窺園」。所以，周接著說「不解音樂及西方美術，……實爲余之大缺陷，註定余之舊式儒者生活。」然周德偉的儒生形象非僅表現在「舊」的生活方式上，他的道德奉持毋寧也是「舊」的。周傳中有他讀北大休學一年回家親侍父疾的記錄，父親去世後，因養家之需，遂徹底放棄北大學業，致使未能獲得北大文憑。晚年寫傳時，周德偉談及這些，言「此雖細故，願述於此，俾後輩知余之一輩如何奉養長輩也。現在兒女均在美國，美國制度，養老由政府擔任，就業人員均只自顧其小家庭。余之兒女雖未染此惡習，但中國文化傳統亦不可不令彼等知之。」

於此可見，周德偉在政治上是一個自由主義者，經濟上是一個市場主義者，文化上卻是一個保守主義者。前兩者間無隔閡，當不奇怪；可怪在於，兩千多年前的傳統儒家又如何與現代自由主義走到一起。隔閡未必沒有，但也未必不可打通。先秦儒家本身就是一開放的系統，比如佛教乃漢代西域外來，雖然唐儒辟佛（韓愈），但宋儒卻援佛入儒轉而成就理學（朱熹）。同樣，後來的儒學也沒有抵抗西方基督教的記錄，因此，它並不會與從宗教寬容中走出的西方自由主義天然抵觸。周德偉晚年有一項工作很有意義，即著力於自由主義和傳統儒學這兩種文化的內在溝通，使其彼此發明（周自己的語言是「互相驗證」)。在他看來，儒學中亦有今天自由主義所尚崇的多元成分，如《中庸》的「萬物並育而不相害，道並行而不相悖」。另外，借助海耶克的表述：「給予一人之自由，必須平等的，無條件的給予人人，否則爲特權」，據此，周德偉則以孔子的「己欲立而立人，己欲達而達人」相對應。此即自己要想有所建立，必得讓人人都能有所建立。「如堅持並推行一己的價值叢，排斥其他價值叢，則被排斥者，感到精神壓迫，失去自由，乃起反抗。同時汨沒人之靈明，更使文化單調而衰落，以致死亡。」當然，更重要的，周德偉師從海耶克，海氏雖是德語學人，但承襲並推重的是休謨那一路英倫三島的自由主義經驗傳統，強調社會生長的自生自發秩序。不但這種秩序本身就表現爲一種自由秩序，而且也只有在這樣的秩序中，自由才能發揮其生命而不致被摧毀。對重經驗重傳統的英倫自由主義，周德偉食髓知味。如果說自小儒文化的浸淫，使他親和傳統；後來的英倫自由主義，則使他更深入地體味到傳統的價值。因此，周德偉認爲：「成功的自由社會在一甚大的範圍內，乃接受傳統、尊重傳統並導傳統於發展之途的社會。」

一個儒家自由主義者。周德偉的精彩在於，他在他自己的身上，很好地完成了儒家與自由主義的對接。如果這是一個個案，它讓我感到，現代與傳統，其實可以互相支持；而且自由主義在本土生長，委實也離不開傳統的支撐。自由主義在西方既是一種政治哲學（如洛克的《政府論》所表示），也是一種倫理哲學（如密爾的《論自由》所表示，其倫理性經由嚴復翻譯的書名則更清楚「群己權界論」）。在更廣泛的意義上，後者可以涵蓋前者，雖然作爲政治哲學的前者其重要性往往更突出。但人與政府的關係歸根到底也是一種倫理關係的話，傳統儒學的價值馬上彰顯，畢竟倫理本身就是儒學的用力，而且越往後越內化為德性之學。固然，倫者，關係也，在各種關係中，自由主義和儒文化各執之「理」可能有所偏差，比如自由主義注重各種關係中的個體，強調權利本位；儒學更關注各種個體所構成的關係本身，強調義務本位。但，除了儒文化在義務之外並非天然排斥個體及權利，而且權利與義務這兩者同樣也並非天然對立。在彼此協和的意義上，權利與義務乃一枚分幣之兩面，前者如果是我們今天對自由主義的訴求，後者就可以讓儒文化成為該訴求的支撐。沒有權利的義務（這往往是傳統社會的缺陷）和不講義務的權利（這經常是現代社會的毛病）同樣可怕。就後者言，缺乏義務和責任的權利極易導致權利的放縱，當它一旦不顧及群己之界而傷及他人時，這個社會肯定是霍布斯所謂人與人處於戰爭狀態的社會，個人自由當不復存在。因此，包括政治哲學在內的倫理哲學上的自由主義無以離開個體道德的支撐。在西方，自由主義其來有自，它有它自己的道德資源。比如亞當·斯密先有《道德情操論》而復有闡釋經濟自由的《國富論》，很難想像沒有道德自律支持的經濟自由（乃至由此而滋生的其他各種自由）能維繫幾何。那麼，當自由主義進入本土，可以發現，支撐它的道德資源我們並非缺乏，甚至未必需要引進。傳統儒學自先秦倫理哲學發變為兩宋道德哲學，在如何「做人」（即立德）這一點上，無論是「禮」以為規範的外在他律，還是「德」以為指歸的心性自律，確實有它相當豐富的遺產，就看我們如何選擇。故此，著眼權利本位，自由主義可以用來糾儒學之偏；同樣，在德性的養成上，儒學亦可用來墊自由主義之底。

以上一節是我在評估周德偉這一歷史人物的意義時，延伸出來的想法。自覺還不成熟，趕緊打住。由周老先生體現的儒家與自由主義的關係，顯然是一個大而複雜的題目，需要再行深入，這裏只是獻芹而已。

二〇一一年一月卅一日完

附：周德偉先生的《我的一生與國民黨的點滴》其實是一部「史」的性質的書，該書在敘述上穿插交錯了傳主個人的曲折經歷和上個世紀二、三十年代更爲曲折的歷史，具有相當的可讀性；如果你對那段歷史感興趣的話。但我的文字並沒有突出史的意義，甚至論不及史，這顯然與我個人的興趣關注有關。我看重的不是那註定一去不復返的歷史，儘管我閱讀時對此抱有很大的興致。只是興致之外，我更想找尋那過去的歷史中能夠留下來並對今天有所啓示的東西。我以爲從我的角度我找到了，用這樣一個題目固定下來，並圍繞它寫成這樣一篇文字。謹以此代序。

邵建，南京曉庄學院人文學院教授，任教文學理論。出版著作有《胡適與魯迅：二十世紀的兩個知識分子》、《瞧，這人——日記、書信、年譜中的胡適》、《知識分子與人文》、《文學與現代性批判》等。

序三

試論周德偉的歷史定位

姚中秋

周渝先生囑我為尊德性齋主人周德偉先生的自傳作序。我惶恐不已：余何人哉，有資格作序？不過思量再三，我接受了這個任務。這是一個很好的機會，可表達我對老人的敬意和謝意。

約在二〇〇三年前後，大陸思想界發生重大變化。由於國有企業產權制度改革過程中嚴重的不公正，及收入差距迅速擴大的事實，曾經獲得廣泛支持的「市場化」，受到廣泛質疑。而九十年代中期大陸興起的自由主義思潮與市場化之間，存在著直接關係——如果說新文化運動時期的自由主義是與文學和歷史學聯繫在一起的，這一輪自由主義則是與經濟學聯繫在一起的。

我最初的價值觀念也同樣受自由市場經濟學的影響。面對公眾的可以理解的質疑，我開始對這種自由主義進路進行反思，進而經歷了一次思想轉變。此一轉變可用「保守化」一詞來形容，而尊德性齋主人就是我完成這次思想轉變的重要推動者。

當時，在艱苦環境中編輯《原道》、致力儒家復興的陳明先生，新從臺灣歸來，撰寫〈紫藤廬及其它〉一文，提及周德偉先生會通西方自由傳統與中國儒家傳統的思想進路。這一思路引起我極大興趣。

在此之前，我已知道周德偉先生的大名，但僅知道他是一位經濟學家。也許並非巧合，我的經濟學知識背景與周德偉先生相同，俱歸宗於「奧地利學派經濟學」（Austrian economics），且受海耶克影響最大。新竹清華大學的朋友黃春興先生曾提及，周德偉先生是海耶克的嫡系弟子。先生曾翻譯海耶克的《自由憲章》，而我當時也正從事海耶克思想的譯介。

正是通過對海耶克思想的解讀，我已經開始保守化轉向。陳明先生提供的資訊，讓我十分興奮。一個完整的周德偉形象呈現在我心中：既堅守自由市場原則，又堅守儒家傳統。對正處於思想轉向過程中的我來說，周德偉先生構成了一個典範，讓我看到了自己前行的方向。

隨後，陳明先生決定在大陸出版周德偉先生的著作。爲此，他將他在臺灣影印的周德偉先生著作贈我，囑我爲即將出版的周德偉先生文集《自由哲學和中國聖學》作序。借由這個機會，我通讀了周德偉先生的主要著作。此番閱讀，令我如入寶山。隨後我逢人便說，周德偉先生會通中西傳統的思想進路及其所取得的思考成就，具有重大的思想史意義。

然而，當我這樣熱情推薦時，遭遇的回應通常是茫然和困惑。這並不奇怪，在現有主流現代思想史和現代史敘事中，周德偉先生完全被忽略了，因而也就沒有多少人知曉。這樣一個致命的忽略，讓我對現有主流現代思想史的敘事框架、進而也對主流現代政治史的敘事框架，產生了深刻的懷疑。

周德偉的歷史定位困境

大約從革命的當事人開始回憶辛亥革命之時起，革命的現代史觀就初步形成，並借助隨後傳入的馬克思主義、列寧主義的歷史理論，迅速主宰了現代史的歷史敘事。按照這種革命史觀，全盤而激進的革命具有歷史的必然性，惟有通過大規模使用暴力的激進革命，中國人才可以完成現代國家的構建（nation-state building）工作。

從一開始，國民黨和共產黨共用這一信念，也許只是程度上有所不同而已。他們本身都是革命的製造、操作者。在掌握政權之後，他們也很自然地利用自己建立的革命性政權，把革命史觀變成正統意識形態的組成部分，進而透過宣傳教育體系，變成國民的常識。這種意識形態也籠罩了整個學術界，即便那些異議人士也難以擺脫其影響。

有趣的是，以費正清爲代表的美國漢學家關於中國現代史的敘事，與這個革命史觀異曲而同工。在他們看來，中國文明完全不同於西方文明，而現代國家起源於西方，現代化當然也就是西方化。對中國來說，惟有經過全面而深刻的文明變革，才有可能完成現代化。而這樣全面而深刻的文明變革，必然呈現爲全盤而激進的革命。由此不難理解，漢學家的現代史敘事對國、共兩黨的激進革命充滿同情。相比而言，南京國民政府的革命沒有深入進行，共產黨則進行了更爲深刻的思想、文化、社會、經濟革命，因而費正清這樣的美國漢學家對共產黨革命有更多同情，他們也積極地論證了共產黨獲得政權的必然性。

總之，國共兩黨及其官方史學家，與海外學者共同塑造了一個關於現代中國歷史的革命史觀，他們支配了關於現代歷史的一切研究領域。它確實可以解釋一些現象，但它也遮蔽了無數更爲重要的現象。

除了這個居於支配地位的史觀外，還有另外一種頗具影響力的史觀。臺灣學界對這方面的情況不是很瞭解，在大陸，這一史觀興起於九十年代。此即自由主義史觀，它始於李澤厚在八十年代後期提出的「救亡壓倒啓蒙」及「告別革命」兩個命題。這兩個命題促使人們重訪現代歷史，有些人因此放棄了革命史觀，轉而關注曾經被革命史觀所遮蔽、所貶低的自由主義，從而形成自由主義史觀。

這一史觀的闡述者直接或間接地接受新文化運動時期以胡適爲代表的自由主義，並用自由主義一詞來描述現代中國歷史上追求憲政、民主、法治、自由的一切觀念和政治運動。他們反對國共兩黨的暴力革命，甚至反對辛亥共和革命，而把自由主義觀念的傳播和相關文化、政治運動當作現代史的主流。

只不過，這一史觀面臨一個巨大挑戰：這一史觀強調自由主義與革命的不相容，而他們相信，自由主義可以拯救中國。不幸的，革命卻日趨激進、極端。於是，自由主義史觀變成了對自由主義在中國如何失敗、也即啓蒙如何被救亡壓倒的闡釋。這一取向，與革命史觀解釋革命是如何成功的，形成了鮮明對比。只是這樣一來，這個史觀又面臨另外一個難題：自由憲政制度何以在臺灣最終大體完成構建？

略作觀察就可以發現，上述兩個主流的現代史敘事框架，都無法安頓周德偉先生以合適的位置。毫無疑問，周德偉先生是革命者。如自傳所記載，先生父親曾參加辛亥革命，先生於北京大學讀書期間即加入國民黨，致力於推翻舊軍閥之革命活動。

但是，先生又堅持有限的「小革命」立場。先生一直主張，「革命事業，只應革腐敗政府之命，不應革社會基礎之命，傳統亦文化之積累，豈能一朝盡革？」先生所說「社會基礎」，是指政體之外的價值、宗教、社會結構、產權制度、經濟體系等等，這些領域都不應在革命的範圍之內。

換言之，周德偉先生所從事的革命，嚴格限定於政體革命範疇，而拒絕對廣泛的社會基礎進行激進革命。就此而言，他是一個典型的英國式保守主義者。「告別革命」論者的立論依據之一是被誤解了的英國經驗，他們似乎相信，英國人始終是反對革命的。但其實，英國同樣發生過革命，英國人與法國人一樣，砍了國王的頭。英國人的革命智慧在於，它沒有進一步謀求通過暴力進行宗教、文化、法律、社會生活之革命，而局限於政體革命。保守主義不拒絕革命，只是拒絕「大革命」。

基於這一基本認知，周德偉先生對共產黨的極端革命予以嚴辭抨擊。在本自傳中，對孫中山先生提出的經濟革命主張，先生也毫不諱言地提出批評。先生畢生也以反駁這兩場革命共用的唯物主義、辯證法哲學爲自己的主要知識使命。就此而言，先生又是反革命的。

另一方面，周德偉先生畢生獻身於自由事業，在任何時候，他都主張立憲、法治，同時，基於奧地利學派經濟學原理，也始終堅持自由市場原則。這後一點，在現代中國思想史上幾乎是獨一無二的。因爲，現代中國那些著名的思想人物，無一例外地懷疑自由市場制度，而主張程度不等的公有制和國家經營。也正是這一點，讓周德偉關於構造現代國家的思想體系，在現代中國，也許不是最精緻的，但肯定是最爲完整的。

有趣的是，周德偉先生並不認同一直以來被當成現代中國自由主義思潮之主流的胡適的自由主義。在這本自傳中，先生對胡適先生的立場、學問、政治判斷力甚至人品，均提出了質疑。當然，對於自由主義提出並始終堅持的砸爛舊文化的主張，先生也給予嚴厲批評。

綜上所述，周德偉先生既是積極的革命者，又是明確的反革命者。先生既是自由的堅定信仰者和不懈實踐者，又不認可主流的自由主義。先生的思想是豐富的、立體的，這顯然超出了單向度的、簡單化的革命史觀和自由主義史觀所能容納和解釋的範圍。

在保守—憲政主義傳統中定位周德偉

至關重要的是，在周德偉先生那裏，革命與反革命、自由與反自由主義之間，絲毫沒有矛盾，而是構成一個自洽的思想體系。周德偉先生的思想典範提示我們，現代中國思想史上不是只有激進革命、自由主義、守舊主義這些極端的傳統，而應該還存在著另外一個傳統。

正是在周德偉先生的思想典範刺激下，過去幾年中，我一直在尋找、發掘這樣一個傳統，現代中國思想和政治的中道傳統。通過閱讀，我逐漸發現，在清末立憲者、張君勱、陳寅恪、周德偉、現代新儒家等等看似相互沒有關係的人物和思潮之間，存在著內在而深刻的關聯。我將他們概括為「現代中國的保守—憲政主義思想與政治傳統」。

周德偉先生即身處於這個偉大傳統中。在本自傳中，先生刻畫了自己的思想和政治譜系：首先，先生早年在私塾中接受以儒家為主的傳統教育，並終身服膺儒家，堅守儒家理念，尤其是「士君子」的人格理想。在知識上，先生試圖「會通」中學、西學，以西方思想資源，對儒家理念體系進行「創造性轉換」。

其次，就域外思想資源來說，先生受英國傳統影響很深，曾經深入研讀過休謨、斯密等蘇格蘭道德哲學的著述。先生也攻讀過門格爾、米塞斯的社會科學著作，並師從二十世紀最重要的自由主義思想家海耶克，而成爲華人世界最爲傑出的奧地利學派學者。另外，先生早年也曾經研究過康德哲學。

由此可以看出，周德偉先生的域外思想資源，與現代中國的自由主義者大不相同。後者主要受杜威、羅素等現代自由主義思想人物的影響，這些思想資源相當地現代。相比而言，周德偉先生的思想資源更爲古典，保守主義的色彩也更爲濃厚一些。因而，用「古典自由主義者」稱呼周德偉先生，也許是比較恰當的，有助於與胡適等五四傳統之中的「現代自由主義者」相區別。在西方思想脈絡中，這兩者的預設和基本主張是大不相同的，這自然會影響其中國弟子們的心智和立場。

再次，先生成長於新文化運動時期，但是，先生似乎並沒有受當時搖盪青年心旌的《新青年》傳統的影響，而是深受嚴復、《甲寅》雜誌等老派人物心智、思想的影響。這一點與先生域外思想資源的取向直接有關：嚴復、《甲寅》雜誌均受英國思想傳統深刻影響，而在新文化運動時期堅持保守主義立場。他們均主張，在深入理解西方的基礎上，「調和」中西，實即「會通」中西，而反對激進地拋棄中國文化。

最後一點思想淵源已經顯示出，在現代歷史上，周德偉先生的思想結構不是獨一無二的，而是有源又有流，從而構成了一個保守－憲政主義的思想傳統。

周德偉先生是這個傳統中的代表性人物，更進一步說，他是這個傳統中發揮了承上啓下作用的人物。他上承嚴復、《甲寅》雜誌，而於五十年代把海耶克引入臺灣自由主義理論場域中。海耶克思想隨後讓殷海光、夏道平等最初受現代自由主義思想陶冶的人士的觀念，發生了重大變化，甚至對晚年的胡適也產生了一些影響。由此而出現了我所說的自由主義的「保守化」。有趣的是，九十年代之後的大陸，也有部分自由主義者受海耶克的影響，而走向了「保守化」，這包括追隨周德偉典範的筆者。

周德偉先生的這本自傳，生動地呈現了成長於動盪的現代中國的保守－憲政主義的基本理念結構。這樣的理念結構當然支配著他的政治活動。也因此，周德偉先生這本自傳，同樣生動地呈現了一位古典自由主義者或者說憲政主義者在那個時代對現實政治的思考與建立現代國家的規劃。在自傳第九、十、十一章，周德偉先生記錄了自己於民國十八年在《天津雙週》雜誌上刊發的幾篇文章的大意，這些文章顯示了先生強烈的立憲情懷和深刻的立憲知識。

先生也積極從事立憲活動，曾準備自組「自由黨」，後來加入「改組派」。應該說，這一點也大大地不同於現代中國的自由主義者。比如，胡適一生都主張不組黨，不介入實際政治。而周德偉所在的這個保守－憲政主義傳統中人士，普遍深入地介入現實政治。但他們又與一般政客不同，他們堅守憲政主義的原則，試圖用理想提振混亂的現實政治。這樣的實踐傾向，與其所信奉的「士君子」人格理想有直接關係。士君子不是書齋裏的哲學家，而是負有「治國、平天下」之使命的紳士。

也正是這群具有憲政主義理念的實踐的士君子、紳士惺惺相惜、前後相續，在現代中國動盪的歷史過程中，形成了一個斷斷續續、但也連綿不絕的「立憲的政治」傳統。這個傳統興起於十九世紀末的立憲運動，經過民國初年的立憲，到國民革命之後、抗戰期間的立憲運動，而收官於抗戰勝利之後的立憲運動，形成民主的《中華民國憲法》。儘管由於內戰，這部憲法被部分凍結，但最終在臺灣，這個憲法支撐起了中華文明第一個自由憲政政體。

至關重要的，這樣一個可運轉的自由憲政政體，並沒有以文化、價值的全盤推倒重來爲前提。因而，這個在中國至少已經部分取得成功的保守—憲政主義的政治傳統，確實具有英國式革命的風格。

如牟宗三先生在祝賀張君勱先生七十壽誕的一篇短文中所說，這個保守—憲政主義的思想和政治傳統才是現代中國歷史演進之「正宗」。這一思想和政治傳統源遠流長。它興起於十九世紀末，在一九二四年之前曾經佔據主流地位。此後，它被激進革命傳統所壓制，但依然頑強地生存，並只要有適當的時機，就發揮著重大歷史作用。

之所以說它是現代歷史的正宗，乃是因爲，相比於其他各種觀念，它最爲妥善地處理了現代中國人不能不面對的古、今、中、西如何會通、調和的難題。在政治上，他們最爲有力地推動了憲政制度之成立。在知識領域，他們也指示了中學、西學會通的路徑。這個傳統構造了一個憲政主義的中國文明重建之道。現代中國在構建現代國家的正道上所邁出的每一步，幾乎無一例外都是由這個力量驅動的。

與之相比，激進革命傳統固然是「歧出」，因其在政治上傾向於專制，在文化上趨向於單純的破壞。現代自由主義傳統也存在重大缺陷：一方面是文化上的偏激，這一點與革命傳統相同；另一方面是政治上的軟弱無力，這一點又讓它敗給革命。保守—憲政主義傳統則保持了自由的革命的中道。它絕不是主流之外的「第三條道路」，它才是主流，才是正道，儘管革命風雲與啓蒙浪潮一度在表面上壓倒了它。但歷史並不是以嗓門大小、或殺人多寡論英雄——中國史學的優良傳統就是不以成敗論王寇。

一旦確立了這個保守－憲政主義的思想和政治傳統，周德偉先生的思想結構、政治活動也就是可以理解的，這包括先生與胡適先生的思想分歧，先生與蔣氏政權的合作與抗爭。當然，經由這一歷史框架，先生畢生思考、實踐活動的歷史價值和現實重要性，也就昭然若揭。而不論是按照革命史觀、自由主義史觀，周德偉先生，以及他前後、同期的一大批政治、思想人物，比如黃興、章士釗、汪精衛，顧孟餘等等，都無法得到客觀而公正的歷史定位。

周德偉先生撰寫這本自傳的目的，也正是重新撰寫現代中國的歷史。這一初衷，周德偉先生行文中有再三表達。他深感官方史學遮蔽、甚至可以刻意地扭曲歷史眞相，這種官方史學固然有美化當權者的醜陋，而即便與官方保持一定距離的流行的革命史觀，也傾向於片面誇大革命力量、革命運動的歷史作用，忽略那些也許對於政體變革來說更爲重要的觀念、活動與人物。

周德偉先生明確地反抗這種歷史敘述，以帶著強烈情感的筆觸記錄了他親身經歷的現代中國歷史。這樣的情感當然基於自己的價值立場，也即保守－憲政主義的價值觀念。這一獨特的價值理念讓周德偉先生的這份歷史記錄顯得異常獨特。比如，在政治上，周德偉先生最崇敬的人物是黃興。在孫中山與黃興之間，先生認同黃興的政治理念和人格。在此後一代的國民黨領導人汪精衛與蔣介石之間，先生對汪精衛也有更多的認可。

對政治過程的這一判斷、取捨，與先生的思想結構保持著一致。先生尊崇儒家，尤其堅守士君子人格理想，而在先生看來，黃興的人格要比孫中山更接近士君子，汪精衛比蔣介石也更爲接近。同時，黃興所堅持的恰恰是有限度的政體革命，孫中山在晚年卻傾向於經濟社會革命，正是這樣的理念打開了共產黨革命之門。在汪精衛與蔣介石之間，在周德偉先生看來，汪具有更爲明確的憲政理念，蔣則有太多的私人權謀考量，因而以各種理由拖延立憲。

周德偉先生的這一記述，大大地不同於現有所有現代史敘事。由於不幸去世，這本自傳沒有最終完成，有很多精彩篇章，我們無法看到了。但是，這本不完整的自傳，依然具有重大的思想史和學術意義。或許可以說，這本自傳已經打開一個重寫現代史的通道。

中國現代史是必須重寫的，只有這樣，我們才能夠正確地理解，中國人在「三千年未有之變局中」究竟幹了哪些正確的事情，幹了哪些愚蠢的事情，由此而走到了今天。如果說，這一點對於臺灣來說，主要關乎過去歷史的認知，對於大陸來說，則更具有現實的政治含義：只有通過重寫現代史，人們才能準確地知曉，應當怎樣做，才能完成構建現代國家的事業。若對建國歷史的認知是偏頗的、錯誤的，那就必然在建國事業中重犯相同甚至更嚴重的錯誤。

姚中秋，常用名秋風，獨立學者，常居北京。主要研究奧地利學派經濟學，古典自由主義，古典中國治理思想與秩序。著有《立憲的技藝》，《現代中國的立國之道第一卷：以張君勱為中心》等。目前正研究、撰寫五卷本《治理秩序史》，重建中國歷史之敘事框架。在大陸多家知名媒體開設專欄，討論熱點政經、社會與文化問題。

序四
古道照顏色

吳惠林

寫這篇序既是偶然、也是必然，也可說是機緣。

說是偶然，因爲我與周德偉先生素昧平生，他在一九八六年去世時我才走出校門不久，也才開始眞正走入自由經濟的殿堂，當時對周先生的印象只是台銀經濟研究室出版的《自由的憲章》（*The Constitution of Liberty*）之譯述者，就是到今天也沒有眞正認識周先生。以如此生疏的關係竟被邀爲其自傳作序，當然是偶然！

不過，由我來稍補周先生在自由經濟方面的點點滴滴，卻也是必然的，原因就在我倆共同熟悉的人物夏道平先生。夏先生和周先生相識四十多年，尤其一九六九年周先生從關務署長退休之後，兩個人過從更密。那個時候周先生的主要工作是在翻譯《自由的憲章》，同時也整理自己的舊作出版。一九七五年周先生以年老多病之身遠走美國，度過生命中最後的十一年，除病勢沈重的最後一年多，夏周兩人之間的通信從未中斷到一個月以上。這十一年中，夏先生積存周先生的來信將近百封，其中討論學術思想的長篇大論，竟長到一兩萬字，有的只是商榷一個名詞翻譯，有時兩人爲一個名詞或概念的涵義，爭辯得不能罷休。更値得提醒的是，他倆都是奧國學派一代宗師、一九七四年諾貝爾經濟學獎得主之一海耶克（F. A. Hayek，1899-1992）的忠實信徒，也都是將海耶克思想引進台灣的最重要人物。所以，由夏先生來爲周先生自傳作序是最恰當不過了！奈何夏先生早在一九九五年底遠離塵世，而我自夏先生在一九八〇年代初被中研院院士、中華經濟研究院院長蔣碩傑延攬進中經院後，即和他開展出一段忘年之交歷程，並曾爲文記述夏先生和蔣先生的生平及成就，而蔣先生又和周先生同樣是海耶克的嫡傳弟子。在夏先生和蔣先生已不在人世的現時，由我來代他們補上周先生在經濟面的點點滴滴，應該是很合適，也是推不掉的任務。

這篇序文大部份引用夏先生一九八六年七月發表於《傳記文學》第四十九卷第一期的〈周德偉先生未受重視的一項業績〉這篇文章。正如這本自傳所描述的，在夏先生的眼中，周德偉先生是官場中和學術界的不平凡人物。不過，夏先生感慨說，周先生的不平凡之被人知道的，大都是露之於聲色的一面，至於在學術思想上的用心、造詣和貢獻的不平凡，知道的人卻不多；知之而又重視之的，更是少而又少。更不幸的是，他露在聲色方面的不平凡，又多是「懷才不遇」、「壯志未酬」的強烈挫折感所激發；一發出來，卻每每叫人不快。這，又加深地埋沒了周先生那未受重視的一面，而那一面確是值得夏先生敬佩的。

周先生出生於湖南善化，後來家遷長沙，乃籍隸長沙。他的父親壽椿公，是一位以「文有奇氣，學有奇識，行有奇節」著稱於湖南士林的三奇人物。在事功方面，他參加過清末民初的革命。在治學方面，著有《達尊堂記學》。家中藏書豐富，且有理學名家李文炤（清季嶽麓書院山長）的珍貴手稿若干冊。周德偉在六歲至十三歲的七年私塾中，熟讀了《四書》、《左傳》、《史記》等古籍。進中學、大學以後，每逢寒暑假歸家，更廣泛閱讀經史子集。他的記憶力過人，凡是早年讀過的書而又爲他所喜愛的，如《論語》、《史記》、《三國志》，以及《柳文》、《杜詩》，數十年後，每一談及，皆可成篇背誦。在西方人文和社會科學方面，他在中學時代，就從當時有名的《甲寅》雜誌和嚴復的譯述中，以及直接閱讀康德的原著，開始瞭解超經驗的邏輯建構。這在思路上的一新跨步，對他後來的思想傾向，大概有了指引的作用。北大預科畢業後，進本科經濟系讀了兩年，因父病，回家侍養而中途輟學。一九二四以後，在革命的潮流中，他從事國民黨的黨務九年，據他自己說，這是「流浪了九年……幾於沈淪。」幸而在一九三三年有機會以公費出國，留學英國，進了倫敦大學政經學院。在倫大政經學院的兩年中，他得到海耶克的指導，用功讀了新古典學派、奧國學派、北歐學派的經濟理論，紮紮實實奠定了他的學問基礎。嗣又轉學柏林大學哲學研究院進修，並在海耶克的書信指導下，開始用德文寫貨幣理論的論文。一九三七年中日戰爭發生，公費停發，他的留學階段，乃告結束。回國後，先在長沙湖南大學任教，並兼經濟學系主任。後來在重慶任第二屆國民參政會參政員、在台北任關務署長時，先後在重慶大學、中央大學、台灣大學兼任教授。一九六九年關務署長退休以後，就是他在學術思想上一心一意努力貢獻的時期，也是夏周二人過從最密的時期。周先生在這方面的業績就是在這個時期完成的。

夏先生認爲，周先生在學術思想上應受重視的業績，一是爲我國知識群眾有系統地介紹當代大思想家海耶克；二是把我國儒家傳統思想重新評估，並賦予新的意義。

早在一九三〇年代，已經在國際學術界享有盛名的海耶克，在台灣被稱爲「文化沙漠」的時期，幾乎沒有幾個人知道。海耶克在學術思想界的地位，早已不局限於經濟學領域。他是綜合人文和社會科學的大思想家，被稱爲「一代大儒」。尤其是對於自由與法治所提出的理論基礎，眞是叫讀者有「仰之彌高，鑽之彌堅」的感受。自由與法治，一直以來是我們所聽到的最普遍、最響亮的口號，大家都在喊。可是無論在朝者或在野者，每每誤解或曲解自由，而在朝者便偏於曲解法治。這似乎是世界通病，尤以我們東方爲甚。爲要從觀念上來一根本澄清，以利我們人類社會得以走向較開明而較和諧的前途，海耶克的社會哲學之廣爲傳播，確是最必要的。周先生在這方面作了多年的努力，以致在今日台灣的知識群中，海耶克這個名字已不是那麼陌生了，儘管他的影響力我們還沒有明顯地看到。

夏先生指出，給台灣知識群眾介紹海耶克的，雖不只是周先生一人，也不是始於周先生。但在這個工作上用力最多、最誠懇，而又介紹得最有系統的，只有他，沒有第二人。夏先生認爲，周先生在這方面的業績，具體地講，體現在兩本書上：一是周先生譯的《自由的憲章》；一是他著作的《海耶克學說綜述》。

《自由的憲章》是海耶克理論體系中自由論的代表作。在同類的文獻中，它可頂替密爾（John Stuart Mill,1806-1873）的《論自由》（*On Liberty*—嚴復譯爲《群己權界論》）。而海耶克所處理的廣度和深度，超越密爾的遠甚。這本書的翻譯，確不是一件尋常事。周先生在將近兩年的時間內，不停地每天花幾個小時在這上面。當他遇到原著艱深難懂的地方，總要多方搜尋參考文獻，或沈吟苦思；一到有了所得或恍然大悟的時刻，他馬上找夏先生（他倆的住址只有十來分鐘的步行距離）談得興高采烈。夏先生是個早有翻譯經驗的人，面對這種情景，每每會重溫，會分享，那種沁入心脾的苦中樂。

寫到這不得不感慨，台灣社會對翻譯可說極度低貶，普遍認為不登大雅之堂，殊不知「信、達、雅」的翻譯，較諸自己創作更為困難，尤其翻譯經典更是難上加難，如果譯得好，對社會的貢獻是非常大的。

周先生譯的《自由的憲章》，有一大特色，此即譯者不拘守譯事的繩墨，隨時在句裡行間增補他自己的話。這些地方，雖然在形式上沒有保持住原著的面貌，但在意義上卻有助於對原著的瞭解。為明示這一特色，周先生在書內封面他的姓名下不用「譯」字而用「達旨」二字。同時他在「寫在自由的憲章的前面」第參節以下也有詳細的說明，更可看出他的認眞態度。

為傳播和闡發海耶克的學術思想，周先生除用力翻譯了《自由的憲章》外，還著作了《當代大思想家海耶克綜述》。這本書除序文及導論外，共有二十六篇文章，分做四編。編目分為：（一）社會哲學與法治思想；（二）經濟學理及政策；（三）中立貨幣論；（四）具體問題的研究。序文是海耶克寫的。海耶克覆周先生的信及序文的原稿，都刊在書首。海耶克這位嚴謹的學人，是不會隨便恭維人、敷衍人的。我們從他這篇短短的序文中，足可相信周先生對海耶克思想體系瞭解得精深，闡釋得明晰。

本書中一九六五年海耶克初次訪華時周先生在《中央日報》發表的那一篇，題目為〈介紹海耶克給中國知識群眾〉。該文所介紹的，著重在經濟理論方面，而且又以最嚴肅最簡賅的兩本專著（《貨幣理論及經濟循環》和《價值與生產》）的主要內容作主幹來介紹，就一般的知識群眾來看，恐怕不容易接受。所以那一篇文章，並不足以代表周先生這方面的貢獻。

除了以上二譯一著的兩本書是直接陳述海耶克思想的以外，周先生還出版了兩本書：一是《周德偉社會政治哲學論著》，二是《周德偉經濟論著》。這兩本書涉及的範圍很廣，收集的文章頗雜。但讀者如有耐心細讀，當可看出其中的一貫性。此一貫性，在他的〈人文現象的領悟〉一文中也講到，那就是奧國學派的傳統。奧國學派的學者們所持的理論，枝節上彼此有很多差異，但在基本上有其一致的傳統，包括主觀論（subjectivism）、個人主義（individualism）、社會秩序自然演化觀、知識的無知論等。這都是海耶克剖析得特別精深、闡發得特別周密的地方。這一傳統，在周先生討論政策的文章中，也有時會流露出來。因而我們可想見奧國學派的思想已溶合在他的思想中。他爲我們介紹了奧國學派的大師海耶克，他也的確是有足夠資格作這項介紹工作的一個人。

夏先生認爲，周先生在學術思想上的用力、造詣和貢獻，除上述的有系統介紹海耶克以外，就是重新評估我國儒家的傳統。他在這方面的造詣，零星地散見於許多篇文章，而以〈西方自由哲學與中國聖學〉和〈中西法治思想之比較研究〉兩文爲最有代表性的力作。夏先生讀周先生這方面的論著，更感覺到奧國學派的思想對於周先生影響很深。

奧國學派的理論在現代主流經濟學書籍中可說沒有地位，而海耶克思想和看法也受到輕忽，全球迄今仍服膺凱因斯（J. M. Keynes,1883-1946）理論，台灣也不例外，或許奧國學派和海耶克的理念難懂，或許這些理念無法與「權力」掛鉤。我們由海耶克對貨幣和一九三〇年代世界大恐慌的解讀及預言，即可得知忽視海耶克理論對於人類是多麼的不幸。海耶克在一九二七年於維也納的「奧地利景氣循環研究所」，成爲第一位預測美國經濟崩潰、進而殃及世界經濟的「先知」。海耶克認爲大恐慌呈現的大量失業（亦即超額供給），是因爲勞動和其他各種生產因素在各業、各廠，以及各地之間的分配對其產品之需要的分配之間不能協調所致，之所以如此乃因「相對」價格和工資體系受到扭曲，而扭曲的源頭就是政府使用了擴張性貨幣政策，由其創造出來的「人造」需求（包括產品需求和生產因素需求），使生產者和勞動者都做了「錯誤預期」，終使實際上的產品及生產因素都過量。這個時候，政府決策者不但不及時停止此種虛假的擴張需求政策，反而更增強該擴張政策的應用，惡性循環的結果，不但使寶貴的生產資源流向低生產力之處，而且累積了大量的「超額供給」，一旦擴張政策停止，泡沫終於破滅之後就出現了大蕭條。值得強調的是，如果持續不斷的一再使用擴張信用政策，時間愈拉長，禍害也就愈大，二〇〇八年爆發的全球金融海嘯，就是一大見證，但各國還是繼續使用「印鈔救市」的凱因斯「創造有效需求」飲酖止渴方式因應。

關於貨幣，海耶克指出，貨幣是高等文明秩序中最爲抽象的機制，貿易倚賴貨幣，透過貨幣的媒介傳導，個別特定的交易行爲，可以在最遙遠的地方，以最間接的方式，造成種種最爲一般化、而且也最不容易理解的影響。人類的合作秩序若要延遠流長，就必須藉助於貨幣，但貨幣也將使引導人群合作的種種機制，覆蓋在一層難以穿透的濃霧之中。一旦以物易物被以貨幣爲媒介的間接交易所取代，原本還可以理解的事物便消失不見了，而代之而起的種種抽象的人際互動過程，即使是最有洞察力的人，也無法全盤理解。

海耶克認爲貨幣制度就像道德、法律、語言，以及各種生物那樣，也是來自於自化（自然演化）的秩序，因此，也同樣受到變異與演化選擇過程的萃煉。然而，貨幣制度終究是在所有自化長成的結構當中，最不令人滿意的產物。貨幣經歷過的演化選擇過程，比別種制度受到更多的干擾：由於受到政府壟斷貨幣，阻撓市場競爭進行各種試驗的影響，演化選擇機制在貨幣方面，未曾充分發揮作用。

在政府的照顧之下，貨幣制度已經發展到非常複雜的地步了。然而，在此一發展過程中，由於政府從中作梗，幾乎沒有市場試驗，也很少讓市場自由選擇可能適合它的制度。因此，我們到今天還不太清楚什麼是好的貨幣，也不知道貨幣可以好到什麼程度。其實，政府對貨幣發展的干擾與壟斷，並不是最近才開始的，幾乎在鑄幣開始被市場選作普遍接受的交易媒介時，政府的干擾就不斷地發生了。海耶克嚴厲地指責說，沒有貨幣，延遠的自由合作秩序，就無法運行，但，貨幣幾乎自始就遭到政府無恥的摧殘，以致它竟然變成延遠的人類合作秩序當中，干擾各種自動調適過程的主要亂源。除了少數幾個幸運的短暫時期，整個政府管理貨幣的歷史，簡直就是一部詐欺和矇騙的歷史。在這方面，海耶克已經證實，政府自己比任何在競爭的市場裡提供各種貨幣的私人機構，都來得更不道德。海耶克說過不少次，如果政府不再壟斷貨幣，則市場經濟的潛能也許會有更大的發展空間。

海耶克所描述的人對於貨幣之複雜情結，貨幣在促進交易繁榮、人類文明的貢獻，以及貨幣所導致的種種搶奪、鬥爭行徑，如果沒有證據是很難引起共鳴的，而我們可以由《金錢簡史》這本書得到最好的佐證。該書透過近二千年前小亞細亞西部富裕古國呂底亞發明硬幣以來，人類改朝換代的歷史演進，以錢幣、紙鈔、電子錢幣三大貨幣演化時期為經的歷史陳述，讓我們見識到人生與金錢之間的各種形形色色關係。我們看到羅馬帝國因為善用貨幣而繁榮，也看到貪婪帝王胡亂鑄幣引發的信用崩潰而亡國，也見到金錢被視為罪惡、收取利息有罪的歷史，更讓我們看到了搶奪貨幣發行權而引發的政教戰爭。到了現代電子錢幣時期，的確是又一次革命性的貨幣演變，但對於貨幣到底是什麼的疑問，不只是沒有提出更明確的答案，反而讓世人更眼花撩亂，也更為迷亂。「虛擬經濟」毋寧是傳神比擬和寫照，此與「泡沫經濟」同義，僅就我們眼見的信用卡引發的諸項弊端，以及衍生性金融（有毒）商品和金錢泡沫投機遊戲帶來的禍害來看，海耶克對貨幣的觀點長期被漠視實有以致之，也令人感嘆。

我們甚至可以說，當今全球天災人禍不斷，瀕臨毀滅邊緣，海耶克的理論不受重視是主因之一，由此也可知推介海耶克的思想是多麼重要，而周德偉先生和夏道平先生早年就致力引介海耶克到台灣，眞是先知呀！但事實證明是寂寞的。

海耶克大半生受到壓抑，卻生活得愜意、實在，由周德偉的這本回憶錄，也可感受周先生的遭遇也是如此。就是由於他們看到眞理、堅持眞理，才能頂天立地，雖千萬人吾往矣，不畏強權橫逆講眞話、做眞事、做眞人。

吳惠林，台灣大學經濟系博士，美國芝加哥大學經濟系訪問研究，現任中華經濟研究院第三研究所研究員，專研勞動經濟、經濟發展與產業經濟。

序五
不容青史盡成灰

周渝

父親周德偉先生生於民國前九年，也就是西曆一九〇二年，陰曆九月十五日，據說正好是當年陽曆十月十日。辛亥革命到現在已百年了，今年正是他老人家一百零九歲冥誕。他的父親，也就是距離我出生已相當遙遠的祖父，周壽椿先生，直接影響了父親的人生起步。祖父的中國經學與史學根底深厚，雖然命運坎坷，但家中藏書卻不斷累積豐富。他不恥科舉，以中醫爲業。以他寬闊的胸襟與眼光，很早就注意到西學的重要。他幼年居處與黃克強先生爲鄰，是爲世交與好友。他曾秘密參與華興會，曾爲革命招募民勇帶兵打仗。父親的人生即早即正持理想，胸懷大志，他這輩子的情志與生命，可說是全部奉獻給了重建中華的大業；一輩子爲追求理想，維持人格而忍受艱辛、孤獨、挫折、屈辱與痛苦，母親和全家兄弟姐妹都共同承擔，說是全家受難也不爲過。這當是一個胸懷經世濟民大使命感的儒者個人及家庭命運。希望父親遺留下來扎根的這個靈魂深處的痛苦噩夢，能隨著這本回憶錄的終於整理出版而露出一道曙光！尤其正在今日已十三、四億人口龐大中國的政經結構走入瓶頸，亟需新的視野與願景來引導，來轉入新的政治、經濟與社會秩序與軌道的當口……。

父親於一九二〇年進入北大預科。當時北大內的馬克思學說研究會，看他是個外地來的窮學生，想他可能會有階級觀念，曾吸收他做會員，但很快地就因理念不合而鬧翻退出了。一九二五年春，汪精衛在北方四處演講，宣揚中山主義，感動了無數青年學子，父親也就在那時與一些同學加入了國民黨，從此開始了他在中國近代史舞台與國民黨內的複雜矛盾的艱辛歲月。因此這本回憶錄，他命名爲：「我的一生與國民黨的點滴」。

由於父親特有的稟賦與人格特質，讀書功夫下得深刻而扎實，中國經史之學的根底不必說，西學方面，在中學時，就開始念《甲寅》雜誌、《天演論》等翻譯名著。有系統地開始吸收西方重要的民主憲政、法治與自由的思想與理論。進入北大後，師從陶孟和、顧孟餘等北大教授，讀到了《原富》及其他經學及法學名著，而知識論與社會科學方法學也深深地吸引了他，開始研讀康德的「純粹理性批判」，由於他念中學時外語念的是德文，所以他的康德哲學是直接從德文入手。

以他如此扎實的研究與深刻的思考，他很早就看出孫中山的三民主義有很大的問題，尤其是民權主義，只提到人民的公權，即選舉、罷免、創制、複決四權，對於最根本的保障人民自由的私權，毫未提及，反而說中國老百姓的自由太多！而民生主義又搞得與共產主義糾纏不清，如眞實施，恐怕製造的問題比原有的問題更多。但當時汪精衛在北方宣揚鼓動的氣氛下，知識份子普遍希望中國能即早脫離軍閥割據與混戰，在文人主導下，早日實施民主憲政。父親在自傳內說：

「我自幼即有政治抱負，當時的形勢，北洋政府已屆末日，只有國民黨與共產黨夠格打倒北洋政府。我不相信共產主義及唯物史觀已如前述，打倒北洋政府，只有國民黨是當前可行之路，成功雖未可必，但總比其他黨派進步得多。政治運動總是現實的，個人幹不起來，故加入國民黨。……」（見第

五章）

一九二八年，父親在天津創辦《天津雙週刊》，鼓吹實行憲政，反對軍人主政，反對打內戰，主張南方好好發展經濟、厚植實力，軍閥勢力自然會被歷史淘汰……。

但到了一九二九年——

「目睹當時國民黨之所謂訓政，無非新軍閥、新財閥攘奪權力，距離群眾益遠。新軍閥以蔣介石為領袖，附者盡闒庸奴才，財閥亦蔣氏一手培植…」「北洋舊財閥多以向蔣氏輸誠，滲入國民黨內分享杯羹。而才智之士，則排斥殆盡，歷朝開國規模之隘，無逾於此者……」

「當時萬念叢生，眞不知如何著手，曾思獨組一自由黨闡明吾說，只使政府職權協助人民自由發展，而當時謀生不暇，資歷聲望又所不孚，不足以資號召，只有構想而已，終身無成愧恨而已。」（見第十二章）

由這裡可看到，為中國建立一個以保護人民權利與自由，促使社會自然演化、文化與學術自由創造與發展的「自由黨」，應是父親畢生嚮往的大夢罷！

隨即他加入了以實施憲政為號召，由汪精衛、顧孟餘領導以青年知識份子為主的國民黨「改組派」秘密組織。

一九三二年汪、蔣復合，父親在黨內及政界眼看即有不錯的前途，他卻深刻地意識到自己的學問尚不足挑起治國的大業，尤其要救中國，必須要在經濟學上下功夫。在別人積極從事政黨活動時，他卻用功研讀，終於在民國二十二年拿到鐵道部獎學金，負笈英倫，進入倫敦政治經濟學院，師從海耶克，廣讀奧國學派與北歐學派的論著，後又轉入柏林大學，用德文完成《中立貨幣論》論文。返國後任湖南大學經濟系主任時，創辦《中國之路》半月刊，又陸續用中文將它寫出。這篇經典論文，是在論述貨幣與生產必須維持穩定而平衡的關係，並闡明其原則與方法，以避免遭到經濟起伏膨脹收縮的干擾，這不只是維持社會經濟成長創造的大法，也是文化賴以發展的重要基石。他引中國經典《中庸》名言：「致中和，天地位焉，萬物育焉。」形象而生動地描述了「中立貨幣」的意義！

衡諸今天的中國及可見的未來，這仍是一篇極有價值與針對性的經典著作，卻是完成在七十餘年前的一九三〇年代。父親去逝後，夏道平先生晚年曾細讀這篇論文，告訴我說，這篇不易讀的論文令人深思，受益甚多，眞是一篇經典！

※　※　※

父親晚年寫這部回憶錄，其實負著一個巨大的使命，等於是重寫國民黨史，他說：「我不寫國民黨史，國民黨將永無眞史！」雖然「我只能就我的接觸，寫出片斷的眞相。但此片斷的眞相，多爲世人所不知，所以不失其重要性。」

原因是，在台灣——

「國民黨的史料，都控制在黨史委員會，此會的主委與委員們，向來看著蔣介石的顏色行事。」早年羅家倫做主任，尙能有所節制，只是許多文件不敢公佈。

「現在更不像話，宮廷的宦豎小人也當起主任委員來了！保存的黨史及史料，不知經過若干拋棄、修改、杜撰、匿藏，凡不利於蔣家的資料一概無存！例如吳稚暉是蔣介石的國師，他每天有日記，死後，蔣介石派其機要秘書整理吳的資料，預備大事宣傳，但整理之下發現吳稚暉晚年有不利於老蔣及小蔣的言論，老蔣就命其一火燒之。……」

父親描述道出的民國初及北伐前後，以及抗日戰爭前親身參與，歷經與體會認識的歷史，讀之眞是令人驚心動魄，拆穿了蔣介石長期壟斷，以他爲中心，自我美化，污辱先賢，極端扭曲的民國史及國民黨史。父親下筆握住民國以來有識的知識份子文人，欲建立民主憲政的大目標，與蔣氏這個嗜好殺人，常採取暗殺手段對付政敵的新軍閥頭頭的艱苦辛酸的鬥爭競逐場面，令人讀之不勝唏噓，升起無窮感慨。這段歷史不只是一段血淚史，更是一部中華民族良知受難史。父親認爲他如不寫，歷史的是非黑白、顚倒冤屈永無以得正。這實是民族歷史、道德與文化上的一件大事！他是企圖效法孔子作《春秋》：「以禮爲綱，以經爲緯，斷以自己的識解及社會共遵共守之道德法，褒貶……（讓）後世垂爲典範……。」

而他寫到自己的部分：「凡寫一己之事，必擇其與世道人心、社會風俗、國計民生有關之大事。凡私人恩怨，一概不書……。」

這就是周德偉（字子若，取效法孔子之意）晚年提出的一部自傳——更是一部民國史——的告別人生的力作。

父親是在一九七五年與母親一同赴美兄姐處即未再回來，行前已寫了若干篇章。由於長年以來，我們家常被監視，電話更是被監聽。在台灣書寫這樣一部著作，使他十分沒有安全感。他去國前，身體已很不好，胃痛從年輕時就未斷過，晚年更是全身到處疼痛，這可能是由於年輕時一心努力，不注意身體。母親說他在英國留學時，身體瘦得只剩下九十幾磅，當時穿的英國呢料西裝，居然後來成爲我家念中學的窈窕大姐的小洋裝外套！在他離開台灣前，我每每看到已年近七十的母親對他辛苦的照顧與扶持，心痛不已。他在一九六七年退休後，抱病翻譯了海耶克的大部頭巨著：《自由的憲章》，似乎就是這部書，也使生命末期的殷海光先生終於明白了眞正的自由主義，改變了他對傳統的態度；可惜他英年早逝，否則他的影響力，將另有一番景象。

父親是自幼讀中國經史，爲文又受到章士釗及英國學界寫精鍊文章的影響。他帶文言的筆法，可能會使現在年輕讀者感到困難。但如能耐心慢慢熟悉他的文字，當可發現這是一部有崇高情操與深度思想見解的著作。前二章家族史讀來可能有些累贅，建議讀者可從第三章念起，將來有興趣再回頭讀前二章。

這份文字常十分潦草的手稿，可惜只寫到抗日戰爭初期在湖南大學任教的時期。可能是體能轉差，精神不繼，未得完成；也或許從民國初年到抗日戰爭這一部分是他最在意的，寫完這一部份，認爲主要的使命已完成，從此停筆了。

這部父親的回憶錄能夠整理出來，有幾位女士與先生是我要致上由衷的感激：

首先，是我的伙伴紫藤文化協會秘書長林慧峰女士，是她的魄力與毅力，力促並操作在紫藤盧三十週年時，把這本尊德性齋老主人最後的遺作呈現在大家的面前。

要感謝劉佳奇女士，是她尋找到願意打字的人，掌握打字、校對、排印的進度，並參與細校，使這部書能按期呈現出來。

而江玉英女士，也就是這位找了許多人後才找到的，願意耐心辨識手稿難認的字跡，逐步打出全書；她做了這份一般人都不願做的工作，我想這是大家都要感激的。

另外，我必須深深地表達對一位先生的感恩，就是鄭村棋先生，他邀中時工會常務理事陳文賢先生共同爲這部回憶錄作了艱辛的初校工作；這份工作本來應該是由我來做的。

感謝戴芫品小姐，她費了許多精神，細心地查核史料，並對比手稿、鄭先生的校稿與排版稿；她也做了對父親其他手稿的整理與編排工作，而這份從散亂手稿整理起的工作，是在四、五年前由張志雲先生著手初編，在此也一并致謝。

我要感謝溫洽溢先生，以他的專業協助校正現代史人物的姓名及字號等。

最後，要感謝遠流出版社董事長王榮文先生，以出版家的眼光與使命感，把這部著作列入重頭出版；而吳家恆先生細心地在原書中找出「落筆驚風雨」的文句作爲書名。

當然，對幾位爲這部著作作序的學者：尉天驄先生、邵建先生、姚中秋先生、吳惠林先生，他們清晰地認識到周德偉先生在中國近代史與近代思想史上的重要性與關鍵價值，對他們這種深刻地用心與努力，把周先生的思想、人格與看歷史的角度闡明並介紹出來，我是十分崇敬及感佩。此外，對最早發現並呈顯父親重要性的陳明先生、朱學勤先生與賀照田先生，我也要致上由衷的敬意。

相信這本書的印出，告慰的不只是父親在天之靈，也告慰了民國以來一些曾有偉大情操，付出巨大努力而不爲人知，或更遭污辱冤屈的靈魂；也爲後世人留下一份正義與悲憫；更希望革命以來，已歷經好幾個世代的犧牲與苦難的中國人，終能摸索到正道，正確而逐步地建立起未來中華民族與世界文明的新秩序！

周渝，紫藤廬茶館創辦人。大學時期研習經濟學、哲學及文學。畢業後曾任記者，創立「耕莘實驗劇團」，參與台灣早期民主運動，對民主發展及藝術人文皆懷抱極大熱情與理想，在戒嚴封閉的年代曾不遺餘力贊助新生代藝術家。一九八一年創立文化茶館「紫藤廬」，長期推廣茶道美學、國際茶文化交流及藝文活動。

自序
我的一生與國民黨的點滴

孔子臨淵而嘆曰：「逝者如斯夫，不舍晝夜」。余自幼以孱弱之軀，向未想到不舍晝夜的活到今年已七十八歲。兒女輩均以不知我之往事爲憾，慂慂勸余作自傳，藉供觀摩。最初，余認爲：自傳乃西方名人的夙技，內容難免誇張自己，貶損人若物之客觀事實，即俗語所謂自拉自唱是也，中國文人學士之修養，不立意以鳴高，不炫美以爲德，如是「人心方趨敦厚，教化方昭純美」。我又以爲，最好的自傳，莫如自己之著作，我既已刊行數百萬言的著述，有以自見於世，並不爲權勢而稍屈，是非總可由後人釐定，何必陷入俗士之窠臼。聖如文王周公孔子，以及後代無數名賢碩德，一意以裨益世教爲務，從未曾寫自傳，以鳴得意，卒之光輝萬丈，照耀古今。我雖稍具學問及閱歷，但置之茫茫宇宙，及日進不已之文化中，似不足道。古往今來人類累集之知識愈多，文明發展之水準愈高，則個人分享之知識愈少。我之有待於人者與人之有待於我者，不啻霄壤之別。眞理乃天下之公器，果執理而眞也，不患其不傳，立論而妄也，我不自毀，人亦將毀之。莊生云：「計人之所知，不若其不知」，則個人之微末知識爲事跡，自後人觀之，已成雞毛蒜皮之小事，傳與不傳，其歸趨一也。

但兒女輩仍堅請不休，內子尤殷勤敦勸。兒女所謂：「我們經父母的培育，幸已成人，從未受過不可逾越的困苦，不似父親一生艱難，受盡人所不堪的折磨，做了許多人所不願爲、所不敢爲的事業，砥柱中流，有益世道，吾人所知，不及百一，雖父親胸襟廣闊，無意於宣揚自己，但不寫出，我們無從獲得更多的教訓。再有進者，父親生當新舊遞嬗、文化交流之會，備具古今及東西各方的學問，交遊既廣，切磋又多，文章另具號載，在人文科學哲學方面，總算結集了自清末維新以來的成果，雖後事不可知，前事已可師法。但父親過去爲文，向未受到應值得的注意，何況後代？當代語體文流行，中學生以上均看不懂古文及文言文。父親的文章識解，論古，確是超越前賢。蓋前賢只能作論政、紀事及辭章靡麗之文，且所論之政，所經之事，非後今日之政及今日之事。不似父親之文，匯集古今中西名家之言，如淵似海，閱歷繁複，亦非前人所可企及。夷夏之分已被打破，新舊之爭，亦已如量論正。且寫今世之事，不免新創術語，有心人讀之，亦祇半知半解，且岐義百出，誰能識父親之本懷，且今日之當政，正貶抑正士及知識，崇獎庸俗及無知，父親決不似古人之幸運，能垂名文以自見。盍稍貶焉，寫一本實的自傳，乃避艱深之探討，務期閱者人人能解，反較專門著述有益於世用。」內子則曰：「文化由累積而成，君亦有其貢獻，傳之後世，不亦善乎？」余爲其所感乃稍變原意。

接受彼等之意見後，原只擬寫一本：「我與國民黨的點滴」。我非黨國大員，出生既晚，未嘗加入興中會、華興會、光復會、同盟會以及民國二年之大國民黨。自民國十五年後方參與政治活動，自無資格寫國民黨史，且自三十歲後，執見又與中山異執狺狺者流爭吠所怪，禮失而求諸野，自古已然。所閱官方文書狂悖謬妄，如尊陳其美如神智，抑黃克強如鬼。至於誤國誤民之獨夫，則有豢養之文奴歌功頌德，尊之如堯舜文周孔孟，且集政教大權於一身，強奸民意，敗壞士風，爲前史所無。嘉言語錄到處流傳，掩盡天下人之耳目，自上尊號曰民族救星也，世界唯一之偉人也，萬口雷同從而利之，不復知人間羞恥。憶民國五年袁世凱篡國，蔡松坡將軍率二千疲敝之卒，宣告於眾曰：「中華四億人民若讓袁世凱做了皇帝，豈非全民族之恥？余將不計生死成敗以反對之。」今日尚有蔡公其人乎？予自民國初年叨渥庭訓，民國九年後追隨先君與上述各會人士交往，厥後躬聆各方人士之言論，已歷五十餘年，所知或顯著或隱微之實跡，深銘於懷，紀之可補正史之闕，眞相稍明，後之覽者或將有感於斯文。孔子布衣也，刪詩書，訂禮樂，作春秋，以禮爲綱，以經爲緯，斷以自己之識解及社會共遵共守之道德法，褒貶二百四十二年之事，大都爲弒父弒君，亡國虐民，亂倫犯紀之大事，後世垂爲典範，其禪意教仕，豈有窮期？孔子道至大而不當其位，乃毅然述作，代行聖帝明王史官及大法官之職掌，而無所怯。春秋實爲當代一部大野史。故孔子曰：「知我者其惟春秋乎，罪我者其惟春秋乎？」微末如予，何能望此，然而所述既皆事實，此物此志，亦其類也。至於個人一生任教仕宦小事，轉瞬即成煙塵，故凡涉及私人恩怨者一概泯除，只述有關國運及風氣之大事，既只限於個人經歷，漏述必多。故改名曰「予之一生與國民黨之點滴」，如是則先世亦可納入矣。形勢所逼，又落入西方人士寫自傳之陷阱，自相違迕，幸讀者諒之。然而行文亦自有限制：

（一）凡寫一己之事，必擇其與世道人心，社會風俗，國計民生有關之大事，凡私人恩怨，屢遭誣構，一概不書，與小人爭，自己又居於何等？此類不平之細故，檔卷俱存，兒女欲知予爲何等風格，可自行翻閱，不以公之於世！兒女欲加整理問世，則予之骨已朽，任之而已！所謂不立意以嗚高也。

（二）又著「附錄」多篇，自關人之大節，並紀一生讀書心得，或已存有得而未筆之於書者，或早已存作今已佚失者。又今日印刷術昌明，當路在勢者各蓄徒眾，欺矇群眾，敗壞風氣莫此爲甚，濫肆宣傳，帷爬梳闕失行文必有根據及典則，方能讓人信服，故此「附錄」，不免繁褥，有志之士，其能深究愚衷乎！

（三）斯書寫成之後必顯國事之艱危及前人所犯之錯誤，國家必須改弦易轍，重加整建，故殿之以「跋文」，標出重建國家之大綱及原則。此雖個人之見，然戀往事，思來者，又融合中西哲理及法制，或不無一得。且任何主義乃環境促成，迨其屢試失敗，若仍拘泥不仕，必導致更大之悲劇。故獨標新見，願與世人共勉！

（四）作者身居國外，典籍不全，所紀之事，時日或有乖迕，深望讀者通其意，即爲已足。司馬遷著〈五帝本紀〉贊曰：「顧第勿深考，其所表見皆不虛，書缺有閒矣，其軼乃時時見於他說，非好學深思，心知其意，固難爲淺見寡聞者道也。」惟余紀身歷之事，不虞深考，其所表見皆不虛，則所自勵。他說多有，可備相互參證。是爲序。

公曆一九七八年二月於美國之加州洛杉磯

尊德性齋老人　周德偉

第一章　周族之先世

湖南周族不下數十，均稱汝南堂，奉周濂溪先生爲始祖，蓋自北宋以來即稱汝南周茂叔也。茂叔原籍湖南道縣，仕於江右，舉家徙江西蓮花峰下，曾知南康軍，後爲江西點提刑獄，再徙汝南，故其大弟子程明道、程伊川及宋史均稱汝南周茂叔。當時道縣尚爲蠻荒之地，學術文化落後，故其原籍，後世反鮮稱之。周族既夥，是否同出於濂溪，似未能遽定。據余所知，湘潭、醴陵有二周族，亦稱汝南堂，實係朱明之後，國亡，爲懼滿清之禍，逃至湖南，改從外祖父之姓爲周，清季，有周劍帆者，舉於鄉，工詩文，曾參與康有爲領導之維新運動，民國成立，始呈請都督府，復姓爲朱，改稱朱劍帆，有詩文集刊行於湘。余於民國十五年任教醴陵縣立中學，校址即舊日之淥江書院，余曾修後輩之禮謁劍帆，已垂垂老矣，爲余話先世改姓事甚詳。

故友楊綿仰之長媳周氏，民國三十年余曾見之於重慶楊寓，詢其家世，亦朱明之後，改從外祖父之姓者，惟厥後未復姓，仍稱汝南堂，是此二族與濂溪先生無關。長沙周渤周鯁生一族，亦號汝南堂，距余族僅五十公里，是否與余同族，家譜未攜出，無從稽考。余自童蒙時未聞二族有交往，先人經驗，余不及知，然蕃衍六百年，距離又近，支系蕃衍似有可能。余既力求眞，不敢遽定，著此以待參證，余識鯁生師於北京大學，惜未話及家世。

大抵中國各氏族均祀一偉人爲其始祖，其源甚古，如湖南之劉姓，均稱爲公劉之後，趙族均稱爲趙充國或趙清獻公（宋相趙抃）之後，不稱李牧之後者，則以李牧之功名未終，曾遭殺身之禍也。谷族均稱爲谷允之後，李族均稱爲李臨淮（光弼）之後。馬族均稱馬援之後，事均無考；至於全國孔顏曾孟關，各族均稱爲孔子、顏子、曾子、孟子、關羽之後，實則顏子無後。關羽之後，據陳壽《三國志》，被龐會所族滅，曾子、孟子之後，不見於史傳，惟孔子之後，歷世其家，至秦漢時，直系尚可稽考。然似僅蕃衍於北方。周族均戴濂溪先生爲祖，似亦其類。

余家之遷湘始祖爲通叟公。元末大亂，群雄割據，陳友諒據江西湖南一帶，以南昌爲首府，國號漢。朱元璋據金陵，平張士誠，據吳越一帶，國號吳，吳漢大戰，元璋屢頻於危，恨友諒入骨，厥後元璋滅漢，盡誅陳氏之戚族，友諒娶於周，妻父被尊爲國丈，周族之士子亦多仕於漢，元璋兵紀不肅，縱兵屠殺，故江西凡元璋兵力所及之地，居民均西向逃湘；至今贛人湘人相遇，均互稱表兄弟。通叟公即率二子逃至湖南善化者。元璋又遣兵掠湖南，大肆屠殺，自岳陽至長沙、善化、湘潭、瀏陽、醴陵一帶，人民之遺存者，均南向逃亡。相傳湘潭有一家，迨元璋停殺令到，僅餘一老婦，杜工部〈石壕吏〉之所詠，無如此之慘酷及普遍也。通叟公抵湘時，長沙、善化一帶已鮮人煙，外省移民之入此數縣者，得插標爲業。顧明史所載，元璋一日仿劉邦聚群臣，論得天下之由，各有稱頌，元璋曰否，「朕惟不好殺人耳。」實則中國歷史上帝王殺人之多，毋逾元璋者，胡惟庸之獄，誅殺至三萬餘人；李善長，開國元勳也，年已八十，誅其全家七十餘口；李文忠，其外甥也，亦不能免，功臣多被殺絕，桀紂秦政，王莽隋煬，無其慘也。余家歷世迄余祖，每話朱元璋血洗湖南，余猶耳熟能詳，眞史之不易得，往往如此。

插標者乃就荒地樹一標幟，稱爲己有，赴縣署報戶籍，承擔明代所訂之田賦，縣署即確定其產權，發給契據，經由府報呈藩司備案而已，平時變更或取得產權，經由縣府藩司三級官署，業主須分繳多種「陋規」。清代官俸極低，各級官吏均恃「陋規」爲生。蓋若干倍於官俸也，故有「三年清知府，十萬雪花銀」之俗諺。朝廷大僚又賴總督巡撫及藩司之貢獻，故承平時期，全國田賦收入不越二千萬兩，人民之總負擔蓋十倍於此。貧瘠區域陋規較少，如湘西、貴州、廣西之縣令，官吏皆視爲畏途，江浙富庶地區之縣令，其實際收入反較貧瘠省區之封疆大吏爲多，故各級官吏視轄地之所在，有肥缺瘠缺之稱，缺者職位之出缺者也。又人口藩衍，新墾區域甚多。墾主只須向主管縣令每年允納少額陋規，即不報戶籍及田賦，此爲縣令收入之最大源泉。有清一代之戶籍及田賦，均承襲明制，賦額一無增加，人口墾區蓋數倍於前明。此類事實，朝廷明知之而故縱之，蓋以微小之中央政府組織，滿洲又僅數百萬人，統治數十省區，只求地方平靜，無造反及暴亂之事，朝廷即已滿足。田賦而外，尚賴地方進貢，上下分利乃太平盛世之統治術也。幸自唐宋以來定制，縣令必用進士，進士讀儒書，行動尚能自律，若用軍人，貪黷虐民而外，尚招兵買馬，積草屯糧，每形成割據造亂之局，史跡斑斑可考。

元末明初戰亂之區，地曠人稀，官府初只懼無人耕殖，故不納陋規即可取得產權，吾之始祖即由此夾縫中發跡。其不幸者唯有被屠殺及餓死而已！通叟公標得善化縣（今已併入長沙縣）、石硯鄉耕地數十頃，命長子居之；標得山塘鄉耕地亦數十頃，命次子居之，山塘者，乃高山叢中天然形成之一大蓄水庫。可灌溉數千畝，故稱沃地。大抵此時秩序已定，移民及逃民已陸續來歸，故得行躬耕之事，厥後人丁蕃衍，縣令仍索陋規如故。石硯、山塘相距約五十里（廿五公里），遂分二族，山塘族又分三支，余家則最初一支之後嗣也。通叟公教學於鄉，初不自言其眞實姓名，臨終時親書遺囑二紙曰：「余本北宋周濂溪公之嫡裔也，遭戰亂遁逃至此，先人著《通書》，通天人之理，余學雖不逮，志則慕之，故別號通叟，汝等即以此名余可也，眞名不必傳世，幸勿入城市賈禍。」二子各執一紙，歷世寶重。余家譜牒未攜出，自十二世祖以上通叟公而外，余均不能舉其名，餘皆父祖口述。相傳明末議郎周栩曾爲直諫，有清中葉長沙周必大、周荇農均爲余族，無從稽考。實則據古禮，五服以外，年事相若者均視同兄弟，長者視同叔伯，派別尊卑，祇備祭祠時序昭穆之用，社交上固毫無用處者。同姓聚居，平日誰序昭穆，余無用引名人爲榮，周族發展歷六百年，居民擴散至長沙、湘潭、瀏陽、醴陵各地，相遇雖支系亦不辨，每年冬季祭祠一次，大會數千人而已，遠道不及步行來會者尤多。惟有數事，證據明確，不可不紀：

康熙中葉，山塘族有顯者官翰林侍讀學士，呈通叟公遺囑於朝，並於山塘周家灣建新祠堂。康熙親書「吾道南來」匾額，並書「先賢周子祠」，門聯爲「學開北宋，派衍南湘」頒賜之。蓋濂溪原籍湖南道州，仲尼之學，自濂溪方盛於湖南也。「吾道南來」康熙曾數數書之，嶽麓書院亦有此匾額。「吾道南來，學開北宋」等句，非帝王莫得而書，更非族人所得杜撰，鄉人守舊嫉忌，如爲杜撰，必遭物議，或招致攻擊，此匾額及對聯，余幼壯時隨父、祖祭祠，曾數次見之，保護周至，筆墨如新，既得帝王支持，如是吾族遂被公認爲濂溪公之嫡裔。是否事實，先父壽椿公曾一爲遠行考查。後文有述。余所知者惟始遷祖通叟公而已。山塘祠建構宏偉，用城磚砌成，佔地數十畝，歷百餘年始竣事，蓋如西方之修教堂焉。一九七七年八月余有函致鄉里，詢家務及祠堂景況，近得覆，兄嫂姊輩數人均亡故，姪輩亦有亡故者，姪孫輩約卅人，最長者年已四十，祗讀高中而止。無入大學者，均與余無一面之緣。祠堂情形未被提及，蓋或被燬或改作公社之用歟，莫得而知。余之百年舊宅亦被改建爲石油庫，滄海桑田，不勝感慨！

康熙中葉有名儒李文炤，字元朗，號恆齋，母周爲余家某代祖姑，其女弟亦歸於周，爲余家某代祖母，其墓在山塘下，墓碑爲李先生親自撰書，余離鄉時仍保全完整。李先生曾爲滿清開國後第一位嶽麓書院山長，著述甚多，《湖南省志》、《長沙府志》均有傳云：「自李先生出，方得與船山先生抗衡」，清史應亦有傳可稽。李元度著《國朝先正事略》，體制謹嚴，分宰輔、大臣、名儒、經學、史學、文藝、貨殖、廉吏、節孝諸篇，湘人之列入名儒篇者，僅船山、文炤二人。唐鏡海、邵位西、傅良秀均附入李傳，鏡海曾仕至太常卿，蓋學統淵源所出，不以顯宦而奪學術地位也。傅良秀原師李顒（二曲），二曲死後，轉師文炤，顧炎武、黃宗羲、李顒均列名儒篇，湘人羅典曾仕至鴻臚少卿，晚年主講嶽麓書院，只列廉吏篇。《國朝先正事略》曾備舉李先生之著作名稱並刊書序各篇，示其大旨，有云：「李先生於經史諸子百家，無所不通，並通梵文及佛學，而一歸於儒」，其已刊行者有《周易本義拾遺》、《春秋三傳集解》、《五子全書會通》、《恆齋詩文集》（李先生文號恆齋）約六十冊，余幼年曾粗覽之，不能悉喻。《國朝先正事略》又載其書目有《地理八書》、《洙泗淵源錄》未刊行，地理八書手稿切至大陸淪陷前尚存余家，蓋序八家之言而爲綜合之地理志也。究係何八家，余不復憶，先君曾欲刊行，以蟲蝕鼠咬，毀損甚多，未克藏事，《洙泗淵源錄》則已喪失，惟《恆齋文集》中仍刊二書之序文可證。《先正事略》中，又舉《古文醇》、《古詩的》二書，序文仍列於《恆齋文集》中，蓋先生選定以教子者，書已無存。憶乾隆亦有此二選本，是否襲取李先生原書，無可考。李先生逝後，湖南全省舉人進士聯名貢其著作於朝廷，請崇祀文廟，朝命崇祀鄉賢，李先生終身不仕，無顯赫之名，康熙曾一度徵之入朝，李先生辭官還鄉，朝命湖南巡撫善待，故有嶽麓書院山長之聘。余不解曾國荃曾刊行船山先生之遺書，獨未刊行李先生之書，士之遭遇亦有幸不幸者也。司馬遷於〈伯夷列傳〉中有此感慨，余於李先生亦有同感焉。李先生又有《梵文通》、《功說詮》未及成而卒，遺稿亦存余家。子名章達，亦舉於鄉，至余祖父時，李先生之後嗣每逢年節、生辰喜慶必來爲賀，先祖亦遣先君答聘。余已離鄉五十餘年，今則不知其情景矣！

又有張士第先生者，稍晚於李先生數十年，以學問孝行名動公卿，亦崇祀鄉賢，與余家世爲婚媾，其母亦嫁爲周，爲余之某世祖母，至今鄉里各姓之祠宇仍多張先生之墨跡。李先生因著《周易本義拾遺》，鄉人迷信，謂其先知，神話多有，實則無其事也。余壯年首讀林西仲《古文析義》，有周思煌先生評語，及讀《恆齋文集》，亦見思煌先生跋文，末句云「姻弟周思煌拜移」，始知思煌先生爲余之祖先，亦當時之古文家也（有《思煌文集》行也）。大陸淪陷，余家藏書，盡被大陸政府取去，李先生歷史之後沒世而名不彰矣。幸《中國人名大辭典》尚著其名，而敘事不詳，今著於此亦猶司馬遷列愼子、田子之意也！

長沙、善化二縣有柳周趙李四族，丁口各數萬。柳族自明末中葉至清季，世世有括帖儒生，每年縣考均有生員，周族則以經學理學名家，人才不世出，出必爲名人傑士，有奇概不隨俗俛仰。故鄉里爲之諺曰「柳家多秀才，周家有大人，趙家守錢穀，李家誦西平。」蓋柳姓每科有秀才，亦至秀才而止，入民國有柳克述，仍守秀才風，缺膽識，雖細事亦不敢沾身。周家講學問，學問不易成，故數世方出一人。趙家爲守財奴，李家亦矜先人之功業，雖其近祖李文炤之著作，亦多存於周族名家。民國廿七年年前，長沙犁頭街之舊書肆仍有李先生刊行之著作。張治中火燒長沙後，則片字無存矣！

余家世居於山塘左鄰之銅鼓沖，住宅經歷世修繕，堅固完美，有田百頃，本鄉里巨室，家主世領善化一鎮，善化分東西南北四鎮，余家領南鎮事務，主要任務爲協調鄉里紛爭，助縣令徵收田賦。縣署僅官員數人，即縣令一人，縣丞一人，典史一人或二人，縣尉二人，教諭一人，訓導一人，餘皆吏員，無固定職掌，縣尉只領士兵廿人至五十人，只能維持縣城之治安，各鎮業務均由鎮長（舊稱都總）領導自理，都總均地方有名望有財力之士紳，無薪俸，辦理地方事業均由自己倡導出資，常須擔承賠累，故非巨室不敢爲，高度之地方自治也。都總世居鄉里，不能在鄉爲惡，殃及子孫，亦可抗衡州縣官吏，使不得爲虐政。吾人入民國後，動言打倒土豪劣紳，實則土豪只言其富，亦多爲善事，凡鄉里出資之事，必先由彼等任之也。劣紳則不多見，只有極少訟師，訟師可能顚倒黑白，有力之都總常能息紛爭爲無形，紛爭甚少達於官署，且其力足以制訟師。中國號稱數千年專制，而文化綿延不已，蓋人民能自適其生也。後蔣氏當國採用保甲制度，保甲長均爲有職掌有俸給之官吏，既耗民力，又多剝削，如是社會基礎動搖矣。迄至民國之時，巨室之長子入仕者，次子仍爲都總，次子之入仕者，長子爲都總，與官署互相制衡，亦有其道，故予常感革命事業，只應革腐敗政府之命，不應革社會基礎之命，傳統亦文化之積累，豈能一朝盡革，新政亦豈可一夕有當於人心，吾人細思，不能不承認近年政府舉措之非，以致肇致全國大亂，可勝浩嘆！降至近世，英國在工聯興起者，首領辦理地方事業例不受酬，全縣之受酬者惟有警察及教師而已，County Council之職員固無酬勞也，資產均投於產業，故得爲產業帝國。讀中國古史，凡虐用其民者無不召殺身之禍，秦二世、王莽、隋煬帝及末世君主，其著例也。又如儒者王安石之保甲、保馬、市役、免役（免役亦須錢買）諸法，安能避免擾民之弊，故鎩羽去位。總之，凡文化悠久之民族，傳統愈富，不良之傳統在生活境地之競爭中，將受自然淘汰，優良之傳統，更須發揚光大，傳統無拘束力，豈能永久不變。若不問其內容，空口言革命，革命又無確定範圍，如必欲盡去舊有之傳統而後快，則眞歷史文化發展之罪人也。法國大革命，欲盡掃除一切舊傳統，徒召致大紛亂，二百年來之進步何如英美進步之速，讀者不難省察。文化只有演變及進步，非革命可施之對象。余爲此言，非憧憬於往事，祇欲供來者之鑒戒耳。杜佑《通典》禮居其六，顧亭林避不仕清，然一言及禮俗教化（包含傳統），即毅然有承先啓後舍我其誰之概，是誠爲治之本者也。

余之十二世祖榮光公，曾舉進士、官翰詹遷太常卿，以直諫侮朝廷，罷官歸鄉，再徵不起，鄉里榮之。

高祖玉粲公有學行，日守書齋，足不出戶，不甚理家務，亦怠於地方公務，凡以紛爭來告者只曰：「請回去休息，設身處地多想想」，惟遇大事，抗衡州縣官吏則不辭勞苦。樂施與，友朋稱貸者，資財隨手散盡，曰：「余無暇與彼等喋喋，不如與之爲得。」己既讀書不倦，對於督教子弟不免鬆弛，是為一大缺陷。玉粲公是否有卓識，余亦不及知。曾祖奉璋公，余亦不及見。忽棄儒書，篤信黃老之學，又愛遊山玩水，常寄宿道觀，旬日不歸，棄去世業之都總，秉玉粲之習，濫施與，雖受鄉里無賴子弟誆騙，亦不後悔，又受方士之騙，損失數千金，如是家業益衰，家庭食指又繁，生子九人，且債負累累，又迫於逋賦，遂出售其銅鼓沖之內宅及田地，分給其諸子，各投生事，僅攜余祖（行七）福田公數人遷家至長沙之槼犁市郊，與黃公克強家為近鄰，時余父年十二、克強公僅四歲。克強之父名筱村，長沙縣學生員。奉璋公年五十而卒，僅遺田四十畝，住宅一所。福田公於同治丙寅生余父壽椿公，逾十一年又生余叔梅椿公，父年十六，先母沈太夫人來歸，時年十四，不識字，先父在十六歲前，已由私塾畢五經及若干各家文集，另章述之。

第二章　父親、長兄及余之小學中學生活

（一）

余家經數代衰微之後，先君及長兄爲奇峰突起，有功家國之人物，余就所知，亦紀述立詳。

先君諱鴻年，字壽椿，又號達尊書屋主人，生於同治丙寅九月十三日，爲元末明初通叟公自江西遷湘後之第十九代嗣孫，派名開吳，原先君所自定名，取太伯居吳之義，蓋下有幼弟，爲祖父母所鍾愛。先君七歲就私塾，以家世故，所從皆名師，十六歲已畢五經，閱讀名家文集並圈點《資治通鑑》，能背誦四書及《春秋左氏傳》，一字不漏。惟未習《公羊》、《穀梁》，對《周易》尤自能辨別，不喜卜筮河圖、洛書八卦六十四卦方位圖解，以此等學說爲領悟所不及也。余十五歲時，訓余：「此皆非聖人言，與易之經文不類。」讀易只取上經下經，繫辭上下及序卦上下，謂其能納入推理，不含迷信。嫌《儀禮》太繁瑣，曾訓余：「此等繁文褥節距離現代生活太遠，無益於世用，不必浪費心力。」消閒則閱《太平廣記》、唐宋傳奇等小說，雖能文章，惟不習制藝，故未應府縣考試，以十六歲青年讀書多，有辨別斷制，鄉里士人奇之，咸曰，周氏後興矣。既與黃公克強爲鄰居，交往甚密，黃公幼於先君八歲，黃公廿歲爲縣學生員（即秀才），先君年已廿八矣，幼年交往時期，當在十餘年以上。黃公後改名興，字克強，原寓興復漢室及炎黃子孫克以自強之意，蓋入兩湖書院時之事，先祖及先君幼年皆不及知，黃公之父，常數數督教先君。

先祖福田公秉三世遺風，亦樂閒散，好騎馬擊劍，不事生產及學業。先君婚後之次年，即召先君曰：「今汝已成家，余則老廢，今後家事一以委之於汝，余將入山尋道矣。」實則先祖當時年不及五十，自適其趣而已。先君勢不能續讀，家中僅有薄田四十畝，住宅一所，僱工耕之，全家七口所需已感艱窘，乃理家之外從譚仲麟習醫，思以醫術助家用，適年設一簡單藥肆，先母助交藥方。叔父年幼，祖母特愛，先君亦不敢督教，遂失學，隨先君識字讀《三字經》而已。家中歷世藏書，堆集無倫次，蟲蝕鼠咬，毀損甚多，先君傷之。每晚讀書午夜無眠，往往睡臥於書棹上，先母方扶之入眠。

鄉有名士黃昌，字曉波，已中鄉舉，一日來家購藥，見先君字迹雄偉，大異之。先君乃出平日所為文章請益，黃君曰：「汝讀書人也，識見勝秀才，何韜晦於此，可應府縣考求出身上達。」先君語以家累及不習制藝，黃君曰：「制藝易事耳，余教汝。」並贈五金而退。後黃君赴京應進士試，不及來教，先君亦惡制藝拘束，仍讀經史，尤好《戰國策》及《史記》。又惡槊犁市住宅隘，不能理書，適鄉有財神公會築於寺門前，建構宏大，除祭堂不能備用外，有外客廳一間，廂房四，臥室四，走廊寬度逾丈，有祭田八十畝，招租，可理書，先君乃稟於先祖，出售槊犁市住宅及田地，改賃財神公會，繳押金貳百兩外尚餘百兩，每年出產，繳租穀百六十石外，仍餘百六十石，贍家有餘，且便攻讀。較犁市空有地主之名，便利多矣！乃廢藥肆，益力於學問文章，名漸傳於鄉里。咸同後得曾國藩之餘蔭，長沙、善化多顯宦，致仕鄉屬，多遣駿馬肩輿迎先君醫病，先君曾讀王叔和《脈經》、李時珍《本草綱目》，偽託之黃帝《靈樞》、《素問》及《驗方新編》等書，常有著手回春之效，病家饒遺豐沃，年修有饒至五十金或百金者，有時為顯宦司筆，筆札函牘，一揮而就，字工文美，雖舉人進士不能增損一字，常留宿旬日不歸，故家道小康，不憂生事矣！至於爲貧寒醫病，雖十里以外亦步行以赴，曰：「一肩輿之費竭貧家一月之養矣。」例不受酬，鄉里德之，後被選爲都總後世業。

先君年廿一生先長兄德偁，字子岑，適二年移居寺門前，生長姊，後歸於汪，亦鄉里世族，再適二年生二姊，後歸於沈，婿揚烈，經正中學畢業，有壯志，民國七年率鄉兵抗張敬堯軍，殉難，遺二子，姊遂守志寡居。光緒癸己生二兄德儔，字子徽，適五年生三姊，歸於毛，婿鳳鳴，有奇慧，讀書過目不忘，年二十一而夭，適年姊亦自殉，先君先母均傷感成疾，時先君年卅一。

（二）

鄉有富室舉人陶氏，年五十始登進士第，鄉人稱曰陶八先生，早與先君交誼甚厚，常謂先君：「學深識大，惜非翰苑才。」一日遇先君，謂曰：「余適授湘潭縣令，澎家灣敝廬，身自監修，備養老之用，書籍什物完整，有田產二百畝，菜園數座，非世家子及友好不能住，竊思君最宜。倘有意，請遷入，不論押金，穀租照通例減三之一，惟請君妥爲保護修繕，俾余仕官歸來有棲身之所。宅邊曠地廣闊，可供建造，屆時余二人詩酒攜遊，亦樂事也。」先君從之，遂遷澎家灣，傭工丁二人耕田，時祖父母健在，叔嬸有子女五人均幼，全家十二人，陶宅大，享受逾於常格矣！

光緒廿一年，黃昌（曉波）先生落第，歸自京師，先君往訪，話京師形勢故事，讌談久，黃君曰：「君佳士，不憂生事矣，大邦達人名士多，貿遷盛，何不隨余居長沙省垣，當爲君覓佳會，不必久困於鄉里。」先君笑對曰，雙親在堂，惟不能效姜伯約「但有遠志，何必當歸耳」，黃公大笑（引號內語，出姜維〈自蜀答母書〉，見陳壽《三國志》；遠志、當歸均中藥名〉。遂赴長沙，攜先長兄往就讀，長兄時年十六，先母留居鄉里，侍翁姑，家務盡交叔父管理。先君初寓長沙東茅巷黃宅，仍業醫。東茅巷爲住宅區，盡致仕達官之邸第，清靜無譁，人稱「市內桃花園」。黃公爲製銅牌曰「扁鵲倉公復出」，懸於最前堂之門外，因此求醫者紛紛，收入不惡，歲時寄奉補品於先祖父母，食必重肉，殊閒散，體力日健。

黃公時爲詩酒之會，先君殊不示弱，文宗西漢名家，人皆異之，遂識嶽麓書院山長王祭酒益吾，及長沙名士皮鹿門、葉德輝、楊度、胡石庵等。時郭嵩燾歸隱，築養知書屋於長沙，黃公嘗偕先君往謁，郭公詢先君舊學，應對殊敏，厥後遂數見郭公，郭公論歐西政教，遠較中士爲美，且以時局爲憂，並出嚴幾道之函札及在英時之譯文相示，曰：「此曠代奇材也。」厥後幾道之書，陸續問世，先君盡讀之，遂粗明西方哲理，致與葉德輝迕，絕來往。

先君之名既彰，得諸名士之薦，爲長沙府主簿，遂去醫業之牌，然仍不斷爲友好醫病。凡此均黃公曉波之成全，郭公開導之功亦可感，反清思想實胚胎於此時。先君不習制藝，故思想反活潑，能容受殊異諸名士。清制，縣令正七品，必從進士出身，縣丞、教諭正八品，訓導九品，必從舉人大挑。大挑者，吏部總其成，委任各省學政司其事，猶現今之檢定考試，舉人多次會試被絀，或久不赴會試，方得與大挑。一等得縣丞或教諭，二等得訓導。縣尉雖九品，不拘資歷，蓋武夫也！至於典史雜職謂之不入流，司錢糧實物徵收。府主簿亦八品，普通亦以舉人爲之，主要條件爲粗明經史，能爲文成篇，司各縣錢糧表冊，析其得失損益，並督促補徵及建議改正方案，其職位僅由知府保舉，藩司掛牌而已。然競爭者多，得之亦殊不易。長沙府署有主簿三人，分核府轄十三縣之田賦表冊，主簿年俸僅白銀五十兩，而實際收入十餘倍於此。蓋挑剔各縣表報，或逕壓迫縣丞、典史，每縣均有弊，只望納陋規或賄賂彌縫結案，故鄉里俗諺曰：「一代府主簿，五代子孫殃。」言其多行不義，禍及後代也。先君任是職，無力盡革其弊，然非縣報損庫太甚，決不事挑剔。對主管縣吏亦相待如友，示寬大不好賃賂也，然縣吏不敢易之，仍按時贈禮敬，先君不敢盡拒，蓋眾人皆濁己獨清，亦無從立足於府署。每屆年末，將羨餘呈於知府繳庫，知府極讚之，是否眞繳庫，或由知府笑納，莫得而知焉。然每年己身實際收入仍有百餘兩至二百兩不等，醫病收入反數倍於此，蓋東茅巷一帶之富室病患，幾為先君獨醫。

先君轄司之各縣，民困大蘇，因得結交其紳士及會黨首領，故辛亥革命時，能一呼百諾，廣收徒眾，皆多年料賦平之故也。任職七年，始得於東茅巷廉購一已故道員之住宅，黃宅詩酒之會移於周宅，如是先君之交遊日廣。一日，王祭酒益吾宴省垣名士，招先君與會，事後其門生楊君遇夫年僅廿，問祭酒曰：「今日師宴名士，何招府吏？」祭酒曰：「汝以為府吏耶，可往談，視汝何如！」越數日楊君來訪，與先君縱談經史，先君妙緒泉湧，談三小時不休，楊君大驚服，致揖為敬，先君此後因弟視之。一日先君宴友人於天心閣，招楊君，其他與宴者有皮君鹿門、黃君曉波，凌君繼侯、順侯兄弟，劉君澤榘、飛羽兄弟，及劉君鴻逵（首任湖南警務處長）等人。天心閣者，長沙南城之極高所，俯瞰全城，遊覽勝地，裝備精巧，巨室投資於此設餐館，收費奇昂。是日客均好飲，尤以凌君順侯為最，楊君則最幼，盡花雕之罈五十斤，黃君提議即席賦詩，先君曰：「今日遊觀縱談為樂，何效俗士之爲」，乃據案引吭高歌，氣概不可一世。凌君順侯已大醉，仍大呼買酒，劉君澤榘抑之，凌君怒曰：「何與汝事」，因持座椅亂舞，盡碎天心閣之名飾及玻璃，杯盤狼藉，肴饌四溢，先君大笑爲樂，立呼主人書據賠償，楊君震懾不已。此光緒廿六年事，先君從未對家一言，余尚未出生。民國廿六年，余與楊遇夫先生同任教於國立湖南大學，共話往事，方述及當日交往情形。聞先君已逝，傷感逾恆，因爲作〈周壽椿先生事略〉遺余，副本猶存，當刊於附錄。先君每年冬季必返家省親，攜銀錢珍品盡奉祖父母，不以一文遺余母，母亦無怨懟。當日大家風範大都如此。

（三）

余出生於光緒廿八年（一九〇二）十月十日，幼守母室，不解嬉遊，澎家灣鄰居頗眾，幼童每日聚余家之廣場嬉遊，或謌笑、或鬥毆、或詬罵，叔父之五子女亦與焉，余獨守室不出，祖母乃謂余笨而愚。余年稍長後，幼年之事亦忘，後回憶或係長兄就讀，次兄樵牧，大姊二姊已出閣，三姊年十二歲，已不得出閨門與頑童相聚，余孤獨無援，或受欺侮，故不敢出。惟祖父慧眼，對祖母曰：「七兒不笨（余并堂兄弟行七），細觀其所欲得者，力不逮，必千方百計以得之；所不願爲者，雖令不從，是有內慧，余家將賴此子而昌，可善視之。」祖母亦稍改其觀感。然猶溺愛叔父之子女，糖果分配，必先盡彼等，然後及余，祖父與祖母常因此細故爭執，祖父乃攜余同臥起，晚間親納糖果於余懷，至今思之仍零涕不已！余滿六週歲，父歸，命三姊剪硬紙塊，塊書一字，從數字寫起，每晚教十字，菊姐、八弟、九弟同習（皆叔父之子女，菊姐庚子，長余二歲，八弟癸卯，幼余四月，九弟幼余歲半），次晨命覆誦，余一字不忘，菊姐等均只記二三字，以後續增至十五字以至廿字，余均不忘，菊姐等均望塵莫及，父居家二月，余已識得數百字。祖父乃對祖母曰：「此兒不笨，今日視之何如？」是後祖母乃一視同仁。

七歲中，鄉里共迎塾師，父聞余將就私塾，乃急歸，送余入學。繳學費外，拜師之日，須另送紅包贄敬，鄉里贄敬極微，自二百錢至五六百錢不等，雖此百錢亦不值銀半兩，父獨餽足色紋銀五兩，先生驚曰：「是何敢當？」父曰：「今日小兒開蒙，發軔之始，此大事，余所重視，望先生善教之。」又曰：「小兒已識得數百字，望勿從一般世俗書籍開始。」蓋鄉里老輩教育子弟，至多只欲其能寫簿書帳冊而已。又曰：「先從《論語》開始何如？俾高尚其志趣，余欲此兒終身爲儒生也。」先生許諾，講解亦不憚其詳，塾師名郭海清，乃飽學秀才未能中舉者也。三月後教余寫日記，余不解何謂日記，先生曰：「是易作耳，先以第一行記年月日，註明陰晴雨，能乎？」對曰「能。」「次行記家中，舅舅來否，外祖父母來否，有客否？有則寫之，能乎？」對曰「能。」「三行記余所教之書及字數，能背誦字，能乎？」對曰「能。」先生曰：「初寫三事足矣，以後再教。」年餘，余竟畢四子書，雖不盡喻，能背誦，其餘同學，則時出牧牛，時出砍柴，時插秧，時會親友，藉故逃學，遇風雨亦不來，一年尚無畢《三字經》者，余則風雨無阻，日記盈卷矣。

父親又自省垣附使人致送郭師紹酒火腿，所費不多，師大喜，常曰：「周家父祖有德，必大發。」先生又好畫，常命余磨墨、扶紙，母親自縫白布衫，不越二日，即變爲墨花衣，常受母薄責，師命難違，不可改。先生好吟詩，教課之餘，口中咿咿唔唔不絕，予不解所以。又好罵秀才，鄉里常有貧書生，四體不勤，五穀不分，周遊各塾及富室，名曰遊學，實混飯吃、打秋風，數百文即走，先生與話數語，常逐之曰：「你也叫秀才，我叫什麼？」先生年已六十，大概有學問而不得志者也！先祖修眉長髯，形貌甚偉，先生爲寫容，酷似，贈先祖，祖父見之大喜，命工人負米一擔贈之。越二日，先祖往訪，先生曰：「汝之米害我慘，我無米桶，每晚鼠子偷米，次晨滿地皆米及鼠屎，累得我昏頭昏腦，你不如挑回去罷！」祖父大笑，持回後，乃贈以光緒元寶五元，郭先生曰：「周家祖宗有德，必大發。」鄉里老輩聞之，不自責自己之不教，及其子弟之不讀，轉而忌罵先生曰：「吾等合資延師，乃慕周家做官有勢力（其實余父爲一八品微職耳），只教周家老七一人（八弟、九弟均前半年前夭亡），吾等子姪一無所成，太不利。」乃將先生解聘。父在城，挽救無及。然余至今仍念郭先生之德。後聞郭先生常至余長嫂娘家，長嫂之父曰吳松菴先生，家豪於財，好客。郭先生常往必豪飲，臨別又贈以現金，先生不言謝，只曰：「用了再說亦好。」每年往數次，每次均爲是，從未還分文，松菴先生仍敬禮不衰。後聞不久下世，余爲之痛哭焉，先君購地葬之！郭先生終身未娶，亦天下畸零人也。

鄉里私塾散後余已八虛歲，先祖乃送余入離家十五里之另一私塾。私塾主人爲同支族叔，家道頗殷，可恃收租穀爲生，宅頗大而人丁不旺，只有一子，長余一歲，余即寄宿於其家，供膳食不收費。師亦同族周鏡潭，長余一輩，余呼爲伯。師已知余畢四書，能寫日記，書法工整，效顏魯公之正楷，偶亦有其筆意，但僅貌似，先君平日所督教也。當時湖南風氣，士子書法均崇顏而輕柳，至於王羲之一派，無人知其名，非至長沙省垣讀書不知也，正如舉人非入京師會試後，除制藝外不能爲文章也。

鏡潭乃一不中秀才之老童生，以教童蒙爲業。課余《春秋左氏傳》，余記憶力強，每篇讀三四遍即能背誦，暑期放學歸，先君適亦請假返家度暑，命予誦《左傳》，句讀多誤，先君大怒，曰：「周鏡潭誤我佳兒」，遂命余輟學，親自家居三月，糾正所有錯誤，然後返省城，行前並曰：「現在只多識字，多記誦一點史實而已，左丘明好稱引神怪，與子不語怪力亂神之旨有違，汝年長後自會懂得，現在無從談起。」適先長兄同學周玉麟畢業明德中學，不續讀，乃延之專教予一人，謂之曰：「余兒尚幼，古籍難讀，不如教以地理及算術，並命其自己圈點《御批通鑑》，或《了凡綱鑑》。讀書須自己用腦，不能一一恃先生爲教，句讀錯誤請先生糾正之，余家書頗多，圈點損壞一部史籍乃細事。圈點至與春秋時代銜接後，再教其續讀《左氏傳》。」

玉麟師來家，初命余讀《地球韻言》，是書四字一句，并諧韻，非常好讀，敘五大洲形勢、位置及各國名稱（當時南極洲尚未發現），余始知中國以外，尚有其他大國，並非夷狄，且知海洋之分，得益不少。一日，先生笑對我曰：「將來平天下，如你能打敗英國，其他各國，我可獨立任之。」蓋當時英國最大最強也。又語我甲午中日戰爭事，我曰：「對一個小國作戰都失敗了，還講什麼平天下？」先生曰：「我不過講笑話而已，將來我們須向日本報仇，對多數國家作戰，中國人會死絕，不合算。」先生並逐漸教我算術，亦不感困難，二兄長我十歲，在家助耕，他已學會珠算，曾教我打算盤，一遇繁複數字，進位常常出錯，除法要退位，更搞不清楚。先生教新式算術，比珠算方便多了，一年之後我已學會乘除，進位退位不致動輒出錯。如是我九歲之時，已奠定了進高等小學的基礎，我族只有先君是一個開明人，命兒子習洋術，又教三姊識字，亦習算術，其他舉人進士之家都守舊，大罵洋學。我至今記得，我家有一個遠親，名鄒壽熙，田產逾千畝，但不准子侄入洋學，他與譚延闓是同科舉人，譚延闓任都督後，曾請他任秘書長，他反大罵延闓「造反叛君，將來不得好死」，諸如此類笑話不一。先長兄明德畢業後進入高等鐵路學堂，壽熙又罵先君忘本（他長於先君十歲以上），鐵路學堂之監督爲龍璋，曾加入華興會，壽熙罵之爲叛徒！宣統元年先長兄畢業高等鐵路學堂，成績甚優，先君又私費送之入日本長崎工業專門學校。當時人才少，臨行前，尚設計並監修粵漢鐵路之株州鐵橋，得酬不惡。

先君在長沙購宅後，某夜忽聞門外有號泣聲，開門視之，見一襤褸工人攜一襁褓之兒，先君詢之，乃曰：「我乃一划船之船伕，昨夜其母死矣，無以爲葬，久聞大人義舉，願賣之得金，葬妻足矣。」先君曰：「父子天倫之親何可絕也，余助葬，汝仍攜回汝子何如？」船伕曰：「願大人好事做到底，此子無母，我須划船，隨我亦死耳。」先父乃贈與銀元五十枚，收爲螟蛉子，書其姓名地址，慰之曰：「他日長成後，吾仍還子與汝。」專程返鄉，交母撫養，幼與余共讀。民國三年，此子年十四矣，有鄉里挑撥謂曰：「汝本包家子，現在之父母非眞父母也。」包家子乃號泣吵鬧，聲稱必尋生父，勸曉莫解。父憐之，乃命二兄子徽送往岳陽舊家，並贈廿元。至民國十五年余父逝去，包家子已在長沙大西門及嶽麓山之間划船，葬之日，包家子披麻帶孝祭掃號泣而去。迨民國廿六年，余返國任教湖南大學，仍得見之，爲余擺渡不收費，呼余爲七少爺，蓋不知稱教授也！余離嶽麓山後，無消息矣！

（四）

光緒廿九年癸卯，黃公克強歸自東京，幼年總角交，一旦再見，其樂無極，常至先君宅數日，交談窮日夜，所接見多會黨異人，先君有識之者，亦有不識者，黃公曉波亦常來訪，曉波乃克強公族叔。相與計劃推翻清廷驅除韃虜等事，先君自入省垣得見新說後，思想亦超出括帖書生遠甚，即曰：「以後行止願受公指揮。」是年十月組織華興會，主要加盟者爲吳祿貞、陳天華、楊篤生、張繼、龍璋、宋教仁、劉揆一、劉道一、周震鱗、章士釗、譚人鳳等，黃曉波、萬麓泉及先君亦加盟，但世傳之華興會會員名冊無後三人之名稱，此不足異，蓋克強常常有此等舉動，即以後興中會與華興會合併爲同盟會時，黃公亦剔除十數人之學軍事者於會員名冊之外，另組丈夫團，嚴守秘密，謂之曰：「君等宜返國捐官，加入清軍系統，迨我起義，一呼可以百諾。」吳祿貞返國一躍而爲鎮統，乃納銀二萬兩所得，藍天蔚納資爲協統，尹昌衡、冷遹亦納資爲廣西軍官，惟趙公夷午原與廣西巡撫沈秉堃爲姻親，秉堃赴任過湘，攜之入桂者。當時黨人捐班尚多，此地不及備錄。

黃公組織華興會時，尚未提及「革命」字樣。孫公中山於光緒廿年左右組興中會時，其宗旨亦只曰：「驅除韃虜，平均地權」，亦未提革命二字，革命一術語似出於較華興會稍晚之鄒容《革命軍》及章行嚴《大革命家孫逸仙》，以後革命字樣流行，不止於排滿也！華興會號稱會員五百餘人，今日流傳之名冊不過數十人，必黃公故爲隱匿，予以掩護及通訊聯絡之責。辛亥革命起時，黃曉波任湖南財政司副司長，司長則陳炳煥（樹藩），黃公兩湖書院之同學也，先君亦得充都督府軍糧處長，決非無因而至。孫公初訂宗旨時尚不知平均地權，如驟爲之，必動搖社會基礎，革命更多障礙。關於孫黃二公革命政略，當見於後文附錄，世所不傳者，此地不贅。

先君光緒廿九年冬返家度歲時，見叔父經營欠佳，日用漸艱，祖父又不理事，工人又盜取穀物，已欠陶令租穀二年，格於母愛，不能督責，乃函陶令致歉，並回省垣寄款爲償，陶令覆書曰：「余事忙，已忘之矣，君誠信士。」此後每月寄卅元寧家。然叔父自四十歲析居後，乃發憤圖強，晚年能自立寧家，亦難得之事也，事詳後文。

黃公初任教明德中學，不教國文而教體育，曰：「志士宜習武」，遣其長子黃一歐入明德小學，先君遣長兄子岑入明德中學，與一歐結爲異姓兄弟，住必同室。又遣姐夫沈揚烈入與明德並立之經正中學，是時王正廷、徐佛蘇、張溥泉、蘇曼殊等均隨黃公在二中學任教，極一時之盛。

先君任府主簿，歷三任知府，其餘主簿均以貪黷去職，先君又兼任知府文案，文案猶今之秘書，爲知府司函牘，乃知府自辟之員，先君能文章，歷任知府均重之。光緒卅年，知府謂曰：「君任職久，宜擢升，惟君無科甲，府署蓄餘甚多，爲君捐一縣令何如？」先君力辭，蓋已加盟華興會，志不在官矣！辛亥八月下旬，先君忽自長沙歸，著戎裝，騎駿馬，佩手杖，攜四勇士，先祖以次大驚，先君跪稟於祖父母，曰：「兒即有壯舉，敗則殉身，成則救國，孤注一擲，勢難兩全。」並當場剪去長辮，交余母保存爲紀念，母持辮號泣。次日大雨，余當時已九歲，解事，跪阻於馬前，先君弗顧而去。

次日即聞長沙義師起，清廷大吏皆逃，焦達峰爲都督，陳作新爲副都督。又逾日聞先君率會黨人員及農民數千佔領株州，禮遣同知李見荃出境。兵士皆用戈矛，只有土槍百餘支，仍率兵急馳，越醴陵，攻萍鄉，擊潰清軍一協，盡收其槍械，如是先君之兵方有槍三千，會黨農民來歸者，不數日達萬人，兵鋒甚盛。厥後馬毓寶宣佈獨立於九江，吳介璋獨立於南昌，遣李烈鈞往九江援鄂，先君乃率師退歸株州，抵達時，新任都督譚延闓已遣新軍協統黃鸞鳴率重兵駐株州，名為赴援而事先無命令，兩軍對峙，幸先君調度有方，未生衝突。

前任都督焦達峰亦會黨首領，年僅廿六（見章太炎〈焦達峰贊〉）知有清軍一協在萍鄉護礦，恐其阻義師，故遣先君為南路招討使，當此重任，焦都督於驅巡撫後，即殺新軍協統黃忠浩，鑄成大錯。忠浩字澤生，原為四川提督，被人控之清廷傾向革命，乃被褫職。迨余誠格撫湘，奏保其來湘練新軍，其人並工詩文，思想新穎活潑，如舉為都督，則湘省必無事。焦達峰既殺之，餘軍震恐，人人自危，維新份子更自危，維新首腦則諮議局長譚延闓也！故巡防軍統領梅馨於九月十日率兵殺焦陳，軍興無主，省城紛亂，諮議局乃舉議長延闓為都督，或謂主使殺焦陳者即譚公也，此無證驗之辭，不敢置信。

惟湖南士人多懼草莽英雄確為事實，先君無科名，亦起自草莽，士紳疑忌，故都督譚公預遣新軍協統黃鸞鳴統兵鎮株州，先君偵知內情，恥內爭，乃單騎見黃鸞鳴於其司令部（即舊同知署），謂曰：「余所部雖眾，皆農民，無訓練，可與成一時之務，難與持久，擬盡交君統率，幸以兵法部勒之，可備國用。」黃君曰：「余來援君，何相疑之深也？」先君誠意告之曰：「余於軍事無一日經驗，君則老成宿將，人各有能有不能，余即離軍矣！」返軍後即召部曲曰：「余已交兵權與混成旅長黃君矣，汝等如眞欲為革命黨人，即須受其節制，他日相見有期。」言畢即赴長沙，兵士泣留，不顧而去，於是鸞鳴將軍隊會編爲一師，電請譚都督重用先君，時兵雜糧少，隨時可肇事端，知先君曾主府糧，黃公克強亦有電至，知先君足恃，乃任爲都督府軍糧處長，加陸軍少將銜。不久，黃鸞鳴被擢升都督府軍務司長總軍政，軍糧處即隸於軍務司，時軍階嚴，各省都督均中將，軍務司長少將，少將銜只距司長半階。

先君回長沙後，見滿清大吏如巡撫、藩兵、諸司、府、道學政各官員之書物充塞市場，士兵爭掠其珍貴用物及傢具，圖籍無人過問，先君乃以廉價儘力收其圖籍，得書廿餘土車（時無卡車），每車載三百餘斤，傭工送返澎家灣，盡宣紙精印本，且不少宋元版本，共四千餘冊，巨部有《廿四史》、《耆獻類徵》、《皇清經解》、《王船山全集》、三通、九通、諸佛學、《禹貢指錐》、《禹貢祝斷》及兩漢唐宋以後諸子百家，及王定安《湘軍記》。如是余家之藏書益富，都督譚公聞之，笑向先君索書，先君乃取數百冊贈之。珍本則不以示人。厥後余覽古書多，實得力於此。

宣統三年春，先長兄自日本長崎工業專門學校畢業歸來，應朝考賜進士出身，授職郵傳部簽事。時鄉里風氣未開，余族僅有留日學生二人，另一則余之族叔周砥也，亦授進士出身，鄉里稱爲周氏二怪。清制廢科舉後，凡留學生畢業專門學校者，朝考及格者，例賜進士出身，大學畢業者，例授翰林院編修，余鄉劉冕執畢業東京帝大，返國爲翰林院編修。其應經濟特科考試優等者，例授四品京堂，轉瞬即可擢侍郎，梁士詒、楊度、陳錦濤即以此得四品京堂。楊度名最盛，本與同盟會人交往，乃堅拒入會，即慕此四品京堂也。彼思授侍郎後，即可入爲軍機大臣，革命成否今未可逆睹，可謂志趣卑濁者矣！惟桃源宋公教仁，爭間島問題有功，清廷朝之爲京堂，教仁曰：「爭間島乃爲國家，非助清廷，余革命黨人也，義不仕清。」駐日欽差大臣秉廷命餽之重金，亦不受，故在同盟會之地位高於汪精衛胡漢民，厥後黃宋並稱，事有淵源者也。

（五）

民國肇始，都督譚公優禮返國留學生，周砥受任湖南省銀行總理，先長兄受任湖南省電政工程監督，亦重職也！時湖南省只有長沙、岳陽、常德、衡陽四電報局，其餘路線未修。省電政工程監督，司全省電報線路之規劃及監修，故時須出巡，視察工程進度，備極辛勞。先長兄又工書法，效鍾王之筆法唯妙唯肖，余幼年未知其奇，壯年晤先長兄之友輩多人，咸稱其書法高古，余始悔未保存其函牘，家鄉尚存有所書之對聯冊頁，余離家五十餘年未及攜出，亦畢生遺憾。

民國二年，宋公教仁被袁世凱刺殺，二次革命軍興，都督譚公奉黃公命，宣佈湖南獨立，任趙公恆惕爲討袁軍總指揮，先君爲高級參謀。師入鄂境已克蒲圻，適獨立各省皆敗，事載國史，譚公檄湘軍旅師，取消獨立，匿各軍精銳於湘南各縣，留其老弱，命旅長李右文統之迎降，陽免趙公職，仍令其陰握軍事實權，並遣大員迎袁氏所任靖武將軍督理湖南軍務湯薌銘入湘，已則隻身赴北京向袁氏請罪，世凱以譚公書生，且本非同盟會員，易視之，並曰「予只殲厥渠魁，脅從不究，況吾輩世交耶」，延闓入京，本緩兵之計，使湘軍得以從容部署，旋走上海居英租界避禍。薌銘入湘僅率伍禎祥一旅及兵艦數艘，派李右文爲清鄉司令，右文實譚趙二公心腹，不爲盡力，鄉村游擊軍橫行，右文軍往剿，故縱之走，軍旋，游擊軍復臨，右文陽爲疲於奔命，請援，薌銘無兵可遣，且當時粵漢鐵路僅通株州，上至衡陽皆山地，無公路，砲車不能通過，湘水淺，海軍不能越湘潭而上，巨艦無所用力，世凱始知受愚，欲增遣重兵入湘，又正在懷柔粵桂，粵省龍濟光足恃，廣西陸榮廷則情非故舊，又與龍濟光不協，如湘軍走桂，是爲叢毆雀，爲淵毆魚，不能無所顧慮。湯薌銘急於要功，乃大屠殺國民黨人，湘人因稱之曰湯屠，恨入骨髓。湘事益難收拾，先君逃赴漢口，變姓名，爲商賈，實則待機而動。自民國二年至五年，湘省治安未一日靖也。

（六）

民國三年，鄉里已設兩等小學，余已十二歲，先祖遣余赴湘潭聯梓沖小學，經考試編級，編入高小一年級，國文、歷史、地理等科余已素習，英文、格致（現稱博物）爲高小一年課程，故無困難。校有國文教師數人，皆鄉里秀才，余幸編入劉聞知先生班次，聞知先生以秀才曾留學日本弘文書院，眼界闊、思想新，與其他秀才殊異。攜有《新民叢報》等書，余覽之大喜，以其文筆清新，不似經史古文之難讀也。余靈機觸發，稍能爲議論文，輒五六百言不休，劉師常與滿分，其他秀才則仍教制藝，格律極嚴，尤以晏師午橋爲最甚，見余文，謂劉師曰：「周生年幼，文不中格，給予滿分，則余等年長之學生文章中格者（時初辦新學，學生年齡有年逾廿者）如何給分？」劉師曰：「你懂什麼？時代早變，科舉已廢，還教制藝，太落伍了，梁啓超之文也不通麼？」湘人好爭吵，晏師曰：「不通，不通，又不通！」劉師大怒，曰：「你試看，十年之後你去拜周生之門，問周生收不收你，惟恐你活不到那麼久！」兩人甚至捶棹子，扔茶盃，同學則在旁大笑爲樂。余遇劉師，一年之後文章千言矣！當然，不妥之處甚多，劉師從不挑剔，任余信筆所之，謂教書貴啓發，不能遏制，否則靈明盡喪不能成材矣！（劉師後爲湘潭縣立中學校長，其子千駿，中國抗日時期，曾任六戰區秘書長，戰區長官則陳誠也，千駿歿於民國卅年。）

校距家廿里，年幼寄宿，母常暗中飲泣，次年先祖乃改送余至距家七里之長沙縣立第六高小，校中教員大多數均先君之舊友。經編級考試編入畢業班，遇英文教師唐若鵬先生，工詩文，聞余家藏書富，常至余家觀藏書，每次僱工人滿載而歸，但閱後即歸還，曾攜《李恆齋詩文集》及《春秋三傳集解》，閱後謂余曰：「李先生文字太簡潔，引證太多，非老年人不能讀。」意欲留取之，余曰：「家中僅此孤本，奈何。」先生亦無慍色，乃歸家取陳壽《三國志》及《昭明文選》各一部贈之！畢業之時，余以第一名自負，榜發竟第六，大失望，時民國四年冬季也。縣中工丁仍守送報條之習慣，一日聞門外鑼聲、爆竹聲，開門觀之乃送報賀喜者也！工丁粘報條於堂上曰「捷報，貴府少爺榮中縣考第六名」，余大怒，撕之粉碎，曰「誰希罕第六」，祖父勸慰。是年十二月，先君潛歸家，索閱成績表，曰：「汝已第一，何怒爲？試看國文、英文、歷史、地理、算術，格致等科均在九十分以上，惟圖畫、手工、體育、音樂祇有七拾分左右，平均數字被拉下，前者重要，後者輕微，人各有能有不能，誰能包辦一切？好孩子，發憤罷！」父愛如此，今日念及仍涕零如雨。

余冬季高小畢業後，距暑期赴考中學之時仍有半載，父懼余曠學，乃延瀏陽劉星翹先生來家任教。瀏陽爲善化鄰縣，家相距僅三十舊里（即十五公里），肩輿二小時可達。劉師曾中鄉舉，年逾六十，無復進取之心，平日與余家多交往，每來必盤桓二、三日，縱觀余家珍本書籍，祖父亦樂與交談，老年人苦寂寞而好客，蓋常事也。劉師至家初試余學業，選擇教材，頗費斟酌，最後選定《荀子》及《通鑑》，曰：「荀子亦儒學大宗，通鑑備各朝興亡之理，儒者不可不知。」上午課《荀子》，講解極詳，下午命余圈點《通鑑》，三時午睡起床後，即校正錯誤句讀，然後大發議論，先君在家度歲，亦參與討論，各抒所見。余又好《史記》及《戰國策》，文章富於議論，縱橫放肆，似無世俗之所謂義法，甚適余意。每週必作文一篇，師命題釋經義，甚以為苦，蓋釋經義不許以後人之事滲入，拘束過甚，逾二月始安之。然劉師常奇余文，謂先君曰：「公子識解宏通，偶有所見，可驚夙儒，經世人物也，余輩不及見矣！」

一日，劉師極言三國魏武之雄略及其人才之盛，余詢師曰，漢室經宦董之亂後，迨已覆亡，魏武何以不能成統一之業。師言：「赤壁一戰定三分之局，長江天險，魏武不能飛渡。」余曰：「魏武雖敗於赤壁，仍能據守南郡江陵及襄陽，且盡遷荊湘名士北返，石韜、崔州平、徐康庶均入於魏。周瑜乘戰勝之威，挾江東全力，與曹仁爭南郡，又有劉備應援，年餘僅乃得克，則曹魏實力遠勝於孫劉，何以不能再舉？」師曰：「厥後魏武西征馬超、張魯，不久即死，後繼非才，不能統一，勢之所趨。」余沉思良久，疑不能決。先君曰：「兒有所不足乎？」又顧劉師曰：「余為足之可乎？」師笑許諾。

先君曰：「兵事貴一鼓作氣，再衰三竭，劉項大戰，不過五年，蕭何鎮撫關中，高帝無後顧之憂，廣收羽翼以削項羽之勢，故旋蹶旋興，且其蹶也亦無損於其全盤形勢，項羽則疲於奔命，故高帝最後一戰而克。魏武用兵達卅年之久，違一鼓作氣之理，諸葛亮〈出師表〉中已言其故，劉繇、王朗割據州郡，論安言計，動引聖人，今歲不戰，明年不征，使孫策坐大，遂霸江東。此論可適用於魏武，魏武每一戰克，不能乘勢續進，回師許洛，鎭撫後方，所付託之留守荀彧，非豐沛故人，職任漢尙書令，魏武終取以隨軍，則其內情灼然可見。既定張魯，不能乘勢取巴蜀，有勸之者，乃曰：『吾得隴，豈復望蜀乎？』實則不能忘情於許洛，所謂挾天子以令諸侯，終不能忘天子之患也。人才雖盛，不能當孫劉，魏武戰克，必親自領兵，遣將則無功，夏侯惇都督廿六州軍事，張遼鎭合肥，朱光鎭皖城，不能越長江一步，〈出師表〉中所謂『四越巢湖不成』是也。昌豨一盜匪之雄耳，遣于禁、李典攻之不下，厥後張遼登山拜昌豨之母，話舊言歡，乃得招降。置夏侯淵、張郃於漢中，法正建策劉備曰：『今策淵、郃才略，不勝國之將帥，一戰可克。』劉備一出，夏侯授首，張郃喪其精甲萬人，于禁、龐統之軍盡沒於關羽，身自爲禽，則魏武大將，決無信越英衛之奇，軍事遷延過久，孫劉已坐大於江南巴漢，撫其百姓，收其人才，其勢已不可撼矣。且魏武多疑，即有良將，亦不能專任，司馬懿可謂一代雄才，正韜光養晦，僞爲黃老之術，一言不發，一若毫無能力者，坐待曹氏之變。自古受命之帝王，未有僅憑自己一人之智力而能定天下者，魏武昧於大計，此爲其不能統一之眞因。」

又曰：「孫氏將領，僅周瑜、魯肅有遠略，然皆早死。孫劉爭荊南三郡之時，關羽屯益陽，魯肅屯陸口，劉備親率川軍五萬東下，魯肅身自渡江說羽合力取魏，以情好撫羽，羽不能納，魯肅識量深遠，據《吳志·孫權傳》，權曰：『昔魯子敬勸孤莫取關羽，謂于聖王之起必有驅除，養羽取魏，適爲吳利，是子敬所不能辦，故爲大言耳。』則孫權昧於遠略，亦已明矣，肅死，呂蒙繼任，急功趨利，大事無可爲矣，陸遜自守之能，終無遠略，亦不能有遠略，蓋吳之戰線，東起秣陵，西至荊襄，自顧不暇，何能伐魏，此魯肅之欲以長沙上游之防守攻伐委之劉備，吳兵則專備下游，誠合力對魏之至計。陸遜敗劉備後，孫權拜爲上大將軍，領荊州牧，聲勢喧赫，乃終生不北出一兵，曹魏形勢乃得鞏固。蜀僅有一諸葛亮，而劉備用之不能盡，曹操兵敗北返後，劉備表孫權行車騎將軍領徐州牧，孫權表劉備行荊州牧，周瑜只分南岸地給劉備，備立營公安。雙方猜忌，亮知必有糾紛，乃一意往營湖南，克武陵、零陵、桂陽（今之柳縣）、長沙各郡，自駐臨蒸（蒸水在長沙下游湘陰，注家謂臨蒸爲衡陽，誤，蓋衡陽道遠，不能以軍實資江夏及公安也），避免介入孫劉糾紛，意欲以湖南爲後援以代隆中對之四川。劉璋乃宗室之親，伐之無名，天下有變，可引之爲援，不必多自樹敵，且備之基礎未固，不能事遠征，事理必然，無可致疑，厥後劉璋遣法正孟達迎備入川，則事出意料之外。劉備之重兵盡握於關羽，備之信羽，遠勝於信亮。亮兄瑾仕吳爲長史，亮如多言，必招羽之疑忌，羽驕矜自用，輕視士子，孫權且稱爲猾虜（均見陳壽《三國志》）。厥後劉備諸葛亮入川，孫權索荊州，亮建策以江南三郡與吳，以易江北三郡，確保北進之路，其義即隆中對天下有變，則命一上將將荊州之軍以向宛洛，將軍身率益州之眾以出秦川是也，備不納，且率益州之軍五萬東下相爭，魏武定漢中，巴蜀震動，備乃倉皇西返，卒失湖南全境，與亮自動委讓之效，相去遠矣。關羽之無能亦彰彰可見。然備猶假關羽節鉞都督荊襄軍事，厥後關羽毀敗秭歸，蹉跎荊襄，西蜀之大兵盡喪於吳，諸葛當國已爲殘局，備死吳蜀後合，孫權篤信諸葛亮，《吳志．孫權傳》吳蜀同盟書，謂『諸葛丞相德威遠播，翊戴本朝，典戎在外，信感陰陽，誠動天地』，尊亮如神聖，是亮不介入荊州紛爭之效也。魏武求賢至謂『當今之世，豈復有盜嫂受金不容於鄉里之士乎……孤能尊顯之』，傷風敗俗莫此爲甚，故享國不久，見篡於司馬，豈若諸葛從容中道，爲後世楷模。」師聞先君言，驚曰：「此論前人所未發，初以君未掇巍科，學不逮吾輩，今知過矣！且睥睨當時人才爲無物，胸中所蓄未可量也。」又對余曰：「汝欲亢宗，殊非易事。」

（七）

民國四年十二月廿七日，蔡鍔起義討袁之消息傳至，先君聞之，略事整裝而走，祖問何往，不答。越三月未歸，祖知有異，母則飲泣，祖遣叔父梅椿公亟往長沙省垣探視，抵東茅巷住宅，已午夜，叩門，一工丁出，曰：「大人今晨出，未歸」，叔留候一日仍未歸，亟返鄉爲報，全家忐忑不安。事後方知先君匿郭人漳宅，密議驅湯，恃與清鄉司令李右文有舊，慫其突襲將軍署。右文有兵五千，一部尚駐株州，薌銘則有勁兵一師，由伍禎祥統之，驅逐艦四艘，駐省河，海軍陸戰隊三千，由沈鴻烈統之，省垣拱衛嚴密，右文不敢動。世凱命馬繼增率北洋第六師由湘西入黔攻雲南，遣曹錕統北洋第三師，張敬堯第七師，馮玉祥第十六混成旅入川，是爲攻雲南之主力，四川將軍陳宧擁兵數萬，世凱早恃之以鎭壓西南者。蔡鍔雖號稱護國軍第一軍總司令，僅有兵三千由雲南進駐川南，血戰於瀘州、敘川，無力續進。世凱又遣廣東龍濟光軍進駐廣西，並厚賂陸榮廷，協同攻滇，三道並進，以爲必克，右文觀望，自無赴義之勇。先君乃與人漳密議，策省垣警察發難，時新化錫礦山、常寧水口山、萍鄉煤礦均有大隊礦警，且多會黨中人，先君與之有舊，乃決定由人漳負責省城事，先君則率礦警爲援。人漳原爲富室，籌軍餉不難，先君則貨其東茅巷住宅，往來於各礦山間，懸賞待機而動。當時之湘事大致如此。

民國二、三年，蔡鍔原與陳宧交歡，迨陳東命督川，蔡薦其密友爲陳之幕府，凡陳之計畫舉動，蔡均先知之，又以川督職位餌重慶鎮守使周駿，使攻陳，又誘川軍師長劉存厚、鍾體道等宣佈獨立，曹錕等孤軍遠懸，川省農民又組游擊隊伏擊或四出侵擾，鍔以數千衆制曹錕等有餘。馬繼增師行緩，百計進屯沅陵，崇山峻嶺，砲車不能續進，湘西民性強悍，數十百年向爲匪藪，無能平之者，時出困擾，繼增知事無可爲，乃自殺，軍盡歿。適黃公克強自美電遣章士釗、李根源擁岑春煊入桂，梁啓超亦至，李烈鈞所統之護國第二軍來會師，均說榮廷起義反袁，榮廷款服。圍龍濟光師，盡降其衆。廣西宣佈獨立，四川陳宧迫於內憂外患，遂奉蔡公之命亦宣佈獨立，尊奉蔡公爲護國軍大元帥，蔡公力辭未就。岑春煊率李烈鈞軍進駐肇慶，組織兩廣都司令部威脅龍濟光，濟光亦頑抗，雙方對峙，一時無進展。（都司令部組織如次：都司令岑春煊，都參謀梁啓超，副都參謀李根源，秘書長章士釗，外交局長溫宗堯，財政局長楊永泰，軍事代表鈕永建，政治代表谷鍾秀。）

長江一帶，亦發生重大變化，山東丁佛言、湖南張孝準（張乃克強之駐滬代表）說江蘇將軍馮國璋，其辭甚工，曰：「公事項城久，可向其磕頭禮拜，將來亦向其毛頭小子磕頭禮拜耶？將軍如終事項城，僅永爲袁氏家奴，如服從民國，可任總統，視爲袁氏之臣工何如？」時馮女之夫陳之驥任第十六師師長，乃黃公任留守時預先佈置者，早對之驥有此言，其人本爲同盟會會員，事黃公極忠，亦勸國璋反袁，馮乃召集會議，長江各省及未獨立各省均派代表與會，安徽將軍張勳派萬繩栻出席。佛言、孝準活動甚力，張勳之代表態度頑固，乃力主討伐西南，國璋心有成竹，不發一言，各省代表唯國璋之馬首是瞻，於是宣佈決議各省嚴守中立，安徽代表大怒退席，失道無助，亦已無用。段琪瑞已早辭袁氏之國務總理職，退居西山，亦暗中反袁稱帝，蓋亦不欲向毛頭小子磕頭禮拜者。可見黃公民國元年之一言，勝於百萬雄師，此事世人多不知。

民國元年，之驥本與義師無關，黃公擴編軍伍，十六師師長論資望本應為王芝祥（時為民軍第十六軍軍長），論實力本應為趙恆惕（恆惕時統桂軍），黃公乃強奪師長與陳之驥，而推薦王芝祥於直隸省議會舉為都督（後被世凱堅拒），命趙恆惕率精兵一團返湘，電譚延闓任趙為師長，延闓卒賴其力整編湘軍，三人各得其所，此民國元年之事也，終收效於民國五年之反袁，可見克強之遠略。當時袁世凱亦知克強佈置周密，人心悅服，宋教仁則領國民黨務及議會，故民國二年世凱專攻黃宋，置中山為次，稱中山為空心大砲，孫大砲之名創於世凱，世凱不識潮流，不知中山之潛力也。此追述極有關聯之往事，幸讀者注意，並參證各種史料。

民國元年，克強又預置其國民黨人朱瑞、呂公望於浙江，厥後朱瑞失節事袁，民國五年，克強命鎮守使呂公望驅朱瑞，宣佈浙江獨立，公望任都督。此又一事也，民元臨時政府成立，黃公又推薦降將黃鍾瑛為海軍總長，李鼎新為海軍總司令，程璧光副司令，而囑其謹慎事袁，勿露痕跡，厥後袁雖以劉冠雄代黃鍾瑛，而終黃得指揮各艦隊司令，故終袁之世，海軍不為袁用。民國六年，中山南下護法即盡率海軍南下，此皆克強預先籌畫之力也。黨史不載，未免失平。

民國五年護國反袁之役，中山之勢力極微，命黨人在粵起事均失敗，湯覺頓等且被龍濟光假海珠會議之名，被殺，中山在粵之勢力盡滅！黨史已有紀述，不多贅。中山又命居正起義於山東濰縣，稱東北革命軍總司令，然僅有眾數百，殊無進展。

（八）

現在又回述湘事。民國四年冬，蔡鍔離京前，本與趙恆惕有夙約，囑返湘起義。民國五年春，曾繼梧、趙恆惕、程子楷潛離北京，由上海入越南轉廣西入湘南起義。曾繼梧稱湘軍軍長，程子楷為參謀長，薌銘遣李右文屯衡陽以拒之，右文反通款曲於曾，初兩軍對峙不戰。恆惕因劉揆一之介，持有湯薌銘之兄湯化龍之書，勸薌銘反袁，恆惕果斷，身入長沙訪湯，湯優禮之。曾繼梧軍進屯湘潭、株州，省城風聲鶴唳，人心益奮，薌銘乃宣佈獨立，仍電請袁世凱增援，事距郭人漳之失敗僅旬日耳。適陝西將軍被于右任、胡景翼等所逼，亦宣佈獨立，故袁世凱於六月六日氣憤暴斃，三人皆袁之心腹重將，平日倚之以鎮壓西南者。

程潛自滇入湘，招集亡命之徒攻益陽，薌銘遣沈鴻烈率海軍陸戰隊禦之，鴻烈兵潰，護國軍勢將合圍，傳郭人漳將在省城發難，先君率各地礦警進屯株州，前鋒僅距長沙六十里，薌銘知事無可為，乃逃，省城秩序殊亂，曾繼梧、程潛入長沙，爭為都督不相下，曾任龍璋為民政長，程任吳嘉瑞為民政長，政出多門，省議會暨士紳集議，舉劉人熙為臨時都督。人熙公為張鳴岐、沈秉堃之幕府，且與王芝祥為姻親，湘人欲資之以聯桂，不意人熙書生不能制程曾悍將，命令不出督署。時黃公克強已返國居滬，護國軍政府欲以黃公為湖南都督，省議會乃推趙恆惕、鍾才宏赴滬迎黃公，適譚延闓在座，黃公不欲自限於一隅，乃曰：「都督本是譚三事，今日仍是譚三宜。」如是譚延闓乃再度督湘，任吳嘉瑞為民政長，曾繼梧為軍事廳長，袁家普為財政廳長（醴陵人，本為雲南財政廳長，與蔡善），仇鰲為交涉員；改編湘軍為四師，陳復初、趙恆惕、陶忠詢、程潛為各師師長，又任陳炳煥為省有礦務總局局長，余煥東副之，並任先君爲水口山礦務局局長。時歐戰正酣，水口山礦砂出口或收入適於全省田賦。又任蕭昌熾爲長岳鎮守使，屯岳陽；梅馨爲長寶鎮守使，屯邵陽；田應詔爲湘西鎮守使，屯常德。厥後黎元洪復位，段祺瑞當國，又任望雲亭爲零陵鎮守使，人事分配，彌縫各方而已。湖南猶苦兵多，故譚公之治績不佳，後又遇段祺瑞易湘督之變化。

（九）

民國五年六月，距中學考期近，二兄拒余續讀，命助耕，余伺機逃往長沙覓父（父尚未赴任），父曰：「來何遲也？」余無言，蓋不欲傷兄弟之和。次日即攜余至湖南第一聯合縣立中學報名，斯即往日長沙府中學。時余年未滿十四，先君親攜余赴考，榜發取第二名，先君甚喜，時距開學尚有二月，先君每爲余講革命故事，余始得明先君初年及其革命活動之詳情，其述克強之事尤令人感動。黃公於光緒卅一年後化名張守誠，喬裝爲日本人，賣仁丹，出入西南各省軍伍中，煽動部隊起事。曾晤廣西藩司王芝祥，芝祥禮遇之，乃薦章陶年爲其文案（陶年乃行嚴之胞弟，早卒）。又晤欽廉兵備道郭人漳，勸其起義，不得要領，後黃公語其部曲云：「如余等起義，人漳不從，可槍殺之。」可見其能大義滅親也。

民國元年臨時政府成立，孫公爲大總統，凡閣席均請黃公推薦，外交總長一職，黃公初薦伍廷芳，孫公曰：「革命外交非余自辦不可，惟此席須由余自擇，其餘均一聽君言。」孫公乃任王寵惠爲外交總長，時年僅廿八歲，伍廷芳改任司法總長，黃公推薦總長，同盟會員僅蔡元培爲教育總長，因蔡本爲光復會會長，與興中會、華興會鼎立而三，且爲當時學界祭酒。其餘各閣席均非同盟會會員，海軍總長黃鍾瑛則投誠之艦長也。是黃公欲盡收海軍爲同盟會用之遠略。同盟會會員至多至次長而止，于右任爲民黨名士，亦只任交通次長，宋教仁有大功，亦只任總統府法制局局長，其他各總長如程德全、湯壽潛、張謇等均非同盟會會員。若干同盟會會員大憤，湖北有首刱之功，自孫武以次更憤，曰：「我們流血流汗，清廷大吏則做現成民國之達官。」黃公每向彼等致揖爲敬曰：「老弟呵！革命尚未成功，汝等年輕，將來機會甚多，現在正是集合全國英賢，擴大革命陣容之時，宜示寬大，以收人心。余不難將閣席盡交與君等，如此狹隘，何以建國，汝等自信亦能勝其任乎？」是黃公一開始即具遠圖，尋之舊史，與李世民頗相彷彿。

黃公亦知湖北首義，須有以服鄂人之心，其重要幕府均鄂人，如李書城任其參謀長，何雪竹（成濬）任副官長兼南京警察廳長，史久光任參謀本部軍務局局長，湯薌銘任海軍次長，均鄂人也。其相交甚厚之章行嚴，革命活動亦早於汪、胡，亦未任其入閣，只爲《民立報》之總主筆，總經理則吳忠信（禮卿）也。其他鄂人之被重用者尚多，黃公亦用盡苦心矣，後率不爲同盟會人所諒，詆之爲右傾、爲妥協首腦，黃公終不介意，德量何其廣耶。民國卅二年余在歐洲尚得見史久光，彼最欽服黃公豁達大度，對孫公尚有微詞。

先君又述龍濟光被迫宣佈獨立後，西南起義各省改兩廣都司令部爲護國軍政府，推唐繼堯爲撫軍長，岑春煊爲副撫軍長攝撫軍長職，起義各省都督均爲撫軍，梁啓超亦爲撫軍，兼政務委員會委員長，湖南尚未宣佈起義，故無撫軍，李根源任參謀長，章士釗任秘書長，章李二人爲克強之代表，岑倚之如左右手，言聽計從，啓超側目。世凱暴斃後，黎元洪依法繼任大總統，任段祺瑞爲國務總理，蔡鍔爲四川都督，陳宧逃返北方。龍李（烈鈞）戰爭仍相持，粵人舉岑春煊爲廣東都督，段祺瑞懼克強之勢力擴展，乃任陸榮廷爲廣東都督，陳炳焜繼陸爲廣西都督，方得驅龍，段仍命龍退保瓊州，圖再擾粵。梁啓超急於接近政權，首先離撫軍職，赴京，任段內閣之財政總長，並通電云：袁死黎繼，西南軍政府應即撤銷，以求全國統一。梁之陰謀家名自此始。

稍後，中山亦有同樣通電，並首先撤銷山東之東北軍總司令部，以示坦誠。此在法理上本無可爭，開國元首之主張，影響更大，惟西南各省，既有護國軍政府存在，北方猶爲袁氏遺孽盤據，國事並未得到合理解決，西南軍政府既有實力，於各省封疆大吏及閣席，尤其法律制度各項問題，尙有發言餘地。中山及啓超之電一出，軍政府衹得撤銷。

（十）

此外尙有數事，世人多有誤會，不得不述：

（1）梁啓超每挾蔡鍔以自重，指蔡原爲進步黨魁，與己同調，且爲己之門生，並因蔡可指揮黔軍戴戡及劉顯世，勢力殊大，實則全非事實。蔡於清季曾爲長沙時務學堂學生，與啓超之師生關係不過半年，蔡在赴日留學前，曾隨黃興在上海從事革命活動，李劍農政治史曾述其事。黃蔡之交情，遠勝梁蔡。民國四年冬，蔡鍔秘密出京，事先與啓超有聯絡，當爲事實（因同在北京），但蔡出師四川後，其第一個電報，即請居美之黃興回國領導軍事，黃覆電謂「公擅長軍事，興願留美籌劃經費。」（見

《黃克強書翰墨跡》）蔡之第二個電報爲請章行嚴、張耀曾入川籌劃將來國事（亦見前書），並未電請梁啓超也，可見蔡與克強及國民黨關係之深，不過蔡留日較晚，不及參加同盟會而已。蔡及王芝祥確曾被擁爲統一共和黨之總幹事，該黨重要人員有谷鍾秀、張耀曾、歐陽振聲、段汝驪、彭允彝、吳景濂等，此乃國民、共和兩黨之外之第三大勢力。但此一黨的人士多曾加入同盟會，未加入者僅少數，與梁啓超無絲毫關係。梁啓超於五年入桂後，開口閉口便說蔡是他的學生，受他所指揮，梁確欲聯蔡，但蔡自有主張，且與黃克強之關係更深，梁僅挾蔡以自重，藉蔡招搖惑眾而已。至於戴戡、劉顯世，原爲蔡之舊部，與梁啓超無直接關係。梁又以說服陸榮廷爲己功，實則梁抵桂時，桂已獨立，禮遇梁而已。蔡確有本領，民元，蔡自滇出師入黔，黔人款服，即全師撤回雲南，而將黔之政權、軍權交還黔人，故黔人對蔡極崇信，深得攻心之法也。民國五年，蔡率護國第一軍入四川，唐繼堯僅畀與三千人，在瀘敘一帶艱苦支持，向唐請援，無效，迨蔡以政略說服陳宧獨立，袁世凱又暴斃，滇省大軍乃擬源源入川，蔡亟電阻止，勸唐「決不可抱地盤主義，雲南人要地盤，難道四川人不要地盤，鍔之兵力已經足用，請勿再派兵入川，免致將來又發生川滇之糾紛。」因此川省人心大悅。蔡入成都，陳宧雖擁重兵，亦棄職潛逃。總之蔡決非梁啓超所能指揮之人（袁世凱亦不能指揮之，何有於梁），如梁確能指揮蔡戴劉等人，在西南構成一大勢力，何必亟於接近政權，爲段祺瑞之鷹犬，蔡豈能受段之節制耶？此事一經點破，讀者將自知之，蔡曾電梁，謂願棄川督入北洋整頓其部伍，此不過託辭拒梁。

（2）護國軍在兩廣之勢力本爲岑春煊、陸榮廷所擁有。章行嚴民國五年一月尚在北大任教，忽接黃克強電，請其擁岑入粵，說服陸榮廷、龍濟光起義。蓋陸龍本岑之舊部也。岑思入粵桂必須酌帶資本，否則無力，乃偕章行嚴、周孝侯（曾爲四川學政及臬司）先赴日本，交涉借款及槍械結果，日政府允借款貳百萬元，步槍萬枝，但須克強簽字。黃得報，即電其駐港代表張孝準代爲簽字（此事左舜生之《黃興評傳》亦有述及，但不詳）。

岑攜餉械入桂，半數濟陸榮廷，半數濟李烈鈞護國第二軍（原僅二千人），如是，李乃得成軍，稍可與龍濟光對抗矣。故李之實力係受岑之卵翼而成，亦即受黃之卵翼而成。中山曾命湯覺頓等在粵起事，被龍濟光假海珠會議之機會所盡殺。如是中山在粵之勢力全滅。北洋海軍原受黃之指揮，故李鼎新、程璧光亦率師赴粵反袁，克強死後，方由中山指揮。至於浙江之呂公望，亦受克強指揮，宣佈獨立。湖南之曾繼梧、趙恆惕，原係民元黃任南京留守時之舊部，亦係奉黃、蔡之命返湘驅湯，故五年反袁稱帝之役，黃、蔡之功績居首，中山雖極力反袁，苦無實力，李鼎新、程璧光率北洋艦隊入粵反袁，與中山無關，中山固未入粵也，只得命居覺生起義於山東濰縣，僅擁兵數百人，故世凱亦不重視之。厥後護法之役，二李（李烈鈞、李根源）爭駐粵之滇軍，李烈鈞又棄岑而擁中山。憶民國四十二年趙恆惕在台北，曾撰文述往事，謂「李烈鈞爲呂布，反覆無常」，蓋惡烈鈞於民九初允助趙驅張敬堯，臨時掣肘，轉赴湘西割據，破壞湘事。余勸之曰：「公與烈鈞日本士官學校同班同學，均爲同盟會人，現在李之屍體已朽，舊事何必再提，徒招誤會，顯公量之不廣，此事別人可述之，公不必自述也。」趙乃曰：「余見不此，有愧我兄矣」，遂燬之。

（3）黃克強民五十月逝世，中山以中華革命黨總理之名，爲黃發訃，中有謂「克強此次反袁之役雖未能比肩作戰」一語。夫發訃，應對死者致敬，何得指其瑕疵，士君子所不爲也。何況反袁護國，黃發縱指使，竭盡心力，收效甚大，「未比肩作戰」者，僅未與中山比肩作戰也。西語稱「必誤之人」，中山亦有弱點，中山領袖欲極強，凡革命之役必由彼領導而後快。清葉民族自覺，各地起義者，豈均與中山有關？徐錫麟之殺恩銘，秋瑾之死難，暨湖南長沙、萍、瀏、醴各役，中山均指爲「聞風赴義」，「聞風赴義」實影射自己，未免過估一己之力量，而忽視大眾之心理。克強窺見此點，故於華興會與興中會合併爲同盟會時，獨排眾議，推中山爲總理，厥後中山受日人之餽贈，獨攜款走美國，留日黨員大憤，賴克強全力鎮制，方得無事，且有時爲目的不擇手段，護法反段，乃彼身自發動，不二年又聯段，密納舉世側目之徐樹錚及張敬堯爲門生。余爲國民黨人，何忍吹毛求疵，不過重視士君子之所守而已，幸其晚年提出正確主張，不爲段屈，故終能收國民革命之功。

護國軍政府解散後，岑春煊僅荐章行嚴、李根源於黎元洪，段建議授蔡鍔、岑春煊、陸榮廷、唐繼堯以勛位，又授段祺瑞、馮國璋、王士珍、張勳以勛位，蓋向西南示威也。適湖南省籍之參議員有一人因病出缺，乃補選章行嚴爲參議員（章本民國元年臨時國會之參議員，二年國會大選章未返鄉，落選），並授以勛五位，黎與國會本擬改內務部爲民政部，以章爲總長，電報已傳至湖南，余親見之，梁啓超不欲段內閣內再有名士與之抗衡，力排之。適雲南爭閣席，啓超乃薦滇人張耀曾爲司法總長，直隸人谷鍾秀爲農商總長，二人均掛名國民黨籍，名望學識遠不逮章，且與孫、黃素無淵源，但有以問執國民黨人之口，聘李根源爲總統府顧問，同時被聘爲顧問者尚有金永炎、哈漢章，總統府秘書長則山東丁世嶧也，亦與國民黨接近，元洪惟此四人之言是聽。根源饒智略，故數進言元洪，稍抑祺瑞，祺瑞更跋扈，視元洪如無物，凡疆吏及法制之變更，元洪事先均無所悉。院秘書長文譎張爲幻，名此四人爲四兇，構成府院衝突，黎隱忍未發而已。

（十一）

余入中學後，另睹一番境界。教師多名人，國文教師爲潘沔泉、汪庚甲、周鐵珊等（後均任大學教授），歷史教師爲劉柏榮、楊遇夫（後亦爲名教授，楊且被選爲中央研究院士），余均次第受教。數學教師爲言煥彰、言煥彣兄弟，畢業日本帝大，數學獨步一時，凡湖南全省之專門學堂及中學均用言氏教本，因以致富。易培基教文字源流（舊稱小學），化學教師吉光勳，地理教師王連中，均當時名家，德文教師爲德國領事及徐權，其餘不及備舉。

學生錄取後須歷口試，校長親自主持，各學監助之，只觀學生之儀表應對，便編班次（每年級招三班）。余於口試時，被校長彭國鈞注意，彭有子曰先澤，頗頑狂，乃編先澤與余同班，命先澤曰：「學好學周生。」又命余曰：「先澤如欺汝，立報余（先澤長余二歲），余即罰之。」國鈞羨德國富強，編先澤入德文班，因先澤，余亦被編入德文班，棄英文矣！事後先長兄不以爲然，已無力補救。學宿費均由先長兄供給，並按月奉父百元（先長兄時任浙省電政工程監督），長嫂吳氏大家閨範，力贊之，兄事忙，偶忘接濟，長嫂必提醒之。迨民國廿六年余歸自海外，長嫂設宴歡迎，泣曰：「惜爾大哥無命，不及見弟學成名立。」近聞其已逝，余不禁痛哭。

一年級國文教師爲潘沔泉先生，必教韓柳，謂「唐宋八大家以韓柳爲最佳」，尤重柳文，常謂

「柳文最簡潔，一字不能增損。世稱韓文難學，柳文易學，實則不然，韓文議論奔放，一洩無餘，故無餘味。各人之天稟不同，文不必拘守一家，讀古文無非增益讀者之識解及運辭造句之方法，柳子厚識解高，造句亦有律令，讀者亦貴有自己之識解，不妨任意寫出，如專學古人，總落古人之後，專學韓必不逮韓，專學柳必不逮柳。古人取古時之識解情境而爲文，今日豈無新識解新情境而爲文耶。」見余文太繁，乃告余曰：「汝之學力有限，言多必失，不如學爲簡潔之文，他日學力增則長短咸宜。」此皆名言至理，益余不少。一日校長代潘師授課，授陳其美責黃克強書，余讀至中途撕之粉碎，曰：「何物陳其美，敢侮辱革命長者。」校長面赤，同學則大笑爲樂，不終場而散。從此彭不悅於余。

校長每日巡視各課堂，適至國文課堂潘師正在講授，彭從後來，見先澤不專心聽講，東張西望，手足加踢鄰座諸同學爲戲。彭拖先澤離座，命其跪下，力批其面，久而不休，余不忍見，離席牽先澤就座，校長怒曰：「何與汝事！」余年幼氣盛，乃答曰：「先澤是校長子，校長固可管教，但先澤亦是本班學生，潘師在上，校長如此嚴厲，置潘師於何地！余家規範，父母當祖父母之面，不督責子女，且督責一人，必使兄弟姐妹離去，不知校長以爲何如？」校長悻悻離去，散課後，校長命校工持一簽條示余曰：「周德偉來見。」余隨校工行，心中思今日必被痛責，正思應對之辭。及至校長室，出余意外，命余坐，面帶笑容曰：「我今日太粗暴，不知潘先生生氣否？」余曰：「此潘師之事，誰則知之，學生之意，校長須向潘師說明爲得。」彭笑曰：「我辦，我辦。」並勉余數語而退。

彭極嚴，每日清晨必聚全校學生爲朝會，行禮畢，必曰：「一年級學生慢走。」學生侍立，不敢散，彭必大訓一頓，甚至挑出若干學生之名而責之。每星期聞六次「一年級學生慢走」，人人震駭，平日學生見彭即逃，畏之如虎，故咸稱為彭老虎，以英文 Tiger 代之。故學生對校長皆尊而不親，彭一生親敬之學生少以此。

民國五年十月，蔡公松坡逝於東京，十月卅一日黃公又逝於上海，不半月失此兩偉人，全國悲傷，湖南尤甚，人民及青年學生竟巷祭號泣。感人之深，記憶尤新。中央政府令國葬二公於嶽麓山，並追贈蔡公陸軍上將（黃公原為上將）。都督譚公於十二月初即組黃蔡二公國葬籌備處，以陳炳煥為處長，組織簡單，不似現今之委員會，陳嘉會領秘書組，胡之倓領庶事組，林支宇領警衛儀仗組，前清翰林編修彭清藜領祀典組，周砥領會計出納組，長沙梁知事領墓地營建組，先君領招待組，組員則自各廳司調任，均為無給職。葬期在民國六年春季，精確時日，不復記憶，各省代表雲集，均寓天樂居、王源台、大吉祥、泰豫等大旅館，公款招待，亦有黃蔡二公之友人以私人資格來與祭者，章行嚴即其中之一。余以先君故，多識各省代表，今能記憶者惟章行嚴、李書城、仇亦山，粟戡時等人而已！葬之日，譚公率都督府及各廳科長以上職員，渡河與祭，代表達數百人之多。長沙中學以上學校校長、教員、及高級職員，學生則只有代表，以長沙輪擁擠也。余幸與送葬之列。

黃蔡二公國葬後，校長彭國鈞請章行嚴先生來校講演。大禮堂於佈置棹椅後，只能容四百人，全校學生約在八百以上，故學生多站立於夾縫之中及四周窗台之上聽講。章先生講題為「社會調和論」（Harmony of Society），以今日術語表之，「調和」應「協和」，方免誤解。章先生針對中國學生程度，儘量避免用英文術語，首先說明「社會成立之原因，乃任何人不能獨立生存，各有所需，各有所待，乃至每人之日常用物，很少是由自己獨立作成的，而是相互通過交換而得到的，故士農工商各業，都是社會組成的重要元素，並舉《周書》『農不出則乏其食，工不出則乏其器，商不出則財賄不通，虞不出則山澤不闢』，並引司馬遷之〈貨殖列傳〉之議論爲證。但人性亦有惡的方面，許多人常思不勞而獲，導致爭殺砍奪，故須禮以防之，法以制之，此國家之所由起也（意指政府），國家之主要任務，爲協調社會組成分子之利益，使其互相協助，儘量袪除利害衝突，爲達成此一目的，國家官員包括總統以下之各級官吏，亦須服從法律，保障社會每一份子之自由活動，並須發展教育，使人民均懂得社會調和之大利益，相互爭奪砍殺，只有毀滅社會，至少會使文化水準降低。所以黃克強先生於民元臨時政府時羅致全國賢豪入閣，蒙同盟會會員之責難而不顧，我自己亦力贊黃先生之主張發展實業及教育，蒙黃先生看得起我，叫我自己選擇一都督兼領之部，經常不能到職者，代理其職，我亦未允，寧就《民立報》之主筆。二次革命失敗後，孫黃二公請我辦《甲寅月刊》，我亦接受，無非欲在啓補民智方面有斯須貢獻。」後段引了許多西方學說，我們就聽不懂了！滔滔不絕，講了二小時。

事後校長彭先生叫我到校長辦公室，問我聽得懂否，我說：「懂得大意，但後段不懂。」彭先生命我複述其意。我過去讀過《書經》，又讀過〈貨殖列傳〉，雖有點蒙糊，經章先生說明，我就徹底懂得了，故複述了上段。彭校長聽了之後大爲高興，說：「許多高年級學生及年長學生都莫名其妙，你居然聽得懂，眞是了不起。」旋即寫一簽條，命校工至圖書室取來全部《甲寅》給我，命我細讀。校長又說：「章先生是了不起的人物，他的革命活動僅晚於孫黃二公，他在清季當過《蘇報》主筆，刪改過鄒容之《革命軍》，最近做過護國軍政府秘書長，爲反對袁世凱稱帝主要人物之一。」適校長書棹上置有《東方雜誌》一本，即有中國四大名流之照片，我一看，第一名是梁啓超先生，第二名就是章行嚴先生，第三名是張謇先生，第四名是嚴範蓀先生，我即說：「看照片章先生年齡很輕，就是大名流，看來，名流也不難做啊！」彭先生說：「好大的口氣，看你將來能趕得上他們否？」

我得了《甲寅》如獲至寶，帶在課堂上，不聽講偷看《甲寅》，如〈政本論〉，如白芝浩〈內閣論〉、〈聯邦論〉我都閱過，其餘各文，有懂有不懂，我仍不憚鑽研，獲益不少。到了民六秋季我已是二年級學生，西洋史教師是劉柏榮先生，我正在低頭看《甲寅》，被劉師窺見，立叫我說，「你爲何不聽講，看什麼書？」我起立說：「看《甲寅》。」並出《甲寅》相示。劉師說：「看《甲寅》不壞，我恐怕你看無聊小說。」他詢我的家世，我舉出先長兄周德偁子岑之名。劉師說：「周德偁是我在明德的同學，我們也算是世交了。」劉師清華畢業，初選送赴美留學，病廢而歸，故任中學教師（後爲大學教授）。次日劉師請我至教員休息室，打開皮包，取出三本嶄新的書給我。並說：「《甲寅》雖好，究竟是片斷的論著，我的三本書更好，有系統的著作。你可細讀，將來考西洋史之後還要考你這三本書的內容，不嫌我嚴格麼？」我打開一看，第一本是嚴復所譯的《天演論》，第二本是《名學淺說》，第三本是《社會通詮》。劉師說：「這三本書是嚴譯最淺的書，其他高深翻譯卷帙太大，你還無力看懂，先看此三書爲要。」我在二、三年級居然將此三書讀完，並能背誦《天演論》。故我此時的社會科學知識已夠大學一年級學生的程度。劉師每向人稱道，至今感念。

（十二）

民國六年夏，政局又發生變動，國務總理段祺瑞假順應潮流之名，亦立軍民分治，實則藉此擴張自己之勢力，析都督爲督軍及省長二職，任湘人傅良佐爲湖南督軍，彼乃段之學生，與湘人一無關聯，譚延闓專任省長，時軍貴民輕，譚恥之，譚雖書生，好治軍事，常謂大丈夫不可一日無權，辭不就。而手腕靈活，先遣零陵鎮守使望雲亭入京迎傅，望以爲榮，譚即用趙恆惕之薦，任營產管理處長劉建藩爲零陵鎮守使。劉本黃公任留守時之團長，知軍事，政治手腕靈活，夙與軍民各方皆相得。零陵鎮守使轄左右巡防軍萬人，皆湘人，聞劉繼任歡聲雷動，不以武力取得軍權，過去所未有也！又遣趙率師開赴衡陽，並遣陳復初之一旅林修梅同行，復初大憤，乃留省，後迎降，然已無實力矣。譚佈署完成後，方離職赴滬，靜觀時變。段氏乃任周肇祥爲湖南省長，傅周抵任盡，易各軍民長官，惟對劉趙二人鞭長莫及，任職如故。先君亦解職，幸有先長兄接濟。

段祺瑞跋扈專橫。假國會不同意對德宣戰爲名，解散國會，預備另選國會，總統黎公憤免其職，以外交總長伍廷芳代國務總理副署，段遂赴天津，嗾使北方及長江各省督軍團造反，責黎違法，黎窘迫無策，安徽督軍張勳自請率師拱衛京城，任調解，黎允之，張乃率兵入京師，逼黎元洪退位，擁廢帝溥儀復辟。先是張勳數數召集徐州會議商復辟，康有爲與焉，段亦派代表參加，同意復辟。事發之後，段爲亟於恢復政權，從梁啓超策，於馬廄設立討逆軍總司令部，擁護民國。元洪乃復任段爲國務總理，攜國璽逃赴上海，引咎辭職，並請副總統馮國璋北來繼任，張勳被撲滅後大憤，通電各省洩事先密謀，「段爲首先贊成復辟之巨魁」，馮段只得將張勳免予究辦，旋任爲青海林墾督辦，張不就，安居天津如故，僅通緝被脅從之文人。徐世昌亦免究辦，厥後通緝令亦未執行，復辟巨犯皆逍遙法外，亦醜事也。

復辟醜劇只益馮段之權位而已，清室被優待如故。馮段之間雖有隔閡，暫時只得相安，直皖分裂乃以後之事。後文有述。

段權重，以再造共和爲己功，另選新國會，製造安福系。六月，孫公中山率海軍及舊國會議員之一部南下護法，開府於廣州，劉建藩於零陵宣佈護法討段，時趙恆惕守制禮廬，建藩強勸之墨經視師，趙可謂得其所舉，劉赴義恐後，譚可謂知人，均可褒美。

孫公以名不正則言不順，以議員法定人數不足，遂召開非常會議，選孫公爲大元帥，唐繼堯、陸榮廷爲元帥，劉趙既起義師，段命傅良佐遣軍亟攻之，劉趙夾衡陽萱州河爲陣，大敗之，兵抵株州，長沙大震。傅良佐、周肇祥逃，段乃命北洋精兵屯岳陽之王汝賢、范國璋赴援，進屯長沙，以王汝賢代理督軍。時直皖之間已生嫌隙，王范乃直系重將，進攻劉趙，未能力戰，亦大敗，返長沙，通電主和，段大怒，免王范職，仍令留任帶罪圖功。兩廣巡閱使陸榮廷組湘粵桂聯軍，以桂督譚浩明爲聯軍總司令，程潛爲湘軍總司令，粵軍僅一旅，以桂人馬濟統之，來援。程潛缺實力而好大名，陸榮廷亦忌譚延闓，故以程任總司令。劉趙識大體，仍協同作戰，遂克長沙，譚浩明兼理省政，劉趙屯岳陽及羊樓司，湘省全境光復。

段祺瑞乃謀直皖奉三系大合作，以曹錕兩湖宣撫使，後改川湘粵贛四省經略使，職位隆崇，乃入其彀，曹錕命吳佩孚統第三師及三混成旅，當正面攻岳陽，沿海軍輔之，並預許吳佩孚督湘，以張敬堯率第七師由通城攻平江，輔之以奉軍闞朝璽一混成旅。又以魯督張懷芝爲東路總司令，率師由江西萍鄉攻醴陵，預謀截斷南軍退路。大軍十萬，盡向湖南，誓欲一舉盪平湘川粵桂四省。佩孚率師五萬攻岳陽羊樓司，劉趙僅有兵二萬，實力懸殊，佩孚又遣海軍，佔領岳陽，劉趙乃亟退，張敬堯、闞朝璽攻平江，程潛不戰而退，北軍續攻，粵桂軍亦無戰鬥力，即退返廣西，長沙遂陷。佩孚行軍極速，不旬日佔領衡陽，並進屯岐陽，距永州僅數十里。劉趙二人且戰且退，但長沙既陷，佩孚之兵力又極強，乃繞道全師退醴陵，張懷芝之軍追至，又退屯攸縣，建藩與恆惕商議：「進軍易，退軍難，衡陽已陷，無力攖其鋒，但不擊破一路，無從全師撤退。」乃迅如閃電反攻張懷芝軍，大敗之，俘商震一旅，仍力撲醴陵，張懷芝之施從濱師，以湘軍已敗，未爲備，迨劉趙之軍至，施從濱倉皇先遁，全師潰散，劉趙遂率師進抵株州，長沙大震。劉趙之師力戰逾月，疲憊不堪，休憩於株州，原無力反攻，不過保撤兵之安全而已！不意張敬堯遣第七師及奉軍間道襲株州，鐵路正面反無動靜，劉趙未虞間道之來襲，遂亟退，橋斷，建藩落水死，趙公爲之號泣，仍整師撤退，敬堯不敢深入，趙遂得全師退永州，此時所經之艱難，筆墨難於描述。

適段祺瑞食言，以張敬堯督湘，佩孚憤甚，遂頓兵不進，奉軍一無所得，遂撤闞朝璽旋師，敬堯之勢遂孤。譚延闓亦赴永州與趙爲會。程潛駐郴州，仍稱湘軍總司令，宣稱不與延闓兩立，吳趙二軍對峙，久無戰事，且由張其鍠爲介，互通款曲。譚本與張同榜進士，時直皖暗潮亟，趙恆惕之內兄童錫梁，日本士官學校第五期畢業，曾任湖南軍務司長，時居長沙，吳佩孚密遣人迎之入衡陽，吳語童曰：「趙公治軍嚴肅，儒將風度，如我二人合作，中國不正乎。」請童持函見趙，趙亦見之，遣張其鍠答聘。如是雙方往還，如羊祜、陸抗故事，且無敵對意。敬堯只能戒備自衛，命其弟敬湯另組湘軍，暫編第一師，然無戰鬥力。

七年夏，新國會另選徐世昌爲總統，直皖之嫌隙日深。直系以曹錕爲領袖，勢力僅及於河南。江蘇督軍李純聯江西督軍陳光遠，思欲另樹一幟，湖北督軍王占元則態度暗昧。段之兵力盡屯於京畿保定以北，曹錕無力過問，段又兼參戰督辦，借得日本銀行團鉅款二億元以上，以膠濟鐵路兩岸之經濟利益許與日本，青島則已由日軍佔領。段得此巨款，乃練參戰軍數師，意在用以對內，器械極精，並擁有浙江、安徽、福建、湖南各省之地盤，聲勢咄咄逼人，直系顯居下風。

當時北方之形勢大致如上文所述，西南護法政府內部亦發生問題：陸榮廷既節制粵桂，不聽中山之命，欲改組護法政府，又不敢冒大不韙，親自發難。中山偵知內情，乘粵人不滿於桂省之獨制，向粵督莫榮新力爭粵軍之統轄，莫榮新乃以廣東省長朱慶瀾部所統之省防軍廿營破爛部隊與之，而不供其餉械，中山乃命陳炯明統之入閩。中山爲形勢所逼，乃與段祺瑞有默契，段遣梁士詒、葉恭綽赴廣州聘問，又遣徐樹錚執贄於孫公爲門生，並資陳炯明以餉糧槍械，如是陳炯明始得成軍。雙方各有用心，孫公欲藉段力驅逐桂系出粵，段則欲假孫力消滅吳佩孚，而納湘省於己之範圍。陸榮廷乃一軍閥，不識大義，乃決計改組護法政府，以湘督餌程潛命桂軍爲援，惟一條件，爲請程潛通電反孫，主張改組護法政府爲總裁制。程潛粗魯，功名心熱，竟允其請，遂電請孫公退位，陸莫又以武力臨粵，改組護法政府爲總裁制，設七總裁，舉岑春煊爲主席總裁，孫公竟居末席，是對民國元首一大侮辱。中山憤極走滬。程潛本其所耳提面命之人，竟敢首倡叛亂，中山之肝病或即肇因於此。但中山向以護法反段爲旗幟，今又轉而聯段，似不得南方諒解。

湘人及譚趙二公恨張敬堯屠戮湖南人民，如是與吳佩孚之交誼益固，遣岑及譚延闓、國會議員鍾才宏赴衡陽，與吳密商解決國事問題，所定條件：（1）、恢復法統（即恢復民元之約法及舊國會）；（2）驅逐徐世昌去位，擁黎元洪復位；（3）和平解決國內紛爭，一致對外（指日本），並密商吳佩孚撤軍北返。雙方達成協議，於時程潛與段祺瑞之間亦信使往返，段亦許程督湘，譚趙二公偵知其事，乃命馬濟派軍卒僞爲土匪於中途劫之，盡得段程之函件及密電，密呈於譚，譚遽公佈之，並力責程潛通敵，湘軍大譁，程潛逃粵，譚公乃入郴州，復任湘軍總司令。

適段祺瑞欲易豫督趙倜，而以其內弟吳光新繼任，曹錕乃命吳佩孚撤兵，岑春煊又濟以撤退開拔費六十萬銀文，吳請趙立時準備接防，趙公猶恐兵力不足，乃商請李烈鈞所部滇軍爲援，時駐粵滇軍已分裂爲二，一部爲李根源所奪，擁岑，李烈鈞率殘部仍受中山之命。湘軍臨發，李烈鈞率所部轉赴湘西割據，不與驅湯之戰。趙公大怒曰：「我一個人也打上前去了。」佩孚撤軍，沿途所用皆廣東毫洋，於是盛傳吳譚趙粵聯盟，敬堯益懼。當佩孚之撤軍也，集結帆船數百艘蔽江而下，敬堯竟不敢動，敬堯遣師接防，永綏湘軍一步，被湘軍力擊，湘軍久鬱，士氣益奮。湘省民性強悍，敬堯之後方游擊隊遍起，何鍵、李仲麟各只有槍十餘支，稱游擊司令，農民持戈矛鋤棍，擊銅鑼、燃砲竹爲號，聲撼山岳，於是敬堯軍大潰。據余二兄云：「農民數十人能繳張軍數百人之械，彼亦奮勇前驅，毫無阻礙，引爲生平樂事。」如是北洋第七師及敬湯所率暫編第一師全部消滅，此民國九年夏末之事也，余已考入北京大學，恨未躬逢其盛！譚趙光復湖南全省，譚爲湖南總司令兼省長。是爲譚公第三次督湘，立即通電主張湘省自治。此民國九年九月之事也。

民國九年八月，陳獨秀、戴季陶、張東蓀、李漢俊、李達、邵力子、沈玄廬（定一）、陳望道、沈雁冰、周佛海、施存統、俞秀松、楊明齋在上海組中國共產黨，於上海法租界環龍路漁陽里二號成立共產黨中央黨部，並於各省成立支部，戴季陶、張東蓀旋退出，但戴仍以做證券之盈利資助其經費。李大釗在北京，毛澤東在湖南未及參加，李仍被選為中央委員，共產黨之前身為馬克思學說研究會，共黨之老輩黨員為張國燾、羅章龍、鄧康（中夏）、范鴻曾，李國暄等均馬克思學說研究會基本會員也。李石曾、易培基亦支持之，由李大釗總其成。李易投青年之好而已。

十年十月，粵桂方面亦發生重大變化。粵督莫榮新貪瀆無能，孫公得段祺瑞之助，命陳炯明率師返粵，勢如破竹。莫榮新盡喪其部伍，逃返廣西。中山後返粵恢復軍政府，召開國會非常會議，孫公被選為非常總統，容納梁士詒、葉恭綽等入閣，楊度在上海亦早入孫公之門，受其資助。但孫公之勝利並非段系之勝利，孫公自有政略，而譚趙之勝利，確為段系之挫敗，以致失去北方之政權，於是長江三督李純、王占元、陳光遠盡黨於直，直系又獲得熱河、察哈爾、綏遠之地盤，以王懷慶為熱察綏巡閱使，聲勢大張。孫公既志在全國政權，故亟欲撲滅之，如是有孫段張（張作霖）大同盟之醞釀。此時南北輿論，似不盡以孫公為然。

（十三）

民九湘軍驅張以前，尚有一大事，事發於學生，不可不補述。張敬堯軍無紀律，凡其兵卒所駐之區域，無問城市鄉村，富室盡遭劫掠，仕女多遭橫暴。八年十月十日，長沙省垣學生二萬餘人，咸集於省教育會之廣場為慶，有學生數人登台演說，痛陳湘政腐敗，軍士失紀，魚肉全省人民，聲淚俱下。事聞於敬堯，乃遣其弟敬湯率砲兵一團圍教育會，四週置機關槍大砲，敬湯登台演說，即謂：「你們這般無恥學生，受混帳王八蛋熊秉三之主使，滋事肇亂！不准動，動則槍斃。」其實秉三居北京，無聯絡學生之遠略，學生亦無人識秉三。敬湯大罵一小時，出言粗魯，罵畢，即命學生散會，循其指定之街道而出。

學生受此侮辱，人人髮指目張，長郡同學歸來後集於大禮堂，商議報復雪憤，彭光球（彭湖）為主席，並遣同學數人暗候於校長辦公室周圍觀動靜。會議不及十分鐘，偵候之同學返報「彭老虎即至矣」，全體學生乃一擁入鄰大禮堂之第一宿舍，余與何培禎殿後，彭校長見余，即大呼曰：「周德偉，不許動。」余仍促學生急入，余亦入，閉門拒校長。學生乃續議於宿舍，決議：（1）長沙省城全體學生解散返家；（2）通電全國及南北兩政府並湘省士紳首腦，報告敬堯虐政及侮辱學生事跡；（3）派遣代表三路，每路二人，一路赴北京請國務院撤換敬堯，一路赴上海請全國學生會總會及各報紙支援，一路赴衡陽請吳佩孚回師驅張，並赴廣州請護法政府討張；（4）代表旅費由各校分攤；（5）推余草擬電文；（6）立即通知長沙學生總會會長雅禮大學之學生（已忘其名），請其即夜通知各學校行動一致。決議後，方開門納校長，校長痛責學生無禮，並曰：「周德偉，余待汝不薄，汝如何負我，使余痛心。」余置之不對，校長悻悻而去。余事先因長兄，識長沙電報局局長及報務員多人，乃持電文至長沙電報局，請局員立即拍發，局員照辦，未收電費。次日全國各報紙大字登載長沙學生運動及張敬堯虐湘等事，各報紙譽為繼五四運動之壯舉。敬堯見之大怒，乃派兵圍各學校，至則已無一學生留校。

余與同學黃鳴世被派赴南路，其他二路亦同時出發，每代表僅各攜旅費銀元卅枚。鳴世年長，辦事老練，余則工文章辭令，先至衡陽向吳佩孚請援，佩孚出見，態度寬和，略話數語，即曰，諸事請與王孝伯商酌，王孝伯者乃混成旅長王承斌也，在吳氏所部之將領中最富謀略，吳氏倚之爲腹心。旋孝伯出，即曰：「吳將軍（時吳已授孚威將軍）同情君等，惟時機尚未成熟，不久或有變化，君等尚有他行乎？」余對曰：「余與黃同學將赴廣州請護法政府討張。」孝伯曰：「此亦可。」旋出四百元，曰吳將軍以此壯君等行色。余等受之，略表謝意而退。如是赴廣州，先遞請願書於主席總裁岑春煊，越二日往謁，岑派秘書長章行嚴出見。余本於黃（興）、蔡（鍔）國葬時識章，章亦能彷彿記憶。余陳述湘事，章曰：「北伐本護法要圖，驅張自包含在內，但籌備尚未充分，君等宜稍忍耐。」又曰：「廢學之舉，不可多爲，余幼年亦有此行動，雖幸促進革命運動，然本身事業之犧牲亦不小，救國恃學問，非徒恃勇氣也。」亦即贈四百元爲旅費。余等之旅囊乃大充裕，轉赴上海，與上海代表會，知全國學生總會之通電久已發出，上海商會會長聶其杰亦助旅費，旋得北京代表來函，云已見段，段亦無切責，只云湘事另有辦法，蓋段亦怒張敬堯之無能也。湘巨紳熊秉三亦有濟助，並招待代表住香山慈幼院。各代表或留京或留滬，待佳音。居外半載，民國九年六月，湘軍克長沙，全體代表始歸。時全國各大學即將招考，中學四年級學生（余已四年級）迫不及待，乃要求校長發給臨時畢業證書，實則四年級學生因此一役尚缺課程半年，長沙各中學校長集議，以此類學生有鬧事經驗，恐難管理，不如縱之去。乃允學生之要求。

余於先長兄處取得旅費，臨行前，父偕余謁賓步程（敏陔），賓乃北大教務長顧孟餘先生之好友，爲余書一函交父閱後，密封交余，余亦不知所言何事。余抵京報考北京大學，余思此時謁顧，如被取錄事洩，將被人恥笑，不取，另有他校可考。故決定暫不投謁，考後榜發，余幸被錄取，乃將賓函送至教務長辦公室，亦未請謁。次日顧約見，即曰：「何不早來，考期已過，無能爲力，余何以答敏陔？」余對曰：「已應考，僥倖被取錄，早謁則人皆笑我恃門路而進，於己於公，均有未便，請諒。」顧笑曰：「有志有識。」略話數語而退。此爲識顧先生之始，關係於後此之進益甚大。

學生運動後，張之聲名益狼藉，湘人益憤，雖吳佩孚不撤兵，譚趙不反攻，張亦將被撤換！此雖係消極之舉，效果增湘民之怨憤，譚趙反攻，農民響應圍攻者不下數十萬人。故敬堯之敗乃敗於民，論實力，張軍固遠優於湘軍也。善哉柳子厚之言曰：「帝王受命不於其天而於其人，不於其祥而於其仁，未有不仁而能久存者也。」（見柳子厚〈貞符〉）

譚公既三次督湘，又縮編軍伍爲二師，第一師趙恆惕，第二師陳復初，旅長則李右文、林修梅、陳嘉祐、朱澤黃，分隸於兩師。驅湯之役自稱游擊司令者多各擁眾數千，一時無力遣散，乃設十三防區司令屯各縣，暫羈縻之。程潛之悍將李仲麟出身行伍，擁眾達萬人亦爲防區司令，程潛野心大，欲資之以驅譚公，以取其位。仲麟驕橫跋扈，防區爲醴陵、瀏陽、平江，擅自劫殺長岳鎮守使蕭昌熾於平江，並聯若干防區司令倡言驅譚，內爭可一觸即發，譚公乃辭職，命恆惕攝湘軍總司令，林支宇攝省長，己則赴上海，坐觀時變。譚公既解職，李仲麟益橫，時居長沙寓邸，聚程潛之重要幹部集議驅趙擁程，趙之部曲大憤。一日，伺仲麟來長沙集議，午夜派兵圍李寓，捕仲麟及程潛之幹部十餘人，盡殺之。程之黨羽略盡，事先未稟於趙，事後趙不得不担承責任，否則爲兵紀不肅，部曲擅誅殺之權，將益被全國輿論指摘，乃通電謂「仲麟等擁兵作亂，擅殺鎮守使，爲平息內難，康寧民生，不得不忍痛誅之，已厚卹死者之家屬。」國民黨人亦多派系，紛紛責趙，惟章太炎來電爲賀，謂「從此威惠大行，聲光益大，惟公馬首是瞻者，當大有人繼。」

（十四）

本章主旨在述先君及先長兄之事業，因加入時事，僅有片斷說明，補述如後，以結本章。

民國七年傅良佐督湘後，凡國民黨人均受罷黜。先君年已五十有四，多年奔走，精力已衰，乃返居鄉里，適陶令家中衰，鬻其住宅及耕地於商賈徐姓，遣人來家迫重訂租值，態度惡劣，先君逐之，乃多方籌款，甚至典出多年之珍貴衣物及複本書籍，方購入易家灣附近之桂花叢下，住宅背山面魚塘田野，有沃田八十畝，以叔父子女眾多，長期依賴非計，又於附近五里租得田宅四十畝，稟於祖父，命叔父率其全家遷往居之，並爲製備傢俱及一切耕具。祖父欣然同意，叔亦無異言。祖父曰：「壽椿（先君字）維持家庭數十年，已竭盡心力，余始得被鄉族尊重，梅椿年逾四十，攸閒自得，皆賴兄力，余無能，無財產可分，家中僅有書籍數千冊，半數爲先人所遺，半數爲壽椿購入，書籍不可分，余家讀書種子，僅有七兒（指余），書籍盡歸七兒，不得有異議。」叔亦曾讀私塾七年，愛看淺白之書。余乃於午夜理出書籍二箱約數百冊，如《了凡綱鑑》、五經、四書、及古人小說多種，《袁子才全集》，王定安《湘軍記》，與三姊共抬之，叩叔門，曰叔亦愛讀書，今理出數百冊送叔。叔泣曰：「大哥有福，生出你這樣好孩子，將大周家之門，余不德，大兒二兒均夭亡，僅餘二個小毛蟲，無用之女子三，將來不知何以爲生。」余亦泣，慰叔父安心。自是余家始析居。祖母隨叔住，父每三日一往定省，適二月迎祖母歸，請叔父如時定省，並接濟其家用。兄弟仍和睦如昔，叔亦發憤，能送其子入中學，厥後女出閣，父全力爲備其嫁奩。

桂花叢下之後山植桂花，香溢四遠，因此得名，庭前有丹桂二枝，拱立左右，亭亭如蓋，已二百餘年矣，有術士言於先祖曰，居此屋者必歷世顯達，將來必生偉人。先祖亦篤信命定論，笑指余曰，是在此子矣！事後余侍先君，稟於先祖曰：「世上安有先定之事，此蓋術士阿諛之言，如術士足信，則兒之學可廢，坐待住宅致兒顯達可也。」先君大喜曰：「孺子解此乎！百餘年來，富貴非吾家所有，亦不足重，數千年之中國歷史，如刪除聖哲之創造，所存幾何！帝王英雄徒遺廢墟耳，兒努力不懈，以學顯世，則余願足矣！余常見幼年聰雋，長爲凡人，慎之慎之，毋蹈覆轍。」又即翻出韓昌黎〈贈張童子序〉，示余曰：「張童子十二歲拜衛兵曹之命，厥後史傳無名，可不懼哉？」又曰：「《大學》言修身、齊家、治國、平天下之道，俗士亦有光宗耀祖、大吾門第之習，雖大人先生不脫此見。實則修身齊家僅治國平天下之階梯，果能成治平之業，毀家捐軀可也，何有於功名利祿？孔子重言仁民愛物，宋儒張橫渠言民胞物與，深合孔氏原旨。吾祖濂溪公欲通天人萬物之理，著《太極圖說》及《通書》，著眼自是高人一等，《太極圖說》渺遠難繹，與西哲之天演論，似多違迕，治平之道仍在《通書》。」

民國七年，北洋軍入湘，趙恆惕、劉建藩軍退屯永州，湘軍戰略爲減輕退兵負荷，常酌留若干部伍於鄉里，備反攻時伏擊敵軍之用，湘軍以此術數致勝，然此術亦利弊參半，利則能乘時領導農民，伏擊北軍，弊則無餉糧，不免騷擾人民。

奉軍闞朝璽部既駐株州，游擊隊特出襲擊，朝璽遣部隊清鄉，多遣則游擊軍遠颺，且兵農不分，戢治甚難，少遣則被游擊軍劫殺，朝璽大怒，命鄉里士紳組團防局，以富紳葉長清爲局長，游擊橫行如故，北軍日夕驚恐，朝璽囚葉君，指與匪通謀，聲言將殺之。鄉有巨紳劉晃執與先君爲總角交，時任新國會參議員，兼殖邊銀行總裁，先君亟電請其營救，晃執訪張作霖，事乃得解。朝璽知謀出先君，乃召先君曰：「汝能保葉君，必能靖地方，吾今任汝爲團防局長，以後本軍如遭劫殺，吾將殺汝。」先君知不能抗，乃召鄉里士紳集議，按畝出資，得二萬銀元，先君亦命先長兄勉籌千元，陰上雙峰寺。雙峰寺者，鄉里之高山，雙峰對峙，中有平原池塘，可容萬人，游擊兵聚集之所，先君晤其渠率，乃民元先君起義株州之會黨首領，遂列隊歡迎。先君勸其赴永州，益趙公夷午軍，渠率以資斧不給對。先君立贈二萬元，於是游擊兵遠颺，朝璽亦被調北返，先君乃解散團防局，免鄉民重負，鄉人德之。

七年秋，山塘周族增修族譜，合石硯山塘周族爲一譜，先君悵通叟公以上無可考，乃走道縣，訪濂溪後嗣，無所得。至南昌、九江盡搜周氏家乘，又至樟樹鎮，周氏聚族而居，遍訪之，家乘載「陳友諒據江西時，姻戚周士亮佐幕，明太祖滅漢後，士亮被殺，長子鄉居攜二孫，西向逃亡，不知所終，或言已抵湖南善化，二子各立家業。」並考訂其時間，與通叟公之事全合，遂攜該地周氏家乘而歸，細考江西樟樹鎮家乘至濂溪公，由元末至濂溪公僅二百年，記載分明，世系井然，當屬可靠。惟自濂溪公上溯至東周惠公，先君細查《史記》，東周惠公乃平王之子，受封於洛陽以東，以後凡全國周姓偉人均列其中，例如秦末之周里先生，漢之周勃、周亞夫、周黨，三國之周瑜、周魴及其後人晉之周處等，龐雜無倫，難以盡信，遂只載濂溪爲始祖，通叟公爲遷湘初祖，石硯山塘之家乘遂爲全璧，而以山塘先賢周子祠爲總祠。先君興會酣暢，自濂溪公以下爲像贊百餘章，載家乘。自制一聯曰：「衍道南一脈之傳，系出濂溪，聖學吾家承正統，自江右遷湘而後，支尊石硯，長沙大族重山塘。」木刻懸於宗祠正堂，書法雄奇，類蘇黃而不顯臨摹之跡，蓋文章書法秉於天賦，非必師法古人而後工也。先君不工詩賦，尤惡近體詩（律句），偶爲古風，常有警句，似不能全篇勻稱，蓋自幼無訓練也。

八年夏，余在中學讀胡適之先生《哲學史大綱》而奇之，暑期持歸，呈於先君，先君詳閱之，曰：「著者信當代英才。以西學方法整理國故，侯官嚴幾道於其《天演論》中已早爲之，學術信無國界也。余獨不解西方學人之持論及印度之佛學，多與中國儒學通，今人之持論有時反不及古人，豈一旦爲人，智慧即相差不遠耶？又讀《史記》公孫龍堅白異同之辯，老子名實永不相當之說，疑慮多端，莫能解答，持與《名學淺說》相較，覺中土斯學遠較西方及印度之唯識宗落後，胡著涉及此點，使余茅塞稍解。孔子正名之說，如擴而充之，似不限於政治，蓋名實既永不相當，如何使其融合爲一，余無力解答，胡著亦未論及。誠如莊周所云，計人之所知不若其不知，舊儒夷夏之分，似爲多事。」又曰：「胡君之西學如何，余無從窺及，惟國學似待充實。其一，胡君據近世思想自由駁劉歆、班固諸子出於王官之說，似昧於史實。蓋秦漢以前，文字尚不統一，春秋之時所謂蠻夷山戎已構成中土威脅，豈無文字？即就當時中國而論，學問及史實盡藏於史官，刊於韋帶皮革之上，知識爲貴族所專私，書以紀事即史也，似只有官府知之，構成治術，平民多不識字，今日猶然，何況當日？孔子世為大夫，且勤學好問，故得擁有六藝之知識而集大成；老子曾為柱下史，掌理國家文獻。孔子持其所學廣收門弟子，知識乃及於布衣巖穴之士，孔子以後，方有諸子百家，孔子以前，如文王、箕子、公孫僑（子產）等最大學人，均貴族也。諸子不出於五官，又何從出耶？平民不識字，思想自由，又何從出發？胡君亦無解答！」

其二，「胡君論孔子之學說以仁為中心，當無可議。惟於仁之界說，似不如漢儒之精。《論語》門弟子問仁，不下數十處之多，孔子各異其答。孔子獲得仁之綜合觀念，或與《周易》論天道不無關聯。曾子曾言：『人之相與，譬舟車然，相濟達也。』並取《皇清經解》阮元之說相示，阮元引鄭康成注曰：『孔子之所謂仁也者，以此一人與彼一人相偶而盡其忠恕等事之謂也。相人偶者，謂人之偶之也。凡仁必於身所行者驗於人始見，亦有二人焉，而仁乃見，若一人閉戶齋居，瞑目靜坐，雖有德理在心，終不得指為聖門之所謂仁矣！蓋士庶人之仁見於宗族鄉黨，天子諸侯卿大夫之仁，見於國家臣民，同一相人偶之道，是必人與人相偶而仁乃見也。』鄭氏相人偶之注，即曾子『人非人不濟』，《中庸》：『仁者，人也』，《論語》：『己立立人，己達達人』之旨。」先君並繹其義曰：「人與人相期於和諧，不相淩夷逾越，故忠孝慈愛誠信為人與人相偶之道，均仁之一體也，亦均仁之用也。天子之仁，乃在於撫民；卿大夫之仁，乃在忠國勤事守禮；士庶人之仁，乃在孝慈誠信篤敬。位尤高者，仁之機緣愈多愈廣，其不仁為禍益烈，桀紂是也！故細民能仁，士君子能仁，天子尤能仁。孔子答顏淵克己復禮為仁，為最近綜合之說，蓋克己復禮，有己有人，禮乃界定人與人間之分際，仁之發爲制度者也，各守分際，仁之較高涵義也，且以見簞瓢陋巷之外尚有治國平天下之道存焉，是不能與《易》〈序卦〉論萬相變化，歸於『同人』，毫無關聯。今日政制雖異仁理仍通，項城不仁，菑逮其身矣！孔伋作《中庸》，述孔子之學，蓋中庸，天道也，仁，人道也，天道亦本相偶之理，故曰『致中和，天地位焉，萬物育焉，四時行焉』。中庸中和，其義相通，又曰『君子之中庸也，君子而時中，小人之反中庸也，小人而無忌憚也。』時中即寓隨時隨地相人偶之義，無忌憚乃有己無人，不守人偶之道。中庸之道施於人事則爲仁，中庸與仁實表裡相通。孔子又曰：『人而不仁如禮何？人而不仁爲樂何？』夫禮以明分，樂以道和，禮樂和之極致，人偶之道，期於中和亦已明矣！故如以仁總孔子之說，似不如以中庸中和總孔子之說爲宜。胡君識未及此，似有憾焉！」

其三，「胡君謂楊子拔一毛利天下而不爲，近於西方之個人主義，亦待商酌。郭筠仙侍郎自英返國後，極言英國政教文物之美，遠勝於中土，嚮使每一人均拔一毛利天下而不爲，吾不知其何以達於盛治。且人皆自私，擴而充之即均爲凡人，楊子成一家言，或非指此。余曩年城居，讀嚴譯《群己權界論》，則立己爲人各有不易之理，與胡君持論似有不同。余不能直接讀西書，個人主義之眞義，他日兒當自求之，今日不過存疑而已。楊子之書不傳於世，余寧取有宋荊國王文公之論，乃取《臨川集》〈楊墨篇〉相示，荊公之言曰：楊子之所執者爲己，爲己學者之本也，墨子之所執者爲人，爲人學者之末也，是以學者之事必先爲己，其爲己也有餘，而後天下之勢可以爲人矣，則不可以不爲人。故學者之學也，始不在於爲人而卒已能爲人矣。今夫始學之時，其道未足以爲己，而其志已在於爲人也，則亦謬用其心也，謬用其心者，雖有志於爲人，其能乎哉？」余聞斯言，舉一反三，始明西方爲學而學，爲眞理而求眞理，不能急求致用，實與中國學以爲己之道相通。並憶劉師之言，「尊公博聞強記，深識遠見，勝舉人進士多矣，乃憂傷國事，不能自教其子，惜哉。」實則先君啓沃甚多，培育德偉耗其畢生心血，余持胡君書，與汪師庚甲，周師鐵珊研討、二師大驚曰：「稚子何以辨此？必有所本。」余乃言：「家君所示。」二師曰：「余等僅知尊公民國元年有功鼎革，未知其學。」乃命余導見先君於長沙旅寓，深與所交而別。以後函札交往論學，重要者均載於先君之《達尊堂主記學》。

第三章　父親，長兄及余之大學生活

（一）

余入北京大學後（爲民國九年秋季，余年未滿十八），外文則加入德文班，時大學預科二年，本科四年，大學改制後，世人以預科比高級中學，實則就師資及學生程度而論，比現在之高中高出遠甚。德文教師爲海理威，本青島德國總督府秘書，與教務長顧孟餘先生善，日本佔據青島後，顧先生乃迎之教德文，初教席勒（Friedrich von Schiller）之《威廉．泰爾》（*Wilhelm Tell*）劇本，彼不解華語，必須耐心聽講，後教哥德（Wolfgang von Goethe）之《浮士德》（*Faust*）。一年級德文成績余第一，李梅羹第二（後加入共產黨，爲托派，民國十八年，余猶遇之於上海，厥後不知所終），一年級結業後余能自讀德國典籍。國文教授則有單不厂，教國故概要，林損教散文，均當代名家。史學教授爲陳漢章，清季中鄉舉，後專攻史學，有名，京師大學堂徵爲史學講師，到校後求爲學生，蓋京師大學堂畢業即爲進士，可入翰林院。不二年鼎革，嚴復任校長，乃聘爲教授，此亦一笑談也。第二外國語（英文）講師爲涂允檀，留美學生（國民政府成立後，曾出任駐外公使），從ＡＢＣ教起。經濟概要教員爲余文燦，教書不佳，學生全賴自修，法律教員爲林彬（後任國民政府司法行政部長），所授皆現行法，不講學理，余不感興趣。統計教員爲陳啓修，學力亦不稱職，彼在各專校兼課，每週課務達卅六小時之多，故在各校輪流請假，是敗壞學風之第一人也。一年級結業，余領全班。

九年秋季政局發生大變化，吳佩孚、馮玉祥撤兵歸來後，直皖兩系對峙，勢不兩立。奉天張作霖亦惡徐樹錚經略蒙疆，通款於直系，奉軍源源入關，屯京奉路。自歐戰結束後，段祺瑞因北方政潮，雖不復任國務總理，但繼任之錢能訓、龔心湛，原隸安福系，且為段一手卵翼之人，段祺瑞改參戰軍為邊防軍，一意練軍，志在對內，自任邊防督辦，以徐樹錚為西北籌邊使，兼蒙疆經略使，適俄國尚在革命紛擾階段，外蒙古取消自治，舊國民黨人章太炎因譽徐，如是段勢益橫，遂逼徐世昌免曹吳之職，自任定國軍總司令討曹吳，段不知自己軍伍腐敗，所練之邊防軍無戰鬥經驗，遂發動戰爭，結果吳佩孚大敗段軍，俘曲同豐全師，段芝貴及邊防軍均潰退，張作霖雖威脅段之東路，初未實際參戰，迨段軍潰敗，遂於其後方盡收其軍需利器，吳佩孚乃指為土匪行為。是役直軍王承斌為前敵總指揮，功最多，段遂解邊防督辦職，徐樹錚亦並褫職，安福系首腦王揖唐、李恩浩、曾毓雋等被通緝，如是段軍在北方之勢力幾全滅，外蒙古遂入奉系掌握，張作霖兼蒙疆經略使，直奉又對立矣。

段軍戰敗之次日，北京《晨報》刊出遙遙合作之南北兩要人，左為段祺瑞，右為孫中山，並刊出雙方來往電文。余思中山以民元元首之尊，何必與腐朽之段祺瑞合作，未免為目的不擇手段，故生反感，大多數青年學生亦持同樣見解，吳佩孚一時頗得輿論同情，直系各督，以曹錕為首，驅逐徐世昌去位，擁黎元洪復任大總統，元洪以要求廢除督軍為條件，曹錕等陽允之，時北大校長蔡元培、教授胡適等發表「我們的政治主張」，力倡「好人政府」（此語為胡適所創，好人而無法治豈足為政哉，可見胡之幼稚），王寵惠、羅文幹、湯爾和亦署名。顧孟餘不同意人治之說，不允署名。黎元洪商得曹吳同意，任王寵惠為國務總理，羅文幹為財政總長，湯爾和為教育總長，顧維鈞為外交總長，孫丹林爲內務總長，高恩洪爲交通總長，張紹曾爲陸軍總長，李鼎新爲海軍總長，高凌霨爲農商總長，徐謙爲司法總長。表面上好人政府派似已取得一部分政權，實則王寵惠與曹吳無淵源，亦不能適應議會。羅文幹與財政金融界素無關係，國家及地方收入均由直系軍人把持而一籌莫展，至於教育，軍閥素視爲閒曹，外交亦只能仰曹吳鼻息，高恩洪爲吳佩孚之私人，出自漢口電報局局長，此時掌握交通收入，財長不能過問。孫丹林亦吳佩孚之幕府，而握內政及警察實權。張紹曾、高凌霨原本直系，李鼎新、徐謙此時亦附於直，所謂好人政府亦不過直系之軍閥內閣而已。黎爲酬庸，改督軍爲軍務督理。換湯不換藥是也。又任曹錕爲直魯豫巡閱使，田中玉爲山東軍務督理，吳佩孚爲直魯豫巡閱副使，固不滿其志也。

（二）

時湖南以自治爲鄉，不介入南北紛爭，趙恆惕又與曹吳有默契，互不侵犯，畀佩孚得以一意經營北方，湘省亦得休兵養民之機會。段系浙江督軍楊善德，淞滬護軍使盧永祥，亦主張自治，實即軍閥自保，唐繼堯不受中山副元帥之命，只固守其雲南地盤。粵人亦久苦兵禍，人民稅負奇重。對中山亦無信心，南北形勢極爲混沌，自治之說早倡於章行嚴，蓋欲師美國邦聯之治以息南北兵爭，張君勱、王正廷、熊秉三、蔣百里起而和之，趙恆惕爲自治先驅。其實各省軍閥專政，人民何能參與自治，故皆紙上談兵，亦可見當時書生之苦悶，民元革命得此後果，實出群眾意料之外。黎元洪復位，副總統一席猶虛懸（時馮國璋已死），思以此職畀與南方要人，曾商之於趙恆惕，趙不欲轉入南北紛爭漩渦，力拒之。

十年，吳佩孚一意擴展實力，命閻相文、馮玉祥率師入陝，驅段系陝督陳樹藩，收編靖國軍胡景翼等部隊，馮玉祥實力遠強於閻相文，陝西偏僻，乃設計殺相文，而以相文憂國自殺入報，仍電曹吳效忠。曹吳以段系有殘餘勢力，張作霖盤踞京奉鐵路，改與段系合作，隨時有反攻之勢，乃任馮玉祥督陝。

鄂人久苦王占元虐政，荊襄鎮守使黎天才、鄂西鎮守使石星川，聯絡國民黨要人蔣作賓、孔庚、李書城等倡議自治，兵敗，蔣作賓、孔庚、李書城等分別赴湘川請援，湘鄂二方協議：驅逐王占元後，推譚延闓為兩湖自治軍總司令，民政由鄂人自理，事先亦得譚之同意（後據趙恆惕告余，譚乃發動此役之主謀，趙自誅李仲麟等後，原數數電請譚公返湘主持軍民兩政（此類墨跡余在台灣時曾親閱之，並請中央研究院影印本存眞），譚不欲奪趙之位，致失尊嚴，故倡為湘鄂聯治之謀，如為兩湖總司令則名正言順，譚事事爭取主動，入民國以來為自身利益之大政略家也）。趙援鄂，命第一師師長宋鶴庚為援鄂總司令，第二師魯滌平輔之，湘軍甚銳，勢如破竹，占元向北政府請援，北政府命吳佩孚赴援，湘軍已可瞭望武昌，佩孚屯兵漢口，按兵不動。迨占元逃，佩孚軍乃急占武昌，力抗湘軍，並命軍艦攻佔岳陽，湘軍遂退屯湘陰、平江，無力反攻，川軍失期，軍心渙散，趙乃隻身赴岳陽見佩孚曰：「君尚欲深入乎，則宋魯兩師已嚴陣以待，湘省民心士氣，君已知之，永州之守，君親嘗之，兩軍如再交戰，可即了乎。段祺瑞日思雪廊坊挫敗之恥，聯奉為繼，君何不撤兵經營北方，君得湖北，坐收漁人之利，湘省此次援鄂，何害於君，君如許諾，湘省仍自治，兵不出湖南，雙方皆利，如君定欲入湖南，惕亦無所懼，今余隻身而來，豈計個人生死！」佩孚動容，遂撤兵並還湘軍遺械，民忘其敗。余於趙公八十壽序中已詳言之（將列入附件）。北政府遂擢吳佩孚爲兩湖巡閱使，蕭耀南爲湖北督軍，實則吳不能指揮湖南，惟仍扼守岳陽。

湘軍援鄂挫敗後，遂立即進行制定省憲，聘王正廷、蔣百里、鍾才宏、李劍農、彭兆璜（省議長）、賓步程、向復菴等爲省憲起草委員，草案咨省代表會議審定，十月經省民大會複決通過，十一年一月自公佈施行，趙恆惕當選爲省長，開國以來之創舉也。譚延闓事先亦競選省長，失敗，譚趙遂失和。

（三）

自曹吳奪得湖北後，北方直皖奉各系勢力失衡，吳佩孚自湖南撤兵後，屢戰屢勝自負甚至，極力營求武力統一，頤指氣使，豫督趙倜不能堪，段祺瑞、張作霖乃誘之反對曹吳。倜弟傑，時爲豫軍師長活動甚力，奉軍則源源入關，前鋒達於天津，戰事可一觸即發。吳佩孚急調馮玉祥軍（包括胡景翼師）出陝入豫，與佩孚軍合圍趙倜，殺趙傑，迅速解決趙部，以馮玉祥督豫、吳新田督陝居守，己則率所部第三師、王承斌之第廿三師、張福來之第廿四師及蕭耀南師之一部疾沿京漢路北上，曹錕乃以吳佩孚爲總司令，王承斌爲總指揮，遂擊奉軍，大敗之，張作霖率師退返奉天，直隸全境肅清，王承斌軍直扼山海關，是役，承斌功亦最高，北政府授爲陸軍上將，吳部各師，承斌獨未得督軍，鞅鞅失望，頗不滿於佩孚，曹錕爲協調附直之各省軍閥，乃請於北政府任江蘇軍務督理李純爲蘇皖贛巡閱使，京師衛戍總司令王懷慶爲熱察綏巡閱使。懷慶本無功，不以斯職予承斌，則佩孚亦忌其才略也。吳佩孚仍旋師洛陽，一意擴充部伍。志在以武力統一全國，視西南爲無物。

（四）

斯時西南之情境亦變。中山得段系閩省之實力援助，命陳炯明率師返粵驅桂系部伍出粵境，岑春煊乃宣佈解散軍政府，謂約法及國會已經恢復，護法已達成目的，軍政府無繼續存在之必要。中山返粵召集國會非常會議（以不足法定人數，故稱非常）選中山爲非常總統，中山雖勝，然溷在各軍閥中混戰，輿望頗受損。時趙恆惕主湘軍政，以護法統，護法原爲擁護法統，現在目的已達，南北紛爭，應即結束，以解人民之痛苦，各省暫行自治，並由國會制定憲法，納省憲於國憲之中，遂電中山，大意謂：「以公之德望勳業，應待憲法定後爲全國選出之合法總統，實不必急於就非常總統之任」等語，中山殊難答覆。孫趙之間從此有隔閡。此事，趙後來居台北時，曾爲余詳言之，其致譚延闓之原函謂惕不幸不得於孫公等語，此函中央研究院有影印本，故其所言可信。

中山仍日日高唱北伐，但無北伐之實力。趙恆惕曾三函譚延闓，論「吳佩孚驕妄必敗，中山不必空言北伐，即北伐矣兵未至衡陽，北軍將先佔長沙，湖南糜爛，孰得孰失，明智如孫公必能辨之。北伐必須先修民內政，勤練部伍，三年有成，然後北伐。湘川粵同時出兵，惕必負努先驅，北政府腐敗，南軍攻之，將如摧枯拉朽。惕不幸不得於孫公，望公力盡忠告」等語（此三函之墨跡，中央研究院有影印本，凡此均由余親持原函請研究院爲之也。）當日趙不知孫公之心境，蓋粵人久苦兵禍，亦不喜孫公之武力政策。陳炯明得勢後，覬北方難平，遂生異心，時與中山違忤，中山倡北伐蓋欲慰粵人之心，並聲稱北伐以後，誓不返粵。中山以陳炯明爲自己一手羽翼之人，決不致明目張膽造反。故先率粵軍及滇軍討廣西，驅陸榮廷去位，如是旋師返粵，籌備北伐，但陳炯明已先通於吳佩孚，事事掣肘，胡漢民又從而構陷之，中山遂免陳炯明粵軍總司令及省長職，軍事由大本營直轄，仍命陳炯明留任陸軍部長，炯明乃赴惠州，伺機反中山。中山又遣胡毅生赴湘聯趙，原擬取道湘省，趙語毅生，北伐須粵湘川同時著手，中山由江西出九江，湘軍攻湖北，川軍下宜昌，蓋不欲孫公經湘也。趙遣高等法院院長李漢丞赴桂林答聘，商湘粵米鹽互換合作計畫（湘省缺鹽）。

先是段系既敗，遣張敬堯執贄於孫公稱門生，居間聯絡者爲皖人吳忠信（禮卿）（吳禮卿死於台北後，《中央日報》曾刊出其原函）。孫公曾因此電湖南趙恆惕，請其退赴湘西常德，容張敬堯回長沙收拾殘部以便同時北伐，趙覆電殊強硬，謂「惕草芥權位，惟三千萬湘人不許，奈何。」孫亦不欲開罪湘人，更知恆惕忠厚，不虞有事，乃改道，經贛以許崇智、李烈鈞、黃大偉爲前部，陳炯明因一卒未出也，另請趙由湘出師，身駐韶關督師，命胡漢民坐鎮廣州帥府。此事本與段、奉聯合，同時攻吳，不意，不旬日張作霖已敗退關外，孫公之師已失時機，然許崇智等仍得入贛州，陳光遠逃離南昌，吳佩孚乃命綏遠都統蔡成勛督贛，大軍源源而入。胡漢民亟電孫公，謂陳炯明即將有變，孫公乃回駐廣州鎮壓。陳炯明心狠手辣，命所部洪兆麟師圍觀音山總統府，砲轟之，孫公幸由秘書林植勉背負脫難，率軍艦數艘砲轟廣州，命許崇智、李烈鈞、黃大偉旋師靖難，如是北伐徒成空舉，時湘川二省猶未出師也。據李劍農政治史，陳事先並與趙無聯絡。蔣介石時居上海，無所事事，乃冒險入粵登中山艦助孫指揮，相持二月，許李黃各部又分別被炯明擊潰，退屯閩粵邊境，段祺瑞令福建卵翼之。孫公旋赴上海，從此奇賞介石，粵桂為陳炯明獨霸，但桂軍仍有殘部，不受陳炯明指揮，炯明無力肅清，以後孫公再資之以返粵。此民國十一年之事也！

先是孫公聯段，不過為分化北方之手段。驅莫榮新後又受陳炯明牽制，然勢莫能罷！時（九年）吳佩孚戰敗，皖系改組，北政府勢盛，孫公乃遣徐紹楨（固鄉）赴洛訪吳，圖解決南北糾紛，固鄉秉命，所提條件（1）召開國民會議解決南北紛爭；（2）廢督裁兵；（3）實行兵工政策，將被裁之兵，組赴邊疆屯墾。佩孚驕橫，語固鄉曰：「孫先生是讀洋書的，我讀中國書的，兩方合作，無從談起。」固鄉覆命，孫公大怒，乃決定聯段奉倒吳，汪精衛行踪遍於北方，故以後形成汪之潛勢力。（此事汪精衛及徐固鄉曾親自語余。）

（五）

事象太複雜，仍不能不述重大之往事。

孫公於民國八年辭大元帥，居上海，鑒於五四運動後青年學生力量方興未艾，九年共產黨已成立於上海，命邵力子與之聯絡，命戴季陶助其經費（戴做股票甚得手），自己則發表其《孫文學說》，並出《建設雜誌》，發表實業計畫，大事宣傳。於時南北兩政府皆為軍閥把持，青年學生乃知孫公為一有主義、有原則之人物，革命種子遂漸植於下層。吳佩孚及南方軍閥，均昏憒無知，不識孫公之潛力也！

蘇聯目睹中國之紛爭，知有機可乘，乃於民國十年派馬林訪華，考察中國形勢。斯時蘇聯之政策爲不問中國之派系，只圖將共產黨人納入任何實力派之隊伍中，備政局變動時爲乘機奪權之用。馬林初訪吳佩孚商合作，無非欲納共產黨人於其部伍，佩孚拒之，旋訪趙恆惕，趙亦拒之（此事趙曾爲余言之甚詳）。馬林又去桂林見中山於軍次，汪精衛曾謂：馬林在民國十年曾到廣西……總理曾電當時在廣州的廖仲愷……方知道俄國之新經濟政策實與其實業計畫相似，故極興奮。此即聯俄之起點。但馬林到廣州以後又表示失望，彼以爲除新經濟政策與中山之實業計畫相符合、深感興趣外，此外一切都表示失望，並斷定港政府必不容廣東政府的發展，陳炯明與中山定不相容（此是中山蒙難以前之事）。一說馬林曾赴粵訪陳炯明，時孫組府不久，陳不滿於胡漢民有異志，乃納馬林之請，陳並聘陳獨秀赴粵，任爲教育委員會委員長兼教育廳長，並納共產黨份子於部伍。以時考之事，或然也。據李劍農《中國近百年政治史》，從十年到十二年，罷工運動達二十餘次之多，此或係中國共產黨人受馬林之誘惑所主使。斯時中山知中華革命黨人太少，且與群眾不生聯繫，思改組中華革命黨爲中國國民黨，擴大陣容，只以籌備須時未發。

中山於十一年八月被陳炯明驅逐抵滬，蘇俄的代表越飛亦抵北京，即派人攜函來滬與中山接洽，彼此意見漸趨接近，決定雙方合作，但越飛要求容許共產黨加入國民黨。共產黨員最先加入國民黨者憶爲李大釗，乃中山蒙難居滬時由張繼介紹入黨。如是於十三年一月改組國民黨，並發表宣言及政綱（此項文件參考李劍農著《中國近百年政治史》）。

（六）

再證以個人之經驗。民國八年五四運動後，《新青年》月刊移上海由陳獨秀主持，大肆宣傳共產主義及唯物史觀，李大釗在北大開唯物史觀課程，戴季陶、沈玄廬主辦《星期評論》，以中山之幹部身分，竟爲唯物史觀及共產主義張目，此外尚有《嚮導月刊》，亦爲共產黨人所主辦，持論較《新青年》更顯白而激烈，胡漢民亦在《建設雜誌》上推崇唯物史觀，汪精衛反含默，似只在《建設月刊》發表一篇文章，論歐戰後之國際問題。斯時並無左傾踪相，戴胡等本亦讀中國書，舊思想既被推翻，心無主宰，故容易吸收流行之思想。最可異者胡適之本以實驗主義爲號，斯時亦向藍公武讓步，承認唯物史觀之正確性（見本書附錄）。此時余因學潮居上海，盡讀各派言論，思想極混沌，只靜觀演變。

民國十年秋，余已升入預科二年級，鄧康、羅章龍等邀余加入馬克思學說研究會，由李大釗教授主持，余思入會覘形勢亦未嘗不可。一日鄧康（中夏）來訪，請余每週赴長辛店教課一次，月酬三十元，旅費由學會擔任，余曰：「余讀書之不暇，何有時間教書？」鄧曰：「無階級意識乎？」余受儒書及心理學之影響甚深，乃曰：「余只知個人方有意識，階級乃一集體空名，不能衣，不能食，不能思考，何來意識？」鄧曰：「你不相信唯物辯證法乎？」余曰：「辯證法之名稱甚古，黑格爾之辯證法亦從心性入手，馬克思以物易心，其中問題尚多（此引顧孟餘先生課堂上之言論），一時無可奉告。」鄧曰：「既如此，你不夠格做馬克思學說研究會會員。」余曰：「既稱學會，應使人人有研究之自由，你輩爲此固執，我願退會。」時余已讀《浮士德》，又對鄧康曰：「歌德曾曰：『物質乃一堆腐朽』，我不願受腐朽東西指揮，我只知隻手可以挽狂瀾。」鄧康大怒曰：「你眞不配做會員，請你退會。」余曰：「我已言明退會，何待你請。」事後李梅羹、胡家鳳、鍾繼璜告余曰：李大釗曾責鄧康「操之過急，致使本會喪失一英俊青年」，事後余亦未追問。

陳獨秀既任教育委員會委員長，乃招北大教授胡適之、顧孟餘二先生入粵，胡應招而顧則拒之。胡赴粵先訪陳炯明，會談情形不明，後訪中山。中山正擬擴大國民黨，邀胡入黨並預許爲中央宣傳部長，當時孫擁總統空名，一籌莫展，支票不靈，胡拒之。胡返北大後，一日，余見北大日刊，刊出胡先生一篇文章，謂「見了宣統，宣統稱我爲先生，我稱宣統爲皇上」等語，余思「既赴粵見中山及陳炯明，回來又見宣統，到底是什麼作法？」於時，胡之《紅樓夢考證》出版，余思胡先生以杜威之學說相標榜，杜威主張研究法的問題，又謂「學校即是社會，社會即是學校」，乃美國之激進首領，胡先生何以費大力研究死問題，眞是玩物喪志，何況我素不喜《紅樓夢》，此書只寫出一班女孩子爭風吃醋，無思想可言，如是胡先生在余心中價値表上，一落千丈，不復視爲哲人矣！厥後方知胡先生數數見宣統成爲好友（見溥儀自傳）！孫先生既被陳炯明所逐，邵力子時主持上海《民國日報》，力詆陳炯明爲叛逆。胡先生又在北大日刊發表一文，大意謂，「陳炯明之行動乃革命行動，不能稱爲叛逆，民國時代，還有什麼叛逆」等語，余思「陳炯明自清季即奉孫先生爲領袖，現在之實力，亦孫先生一手所提拔，何能爲此毒辣，即對朋友亦太不顧道義，否則社會內人與人相偶，尙有協調合作之可能乎？充胡先生之論旨，則中西倫理學及社會學各科可廢，人類均將退化爲原始人！」民國時代既無叛逆可言，又安可稱溥儀爲皇上，如是益不滿於胡，胡先生此類文章，現已不見於《胡適全集》，其他被胡先生删去之文章尚多，以掩其矛盾之跡，見本書附錄。

（七）

民國十年夏季，余思德文太偏僻，將來進入本科之後，專門科目均用英文教本，如何應付，不得不加緊習英文。余在高小本亦讀二年英文，只是一些簡單句法，拋開了五年之久，能記憶的已極有限，乃買了一本王寵惠所編之簡易英文文法，精心閱覽，比較德文文法簡單多了，只費三星期時間將其讀完，徹底通曉。五四運動後，外國翻譯本大量出籠，我買原本及譯本對照閱讀，最初一本是羅素著的《到自由之路》，與譯本對照閱讀，並未遇到不可逾越的困難。第二本是羅素《社會改造原理》，讀到後半部居然能發見譯文的錯誤予以糾正，我方知道那些譯家的英文程度並不好，中文尤其拙劣，我索性拋開譯本，獨立看英文本反省事多了。第三本是陳石孚先生譯的《歷史的經濟解釋》，著者是 Seligman，陳先生當時尚未出國留學，原著本極零碎，體制不佳，我的經濟學知識亦極有限，當時陳先生的國文亦不太高明（後來陳先生留學美國歸來後，成了英文名家，中文亦大佳，我們二人成爲好友），此書竟費了我不少的時間。後來索性讀大部頭書，讀《近世歐洲經濟發達史》，譯者爲李光忠先生，敘事文本不高深，李先生譯文甚暢達，進而讀美人 Haney 的《經濟思想史》，譯者爲臧啓芳，我先看譯文（不想比照看），許多地方都看不下去，乃取原文對照，原來臧先生自己也不懂，譯得一塌糊塗，頁頁有錯，我氣極了，把譯本扔掉了，獨立看英文，總懂得十之七八，以後再看《社會主義史》，就不憑李季的譯本了。當時我不知道英文亦有許多奧妙之處，像中文一樣，同樣的意義可有不同的表達，表達不同，輕重可能極懸殊，且較中文精確，懂得這些是出外留學以後之事。

總之我在預科二年級已讀完十本以上的大著，本科學生也少此記錄。可是有一個重大的缺陷，因未上課堂只憑自修，一口德文發音一時不易改正，英文的重音也常常錯誤，說出來別人聽不懂，反正我只求能看書，並無時間及必要與別人講英國話，所以也不重視此點。第二外國語講師仍是涂允檀，用《伊索寓言》做教材，就我看來太簡單了，我就故意取出《經濟思想史》的難點請教他（其實我自己已經懂得），他細看之後仍不能答，他說：「無頭無尾的問題，一時看不出，待我拿回去下次上堂我答覆你。」待下次上堂答覆我，他仍錯了，或者似是而非，我就不客氣將我自己的解答直接告知他，他連忙答覆：「正是此意，我也正是此意。」那本《伊索寓言》的文字也難不倒我。以後他見著我就存戒心。只讀半年，他對我說，你的英文程度已很充足，用不著再讀此課，我寫一函致教務長，說明你的程度，毋須繼續隨班聽講。我樂得接受。國文教授為劉文典，用《昭明文選》作教材，且專取辭賦一類，我本注重學理，認為辭藻堆砌無益於知識之增進，可是不得不讀，浪費了我許多時間，並未訓練我成功為一個詩人或騷賦家。中國學術概論教授是沈士遠，講《莊子》，天下篇就講了半年，因此學生均呼他為沈天下，教了一年只講了三篇莊子。

以上均無關重要，最重要的是陶孟和先生主講的社會學及顧孟餘先生講的經濟學原理。陶先生用 Ellwood 的 *Sociology* 為教本，我覺得太淺，請示陶先生指定參考書，陶先生初指定《天演論》，我說，此書我在中學二年級就讀過了，陶先生為之一驚，就《天演論》的內容測驗我若干問題，我對答如流，陶先生曰：「我的教材對你而言確實太淺了，你可讀《群學肄言》原本（Herbert Spenser: *A*

Study of Sociology）。」稍後他知道我懂德文，就借給我一本德文的《社會進化史》，我亦細讀了一遍，並寫了一個報告給陶先生，陶先生非常滿意，笑謂：「你現在是預科二年級，實在夠大學本部二年級的程度了，讀大學本部時我還要請你幫忙。」顧孟餘先生主講經濟學原理，上第一堂課時就問：「你們為何要學經濟？」學生皆寂靜無聲，顧先生曰：「經濟學不是教你們去發財的，不是教你們經營工商業或從事銀行會計業務的，而是教你們如何經世濟民。習經濟須高瞻遠視，注意全盤人民各方面的經濟活動，加深其瞭解，從而培養自己成為社會的領導人才，此一學科，需要輔助的知識甚多，牽涉到社會學、倫理學、法學、哲學、史學等知識，缺一不可，你們無如此等志願或無力奠立鞏固的基礎，改習他科還來得及！」此言正合我當時的抱負，亦符父親對我的期望。顧先生不是一個雄辯家，但授課條理井然，他雖有講義，但發出不多。從一〇〇一頁習起，他構思謹慎，一字不妥，就不發出，一年之內，只發出百餘面講義。道林紙精印。但指定應習參考書不少，包括孟格爾（Carl Menger）、耶芬斯（Stanley Jevons）的經濟學原理，並勸學生，如外文程度不佳，可讀嚴譯《原富》。又告知學生，馬夏爾的書篇幅太大，而且局限於能以貨幣計算的專家，目前不必理會。德文教師仍為德人海理威，在進入第二年，他不教小說及劇曲了，用顧孟餘先生所編的《德意志科學論文選讀》，此書包含包爾生、龐巴維克、孟格爾、維塞爾（Friedrich Wieser）及韋伯（Max Weber）等名家的論文約卅餘篇，顧先生於每一篇之末寫一作者簡歷及學說提要，海理威稱讚顧先生的德文比德國教授更好。

以上是光明的一面，亦有黑暗的一面，張崧年（申府）講哲學概論，他是法國留學生，講柏格森的直觀（Intuition）哲學，但他自己對於「直觀」的定義永說不清楚，更不知道如何運用，他引述一套新術語，不能說明其相關性，使大多數同學越讀越糊塗。我多有一種文字工具，比較肯思索，聽了數堂之後，方發見直觀是專爲研究人文現象及人之理念活動的工具，此等現象不能用自然科學的試驗方法來處理，須另有接觸的方法，直觀相當於德文的領悟（Verstehen），隨個性及主觀而異，此乃我於讀孟格爾的論文無意中舉一反三而得。張先生只知道一群術語，而不知其內容，同學購取當時商務印書館出的《柏格森哲學》參考，內容更是一團糟，誤人不淺。此時正是易家鉞、羅敦偉不讀書，專發表不通的文章而享名的時候，我則埋頭苦讀，凡遇有疑難之處，一字也不肯放鬆，這是父親對我幼年訓練養成的習慣，可見學術世家的名稱是可以成立的！一代不能完成之學問，可由後一代據以補充。不致於開始鑽研時，腦筋內只是一張白紙。

張崧年後來加入了共產黨去講相反的唯物辯證法去了！不料六年之後我就接替了他的《武漢民報》總主筆的職務。我回想到清初李恆齋先生在嶽麓山建立了自卑亭，題了一首絕句：「行遠必自邇，登高必自卑，凌空思徑渡，失足墮荒蹊。」此是理學家之詩，文藝並不算高明，但含有至理，亦是他自己的閱歷！

預科畢業，我的成績仍領全班，於時趙恆惕正主持湖南省政，致送北京大學每年二千元，平均獎給湖南學生之成績較優者十人。教務處公佈湖南得獎學生名單，第一名就是我。北大湖南同學有百餘人左右，多數貧寒，集會謂「湖南之獎學金應由湖南學生均分，不應限於十人。」我平日無暇與同鄉來往，頗遭誤解。集會決議「周德偉還只有預科成績，不夠格」，並預備第二次集會，通知我赴會。

其實湘省政府電文並未限定本科學生得獎。我想到：何必爲區區貳百元與同鄉同學處得不愉快，且親眼看見過父親用錢大開大闔的習慣，遂通知同學會棄權，並通知教務處。先是陶孟和先生講社會學，常請我替他翻譯若干參考資料，陶先生非常讚美我的譯文雅潔，他聽了這個消息，請我到他的家裡，對我說：「我看你亦很清寒，衣履不全，何必棄權，我替你爭取，何如？」我對曰：「我不願爲金錢問題與同學發生爭執，成爲眾矢之的，此太無聊，我不會餓死的。」陶先生沉思有頃，入室簽發一張三百元的支票贈我，並說：「你的成績最好，譯事最工，這只是算我對你的酬勞。」我不敢接受，陶先生說：「這點錢可由世界叢書社譯費內開支，我並無負擔，你儘管收下。」我有了此三百元，足夠維持一年以上。不久教務長顧先生召我赴其辦公室，曰：「你們湖南人的事眞難辦。你的決定很好，代我省了多少事，以後就只獎本科學生。你可每星期到教務處代我整理資料三次，每次工作一小時，由教務處按月津貼你卅元，何如？」我說：「已得陶先生接濟三百元，目前實在用不著，謝謝先生的好意。」顧先生笑曰：「陶先生眞是眼明手快，竟被他搶先了，以後如有困難可來找我。」

同時學校經費亦困難，窮學生太多，校長蔡孑民先生眞有辦法，知道清宮裡存著許多檔卷，太監拿出來廉價賣給商人包花生米，蔡先生乃請教育部於北大成立清宮檔案整理處，將清宮的檔卷盡行取出，每月請整理經費壹萬五千元。當時教育總長是范源廉，本係蔡先生在譯學館任教時的學生，且在民元臨時政府內做過蔡先生的次長，當然一請就准，其實那些檔卷並無多少價值，蔡先生不過利用此經費濟助貧寒學生，命學生整理檔卷或謄寫副本，凡應召之學生，月給卅元。余特著於此俾人明瞭，當時北大的校長及教授是何等風度！北大特別享名並非偶然。

（八）

現在又回到我所記憶的政局變化。吳佩孚知馮玉祥陰狠，將來必爲腹心之患。但馮深結於曹錕，錕弟曹銳亦不滿於吳之擅權，功高震主，乃大肆挑撥曹（錕）吳間之感情，而自結於馮，錕恃吳佩孚爲長城，仍優禮吳備至。吳乃集結全部兵力包圍馮玉祥軍，但須顧全曹錕之顏面，不敢逕行開戰，只驅馮離開河南。曹錕乃命馮玉祥率師赴北京駐南苑，任爲陸軍檢閱使，吳乃請北政府以張福來督豫。於是吳部之師長如閻相文（已死）、蕭耀南、張福來、吳新田均各得地盤，功高之王承斌獨向隅，怏怏失望，隱忍未發而已，馮玉祥亦懷恨甚深。

民國十二年，中山居滬，因發表演講及著作聲望日高，青年學生無問國民黨及共產黨均擁護中山，中山乃聯絡駐粵之滇軍楊希閔部、桂軍劉震寰部及駐閩邊之舊部，宣佈返粵討陳，任許崇智爲粵軍總司令，蔣介石爲粵軍參謀長。陳炯明據粵桂，軍民兩政均不得人望，國民黨人之宣傳又深入基層，共產黨人亦棄陳擁中山，宣傳尤力，如是中山之軍一旦反攻，陳軍不敵，退駐惠州，負隅頑抗。中山乃回廣州重組大元帥府，任伍朝樞爲大本營外交部長，廖仲愷爲廣東財政廳長兼大本營財政部長，林葆懌爲海軍部長，譚延闓爲內政部長，楊庶堪爲秘書長，胡漢民暫任駐滬代表。楊希閔、劉震寰據廣州後，一意擴充部伍，把持稅收機關，中山仍一籌莫展，且無力攻惠州。中山思歷次失敗，均因部伍無主義無原則之故，乃創辦黃埔軍校，以廖仲愷爲校長，蔣介石大憤，走滬。仲愷建議中山：介石既欲得校長，不如與之，以求內部團結，中山遂任蔣介石爲黃埔軍校校長，以廖仲愷爲軍校黨代表，師蘇聯以黨控制軍事之故智也！但黨史中已無廖仲愷初任校長之記載。

趙恆惕就省長職後一意整頓軍事，廢鎮守使及防區，重用軍官學生，淘汰行伍綠林出身之軍官，此輩乃率殘部走粵依於譚延闓，稍能增益中山之實力。

奉天張作霖兵敗後，一意雪恥復仇，乃外聯日本，得其利器，軍事完全改觀，中山又遣伍朝樞、汪精衛赴奉天促張作霖反攻，粵爲援。

中山誤聽譚延闓言，認爲趙恆惕自治，終爲北伐之累。實則趙乃同盟會會員，且以護國（反袁）護法（反段）起，決無反中山之心，不過不欲作無勝利把握之戰爭而已，墨瀋猶存，中央研究院有影印本。且其人拘守舊道德，決非翻雲覆雨之流。被趙淘汰之軍事首領爲謝國光、吳創學、張輝瓚、羅先闓等十餘人，群擁戴譚公，譚亦知中山之北伐僅爲宣傳，故亟欲返湘獲得地盤，乃組討賊軍討趙，譚公爲總司令。趙電譚願與譚爲會，勿使湘民糜爛，個人權位視爲草芥。先時熊克武被劉湘所逐，率兵盤踞湘西，干涉行政，趙遣重兵逐之，湘南空虛，譚軍長驅直入，已抵湘河西岸之嶽麓山，唯湘河駐有英艦數艘護商，聲言不許譚軍渡河，長沙株州間仍有趙兵屯駐，實力充足，譚兵亦不敢犯。趙之部將唐生智、劉鉶、賀耀祖、葉開鑫等怒謂：「吾人本承譚公之命以自治爲號，今日何以視吾等爲賊！」乃組護憲軍（擁護省憲）亟自湘西赴援，沿粵漢路正面反攻，直抵衡陽，圖截斷譚軍退路，趙駐省，力持鎮靜，對岸砲彈轟至省長公署，趙仍不爲動，後譚軍聞趙軍已進佔衡陽，遂亟退，趙軍驅之出境。中山親迎譚於韶關，蓋中山正扼於楊劉，湘軍雖破爛，仍足以壯聲勢也。譚手腕靈活，因結識宋慶齡，每讚宋子文之才幹，孫公乃任之爲大本營經理處長，以後扶搖直上，均譚氏提攜之力。中山之左右本汪胡並稱，後則汪胡譚鼎立而三矣！譚有遠謀且不露痕跡，雖敗亦勝，已數數驗矣！

趙既戰勝，乃以唐生智爲湘南督辦駐衡陽，葉開鑫爲湘西督辦駐洪江，劉鉶、賀耀祖兩師則拱衛省城，均不許與政，省府七司司長均文人，以名記者李劍農爲教育司長兼省務院長，章行嚴所推薦也。外聯熊秉三、章太炎、章行嚴、蔣百里、王正廷等及全國名士爲之遊揚，梁啓超亦赴湘講學，趙之聲譽遂及於全國。故聯省自治能獨立成一派。

趙之治湘亦有原則，不擴軍，並裁雜牌部伍，不增賦稅。時四川雖不介入南北戰爭，但內政軍事均亂，預徵田賦至民國五十年，湘趙從未預徵。不發紙幣，設造幣廠鼓鑄銀元及銅幣，以賓步程兼造幣廠長。時礦砂、茶葉、桐油出口盛，並開始修築公路，幹線已通常德、邵陽、衡陽。立預算，軍費政費截然劃分，不以軍損政，且發展中等教育，並設省立湖南大學籌備處，以易培基、賓步程、鍾才宏等爲籌備委員，聲言欲建湖南爲中國之普魯士。故全國以湖南爲最安定，物價最平穩，民生最康樂，雖譚延闓亦莫得而撼之，且資助名流，譚延闓居上海時受助最多，章太炎等亦受其助（見趙公墨跡，中央研究院有影印本）。此民國十一年十二年十三年之事也！

（九）

吳佩孚戰敗奉天後，仍一意擴展實力，遣長江上游總司令孫傳芳入福建，驅逐段系之王永泉、李厚基，以孫傳芳督閩，其意在會圍粵桂，消滅中山之實力。如是孫段奉之聯合日固，籌備反攻。民國十二年春，北京政局之內部亦發生變化，王寵惠徒擁國務總理虛銜，事事須秉命於吳，王又與眾議院院長吳景濂忤，景濂等乃造爲政潮，誣財政總長羅文幹於中奧借款問題受重賄，率一部分議員包圍黎元洪，逼元洪拘羅文幹入獄，交北京地方檢察處起訴，國務總理王寵惠不允副署，與湯爾和等辭職。景濂逼黎，黎乃以江朝宗代國務總理副署，教育總長彭允彝亦參與政潮，遂拘羅文幹。盛傳吳景濂係受曹吳之主使，忌蔡孑民獨成一勢力也。事發，蔡大怒，一日余見北京大學佈告欄有蔡先生親書之佈告曰：「殺君馬者道旁兒，詩云：『民亦勞止，汔可小休』，余今小休矣。」初莫測其所指，次日閱報見蔡先生通電，力責吳彭違法，並云誓不與士林敗類爲伍等語，北大學生乃罷課爲援，其他七國立專校學生繼之，聲稱必驅彭允彝，同時京師檢察廳亦對彭允彝提訴，黎乃釋羅而免彭允彝。此一學生勢力已不可侮，吳佩孚仍忽視之，恃兵強，認爲軍事可解決一切，而不知內部潛伏之矛盾也。

其時北京情形極亂，五四運動後以《北京晨報》爲首，各大報之副刊大都由北大學生主編，日月播揚北政府之醜惡、腐敗，而傾心於中山，一部分則傾向於共產黨，另一部分傾向於聯省自治，時軍閥尚不知控制輿論之術，凡學生心之所欲言者，均騰之於口，宣之於筆，暢所欲言。「得民者昌，失民者亡」，北政府已將屆覆亡之時矣。

十二年，黎元洪任期屆滿，曹銳等聯絡國會議長吳景濂等思選曹錕爲總統，吳佩孚以武力統一之策尚未完成，不欲曹錕當各方面攻擊之衝，曾表示反對，而不敢堅持。國會議員亦有反對者，李根源暨政學會議員離京，曹錕、曹銳等遂收買議員，每票五千元購得法定人數，被選爲總統，世所稱「曹錕賄選」是也。中山率國民黨人並號召青年學生力詆之，蔡孑民亦詆之，如是舊國會聲名狼藉，護法已不成爲目標，章行嚴於早年所倡之「毀黨造黨、毀法造法」之時機自然成熟，毀黨者，毀去各小黨成爲兩大黨，毀法乃同時毀去新舊兩議會，造法乃另造最高之憲法，此本法理學上之常識，然時人固昧昧如此也。

中山乃於十三年將中華革命黨改組爲中國國民黨，召開第一次全國代表大會於廣州，容納青年學生領導人物及工農領導人物入黨，並許共產黨人加入國民黨，且有膺選候補中委者，一部分舊黨人反對，中山不惜將謝持等數人開除黨籍（此派人物後構成爲西山會議派）。中山見時機成熟，遣汪精衛赴奉天促其反攻，精衛歷年以來固中山之巡迴大使也，其人文采風流，善辭令，各方對之皆有好感。十三年，奉天張作霖率軍反攻，並與段祺瑞通聲氣，遙以中山爲援，並聲稱擁孫段爲首腦，軍分三路，親率第一路攻山海關，一路攻熱河，一路攻察哈爾綏遠。此次之出，兵精器利迥異往時，吳佩孚遂率直系大兵入京，於國務院組織總司令部，設八大處，處長多以各部總長兼任，固視閣員爲其部曲矣。親任總司令，以王承斌爲副總司令，預許以奉天地盤，承斌表面雖受命，心中已不信之矣。以彭壽華爲第一軍總司令，馮玉祥爲第二軍總司令，預許以東三省巡閱使，以王懷慶爲第三軍總司令出察綏。當佩孚與奉軍血戰於山海關，互有勝負之時，玉祥仍按兵不動，佩孚乃遣副總司令王承斌赴熱河督師，不知今日之王承斌已異曩時，察綏偏僻，無重大戰事。馮玉祥與王承斌合，星夜馳返，圍北京，囚曹錕，解散北政府。王承斌退屯天津，馮玉祥驅清帝出宮，推崇中山以示好於青年及學生群眾。承斌又不聽吳命，吳前後受攻，不敵，乃率兵艦二艘，甲士五千由天津赴山東，魯督鄭士琦拒之登岸，赴江蘇，蘇督齊燮元（李純已死）亦拒之，轉赴湖北，鄂督蕭耀南乃佩孚平日耳提面命之人，懾於張段馮之聲勢，亦不許其登岸，四面楚歌，眞如項羽之走固陵。湘省趙恆惕，眼光銳利，乃招佩孚屯岳陽，資以軍需，國民黨人大譁。趙乃揚言曰：「惕以護國護法起，決不能以袒北終，段張腐朽，豈能優禮孫公？余養吳，正所以脅段張，並以援孫公，殊途應可同歸，群策群力，事庶有濟，吾等內部決不可自相擾攘也。」浮議遂漸息。

張敗吳後，自審不能為總統，乃擁段為北政府執政，廢總統之名。段知章行嚴頗有遠見，乃延之入幕，章素被國民黨人所排，亦無路可走，乃入段轂。章採羅馬共和國執政之名以告，段納之，以章為秘書長，兼司法總長，旋又兼教育總長，後辭秘書長，段以許世英繼之。執政實兼總統及國務總理之職權。奉張敗吳後，不知殲渠魁脅從罔究之義，乃乘勝遣兵南下，以張宗昌督魯，楊宇庭督蘇，並佔領上海，然兵鋒所指，已達於極限，對福建孫傳芳無如之何也。西南聯直聯皖之爭議已無意義可言。余追懷往事，曾於民國四十九年斷曰：「若細究當日形勢，孫公先後扼於陸榮廷、莫榮新、陳炯明、楊希閔、劉震寰輩，兵不得出廣東。湖南久苦兵革之禍，稍一不慎，即入北軍掌握，趙公力標自治，暗促北軍內鬨，寢南侵之議，其屏障革命之功，豈衝鋒陷陣叫囂呼躍者所得而擬！當日吳佩孚扼湘軍之喉，湘事利直軍之退，故公用直制皖，厥後直軍得勢，國父孫公用皖制直，以促北軍混鬥，其效一也。若今日仍據彼非此，則昧政略本源，不足議公，更不足議國家之大事也。」（見〈資政趙公夷午八十壽序〉）自信為平允之論。

（十）

茲分析直系失敗之原因如次：

（1）吳佩孚治軍嚴肅，紀律甚佳，自戰敗段系及第一次戰敗奉系後，本擁有輿論同情，中山既不能出廣州，雖蔡孑民等亦欲資吳，改革政治，似有可爲，曹錕聽信讒間，保（保定曹銳、曹鍈）洛（吳佩孚）分家之說一時流行，曹錕欲爲總統，吳曾盡忠告，迄保系勢盛，吳竟屈伏，通電謂「佩孚惟曹巡閱使之命是聽」，任賄選成功。如是急進之青年學生乃知吳佩孚僅爲曹錕之家奴，與過去之軍閥無異，佩孚盡失輿論之同情，青年學生乃分趨於中山及共產黨人之旗幟下，而一意攻吳矣！

（2）軍事位置分配不良。王承斌既爲歷次戰爭之首功，吳竟忌其才略，不與以督軍位置，故承斌附於保系。曹錕亦不識大體，既領直魯豫巡閱使，如以直督畀王，則王決不致生異心，而曹己仍兼督軍如故。第一次戰勝奉軍後，王懷慶本毫無戰功，且無多少兵力，竟畀以熱察綏巡閱使而屈承斌，如當時以承斌任斯職，則吳王決不致分裂。

（3）吳佩孚驅馮玉祥出豫，馮恨之入骨，而曹錕命之屯京師，任爲陸軍檢閱使，深結於曹氏兄弟，馮固伺機反吳也。

（4）中山及奉段既察知吳部之矛盾，故結合益固，而有奉軍之反攻。

（5）吳佩孚感兵力不足，仍不能不起用王馮，是予王馮可乘之機。

（6）吳敗退後曹被幽囚，王承斌部亦被奉軍包圍解散，如是曹吳之勢力滅亡殆盡，山東及長江三督亦不復爲吳用。

以上不過就記憶所及，手中無典籍可查，以後之發展，惟李劍農之《中國近百年政治史》敘述最確，讀者可參看。

段組執政府後，孫公仍不能力下惠州，吳稚暉等力爲調解，陳炯明願上悔過書，胡漢民又力抑之，事卒無成，段電請孫公北上，時孫公已患不治之肝疾，粵事一時又無可為，乃從之，以召開國民會議、廢除不平等條約、實行兵工政策為倡。孫公入京，段未待以元首之禮，逝於民國十三年三月十二日，段僅遣許世英往悼，被張繼痛責，執紼者十萬人均青年學生，靈柩暫厝於西山碧雲寺。如是湘趙之容吳策略乃為世人所諒，居覺生、覃理鳴等尤力稱趙歷年屏障南北之功，浮議乃息。

第四章　家庭變故及我的末期大學生活

（一）

上文所述政治事件太多，幾與主題脫節。此乃我因自民國五年進入中學以後深受父親之影響，特別關心政治，報章雜誌日不離手，又受儒書的影響，以治國平天下為己任。目前雖年老，旅居異邦，手無相關典籍，記憶猶新，且記一件事必記出其起迄，與我之實際生活，並不完全銜接，且感於官書所載並不盡符事實，此不得已之舉，讀者自可辨別。現在不能不回寫自己之家庭狀況。

民國九年冬，高恩洪以漢口電報局長附吳佩孚，兼其司令部之交通處長，因吳佩孚力保，為「好人政府」之交通總長。恩洪本於宣統三年與先長兄同任郵傳部簽事，入民國改技正，恩洪電招先長兄佐部務，先君曰：「南北糾紛未決，北政府直皖兩系又分裂，此種政府能維持多少時日，殊難預料，趙孟之所貴，趙孟能賤之，何況湘省電線工程尚未完成，擔負一件事功，必須將其完成方顯績效，不如向交通部請假一年，留湘監電政工程（時兄之本職仍為交通部高級技正）。」民五以後，南北雖有紛爭，惟郵電二項南方並未攫取，仍統一於北政府，蓋郵電一分，南方亦不便利也。此外，海關則統制於八國所派之總稅務司，中山開府廣州，雖爭取關餘（關稅收入抵撥庚子賠款後之餘額），亦受當地稅務司及總稅務司之阻遏。如是先長兄留湘，未出十年，湖南全省電報路線完成，湖南電政工程監督署撤銷，於長沙另設湖南電報管理局。先君本惡北政府，時南北正在議和，先君仍勸先長兄續假，是年六月，趙公夷午乃任先長兄爲常德縣知事，恩洪聞悉，命先長兄兼管理湘西電報業務，實與省管理局之職掌衝突，可見北方政府行政之零亂。交通既統一於北政府，故趙省長亦不過問。十一年冬，熊克武率殘部萬人進佔湘西，干預地方行政，先長兄肆應各方，案牘勞神，精力已感不支；十二年，趙公遣唐生智等率勁兵，驅熊克武出湘，湘軍乃駐常德。先長兄因識唐生智部之旅團長，與騎兵團長何鍵尤善，乃結盟爲異姓兄弟，何鍵命其子何異與先長兄之子俊夫（後改名自強）亦以兄弟稱，值暑期余省兄常德，乃識何鍵。此事與余後來之發展頗有關聯，故著於此。

十二年秋，余入北京大學本科習經濟，又識若干新教授，主要者爲皮宗石、周鯁生（均湘人）、王世杰。皮宗石教財政學，周鯁生教政治學。鯁生師飽學，似爲當時湘省第一人，惟不工辭令，且純湘省土音，北方及他省學生多不喻，有退其選課者，且有要求更易教授者。時蔣夢麟代理校長，電居上海之蔡校長請示，蔡校長覆電謂：「周先生乃余力所能聘之最好教授，學生如不選其課，學校可不准其畢業。」如是風潮始寢，逾年以後，周先生乃爲最負盛名之教授，此亦可見蔡先生之有擔當，有識力。蔡先生治校，逐步以良教授驅除劣教授，其方法爲開重貼之課，令學生自由擇師。周先生極負責，不請假，不兼課，聲譽日彰，時陳啓修亦開政治學班，知實力不敵，乃辭職。顧孟餘先生教貨幣論，馬寅初先生教貨幣與銀行，顧先生重學理，馬先生所授皆證券市場及銀行支票等之實務，時北大學風重思想，輕實務，馬先生班次僅餘數人，遂辭職。胡適之先生授中國哲學史，亦受學生歡迎，余未選其課，不能冒稱爲胡門弟子也。王世杰先生教比較憲法，對我而言，斯課已不新奇，自清季維新運動以來，國內之報章雜誌討論法律及憲法問題之文章不少，尤以《甲寅》爲最有系統，我均嫻熟，但就此課程，我得讀Lord Acton: *The History of Freedom and Other Essays* 及Dicey: *Constitution: Introduction to the Study of the Law of the Constitution*，使我對於自由及人權的重要性的認識更加深刻，主要由於自修而得。燕樹棠先生講法理學，燕先生號稱在國內各大學第一個開講法理學的人，但不工辭令，我嫌其條理欠明晰，乃請其介紹參考書，他沉思之後方答覆我說：「法理學派別紛繁，找一本適合大學生用的教科書太困難。」最後他命我先讀亞丹．斯密《道德情操論》（Adam Smith: *The Theory of Moral Sentiments*），有餘力可讀康德之《純粹理性批評》。燕先生又謂：「西方的法理學與哲學分不開，幾於每一個哲學家均是法理學家，不似中國哲學之空洞。」又謂：「道德、風俗、習慣、法律，均無從分割，康德是近世集大成的人，讀他的書，可以省去讀上古、中古哲學家書籍的繁瑣功作。」從此等言論，可見燕先生的學問不壞，但不善表達。當時有若干湖南同學習哲學，在宿舍內，常討論康德，我為便於切磋起見，乃讀康德的原著，懂得超經驗邏輯、道德法、自然法的意義，及治社會科學之主要方法。哲學系同學與我討論康德，發見我懂得不少，彼等乃請我改習哲學，我未允。我已知習哲學必從社會科學或自然科學入，我不明自然科學，只能走社會科學之路。

此一時期可謂北大的全盛時期，第一流人才均集中於北大，只有梁啟超在清華授史學，未入北大之門。據聞胡適之先生頗不喜之。陶孟和先生授社會心理學，仍請余為其迻譯參考資料，陶先生態度開朗，常稱道我，說：「周生雖只是二年級，實在可以發一張大學畢業文憑給他，讓他去英國深造，十年之後必為中國學術界重鎮，可惜學校無此制度。」鯁生師亦以為然。但顧先生態度深沉，無公開表示。十三年春，他已因蔡孑民、李石曾之介紹加入國民黨，孫公逝世後他實際上已是汪精衛的軍師，而無人知及，其秘書谷錫五偶來宿舍閒談，謂：「顧先生對汝印象甚佳，基礎厚，學識博」，此外別無他言。在北大四年之內，與顧先生只有三次晤談。

十三年夏，得父函，謂先長兄病逝於常德，得年僅卅七，余號泣昏倒，爲之休課一週。先君親理其喪，憂煎殊甚，年老喪子，情不能堪，家中又失去經濟支援，長孫俊夫方高小畢業，次孫傑夫年幼，長嫂吳氏乃舊式女子，不能支持家務，幸交通部及省府各有撫卹，先君爲之經紀，逾半年方攜其全家返鄉，仍命其兒女續讀。先君年事已高，受此打擊，肝疾遂種因於是時。不久又得父報，母病癲癇甚危，余得報號泣，即乘京漢快車馳歸，抵漢口，失江輪班期，時由上海赴湘僅有英商怡和公司經營之商輪一艘，每星期一次，余倉皇失主，至他輪船公司探聽，知有一小輪船即晚開常德，須經岳陽。余思抵岳陽總近家鄉一步，遂乘是輪即發，夜深抵岳陽，方知岳陽亦無赴長沙之輪船（時湘鄂鐵路仍未修通），旅客須俟怡和公司輪方可赴長沙，乃居岳陽四日，聞怡和公司輪將到，余乃賃宿於小划上，恐又誤班期也。時岳陽無碼頭及船塢，江輪停泊於洞庭湖中，乘客須執江輪所下之繩索而上，余一手持小提箱，一手執繩索，時大風雨，江輪擺動，余力弱，失手落水，幸爲划船救起，乃得登輪。余已數日不能入眠，抵長沙已黃昏，距家尚七十華里（四十公里），余心亂如麻，不欲候次日之火車，時月中，明月在天，乃沿粵漢路長株段步行，抵家門已將天曉矣，圍牆內犬吠雞鳴，家人疑爲盜匪，先君獨曰：「盜匪不臨吾門，七兒歸矣。」乃親持蠟燭，越廣場數十武，開門，見余困敝於門外，扶余起，父泣，余亦泣，亟入室見母，母神智不清，惟號泣讕語，余跪於床邊，大哭，有頃，母忽曰：「是七滿兒乎？」神智稍清，命余臥於側，摩挲如撫稚子，從此母病有轉機。侍母病二月，雖未痊癒，已無危險，奉父命仍返北大續讀，抵校幸得趕上期考。北大校風自由，平日無點名制度，余雖曠課二月有餘，大學教務處仍不知。余平日成績突出，考試亦無困難，仍列最前茅。

（二）

十四年秋，余方註冊加入本科三年級，忽得二兄函報，父親左肩病疽，流膿血，體力日衰，醫院云乃肝病外發，無可醫救等語，余傷心慘痛，於同鄉長輩劉冕執先生處假得五十元，乘京漢快車馳歸，抵家已午夜，泣見父於病床，父微慍曰：「兒廢學乎？」對曰：「學何可廢，父畢生自修，學問超越時流，兒基礎厚，隨時可學。」先君亦不深責，余侍病八月，只得休學一年。余日夕為父洗膿血，換藥，並延醫診治，均無效。與父同榻，雖便溺之事亦余助之，穢濁衣物親自攜出洗滌，不令母知。時大姊二姊早已遣嫁，有上侍翁姑、下育兒女之累，只能偶一歸省，三姐則早已殉情，嫂則對翁之身體私事無由服役。先君一日謂余曰：「兒克敦孝友之行，余復何恨。惟汝之祖父母健在，母病未瘳，汝大學尚未畢業，余逝後即以家事累汝，死不瞑目矣。」言畢痛哭，余亦哭，無辭慰之！

先君力疾，仍訓余匡救國事。余稟告「國民黨改組，廣容新進青年，兒已隸黨籍。」先君曰：「此乃今後革命正軌。惟革命僅指摧毀腐敗政府，社會基礎千萬不可動搖，否則益難收拾。余讀古史，凡歷代帝王開國後，必勵精圖治，休兵養民，方可臻太平之治。咸同後，湖南顯宦多，紳權重，構成特殊勢力，阻撓改革，湖南革命人物多，但頑固分子亦多，現此輩已略無存者，今後決不可憑一黨之力再蹈覆轍。二年黃公克強親語余：『吾人乃革滿清政府之命，非革人民之命』，此語實含至理。當時黃公主張合全國英賢組成大黨，孫公中山則主張運用靈活之中華革命黨，今已組成大黨，過去是非，已不足論。北方自直皖、直奉大戰，北洋勢力已經瓦解，語云：『千夫所指，無疾而終』，況萬萬人之目指心惡者耶？現在孫公已逝，北方仍在混鬥，國民黨爲一新興勢力，應可成功，惟成功之後，必須裁兵安民，勵行文治。自中西交通後，今日之所謂文治，決非昔日之所謂文治，昔日只須帝王偃武修文、得賢良臣工之輔弼，即可臻於治理；今日事象紛繁，外力壓迫尤甚，一人之智力不周，繼起領導者，應豁達大度，容納眾流，質劑全國力量，各得其所。孫公明智，惟果於自信，亦屢遭挫折，何況不及孫公者耶？余自清末參與革命，閱歷不淺。昔黃公與孫公合組同盟會，黃公主張會務負責須均，避免省界之爭；民元，黃公於權位方面事事退讓，力戒同志躁進，猶不見諒於人。小至湖南一省亦有路界之爭，所謂『人心不同，各如其面』，然政治家不能離開斯人斯地而爲政。今日形勢，複雜萬倍，諸說流行，有志之士深知政府無能，咸欲自試身手。過去離亂之世，只有少數梟雄欲爲帝王，今則多數人均圖染指，國民黨改組，著手已緩，如何質劑各方力量，如何鎔鑄各種制度，鞏固社會基礎，折衷至當，經緯萬端，其事匪易。北洋政府倒斃後，困難糾紛，必所難免。余於新學僅識皮毛，無力提出建國意見，兒必須精心探索，重要之點，仍在去私存誠。私欲一生，則靈明固蔽，舉措必非，誠則公，公則明，惟德與識足以砥柱中流，勿以小成而輕心，勿以挫折而喪志。余一生艱難，徒演悲劇，決無後悔，所謂『陳事不說，既往不咎』是也，自己之遭遇須由自己擔當，不怨天不尤人，兒其勉之！」

先君卒於民國十五年農曆四月五日，享壽六十有一，遺囑葬於長沙嵩山鎮新橋、萬古橋間之墓園，本先君早年爲先祖所預購之墓地，一小山可容數十塚。並購置株州近郊之平地舖毡爲先祖母墓地。先君嘗言平地舖毡形勢雄奇，曰：「昔淮陰葬母，擇高敞地，可容萬人，余將來葬母，可容十萬人。」余泣稟曰：「父不言平地舖毡之雄奇乎？」先君曰：「此余壯年所購之地。余居長沙省垣廿餘年，親見長沙由廿萬之人口藩衍至今已四十餘萬人，昔日南門外之荒地，今皆變爲繁盛街市，他日粵漢路修通，北聯京漢，南聯廣州，株州恰爲中心，工商業當大擴展，平地舖毡是否可保，殊成問題，異日不願勞兒孫之遷徙也。」德偉不敢復言。開悼前，族長發宗祠積餘，攜數十人來宅治喪，余與二兄德儔力辭，咸曰：「此對尊公之敬意也，不可卻。」葬之日，同族之來執紼者二千人，鄉人之來悼者亦千人，極數十年未有之盛，吾鄉風俗惇厚如此。越五年，先大父福田公逝，享壽九十，遵遺命葬新橋；又越二年，先大母沈太夫人逝，享壽九十，時余流亡上海，遂葬於平地舖毡。民國廿二年，政府定株州爲工業區，附近數十里之墳墓、宅屋，均令遷讓，遂遷葬先祖母於新橋。鄉里神先君先知，傳說詭異，實則先君據當時形勢以爲斷，世安有先知之術！

民國十五年，奉天張作霖盤踞北京，以劉哲長北京大學，學校罷課，高年級學生多南下參加革命，教授亦大都離散，余有家累，亦無力續讀，遂爲數年之流亡生活。另述於後章。

綜先君一生，幼年貧困發憤，壯年盡瘁國事，不治生產，睥睨名位，年老豪氣不衰、手不釋卷，國學而外，於當時西方譯述無不精心閱覽，文章雄偉，識解多奇，著有《達尊記學》二十卷，未及攜出，則德偉之大罪也。楊遇夫先生有〈周壽椿先生事略〉，刊入本書附錄。先君於辛亥株州萍鄉之役本可扶搖直上，不幸湖南咸同以後紳權特重，反對改革，以王先謙、葉德輝爲首腦，致仕顯宦從而附之，故時務學堂不半年而報罷！焦達峰、陳作新宣佈獨立後，僅十日即被守舊士紳主使巡防軍統領梅馨殺之。譚延闓繼任都督，延闓為維新首腦，未曾加入華興會及同盟會。凡當時維新人物均巨紳及舊學家，最忌草莽英雄，故焦陳均遭慘戮。盛傳焦陳被殺，延闓有主使嫌疑，事無佐證，不敢置信。焦達峰所任之西路招討使楊任，亦會黨領袖，於常德被當地巡防軍統領所殺。余於民國卅年當選參政員時，曾晤國民黨前輩湘人覃理鳴先生，覃力詆譚公為殺湖南革命元勳之主謀，余不敢置信，覃公乃出譚公殺楊任之手令相示，余始無言，然仍不知此令何以落入覃公之手。覃公籍桃源，與楊任有厚交，事或然也。余任教國立湖南大學時，有政治學教授曹學濂，衡山人，亦言殺焦陳之兇犯後被任為衡山縣知事。蛛絲馬跡，似有可尋。余回憶先君奉焦命為南路招討使時，自萍鄉返株州，株州之要害已盡被黃鸞鳴軍占領。黃原為梅馨部之標統，革命後擴充成混成協者。幸先君淡於名位，兩軍對峙旬日，或已偵知其內幕，故將部伍悉交黃君統率，黃君德之，各方之疑慮亦釋。黃公克強知湘事糾紛特多，亦電延闓云先君足恃，乃得無事。二次革命時為湘北伐軍高級參謀。五年，先君與郭人漳曾圖驅逐湯薌銘，不惜破產從事。傅良佐督湘後民黨均失勢，先君遂退隱鄉里。嚮使先君遭遇稍佳，或有前清之科名與紳士位，事業當不止此。德偉德量不及，慚愧奚似。

焦達峰、陳作新確為湖南會黨首領，各方紀述已多，章太炎極稱之，比之於陳勝。先君非會黨中人，光緒卅年後與會黨有聯繫，確為事實，至於與焦達峰之交往則余所不知。

第五章　余之早期黨務政治活動

(一)

寫至本章，余方得到李劍農先生著之《最近卅年政治史》及《中國近百年政治史》，又得到左舜生著《黃興評傳》，其他需要之資料尚未寄到，或無從蒐集。持李著與上文僅憑記憶所述之事實相較，尚無謬誤，且可相互補足，惟李先生稱黃興爲爛忠厚而老實的人，一若毫無政略者，則余不敢苟同。李先生著書時尚未及見余所倡導印行之《黃克強先生書翰墨跡》，此書出版於民國四十五年十月，黃先生之政略，於此書中可得其大概。彼決非爛忠厚老實之人。民國五年以前，彼之政略功績實不次於中山，西學或有不逮，國學則遠過之。論黃公須從中國傳統文化入，論孫公須從西方文化入，此不可不辨。黃公之修養風度，得力於儒學，孫公之著作則採自西方，爲無可否認之事實，戴傳賢之道統說，實一文不值。余擬作〈黃克強之政略〉，附於本書之後，以袪世人之誤解，並補充李著之不足。

李著有其最大優點，即分析自清季維新運動及入民國後國會內之派系紛爭，條理明晰，爲任何已出版與此有關之史實或史料所不及。李先生長於余或在廿以上，彼在民二民三，曾爲《獨立週報》及《甲寅月刊》之主要記者，民七民八且主辦《太平洋月刊》，民國十一年余在北大就讀時，彼已任湖南教育司司長兼省務院院長，此時期之掌故，李先生當遠較余嫻熟，當時之交遊更較廣闊，曾爲湖南省自治憲法之主要起草人，凡當時文化教育界之名流幾無不熟識，且專攻政治學及史學，紀事遠優於余。惟其中有一小點，一時無從肯定。李著謂馮玉祥拋棄陝督，率軍出豫後以劉鎮華代理陝督，據余所記憶，繼馮玉祥督陝者乃吳新田，非劉鎮華。十二年劉鎮華隸於國民第二軍，十四年吳佩孚再起時，劉鎮華、憨玉崑等始附於吳，自陝西攻國民軍，失敗後投降國民革命軍，曾數任國民政府之疆吏，吳新田似在劉鎮華之先。惟目前無典籍可資參證，誌此存疑而已！李著於中山之革命活動紀述頗詳，余只能補李著之有闕。

凡政治糾紛因素複雜，中山雖超越時流，惟其行動亦不能有百正而無一負，李於此點無一字置評，似雖欲有言而不敢顯言之者。唐詩人杜甫與房琯為生死性命之交，於其陳濤斜之敗，亦不諱言其失，可謂光明磊落。中山於民六率海軍南下護法反段，不二年，即與段通，似不易見諒於當時之輿論。又國民黨第一次全國代表大會宣言，列聯省自治派於政敵，其實當時實行自治者僅為湘省趙恆惕一人，致後此，趙雖欲通於國民革命而不可得，而唐生智流氓型之人物以起，造出無窮之糾紛，不能謂非當時政略之失。李著首引〈陳其美致黃克強書〉，責二年黃公不遵孫公之命，實則當時之形勢，即孫公入寧亦必失敗，黃公猶能挾陳之驥及冷遹以起，孫公則不能也。黃公獨任其難，實有赴義恐後之勇。何況當時離間孫黃二公之感情者，以陳其美為巨魁，其美欲為中華革命黨之副領袖，不擇手段詆毀克強，以致其密友黃郛因此憤而走美依克強，此國民黨人皆知之事也。克強當時曾曰：「袁世凱如稱帝，當合全國英賢才俊以倒之，豈中華革命黨少數人所能濟事！」此已獨見其大。當時鄧家彥等調和孫黃之感情，奔走甚力，克強語之曰：「余過去已將全部華興會交與中山，並奉之為領袖，有何感情之不協，余在此，小人造謠，余即赴美，汝等勿復視此爲問題何如！」黃公豁達大度，不易動怒，惟曾罵陳其美「是什麼東西」，民國卅年鄧家彥爲余言之甚詳。其時克強之骨已朽，鄧家彥仍爲國民黨中央監察委員，依蔣介石資生，顯無造謠之膽量。又清季華興會與興中會合組爲同盟會時，黃公首先發言曰：「公舉孫文先生爲同盟會總理。」實則當時華興會之會員固數倍於興中會也！後來力佐中山之汪精衛、胡漢民，亦先隨克強，後由克強介紹於孫公者，且此二人始終尊崇黃公，此等大節李著亦未述及，此或爲李所不及知，余不能無據相責。其他類此事實尚多，只能容納於本書之第二編。聞大陸曾印行章行嚴著《辛亥革命回憶錄》，惜不可得！惟其〈與黃克強相交始末〉，余已閱之，足可證克強之雍容大度。李書城自武漢起義起即任黃公之參謀長，隨黃公久，聞亦有述作。黃郛離孫中山、陳其美，依克強，是皆可爲尋覓資料之方向。（黃郛自蔣介石率軍北伐後方再歸於國民黨。又，李書城原任職清廷兵部，清廷派其赴武漢調查情形，即自投於克強，而被任爲參謀長。）

（二）

孫段張合作傾倒曹吳後，中山之心境甚苦：第一，孫先生已患不治之肝疾，體力日衰，自知不久於人世，而國事紛亂如麻，北方不能接納其政見，共產黨人又擠入黨內，力謀奪取領導權，形勢上又不能不容共，孫公安得不憂（參看左舜生著《黃興評傳》）。第二，黃埔軍校創辦未久，粵軍尙無力攻下惠州，唐繼堯又不受元帥之命（孫公驅陳炯明出廣州後，仍組大元帥府，以唐爲元帥），廣東一時難有發展。第三，胡漢民挾持私怨，專橫擅權，阻撓陳炯明之悔過自贖，中山求一時之彌縫，以期迅速北伐，亦不可得。第四，中山明知段祺瑞等不能接受其廢除不平等條約及召開國民會議之主張，而仍不能不北上，自己歷年發動戰爭，一無結果，故思將三民主義傳播於北方，並緩和粵人厭戰之心理。惟體力日衰，已抱鞠躬盡瘁死而後已之決心。第五，孫公想到：如生命幸存，主張一時又不能實現，則環遊世界各國，詳研其政教，然後返國，再俟時機。彼固未料及十四年秋粵軍之能下惠州也。第六，中山鑒於以前之各黨派均爲政略附於軍閥以爭權奪利，即中華革命黨，亦無群眾基礎，故於十三年改組爲國民黨，擴大黨之基礎。此克強民二時之主張也，可見克強之遠見，舊日黨人素質本低，知識落伍更甚。

另一方面，共產黨人早已於民國九年成立於上海（李著謂成立於十一年，殊誤），黨員力向學生群眾及工農群眾中擠入，甚至擠入南北各方軍隊之下級。中山爲爭取群眾，不能不容共，以擴大革命陣線，故說出「共產主義是民生主義的目的，民生主義是共產主義的方法」，其含義僅爲：「你們共產黨人，如欲實行共產主義，不如隨我先實行三民主義」，別無他意。此兩語後來不斷引起曲解，黨八股的文章，永遠不能一致，反使青年學生徬徨。甚至其腹心幹部戴傳賢於民八即說出「共產主義就是民生主義，民生主義就是共產主義」（見戴著《孫文主義的哲學基礎》），此徒爲共產主義張目。吳稚暉之行動寓詭異於樸實之中，甚得北方青年之信仰，彼本崇信無政府主義，曾倡言曰：「三民主義是現在的主義，千年以後方是共產主義的時代，萬年以後方是無政府主義的時代。」（大意）在急進之青年聽來：「既將來要實行共產主義，何不現在就著手奮鬥，何必等待千年以後。」此大抵由於胡適之、吳又陵等在北方摧毀舊思想後，自己在思想上又一無建樹，俄國革命成功後更刺激青年思想的左傾，以致中山孤掌難鳴。上段所述，皆汪精衛於民國十九年在其上海寓所對余所言，決非虛語。

又孫先生在桂林講「耕者有其田」，此不過爭取農民群眾之手段。上文已述及，從十年到十二年，共產黨人已發動大罷工廿餘次。關於工人運動，國民黨顯已落後。中山之此一講演，實表現其力爭群眾之苦鬥，但此一支票，實難以兌現。第一，中國人口眾多，耕地不敷分配，即小規模之實施，亦必須以立法手段，並適合民情變更產權，否則必招致無窮無盡之紛擾。凡民主法治國家，政府絕對無權攘取甲之所有授之於乙。第二，現代產業發展國家，工業更重於農業，此乃十九世紀至廿世紀西方文明之特色，亦為其富強之基礎，僅解決農民問題，亦無從安定社會。第三，欲農業生產之增加，必須運用大規模農耕政策，並以工業化為其先導，小農制度適為進步之累，且無數小地主之間，利害衝突更激烈，社會更不容易獲致安定。中山曾周歷各國，豈不解此，故在民八印有《實業計畫》之著作。但目前形勢急迫，故不能不開出權宜之支票。中山又提出節制資本之口號，發展產業，必賴資本之蓄積、企業心之奮發，中國已苦國民生產及資本之不足，即倡節制資本，無非迎合社會主義者之心理，一旦如獲得政治權力，改建國家，此類口號亦無從實施！如云政府投資，國民生產不足，政府資金又何從獲致，故矛盾重重。黨人不學，亦不喻此理。中山對學理之研究不深，即能當政實施此類主張，亦必紛擾百出。李劍農先生之著作，對於此類問題隻字未有觸及，故補其闕失於此。

（三）

中山北上後，收到了意外的效果。他於十三年十一月三日決定離粵北上，其主要目的即為謀與北方民眾接近，以便宣傳其主義及對時局的臨時主張。十一月十日，中山以國民黨總理名義，發表一篇對時局的宣言，主張：1掃除軍閥，2取消一切不平等條約，3召集國民會議解決國事糾紛。其第二項「取消一切不平等條約」招致英法當局之嫉忌，中山過滬過津時，其居住行動都受到英法租界當局的限制及干擾。且段祺瑞正在與日本及英法祕密交涉：尊重中國過去對外之條約，以換取東西帝國主義對其政府的承認，與中山背道而馳。第三條，國民會議以民眾團體為基礎，中山列舉之團體有：1現代實業團體，2商會，3教育會，4大學，5各省學生聯合會，6工會，7農會，8反對曹吳之各軍，9政黨。以上各團體代表由各團體之機關派出，人數宜少，以期迅速召集。

觀上表，除第八項反對曹吳之各軍外，並無爭權奪利的實力派，即就此條而言，北方馮玉祥、胡景翼等軍，早有國民黨人加入，胡景翼原為國民黨人。南方各軍，當時只能由中山一派所代表。第九項政黨，主要的當然是國民黨，共產黨於國共合作後早宣佈擁護中山，其他小黨亦與中山亦步亦趨，無一附段者。北方之安福系早已消滅，縱有殘餘份子擁段，亦不夠政黨資格。長江流域及西南各省，以及河南陝西等民眾團體，國民黨黨員早已組織黨團參與其中。此一會議如果召開成功，即足致段祺瑞及北方殘餘軍閥之死命。段祺瑞遇此生死關頭，當然拼命反對，悍然召集善後會議以相對抗。段所提出斯會之代表為：

（1）有大勳勞於國家者（此雖是敷衍中山，但亦包括自己及張作霖等在內），

（2）此次討伐賄選制止內亂各軍最高首領（此明白以擁護自己之軍閥為主，因中山並未派兵參加討伐曹吳），

（3）各省區及蒙藏青海軍民長官，

（4）有特殊之資望、學術經驗，由臨時執政聘請派充者，但不得逾三十人。

前第一至第三會員不能列席時，得派全權代表與議。

觀前表可知善後會議以軍及官爲主，排斥民眾團體於會外，第四項須由執政聘請或派充，段祺瑞及軍閥仍可上下其手。

中山此時病勢甚重，看到了此一條例，大怒，方知與段決無合作的可能，立即召集國民黨的幹部及黨員，決議國民黨員不參加善後會議。但有少數思想落伍、不明時勢的黨員，急欲接近政權，仍參加了善後會議，並揚言：「反對參加善後會議的人早有過激思想（當時即指共產黨思想），利用中山病重，破壞孫段合作。」此已無關宏旨，一方面段祺瑞並不重視這批人，另一方面發生了更重大的勢力：國民會議及善後會議的條文公佈後，北方的學生群眾掀起對中山的熱烈信仰，唾棄段執政及其所代表之北方政府，紛紛加入國民黨。先是中山於十二月中到北京時，各學校請其演講，中山已病不能與，乃派汪精衛代表出席（隨中山來京者僅有宋慶齡、汪精衛、宋子文等人）。汪精衛文采風流，工辭令、富感情，具極大的煽動力。論組合主義，具世界眼光，汪當然不及中山，但辭鋒之工巧，煽動力之巨大，實超過中山。如是，三民主義傳播於北方知識群眾。汪精衛斯時之講演，眞是應接不暇，一直到中山死後，在北京逗留一段時期，他的演講機會極多，每次都贏得青年的熱烈同情。青年學生認爲，中山的部下尚如此能幹，中山當然更是天人！故將三民主義帶到北方，精衛是無可爭議的首功！

我憶及民國十年冬一度加入馬克思學說研究會，認識崇信唯物史觀及階級鬥爭的人不下二百餘人，但未遇見一個國民黨的青年。自十三年初起，情形完全變更。國民黨人遠超過共產黨人。陳獨秀、李大釗等共產黨首領，都不夠格為中山及精衛的對手（其時陳獨秀在上海）。國民黨自此眞具備群眾基礎，黨務重心反漸漸移到北方。此是中山北上的最大收穫，汪精衛也得到了巨大群眾的擁護！

另一方面，善後會議亦不能不拉攏少數名流裝飾門面，研究系的巨子如林長民等均被拉入，長民且被推為國憲起草委員會委員長。段亦注意到北大的教授，最享盛名的是胡適之、顧孟餘，乃聘二人參加善後會議，結果胡適之參加了。顧孟餘眼光銳利，且素有政治抱負，平日不露聲色而已。彼於接到段之聘書後，立即退還，並在北京晨報登出一啓事，有「孟餘決不入此豬圈」之語。顧孟餘向不動怒，但此次忍不住了。此是他一生最激烈之言，此語得罪了不少所謂名流，尤其傷了胡適之。但從急進的學生看來，胡先生太不成材，顧先生方是青年眞正的領導人物！從此胡顧之間相處甚不愉快，直到兩人之死未恢復交情！此一插曲發生了若干後果，不是小事，依時序述於後文。

中山於民國十四年三月十二日逝世於北京，青年群眾如喪考妣，均痛哭失聲。於西山舉行盛大的葬儀，執紼送葬者達十萬人之多，除黨員外，最大部分為青年學生，步行赴西山，沿途呼打倒腐朽政府及軍閥的口號，此無異對段政府一大示威。段祺瑞不親自來悼，只派許世英為代表參加喪禮，張繼一見大怒，曰：「你是什麼東西，有什麼資格來悼我們的總理！」並伸出拳頭要打許世英。

冗長的文章描述一點趣事，提高讀者的興趣，亦是一得。現在就說張繼的趣事。此公眞是血性男子，要打許世英一類的豪舉，不止一次。光緒季年保皇黨的梁啓超在東京聚眾開會，啓超登台演說，張繼（字溥泉）率領同盟會會員數十人闖入會場，要打梁啓超，啓超爬牆逃，溥泉先生拿一柄剪刀抱住啓超，把他的辮子剪去，會場自然被他們打散。民國廿六年我自歐洲返國，與溥泉先生的大公子同船（可惜忘記了他的名字）。他說：「我爸爸不愛念書，革命倒是頂括括！」光緒卅一年，黃興欲在長沙起事，事洩，大吏命人四出邏緝，黃興藏身在聖公會樓上三星期，但總要逃出，後來由一牧師商洽一英國輪船，備黃興乘輪逃走，但如何混出南門？黃興喬裝一老太婆，坐在一肩輿內（俗稱轎子），放下轎簾，溥泉先生著一工人衣服，當作跟班，就混出了南門城！這件事左舜生在《黃興評傳》中已經寫出，但不夠鮮明。張公子又告知我，清季鎮南關之役，溥泉先生總是化裝充當黃興的保鏢，從不計生死。民國廿四年，汪精衛在中央黨部門前被刺倒地，張學良踢了兇犯一腳，張繼就衝向前面抱住兇犯的腰，使其不得逃走，旁邊走出一便衣，用鎗把兇犯打死滅口，此時秩序大亂，有一位五四英雄羅某，嚇得藏身於廁所，將自己佩帶的徽章拋入便池！相形之下，張繼是何等好漢！章太炎是著名的難以相與，脾氣大、好罵人，但獨欣賞三位好漢：章行嚴、張繼、鄒容。章行嚴幼年豪邁，年齡只有廿左右就在江南陸師學堂鬧風潮，率領一部分同學退學，到上海從事革命，太炎愛其文采，又愛張繼、鄒容的勇敢，因此結爲兄弟。曹丕說「文人相輕」，我說「文人好爭」，同盟會內的文人相爭，及北京大學教授間的相爭，趣事甚多，可寫一本專集，可惜此地無法容納。

（四）

現在又回寫孫公逝世以後的情形。青年學生失去革命導師，悲傷不堪。吳稚暉遇到此等場合每對學生說：「悲傷什麼，還有汪精衛！」如是青年群趨於精衛之旗幟下，想擁護他作繼任的國民黨總理，共產黨人亦決定擁汪，汪精衛成了一大勢力。當時胡漢民在廣州自稱代理大元帥，對於北方情形頗不放心，派遣了若干親信到北京祕密偵查汪的行動，事洩，青年更不直胡而擁汪，故胡漢民後來始終無群眾。

又有一批思想落伍的國民黨人，開會於北京之西山總理靈柩前，反對急進派（此即世所稱之西山會議派）青年群眾，無人理會他們！

有一次一大群學生去見精衛，要通電擁護精衛當總理，精衛痛哭陳辭，予以制止！學生們問其理由，精衛說：「如此，則我同展堂（胡漢民）廿餘年之交情毀於一旦，革命尚未成功，內部先有裂痕，決不可為。」如是學生們對汪益為崇信！

當時顧孟餘尚未入黨，蔡元培等觀察形勢，知汪精衛將來不論居何名義，總是孫先生最適宜的繼任人選，但汪太感情化，容易衝動，考慮事理欠周密，想覓一位深沉冷靜的人物輔佐他。最後選定顧孟餘，由蔡元培、李石曾介紹入黨。蔡本是國民黨的前輩，顧孟餘是清季蔡元培當譯學館教師時的學生，入北大當教授，亦是蔡所敦聘。李石曾是前清軍機大臣李鴻藻的幼子（侍婢所生），顧的祖父與李鴻藻同科進士，在朝亦為侍郎，父為府道，故自幼即同李的交情極密。蔡李介紹顧於汪，態度極為嚴肅，請汪遇事與顧商酌，故顧一入汪幕，即猶諸葛亮之於劉備，比擬雖不倫，但實情確是如此。故顧始終為汪之台柱。

孫公逝後，北方學生紛紛組織團體研究並宣揚中山之主義，最重要者為「中山主義大同盟」，環繞於山東丁惟汾（字鼎丞）之下，奉之爲領導，「三民主義實踐社」則受顧孟餘之指揮。但此等團體均非派系，因均崇信中山之主義也，丁顧之間感情又極融洽。我亦於十四年五月入黨。此兩團體，最大部分均是北京大學的學生。余之好友及同學李壽雍、樊宏等此時最爲活躍，郭春濤、鄧飛黃、廖維藩、童冠賢等亦甚活躍。余則較沉默，並未參加祕密活動！

我坦白承認我自幼即有政治抱負，當時的形勢，北洋政府已屆末日，只有國民黨與共產黨夠格打倒北洋政府。我不相信共產主義及唯物史觀已如前述，打倒北洋政府，只有國民黨是當前可行之路，成功雖未可必，但總比其他黨派進步得多。政治運動總是現實的，個人幹不起來，故加入國民黨。但加入之後，何以又不積極活動，當時亦有我的看法：

（1）我對中山並不是百分之百的崇拜，他自民元以後直到民國十三年，將最大部分精力用之於掀起戰爭，自信太甚，以爲自己當政就可解決一切，未免將事象看得太簡單了。只有在民八受了五四運動的影響，方知民眾基礎的重要，短期內從事著述及宣傳，但是他的研究不夠精深，著作漏洞不少，民國十一年以後又捲入軍事活動，此均不是根本之圖。

（2）孫文學說完全以他自己個人爲中心，欲說服全國人民都服從他的指揮，聽他的安排。我想全國人民如果只以一人一黨爲中心，則他人之靈明皆錮蔽，國家未見治理得好。

（3）上文已述到，孫先生爲爭取民眾，開出了若干臨時支票，此等支票實難兌現，即兌現矣，又必發生新的紛擾。

（4）我此時已讀了英國憲法及若干法理學、社會學、哲學，知道民主必建基於法治之上，只有法高於一切（The Supremacy of Law），沒有領導人物高於一切之理。法的主旨是保障人權，人權就是「個人自由」，孫先生反說中國個人自由太多，而以公權（Civil Right）解釋爲民權，將政府的政權（Political Power）解釋爲「能」，政府萬能，人民爲阿斗，此一主張何能達到民主法治？

（5）民生主義的講演同共產主義糾纏不清。中山的門徒又強作《中山主義的哲學基礎》等項著作。其實中山本人所提出的主張，只是若干政治綱領，與哲學根本不相干，中山亦不治哲學。我當時已讀過康德及斯賓塞、柏克等人的著作，已知凡哲學必涉及三個重要問題：本體論，知識論，學術上之方法論。中山對於此三問題並未涉及，宇宙太大，知識太廣，中山不能解決的問題太多！

（6）我當時不能將此等疑慮說出，如說出，就會同國民黨人鬧翻，無船可搭，無路可走。我只得回到書齋裡，從事專門研究。我當時個人的資格、聲望，決無力組黨，只能暫隨國民黨走一段路程再說；打倒了北洋軍閥後，再作企圖。以上是我當時的心境，我一生並未積極從事黨務活動，而被黨的小組織排除，領導人物誰也不願理我，我也心安理得。此是我一生演悲劇的重大原因。

（五）

民國十四、五年，北洋軍閥混鬥，以至覆亡，李劍農先生的政治史已寫得很清楚，我不是寫全部近世政治史，所以不再寫。我從十四年秋季回家侍父病，一直到北政府傾覆，未再返北京，此一時期內之政治史，遠不如劍農先生清楚。唯補若干闕失。

（1）曹吳傾覆後，馮玉祥稱國民一軍，胡景翼稱國民二軍，孫岳稱國民軍三軍。佔據京漢線，擁有北京至河南一帶之地盤。胡景翼等之崛起，李著未曾說明，必須補述。胡景翼、孫岳等本爲國民黨人，廣東護法軍之起也，于右任等在陝西起事，稱靖國軍總司令，張鈁爲副司令，胡景翼等爲師長。民八南北議和時，段系之陝督陳樹藩仍力攻之，靖國軍兵力糧械均不敵，但猶得保其殘餘力量。民九直皖戰爭，皖系失敗後，吳佩孚遣閻相文、馮玉祥入陝西後，于右任、張鈁離軍，胡景翼等乃被閻馮收容，編爲一師，馮殺閻、督陝後，乃隸於馮部，厥後馮率胡等入豫。胡景翼本北方之會黨首腦，河南會黨極多，均與胡有密切關聯，但在直系全盛時代，不敢另樹異幟而已。迨第二次直奉戰爭，曹吳傾覆，胡景翼乃組國民二軍（胡死後岳維峻繼）、孫岳組國民三軍，其眾幾較馮玉祥部尤多，仍擁馮爲國民軍總司令，並收編在豫之吳佩孚舊部。

先是李石曾見吳佩孚，佩孚殊不爲禮，故李誓欲打倒吳佩孚，出入馮玉祥、胡景翼各部，煽動反吳，並介紹北大學生國民黨人郭春濤、鄧飛黃等於馮，馮亦欲通於國民黨，故重用之；又大批介紹返國之留法學生入馮胡各軍。當時留法學生均以李石曾爲中心，凡留法學生之請李求職者，李不問賢愚，一律推薦，李固欲自成一勢力也。曹吳傾倒，李石曾運用各方，不爲無功。故黃郛組攝政內閣時，徵李石曾爲教育總長，李石曾野心大，薄總長而不爲，適易培基到北京，自稱中山之代表，見李，李奇賞之，稱其人「敢作敢爲」，遂厚待之，薦爲教育總長以自代。如是，易培基以一湖南中學校長（第一師範）之資格，一躍代表國民黨領閣席，實則易培基根本不是國民黨人。中山能容，凡擁護自己、播弄反北政府之政潮者無不容納，故事後亦不反對其代表資格。（關於易培基之事實，後文有述。）

（2）孫公逝世後，汪精衛大概在十四年夏離開北京（手邊無黨史，精確時日記不清），故於六月主持劃除楊希閔、劉震寰之役，並出席十五年一月二日之國民黨之第二次全國代表大會，作政治報告。段祺瑞初任執政時代，國民黨仍得在北京公開活動（孫段合作並未宣言取消），故在北京成立政治分會，主持北方黨務。蔡元培、李石曾、吳稚暉、于右任、丁惟汾等均爲委員，顧孟餘當時非中央委員，但以汪精衛之台柱資格，請其列席分會，凡對外宣傳文件多推孟餘草擬。惟孟餘之文，純用科學分析方法，雖條理明晰，而筆鋒缺感情，不具縱橫捭闔之煽動力量，于右任極不喜之，每見顧文輒搖頭，顧極自尊，認爲侮辱，遂聲言不再列席會議。經多人調解，遂使于顧相避，凡于所出席之會議，顧不列席，顧所列席之會議，于不出席。民國廿一年後，于顧之間肇起若干大事即伏因於此時，依時序述於後文。

（3）蔡元培旋離北京，以蔣夢麟代理校務。李石曾、吳稚暉等憎章行嚴運用段執政之力量出長北京大學（章在民二，袁世凱曾任爲北大校長，章因正爲黃克強組黨，同時又稔知袁之帝制野心，故未就——詳情見錢基博著《現代中國文學史》及章著〈與黃克強相交始末〉。民四冬至民五初，又曾任北大教授），遂百計毀之，凡段執政一切不得人望之舉動，均造謠歸咎於章，尤其十五年三月十八日學生大請願之事，死學生多人，吳、李均誣指章爲主使人。實則章曾力勸段愛護學生，厥後章在《甲寅》上有極憤慨之陳述，謂「若輩之所爲，無非欲使政府內無一讀書明理之人」，此文亦已收入錢著。

吳稚暉在民二以前本極愛行嚴，謂「章行嚴每一根汗毛都是好的」（亦見錢著），並倡言「政府應月出十萬元請其居西山著書，必大有補於國事」。民八，吳尚請章在法國之中法大學講演，迨利害衝突，乃不惜多方造謠以毀之，使章不能立足於士林。吳本一極走偏鋒之人，所謂「愛之欲其生，惡之欲其死」者也，吳實盡具此類性格。章入段幕，本窮途末路，蓋憤遭國民黨之排斥也（此事，民國卅年行嚴曾爲余坦白言之）。章妻吳弱男本同盟會人，不同情章之爲總長，吳稚暉以前輩身分於章出辦公時，即入章家與弱男閒談，弱男盡吐衷曲，吳即據此類事項公之報端，謂章不成材，不如其妻，挑撥其家庭感情。章大憤，遂與妻失和。吳又極愛精衛，曾呼之爲小弟弟，厥後汪蔣失和，吳又助蔣攻汪，不遺餘力（後文有述）。凡吳之所爲均類此。

（4）余爲北大學生，不能不言當時北大之內容。蔡元培民六長北大後，重用李石曾。當時北大教授月俸二百八十元，獨李石曾支月俸三百六十元，而不教課，列有生物學，李只要學生看達爾文生物進化論，李本不懂生物學，在課堂上只同學生擺龍門陣聊天。蔡何以如此優待石曾？蓋石曾乃前清宰相之子，與北政府之官僚多世交，北政府常欠發教育經費，蔡每請李交涉經費，李至財政總長或次長之官邸，臥在鴉片煙床上，與之閒談，不費絲毫之力即取得柒萬玖千元之支票（當時北大之每月經費數目）。蔡乃極有手段之人也。故當時北大之李系勢力，幾可與蔡系分庭抗禮，蔡絲毫無忌。

顧孟餘與蔡李之交情均篤，故數次被選爲教務長，其他名教授如胡適之、陶孟和、王世杰，均曾任教務長，但只一任而止，馬寅初爲第一任教務長，亦只任一年，即被顧孟餘所取代，顧每數數連任。北大教務長本由各系系主任選舉，地位隆重，遠高於總務長。總務長則校長所任命。蔡又設評議會以治校，校內大事，均須由評議會議決，顧常連任評議會主席。蔡離校，每請顧代理校長，顧知蔡蔣（夢麟）關係深，力辭以讓蔣，故教授及學生多佩仰顧之風度。彼等只知顧爲蔡之重倚，而不知顧又極得於李也。蔡先生有擔當，有魄力，當五四運動之醞釀也，蔡本力勸學生專心讀書，少管政治，迨運動發生後，學生被捕數百人，逃出學生乃請見蔡求援，蔡拍案大怒曰：「叫你們不鬧，你們不聽，鬧出事後又害怕，成何體統！」如是學生乃大鬧，釀成全國學生總罷課，商人總罷市以爲援，蔡先生一言之力也。至於蔡先生汪洋大度，容納眾流，世人均知之，不必多述。民九以後，蔡先生每對學生言：「你們穿著長袍馬褂，每天喊打倒軍閥，然毫不懂軍事，是猶緣木求魚。你們如欲打倒軍閥，必須聽我言，先脫去長袍，接受軍事訓練。」乃聘蔣百里、黃郛爲軍事指導員，二人之名望既高，學生乃欣然受命，不似後此各學校之軍事訓練，遭遇重重困難，學生視同兒戲。可見領導學生應有其道，國民政府不愼選校長，故教育徹底失敗，風氣更趨下流矣。

（六）

從民國十四秋季到民國十五年夏，我不在北京，且住在鄉里，報章雜誌常常間斷，若干事實在我的腦海裡已甚矇糊。在此一時期內，南北雙方的軍閥均在混鬥，關於北方的混鬥，李劍農先生的政治史所述甚爲詳確，惟關於南方的混鬥，事象複雜，李先生的述作似不夠充實，敘述之中，一枝筆寫各方面的事實，時日不易扣合，必須理出頭緒。且有若干大事，李先生的述作或闕或不詳，此類事件又與我後來的活動以及國民黨的作法均有重大關聯，不能不提綱絜領，予以說明。

（1）中山民國十四年三月十二日逝世，唐繼堯即於十七日宣佈就副元帥職，並進一步向胡漢民爭大元帥的代理權，出兵迫攻廣西，同時陸榮廷又回桂林，圖再據廣西。幸廣西內部有李宗仁、黃紹雄的新興勢力，聯絡廣東的粵軍，方將陸榮廷的勢力肅清，並將唐繼堯驅逐回滇。

（2）陳炯明乘中山之病，自惠州反攻，廣東的情勢異常危險，此一段事實發展及其後果，李著甚明白，毋庸再述。

（3）汪精衛於十四年五月在汕頭邀請廖仲愷、許崇智、將中正及湘軍譚延闓、滇軍朱培德的代表會議，決定討伐楊希閔、劉震寰，五月下旬出師，至六月中，將楊劉完全消滅。至十二月下旬，方肅清了陳炯明的殘餘，廣東內部完全肅清，黨史純歸功於蔣介石，與事實不符。

（4）十四年六月初，國民黨的中央執行委員會開會，決定四項政策，即：軍事統一，民政統一，財政統一，軍需獨立。此是肅清兩廣內部糾紛及廢除大元帥制改為國民政府的先聲。十四年七月一日，國民政府成立，採委員合議制，廢除大元帥，推汪精衛、胡漢民、孫科、許崇智、伍朝樞、徐謙、張繼、譚延闓、戴傳賢、林森、張靜江、程潛、廖仲愷、古應芬、朱培德、于右任等十六人為委員，最可注意者，此時的蔣介石尚未為國民政府委員。國民政府推汪精衛為主席，許崇智為軍事部長，胡漢民為外交部長，廖仲愷為財政部長。胡代帥，被絀為外交部長，久不任官的汪精衛反為主席，漢民大憤，因辭職走俄，以後若干年汪胡成為生死敵人，蔣介石則時而聯汪制胡，時而聯胡制汪。李著謂胡之走俄係以後之廖案嫌疑，其實非是，誌此以待考訂。

同時廣東省政府亦改組，設軍事、民政、財政、建設、商務、教育、農工七廳，以許崇智、古應芬、廖仲愷、孫科、宋子文、許崇清、陳公博分任廳長，推許崇智任省務會議主席；另設廣州市政廳，以伍朝樞爲委員長。廣西方面，亦於六月一日依照國民政府所頒佈之省政府組織法，組織省政府，推黃紹竑爲主席（李宗仁任第七軍軍長）。如是兩廣的政治始告統一。國民政府只擁有廣東、廣西兩省，政府的重心，仍在兩個省政府，故人選特精。陳公博初露頭角，居政治要位，陳公博及後來之甘乃光，均曾隨廖仲愷工作，廖仲愷又特別接近汪精衛。

（5）其次的要政乃軍事統一。國民政府組織軍事委員會，仍推汪精衛爲主席，將各種地方軍的名目一律撤銷，改組爲革命軍。最初分爲五軍，以黃埔新練的黨軍加入一部原來的粵軍，爲第一軍。譚延闓所部的湘軍爲第二軍，人械俱闕，無多大的戰鬥力。朱培德所部的滇軍爲第三軍。江西方面的粵軍爲第四軍，陳銘樞任軍長（後由張發奎繼任），此部乃原來粵軍第一師鄧鏗所部，戰鬥力最強。孫陳鬥爭時，鄧極擁中山。李福林所部的福軍改編爲第五軍。最初祇有此五軍。程潛所部的湘軍，本破爛部隊，譚延闓誓欲打倒趙恆惕，乃棄舊怨，編程潛所部爲第六軍，此乃汪精衛因中山艦案出走，譚代國民政府主席時所爲。李宗仁的桂軍，於兩廣統一後始改編爲第七軍。至於唐生智所部，乃因唐取代趙恆惕之省長後，國民革命軍已宣誓出師北伐，唐被葉開鑫引北軍入湘所攻，始投國民政府，改編爲第八軍，則已入十五年初矣！

（6）十四年八月一日，許崇智被其參謀長蔣介石所逐，通電解除粵軍總司令職，將軍權交還國民政府，蔣介石方任第一軍軍長，譚延闓、朱培德、程潛亦發表同樣通電，除去地方軍名稱，各就革命軍軍長等職。

（7）財政統一，廖仲愷苦心經營，乃告成功，兩廣政府的財政均受國民政府指揮監督。

（8）十四年八月發生廖仲愷被刺案，或言因整理財政，開罪了各方軍人，或言仲愷早奉中山之命與共產黨人聯繫，深入工農群眾，被右傾份子嫉忌，傳說不一，但刺廖之兇犯爲朱卓文，朱卓文之手槍又得自胡漢民之堂兄胡毅生，此案內容，始終未予公佈，可見牽涉甚多。後果極爲嚴重：第一，從此黃埔軍校只有蔣介石一人爲其領袖。黃埔學生對廖之崇信，遠過於介石。黃埔初成立時，經費極困難，廣州稅收機關均被楊劉把持，黃埔幾不能生存，仲愷降心交歡楊劉，分籌得經費，僅敷膳食，其夫人何香凝，甚至典質其衣物手飾以濟黃埔。又廖以文人充當黃埔黨代表，其接近青年之方法，遠優於介石，故學生見廖必立正尊稱爲先生（國民黨人均尊稱中山爲先生，斯時尚無領袖之名義），學生見廖夫人，必尊稱師母。余在民國十六年親聞廖夫人仍常謂「廖先生命蔣介石辦黃埔」，與蔣介石以難堪，記憶猶新。第二，廖仲愷於孫公死後，本傾向汪精衛，仲愷一死，汪氏孤立矣！此案之詳細內幕，余隨政府撤退到台北後晤王懋功（字東臣）始爲余言之。懋功曾任革命軍教導師師長，與何應欽比肩，且兼任軍事委員會（汪爲主席）之參謀長，又兼廣州警備司令，實爲汪之心腹，所知甚多，中山艦事變後，亦被迫離職！後文有述。

（9）民國十五年一月一日，國民黨召開第二次全國代表大會，擴大中央委員名額，蔣介石、顧孟餘均當選爲中央委員，此後顧代汪在黨內採取主動行動，則余所親覩親聞之事，當述於後。此會又議決設中央政治會議，汪兼任主席。此時之汪精衛可謂大權獨攬，蔣介石之地位相去甚遠。

（10）在十二年孫陳暗鬥時期，粵軍第一師師長鄧鏗被陳炯明派員刺殺，此爲中山之最大損失。鄧鏗文武兼資，治軍有法，爲中山之第一重鎮。倘使鄧鏗不死，黃埔校長、國民革命軍總司令誰屬尚不可知。伍廷芳亦死，均與陳炯明之叛變有關，中山眞孤立無援矣！陳炯明之罪惡眞是擢髮難數！胡適之尚稱他是革命行動！

（11）在此以前，尚有朱執信之戰死。朱死於何時及何一戰役已記不起（手邊又無黨史可查）。朱執信亦文武兼資，民八常在《建設雜誌》上發表文章，斐然可觀。朱死不僅爲孫公之損失，亦爲汪精衛之損失，蓋朱乃汪精衛之外甥，擁汪備至也。如是汪之軍事幹部僅餘一張發奎，張又粗魯無能，較之鄧（鏗）朱，不止上床下床之別，註定以後汪之失敗。蓋中國之政治向以軍事爲主。

（12）民國十五年三月二十日發生有名的中山艦案，汪精衛離粵走法。此案之內容汪蔣雙方均未發表聲明，蔣氏且聲稱非等他死，不能宣佈，但汪蔣死後始終無言。迨余在台北晤王懋功，彼始爲余言之，當述於後文。此時所可言者，蓋汪蔣之政治資本同爲國民黨及國民黨人，二人均爭取黨員之同情，不願在北伐之師未出廣州前顯露黨內之分裂，且於自己不利也。

（13）北伐前國民黨與共產黨之糾紛日多，但雙方均不願破裂，故二次全國代表大會後，只改容共爲聯共。謝持等右傾份子徹底失敗。

（14）國民黨二次全國代表大會後，蔣被推爲國民黨組織部長，汪爲宣傳部長（蔣從此取得黨之實權），譚平山爲農民部長（共產黨跨入國民黨者），王法勤爲工人部長，陳樹人爲商民部長。汪離粵後，以秘書毛澤東代理宣傳部長。北京十五年三一八學生運動後，顧孟餘入粵，時國民黨中下層仍公開主張擁汪，乃以顧孟餘爲宣傳部長，蔣對之優禮有加，表面上保持黨之團結。其時陳果夫爲組織部之秘書，陳立夫僅任軍事委員會之諜報科長，不得與顧比肩。

（15）北京三一八學生運動，乃反對段祺瑞尊重不平等條約而起，亦一大事。運動之主席團，爲李石曾、吳稚暉、徐謙、顧孟餘、易培基，均國民黨人。北大教授朱家驊亦親身加入學生行列。固國民黨人所發動，參與運動者，當然有共產黨人，不必諱言。

（16）民國十六年春，共產黨亦分裂，陳獨秀被開除黨籍，而爲李立三所取代，李大釗、范鴻劼等則在北京被張作霖絞死，國民黨員于樹德亦死於是役，共產黨托洛斯基派失勢。此派或死或流亡。

凡上所述，李著均不詳，故略述於此，其詳當取於國民黨及共產黨之各方史料。

第六章　顛沛流離，天涯浪跡

（一）

余自十五年，先君逝後，已休學二年，時北京大亂，各大學多已關閉，余之祖父母及母親健在，決非二兄所能獨立奉養（彼有子女多人），乃於七月赴長沙，謀就業，旋被聘爲醴陵縣立中學教員，擔任國文及黨義二課，余所樂意，蓋此二課毋須準備，可以抽暇自修也。時國民革命軍已抵長沙，何鍵已爲第八軍第二師師長，余曾訪之，彼曾請余擔任其師政治部宣傳科事，余因與縣立中學有成約在先，未就。九月初抵醴陵，方知縣立中學乃就淥江書院改建，左宗棠未達時，曾任書院山長，藏有舊文物不少，學校水準亦不甚低。校長蕭方植，留美學紡織者也。余之年俸六百五十元，膳宿由學校供給，每月寄卅元寧家，並籌款爲父親做盛大佛事。此雖細故，願述於此，俾後輩知余之一輩如何奉養長輩也。現在兒女均在美國，美國制度，養老由政府擔任，就業人員均只自顧其小家庭，余之兒女雖未染此惡習，但中國文化傳統亦不可不令彼等知之！

時國民黨與共產黨仍合作，余當選爲醴陵縣黨部監察委員，被推爲常委。黨部委員，誰爲眞國民黨，誰爲共產黨人，無從辨晰。民國十六年春，唐生智、張發奎等軍已自武漢北伐至鄭州，蔣介石軍則自南京浦口北上抵徐州，而湖南後方共產黨人倡爲社會革命，劫持地主及富室之財產，前方軍伍方在流血苦戰，得家報，後方之家庭流離失所，軍人大憤。五月，唐生智等軍已自河南旋師，汪精衛偕顧孟餘、鮑羅廷輩，會馮玉祥於鄭州，唐生智乃命其駐長沙之許克祥團，率兵解散國民黨湖南省黨部、市黨部、縣黨部，黨部職員星散，多有被殺者，各縣市之駐軍亦多採取同樣行動。其實共產黨人多已逃匿無蹤，被害者幾盡爲國民黨人，所謂有名之「馬日事變」是也（共產黨並未公開組黨部）。醴陵、瀏陽、萍鄉原爲共產黨活動之大本營，乃組湘東贛西農民自衛軍，聚眾十萬，推醴陵總工會會長潘疆爪爲總司令，縣黨部執行委員李味農爲政治部主任，余亦被迫爲副主任，出兵向長沙推進。

余思此輩烏合之眾，無槍械，何能抵禦正規軍，何況素與共產黨不協，乃於出發之前夕，購巴豆、大黃等泄藥服之，次晨李味農來邀，見余敝不能與，便溺滿床，李乃獨去。時余年壯，體力強，恢復易，思必須返家，方能脫難，但不能沿鐵路北上，蓋沿路皆農民軍，又有防軍，凡遇著中山裝形跡可疑之人，不問青紅皀白即殺。乃攜一同鄉親信工丁，循山谷小道步行赴萍鄉，午夜達於友人黃道腴家，黃待余甚厚，次日又聞萍鄉礦山有異動，商於道腴，道腴亦勸余速歸，並爲余雇一農民引路，黃昏即發，避開大道，擇山谷小路以行，逾大山，至醴陵縣屬之洋仙，已午夜，聞洋仙駐有省防軍，引路之農民乃避開洋仙，繞道十餘里，次日黃昏至白兔潭，忽得報，省防軍距白兔潭僅五里，引路之農民乃命余棄中山裝，爲余覓得一農民之衣服，仍更衣夜行，須過一小河，余不能游水，農民負余泅水越過，次日上午又抵醴陵縣之鄉村，距縣城僅七里，聞學生多人被殺，余之助手龔城亦被殺，既傷其無辜，己亦膽戰心驚，時余已連日步行，足破流血，農民乃爲余雇一土車，乘之以行，經一農莊，一男子指余曰：「這個傢伙著工人服，而皮膚白晰，必屬兩黨的那批東西，綑起來！」忽一女人出，罵之曰：「關你什麼事？」力推之入門，閉戶不理。余命車亟行，是日恰爲陰曆端午節，農民均在家度節，曠野無人，午夜方達於湘潭縣鄉村之一親戚家，方脫險，次日雇一肩輿仍循山道返家。其時農民自衛軍，早已被省防軍擊潰矣！

居家一星期，方復疲勞，余思在家無生路，家累又重，乃赴長沙，是非仍混淆，至一族伯家，不允收留，宿旅舍數日，乃赴漢口，仍寓旅舍。時國民政府已遷都武漢，唐生智接收《武漢民報》，該報原係共產黨之機關報，其總主筆爲張申府，生智盡驅共產黨人，余揣知政局即將有變，不妨大膽一試，乃作〈蘇聯與中國〉，述兩國歷史文化之不同，又作〈國民黨之政治路線〉，主張法治，且寓反共之意，投於《武漢民報》，以子若之筆名發表，一時傳誦，又函告中學同學之彭湖、蘇民（均長沙人），時分別任第四集團軍總司令部特別黨部及第八軍特別黨部之秘書，爲唐生智之親信。彭蘇來訪，乃介紹余入《武漢民報》爲主筆，如是乃得歸棲，一時不憂生事矣！

余陸續爲文，正式提出分共之主張。某夜見中央通訊社發表一消息，謂湖北省黨部、武昌市黨部，呈請通緝子若。余亟離報館，匿居法租界。不三日，中央宣傳部長顧孟餘發表二文，一爲〈蘇聯之政治航線〉，一爲〈中國國民黨之政治航線〉，謂兩黨決不能長期合作，余如是乃斷知余可免難。次日，谷錫五兄突來訪，不及寒暄，即曰：「趕快趕快，隨我去見顧先生。」余詢其究竟，谷曰：「顧先生見君文，早已關照武漢衛戍司令保障老兄，老兄匿居何所，余早已知之。」余見顧，顧先生即命余擔任宣傳部總幹事。時黨部組織簡單，秘書以下，即爲總幹事，幹事，助理幹事。總幹事即擔負一處之工作。秘書爲賴特才，機要秘書爲谷錫五。賴不得信任，機密均在谷錫五之手。如是又有朋友之樂。不數日，中央黨部及國民政府即頒布分共之令，將共產黨一律送出武漢政府之轄區外，未殺一人，顧先生事先謀之於予，所作之主張也。

時何鍵已陞任第卅五軍軍長，余往訪，告以近事，何乃力荐余於總司令唐生智，唐任余爲上校秘書，兼《武漢民報》總主筆，余辭秘書，而就總主筆，蓋不能離顧先生而另任他職也！

時寧漢分裂，蔣介石另建黨部及政府於南京。武漢之正統政府主張東征，以何鍵爲安徽省政府主席，何邀余佐省政，余亦辭。劉興屯蕪湖，距南京僅九十華里，張發奎率四軍、十一軍及第廿軍屯九江，武漢政府兵鋒甚盛。蔣介石兵敗退南京，時汪精衛之政策，爲只打倒專政之武裝同志一人，與何應欽、李宗仁、白崇禧均有諒解，蔣氏召何、李、白會議，商進退，何、李、白均不發言，蔣氏遂辭國民革命軍總司令職，赴奉化。時武漢政府內部亦發生大變化。初張發奎隨唐生智伐河南，任右翼縱隊司令，唐生智吝其供給，致張軍蒙受最重大之損失，恨唐生智入骨，倡言革命須重新再來一次，誓不與唐生智合作；何香凝亦直詆唐生智爲軍閥。張發奎自九江撤兵退南昌，汪顧無從制止，張軍內多共產黨，廿軍賀龍盡共產黨，張軍內之共產黨於南昌叛變，另組蘇維埃政府，擁譚延闓之舊部姜濟寰爲主席，張發奎雖撲滅之，然元氣大傷，兵力大衰矣。張發奎佔據廣州後，內部黃琪翔等又挾共產黨叛變，火燒廣州城區一部分，張雖得敉平叛亂，汪精衛之名望則受重大打擊。

南京方面，何、李、白擁有重兵，能剿滅孫傳芳於龍潭，漢方自張發奎撤退後，唐生智只有卅六軍劉興所部能作戰，李品仙第八軍只能留守，蓋宜昌方面有譚延闓部之魯滌平軍，襄樊方面之方振武軍，亦與唐不協，正伺機而動也。何鍵向無戰志。如是唐生智不能獨力入南京矣。

蔣介石既辭職，寧漢宣佈合作，譚延闓等率武漢政府遷南京，交通部長孫科亦遷南京，均無兵力，固無法應付何、李、白也！蔣介石之黨徒以吳稚暉、張靜江為首，並煽動青年誣汪精衛、顧孟餘、陳公博為共產黨，汪顧等不得入南京。李烈鈞遂率西山會議派組織國民黨中央特別委員會，譚延闓仍代理國民政府主席，聯合特別委員以制汪蔣。此一事故，當另設一章以述之，因其內幕，黨史之記載亦歪曲甚多。本章仍以余個人之活動為主。

（二）

民國十六年秋，武漢政府遷南京後，汪精衛仍於武漢設立政治分會，掌理安徽、湖北、湖南各省黨務、軍政，汪精衛、顧孟餘、唐生智為常務委員，任余為秘書，同時任秘書者，有谷錫五、賴特才（後加入胡漢民系）、朱化魯（河北人，為王法勤之幹部）、趙太侔（後任青島大學校長）、范予遂（曾任武漢《中央日報》主筆）、石信嘉（曾任湖北省黨部委員），余主政治宣傳，朱化魯主黨務組織，趙太侔主文化教育，范予遂主黨務宣傳。汪精衛自張發奎佔領廣州後回粵，設立廣州政治分會，自任主席，掌理兩廣黨務及軍政。共產黨叛變後，汪乃離粵返滬，顧孟餘亦自漢口赴上海，另有策劃。陳公博則早已棄總政治部主任職，隨張發奎返粵。

譚延闓見蔣介石已辭職，汪精衛自廣州事變後亦失志，認為有機可乘，乃誘李宗仁、白崇禧曰：「公等既不願蔣氏之獨裁，唐生智亦不是好東西，現在彼之兵力已弱，公等可出兵驅之。余有魯滌平軍駐長江上游、方振武駐襄樊為援，雙方夾攻，唐氏必敗。公等聯南京、武漢、粵桂為一線，余在南京率何敬之與公等合作，天下莫當矣，何懼汪蔣唐乎。」李、白乃出師攻武漢，譚延闓並命程潛率第六軍助之，唐生智不能敵，遂宣佈下野，湘軍退湖南，李、白、程潛等追擊之。

先是余到武漢後，甚順利，乃迎母來漢口奉養，不意任職不及半載即失業。李、白、胡宗鐸初抵武漢，即誣指隨汪之國民黨人爲共產黨，大肆屠殺，詹大悲、李漢俊等均被槍斃。余原寓歆生路，寓側即爲屠殺場，日夜聞槍聲斃人，母親膽戰心驚，余乃遷匿法租界。秩序稍定，於十七年一月送母返湘，住泰豫旅館。時程潛任湘鄂政務委員會主席，亦嗜殺。余思余本國民黨中央宣傳部總幹事，又爲政治分會秘書，黨爭應不累及余之生命，故無藏匿及改名之事，不意泰豫旅館住一醴陵劣紳廖策群，作惡多端，余在醴陵縣黨部任監察委員時，曾將其開除黨籍，彼竟密告於程潛及治安機關，誣余爲共產黨首腦之一；同時被密告者達十四人之多，余被列首犯。余固不知其事也。適二兄已迎母返鄉，余在長沙，無出路，乃啓程赴漢口。時省城戒嚴，旅館備有旅客循環簿，旅客之行止均須登記，余已登記乘輪船赴漢口，至大西門碼頭，遇一舊友（惜忘其名）呼曰：「周德偉往何處去？」答曰：「往漢口。」友曰：「既欲去漢口，何不隨余乘火車，現在洞庭湖水涸，舟行極緩，火車迅速多矣。」余曰「無車票奈何。」友曰：「隨我走，我有辦法。」余遂臨時往小吳門乘火車出發。余離旅館半小時，即有兵丁百餘人圍旅館，聲稱捉拿周德偉，入室遍搜，周德偉已無蹤影矣，查循環簿，知余乘某江輪赴漢口，又擁至江輪，遍搜亦無所得，兵等乃曰：「共產頭目眞是神通廣大，聞風逃走矣。」是日被捕者十三人，均未經訊問被槍決，余獨幸存。住漢口一星期忽見一鄉人倉皇來寓，曰：「害我找苦了，日夜不停，找了五日方找到你！」余曰：「是何要事，如此張皇？」鄉人曰：「我係奉汝二兄之命，叫你不要回去。」並詳言其事，余乃致函程潛大罵之，謂：「汝如此嗜殺，不夠資格做革命黨，雖滿清大吏，亦不亂殺人，汝不知之乎？」程潛驕妄，不置答。彼固未料及二年之後即失勢，來上海求余介於顧孟餘，余力拒之。（後文有述）

此事發生後，鄉里以爲神奇，咸認「先君顯靈，隨時護余，不然何以如此巧合。」先君本有德於鄉里，鄉人遂於余之鄉里寓所旁建小祠堂以祀之，香火不絕，且葬其先人者多爭葬於先君之墓側，如是余家新橋之墓園，墳塚累累，一如台北之六張犁之公墓。嚮使余如韓昌黎之品格，必作一類似〈羅池廟碑〉之文以紀之，昌黎此舉實誣柳子厚，先君思想新穎，向無迷信，余不敢誣先君也。

居漢口二月後，求爲新聞記者及教員而不可得，資斧又將罄，舊家亦無力相濟，乃去南京。時在十七年四月底，寧漢已經合作，雙方黨部工作人員之職位均已分配就緒，汪精衛已去歐洲，顧孟餘、陳公博均居上海。待蔣介石於四中全會時所作之密諾實踐，後文有述。武漢方面之委員僅有朱霽青任民眾訓練委員會主任委員，余向不識朱，但除朱外，漢方黨員無門可投，余乃先作〈階級鬥爭論評述〉（此文於民國四十年後稍加擴充，收入《周德偉社會政治哲學論著》，然其大綱乃十七年所奠立）投之於朱，欲以學力自顯，恥於憑空求職也。不料朱乃軍人出身，毫無知識，向不看書，閒居一月，仍不得覆，余乃直接訪朱，蒙接見，余詢其收到余文否，彼不答。余乃告以曾任武漢政治分會秘書、中央宣傳部總幹事、《武漢民報》總主筆等職，特來京謀恢復相當職位，朱答：「現在黨內職務已經分配就緒，汝來太晚，無地安插。」余責以「汪顧二先生均不在京，武漢方面之黨員，全恃公庇護，公可將余之經歷一概抹殺乎，此其影響非小，亦不符汪先生之重託。」朱不悅，畀余幹事，余大憤，蓋當時黨部組織擴大，秘書之下尚有處長、科長、總幹事、幹事助理、幹事等職；幹事已不值一文矣！與余比肩而起者，范予遂已任中央組織部設計委員，谷錫五任中央檔案整理處處長，賴特才任民眾訓練委員會秘書，朱一鶚仍任中央通訊社社長，朱化魯、趙太侔派赴河北任重職。余晚來，職位獨後，深以為恥，乃撕毀其派令，閱報知白崇禧率湘軍李品仙、廖磊、葉琪等部，發長沙，將經由漢口北上。余與李、廖、葉本熟識，李曾兼任武漢衛戍司令，一度受顧孟餘之囑託護余，余任武漢政治分會秘書及總主筆時，亦曾厚結於余，同學蘇民又為其政治部主任，此次北伐李任第十二路軍總指揮，北伐對象僅為駐京奉路唐山、開灤一帶之張宗昌殘部，余思，如再赴漢口決不致無噉飯之地。

余乃盡貨其行裝以充旅費，谷錫五聞之，又贈五十金。余於七月初抵漢口，訪李品仙，李正束裝待發。李曰：「閣下此來，有何使命？」余回：「落魄書生，無使命可言，特訪老友一談耳。」李曰：「既如此，何不隨余往北京玩玩。」余見之，遂與李及其高級幕僚同車，縱談國家大事及將來政略，甚歡。一日，蘇民持李之派令示余，任余為少將銜十二路軍政治部副主任，余思此總比幹事為佳，並可函覆朱霽青，勸其小心察人，遂謁李為謝。抵北京，隨李等寓順承王府（即張作霖之大元帥府），白崇禧則寓九爺王府。居北京二月，曾訪北京大學，時尚未復校，柳克述、陳漢平為臨時學生，亦無事可作，熊希齡（秉三）曾大宴湘軍高級文武官吏於香山慈幼院，並導遊西山名勝，見碧雲寺形勢雄偉，中山之靈柩赫然具在，余得閒與希齡詳談國學，並以西方之說相比附，希齡聞所未聞，大異之，慨然曰：「軍隊內有兄等異材，其他可一概推知，北洋政府宜其倒也。」從此常遊西山，希齡輒留宿長談，此為余北上之最大收穫。秉三本維新領導人物，亦能容受新思想，不似王先謙、葉德輝等之頑固，視北洋政客之人品，更高出遠甚。又訪同鄉父執劉冕執，彼設宴厚待，余償其前債，彼拒收，並親至順承王府答訪，亦謙謙君子也。

八月，白崇禧（時任四集團軍前敵總指揮，總司令則爲李宗仁，駐漢口）率軍討張宗昌，自天津沿京奉路北上，李品仙率湘軍經通州玉田攻唐山。此路無鐵路、公路，軍需運輸純恃騾車，車常陷入沙土，軍行極緩，每日僅廿至卅華里（十餘公里）。國民革命軍慣例，以政治工作人員當最前線作宣傳，瓦解對方士氣，余率政治部高級幹部十餘人、兵丁十餘人乘馬前驅，二日即抵玉田（距北京二百四十華里，即百廿公里），與大軍脫節。余寓玉田城外小市鎭之一藥材行，幹部兵丁則分居於商戶，已黃昏，忽得報：張宗昌之蘇又森旅距玉田僅卅華里，有向玉田進發態勢。政治部幹部大驚，勸余速撤退。時月底，無月光，玉田爲平原，無山地蔭蔽，大軍又相隔五六日路程，時馮玉祥、閻錫山早已投於革命軍，奉軍盡退山海關外，張作霖亦早死，余判斷張宗昌軍必無鬥志，乃曰：「或撤退或逃走，均自尋死路，余自有良法退蘇軍。」幹部皆曰：「余等各只有手槍一枝，何以當一旅之眾？」余曰：「待余一試，不成，再想辦法。」余乃命政治部秘書科長分途邀請玉田縣長及商會會長來寓一商，不逾時，彼等皆至，余語之曰：「今日午夜，將有革命軍萬人到達，革命軍向不擾民，惟一餐之備必煩公等，用費若干，俟李總指揮到達必以奉還。」縣長及商會會長均一力擔承。迨縣長等退出後，余命幹部曰：「君等可以安心入眠矣！」彼等猶驚慌，徹夜不眠，余因疲勞，酣睡如平日。玉田本一小縣，縣城人口不足五萬，夜間搜索雞羊，全縣擾攘。蘇軍偵察人員返報，又森乃率其全旅向唐山撤退，次日聞報，幹部皆大歡欣，贊余備至。五日後大軍到達，余乃簽報經過於總指揮，總指揮只大笑而已，對政工人員毫無犒賞，部曲咸怨。余曰：「吾輩書生，縱將國家治理得好，亦是份內事，細故報怨，何量之不廣也。」大軍繼續進發，與白崇禧軍會於唐山，張宗昌軍早已退開平灤州。此次余從容退敵，心中未嘗不自負，何有於犒賞！如是余自信能將大軍，惜無機會，蓋當時高級軍官之知識德量均下於余數等也。

十月，肅清張宗昌之殘部，蘇又森迎降。是役余之友人團長彭光闓（彭湖〔字光球〕之兄）中流彈死，余為之痛哭！一日與蘇又森閒談，余告以往事，又森曰：「我們土匪出身，毫無紀律，遇大敵即一哄而散，不似你們革命軍，個個是智謀之士，個個會設計謀，遇著你們，我們不敗何待？」遂結為厚交，贈余彼所僅有之名駒一匹，余亦有答贈，不意此事轉遭長官之忌，認余野心過大，遂防余之活動甚力。

是年冬，蔣介石編遣全國各軍，撤銷總指揮軍長各番號，李品仙被降為師長，余被降為特別黨部少校秘書，余乃離職，又流浪於天津。編遣之役極不公平，亦無成就，四個集團軍總司令名義仍存在（蔣第一，馮第二，閻錫山第三，李宗仁第四）。馮閻並未遵命，蔣介石反加強了自己之兵力，只裁遣了湘桂軍，廣東之李濟琛亦不服。四川劉湘則用柔軟方法，一面表示服從命令，一面請示師之法律編制，具兵種多少，槍砲多少，餉糧多少，請照中央同等待遇，蔣不能答。四川其他各軍，劉湘亦無力指揮（此據劉航琛所言）。故蔣氏此舉徒潛伏將來之衝突。

紀述個人之事實不能與他方面之重大事項脫節，余之流浪生活尚未中止，只得於後文續述。北伐前後，黨、國內之重大事項，李著政治史，只至北方執政府傾覆而止，以下寫黨政方面余個人所知之事項，個人經驗當然極不完全，但為官書所不載，不忍省略！

第七章　寧漢分裂之前因後果

（一）

自民國十五年掀起的國民革命運動，總算是中國歷史上的一件大事，亦是世界史上的一件大事。這件大事的經過，現在幾於無人知其詳情。汪精衛、蔣介石、胡漢民、蔡元培、戴傳賢、顧孟餘、陳公博等一輩人早已逝去。所謂現任中央委員，最大部分均是抱著蔣介石左右的一條腿起來的，或是從蔣介石宮廷內出來的宦豎，他們均未參加過國民革命。國民革命軍打倒北洋軍閥時，他們多尚未入黨，當然不知道黨內發生的許多事象。早在二十年前，我的部下及我的友人的助理幹事，都做到了中央委員。至於跟蔣介石、陳誠、蔣經國，當秘書或辦庶務出身的中央委員及部長級等大員亦復不少，他們何嘗參加過革命運動。例如只以柔滑著稱、並無惡名的現任總統的嚴家淦，在我們於十七、十八年從事革命運動時，他還是京滬鐵路局的一個課長，稍後又做了洋行的買辦，收購農村的雞蛋，他何嘗懂得革命。這一經過，包含犧牲「凡不願抱腿的多少人才！」老輩人物如張群，隨蔣介石多年，當然不會洩露機密。稍晚的谷正綱，直接追隨過汪精衛，但自投降CC系後，他已志得意滿，而且他本是一個粗魯漢子，從來不會寫文章，決不可能留下有價值的紀錄。黃少谷跟過馮玉祥，走不通老蔣的路，但和當時的毛頭小子蔣經國結成生死性命之交，當然不會洩露國民黨的——尤其蔣家的——機密醜史。我的好友李壽雍懂得不少，他現在萬念俱灰，不談往事，亦已無精力寫作，且不願寫作。

又國民黨的史料，都控制在黨史委員會，此會的主任委員及委員們，向來看著蔣介石的顏色行事。現在更不成話，宮廷的宦豎小人也當起主任委員來了！保存的黨史及史料，不知經過若干拋棄、修改、杜撰、匿藏，凡不利於蔣家的資料都一概無存！例如吳稚暉是蔣介石的國師，他每天有日記，死後，蔣介石派其機要秘書整理吳的資料，預備大事宣傳，但整理之下發見吳稚暉晚年有不利於老蔣及小蔣的言論，老蔣就命其一火燒之。又如黃興是何等重要人物，民國四十年後趙恆惕請我與羅家倫交涉，刊印黃興的史料，結果只印出《黃克強書翰墨跡》，只是有關黃花崗革命以前的親筆文獻，其餘一概無有。事後羅家倫親自告知我，尚有許多資料不敢印行，因爲關涉中山及陳其美的事件太多。又如章太炎是國民黨的元老，他的革命活動，現在誰知道！又如宋教仁的勞績多大，戴傳賢硬指他爲反革命！又如章行嚴參加革命活動，早於汪精衛、胡漢民，畢生史跡，硬被當權的國民黨人埋沒無存！且加以污毀！國民黨的最大缺點是不愛惜人才。

我坦白承認，追隨過汪精衛、顧孟餘，但自民國廿二年後與他們中斷了關係。我後來當了若干年大學教授，省參議員，國民參政會參政員，都與汪、顧無絲毫關係。後來當了十九年的關務署署長，與汪、蔣、顧亦無絲毫關聯，只是偶然的因緣湊合，且受了不少折磨。

我畢生爲原則奮鬥，主張不合，就力爭，或望望然惟恐去之不速！我與汪、蔣、顧同時的人，無論文武，幾無一不識，但我未抱過任何人的腿，只根據學理及原則奮鬥。當時參加國民黨活動而又能客觀的考慮事理，主觀的抱有定見，我自負是碩果僅存的一人。我不寫國民黨的眞史，國民黨將永無眞史！但我在國外，資料不全，過去的活動範圍亦限於一隅，與CC毫無關聯，無從寫出國民黨的全部歷史。羅家倫所編的國民革命史料，有許多資料尚可利用，但我又未攜出，所以我只能就我的接觸寫出片斷的眞相。但此片斷的眞相，多爲世人所不知，似不失其重要性。

（二）

寧漢分裂的後果太嚴重了，只有後來的西安事變堪與相比，我不能不寫出。

民國十四年七月一日國民政府改組，選出汪精衛爲國民政府主席，原來的代理大元帥胡漢民被絀爲外交部長。後來蔣系的門徒認爲汪精衛是共產黨擁護而出的，若干黨員亦相信此說，其實全非事實。

國民政府委員須經中央執行委員會全體會議選出，主席亦須經全體會議通過。當時第一屆中央執行委員會並無共產黨籍的委員。共產黨人李大釗加入國民黨最早，當時曾用書面說明「是以個人資格參加國民黨的」（見李劍農《中國近百年政治史》），此乃中山容共的最大限度，中山決不許共產黨集體加入國民黨。何況當時李大釗並不在場，主席既須中央執行委員會選出，共產黨又何從捧汪。可見汪精衛確實是由國民黨精選出來的人物，與共產黨無關。此點請世人細加思索，即可瞭然。汪精衛在民國元年就擁有最高的聲望。憶民國元年，中山當選臨時總統前，章太炎曾電中山，第一語即謂「閣下不履禹跡十餘年矣！」（以下敘中山未親身參與國內革命活動，只在國外倡導），末謂「臨時總統，論德應爲汪精衛，論功應爲黃興，論才應爲宋教仁，閣下如欲爲總統，應爲全國合法選出之總統，不應爲十七省都督代表選出之總統」等語。可惜我未攜出章氏叢書，不能全部引用原文，但章氏後人不成材，章氏叢書被國民黨買出，竄改不少。此事與吳稚暉有關聯，原來吳氏與章太炎不睦，章曾詆吳稚暉乃康有爲之孌童，民國廿年，國民黨中央常務委員會議決議任章太炎爲國史館館長，吳稚暉聞之，即從無錫乘夜車趕至中央黨部大鬧，因此推翻了中央的決議，章太炎未能就國史館長。老黨員應能證及此事。

章太炎既以德推崇精衛，可見當時精衛聲望甚高。後來蔣系人物又將章電內之黃興改爲黎元洪，章確曾捧黎元洪，此乃民國二年、三年以後之事，在辛亥革命時章尚不識黎元洪。章氏又何以大捧宋教仁，因黃、宋於辛亥年同到武漢，黃、宋看到黎元洪軍事零亂，所部只有一協（一旅）且已分散，無戰鬥力，黃宋到武昌時，漢口已經淪陷，黃被任爲民軍總司令，只統學生軍數千人（當時白崇禧、萬耀煌均爲學生兵），正待湖南爲援，明知不能抗袁世凱之大軍，乃語教仁曰：「我既任總司令，義任殉職，同死無益，汝速去說徐紹楨、程德全獨立，南京一下，革命軍有根據地矣。」（此一段見李劍農著《最近中國卅年政治史》初版，以後就被刪除了。）時徐紹楨任滿清軍鎮統，駐兵南京城外之雨花台，紹楨本同盟會人，與克強頗相得。程任江蘇巡撫，駐蘇州，其總文案亦湘人（張默君之父）。宋教仁此行，眞如諸葛亮之東使，任務重大。教仁達成使命，蘇浙聯軍攻佔南京，足抵漢陽之損失而有餘，故太炎極稱其才。至於黃公之功，世人皆知，不必再述。（蘇浙滬聯軍包括徐紹楨軍、上海之洪承典軍、鎮江之林述慶及柏文蔚之寧軍，劉之洁之蘇軍，黎天才部之粵軍，以徐紹楨爲總司令。）

精衛於民元南北和議成功，中山辭總統職後，即宣稱不做官，去法國長住，韜晦一時。彼不甚好讀新書，知識不進步，確爲事實，而專用力於詩辭，殊爲可惜。至民國八年後，方祕密爲中山之巡迴大使，四出奔走，艱苦不辭，且在中山之政府內，未擔負任何名義，故黨人甚爲傾服。民國十三年，彼隨中山北上，將三民主義深植於北方，爲國民黨奠立群眾基礎，此一精神力量殊難估價。中山逝世後，北方大學生紛紛加入報紙，或宣傳中山之主義，或露佈北洋政府之惡政，致有十五年三月十八日大請願之事，使北政府喪失人心，加速其奔潰。

十五年，北方學生紛紛南下，加入國民革命軍，擔任政治宣傳工作，其職位自團政治指導員至師政治部秘書、科長、主任，此輩均在最前線奮鬥，瓦解北軍士氣，余雖晚起，亦曾效力戎行。故革命軍之勝利，筆桿之勢力決不下於槍桿，此與精衛之號召實有密切關聯。而國民黨史隻字無提，只渲染蔣介石個人之功及黃埔之兵力，偏頗失衡，無逾於此。蔣氏畢生行徑，功專於己，過則歸人，不必言革命道德，即較之歷代梟雄，亦不知下若干等也。彼明知，彼之一時成功實係因緣時會承襲中山之影響力，對於精衛號召之力，則轉增疑忌，進而予以打擊，史跡昭昭可考，舊國民黨人亦稔知其事。中山逝世後，精衛回到廣東，態度積極，於十四年五月到汕頭主持討伐楊希閔、劉震寰之會議，六月十三日，在廣州近郊將楊劉所部滇桂軍二萬餘人完全繳械。十四年春夏，黃埔軍校第一期畢業及第二期在學的學生僅一千一百人，入伍生僅一團，據蔣介石的軍事報告，「黃埔開校只有學生四百六十人」。參加討伐楊劉及東征的部隊，尚有許崇智統率的粵軍，黃紹竑、李宗仁所統率的新桂軍，朱培德所統率的滇軍，譚延闓、程潛所統率的湘軍，通力合作方能有此重大成就。蔣介石所統率的黃埔教導團確甚勇敢，但湘軍及滇軍久已艱苦備嘗，從長官到士兵，每日只有膳食費毫洋四角，在此二役均懷必死之鬥志，新興的桂軍亦亟思立功自見，只有程潛的部隊缺乏戰鬥力；程潛向不善治軍，但既領一路，亦具牽制之力，此乃無可否認之事實。後來蔣氏及黃埔系均誇張自己之功績，而抹殺其餘，可見其量之不廣。

汪精衛於每一場合均發表演講，具極大之煽動力，足以提高士氣，亦是成功因素之一。可惜此類講詞及後來反共及當政的講詞，集起來不下百萬言，現在已隻字無存，黨史委員會決不會將其原文保存，反之，有意加以燬滅。精衛的辭令具有血性，又極工巧，聽者無不動容，甚至流淚。任舉一最艱難之例：後來他在南京組府時，日本軍閥捉弄他，參加僞滿洲國開國典禮，請他發表講演，以曾謀刺攝政王之巨擘，在此尷尬場合如何措辭？他開口便說：「我們漢滿蒙回藏都是一家，要建立大中華民國，屹立於世界，方能完成我們的志願。過去各族均有光榮，亦均有悲劇，現在應一概忘懷，同爲建立大漢民族而努力，造成更光榮的歷史，不受外民族壓迫，亦不受外民族的利用。」（此段，余聞之於在場的朋友）只此數語就博得全場的掌聲，無異教訓了日本人及僞滿洲臣工一頓。此正如中山在十三年北上過日本時，日本人請他講大亞細亞主義，日本一向以東方霸王自居，中山就此機會，將日本人大教訓一場，日本人竟不敢置一辭。汪氏此講演與中山同其正大，同其功巧。精衛在如此困擾情境下都有辦法，宣傳中山的主義，眞是遊刃有餘。如得其志，豈止是義大利的加富爾！反之，蔣介石的著作，超過其所讀的書何止數千倍，請問幾個字是他自己寫的！後來逼汪精衛出軌者，伊誰之咎，後文自有交代。

總之，十四年之討伐楊劉及東征各役，汪精衛實具最大勞績，被選爲國民政府主席決非偶然。

另一方面，胡漢民的情形恰恰相反。他的言詞木訥，且心胸狹隘，排斥人才。凡與胡漢民共事的國民黨人均知之，他在民國元年就與陳炯明不合，是非當然難辨，但他不善處人是極有名的。茲舉一實例：辛亥革命時，孫先生在美國收到了黃興等人的電報，請他回來擔任總統，消弭內部的紛擾。中山先去英國運動借款，無成，晤見章行嚴，請章回國主記室（秘書長）。章爲家累，又負債，未能一同成行。中山過廣州，胡漢民請中山留在廣州，志在鎮壓陳炯明。中山曰：「革命軍必須有一個統一的政府，你不如隨我去南京。」漢民乃讓都督於陳炯明，隨中山到南京，中山就總統職後任胡爲秘書長。迨章返國，去總統府請見中山，胡漢民接見，第一言即曰：「總統府的人事都已安排就緒。」章無語而還（見章著〈與黃克強相交始末〉）。孫陳暗鬥時，胡慫恿中山，免陳炯明粵軍總司令及廣東省長職，並裁撤總司令職，所有軍事直接由大本營管轄，只留下一陸軍部長空銜給陳。陳一怒而去惠州。當然此事是否爲胡之主謀並無人證，但胡爲中山之秘書長，亦應盱衡全局，調和各方，胡未能善盡職責，無可否認。厥後陳炯明反中山之口號爲「肅清君側」，君側即指漢民。漢民在國民黨中央執行委員中極不得人望，一部份原因固係樹大招風，主要原因則咎由自取。當十四年七月一日大元帥府改組爲國民政府時，胡以代理大元帥之尊，自認爲主席一職非己莫屬。不料選舉結果，主席一職竟歸於精衛。胡乃一怒而走莫斯科。夫主席乃身外之物，何足重視。胡果爲中山信徒，應竭力實現中山之主義，置名利爲度外；且汪爲其多年好友，朋友得志只應歡欣慶賀，何必成爲生死敵人。胡無君子修養，斷斷然明矣。微末如余亦有數。讓官之事，後文有述。

（三）

中山於民國十三年改組國民黨、容納共產黨後，老黨員即有發生疑慮者。十三年六月十八日，中央監察委員張繼、鄧澤如、謝持曾提出彈劾共產黨員案，當時中山尚在，能鎮制各派，共產黨員亦不敢過於跋扈。當時中山之心境甚苦，不容共則無以擴大國民黨之群眾基礎。中山十四年逝世後，國民黨與共產黨鬥爭益烈，到十四年八月，發生廖仲愷被刺事件（前文已述），後來蔣系的國民黨員多有誣指廖仲愷曾加入共產黨者，事實完全相反。十三年改組時，共產黨在工人運動中已佔絕對優勢（前文有述），十五年的省港大罷工，即由共產黨人鄧中夏（鄧康）主持。中山在世時即派仲愷主持國民黨的工人運動，與共產黨爭取群眾。當時中山之用廖過於用胡，胡太褊狹，不能容人容物，汪則另有任務，且其人不夠細密，惟廖能任勞任怨，且能接近群眾，故命其擔負整理財政任務外，尚命其主持工運，故廖實爲共產黨所最害怕的對手。國民黨人自毀長城，失去領導群眾的實際巨魁，蔣氏不能不負其責！

十五年三月廿日，又發生中山艦案，汪精衛被迫走法，於是國民黨之群眾運動更較共產黨落後。國民黨史中所紀之中山艦案，內容均非實錄，不過藉以排汪而已。但此時正籌備北伐，雙方均不能破裂，故蔣介石於執行所謂非常處置後，即將孫文主義學會及青年軍人聯合會一併解散（此兩會均反共組織），並對於反共的老黨員亦加以相當抑制，方將兩黨的破綻暫時彌縫。五月十五日，召開國民黨中央執行委員會全體會議，通過整理黨務案四件：

（1）改善中國國民黨與共產黨間的關係

（2）糾正兩黨黨員妨礙兩黨合作之行動及言論

（3）保障國民黨黨綱、黨章的統一權威

（4）確定共產黨黨員加入國民黨之地位與意義

此外並組織國民黨與共產黨之聯席會議，從此容共變爲聯共。細察上述四項與中山及精衛之主張，無多大懸殊，可見中山艦案件不過爲排除汪精衛之藉口，蔣介石資以取得唯一領導地位而已。

國民黨人中後來流行一種言論，謂：「汪精衛如不自兼軍事委員會主席、政治會議主席，集大權於一身，而將軍事委員會主席讓之介石，政治會議主席讓之漢民，則黨內之糾紛可免。」此不明當時之事實。國民政府成立於十四年七月一日，當時之蔣介石僅爲粵軍總司令之參謀長，資望不孚，此外尚有粵軍總司令、湘軍總司令、桂軍總司令、滇軍總司令，互不相下，軍事委員會主席非國民政府主席自兼不可。至於政治會議，目的在統一政策及政務，胡漢民已走莫斯科，此席亦非汪莫屬。眞相如此，一切宣傳，無非亂後人之耳目（汪任政治會議主席已在民國十五年春，胡漢民離開廣州已半載矣）。

至於許崇智因鄭潤琦、莫雄的案件被蔣介石所逐，則已是十四年八、九月間之事。蔣介石方取得粵軍總司令之職位。蔣介石取得職位後，挾黃埔軍校的勢力，又有東征陳炯明之功，專斷跋扈，已非國民政府主席所能制，顯已成爲第二個陳炯明。但國民政府軍事政治的成功，基層民眾的擁護，黨員及學生的奮鬥，亦佔相當的比重，汪精衛自己極具宣傳力量，聲望亦隨之而高，黨之基層仍高呼擁護汪精衛。此外，得廖仲愷的努力，工農群眾亦有大部分擁汪，至於青年學生喜歡文人而害怕軍人更不用說。共產黨人更懼蔣介石得勢，擁汪頗積極，大肆挑撥的伎倆，離間汪蔣間的感情，對汪則極恭順，蔣氏亦極不自安。吾人並不否認當時之蔣氏善於治軍，有戰功，但他對於黨務及政治確是外行，對於黨務及政治的基層活動相形見絀。

十五年一月，二次全國代表大會後，蔣介石已被任爲國民黨的中央組織部長，國民革命軍成立後，又被任爲第一軍軍長，在汪看來已經酬其勛勞。第一軍以黃埔學生軍爲中心，并有原來之許崇智部，共轄四師。我只約記得何應欽是第一師師長，其餘如顧祝同等尚不過是團長（廢了旅長一級），其二三四師師長已記不起，手中又無典籍，此一部分，於黨史中定可查到。當時蔣之實力實高於其他各軍。汪精衛爲主席，不能無一點實力，又加編一教導師，隸於軍事委員會，以王懋功爲師長，教導師的幹部仍爲黃埔學生，王本人亦曾任黃埔軍校教官，但實力遜於普通師，駐廣州城內。汪精衛加任王爲軍事委員會參謀長兼廣州警備司令，如是成爲汪之腹心。王懋功本是前清秀才，能讀古書，與文人容易氣味相投，治軍才幹亦高於何應欽等，且爲人亦狠辣，蔣氏乃轉而忌之。

在三月十二日中山艦事變發生前，蔣氏爲試探汪精衛之態度，曾二度稱病辭粵軍總司令職。汪慰留之（黨史已載明）。當時王懋功曾主張用激烈手段對付，汪精衛到底是書生，識大體，語懋功曰：「革命之師未出廣州一步，如起內鬨，何以對得起中山及革命群眾，徒予共產黨擴展之機會而已。予只能信任介石，請勿多言。」（此事懋功曾爲余親言之，民國十九年汪夫人陳璧君亦對余證實其言。依時序，後文再述。）迨蔣氏提出第三次辭呈，情辭懇切，汪乃批准其休假六個月（黨史亦有述及）。其時蔣氏已思奪權，以爲汪氏確不利於己，故並未休假，而有中山艦之事變，趕逐了汪精衛，並將軍事機關中若干俄籍顧問解職，惟鮑羅廷仍任總顧問如故。中山艦事變僅歸咎於中山艦長李之龍，對汪氏仍不敢有一矢之遺，蔣氏亦不能受分裂國民黨之罪過也。汪氏亦伺機再起，圖國民黨之完整，故雖受氣，亦無言。國民黨基層及共產黨仍高呼迎汪返國、主持黨政，故當時軍事雖統一，黨務糾紛特多，蔣氏無力平息！

十五年，北京三月十八日事變後，顧孟餘離京來粵。其時汪精衛已去法，黨務既糾紛迭起，蔣知顧為汪之台柱，乃薦於中央，任為中央宣傳部部長，旋又任為中山大學整理委員會主任委員，並讓自己之住宅與顧，極優禮之至。蔣氏原意以為，顧孟餘不過一窮教授，如此優禮，顧必入其彀中，但顧深沉寡言，對於黨內糾紛之事隻字不談！擁汪、擁蔣均無表示，唯極力反共。當時國民黨及國民政府內懂得共產黨者惟顧孟餘一人，凡鮑羅廷之發言之含有政略不同於國民黨者，顧屢屢駁之。如是鮑羅廷亦憚孟餘，凡顧之任何發言，必令其黨徒紀錄呈閱。如是，蔣氏益重視孟餘。孟餘有政治抱負，知蔣非可運用之人，且其親信如吳稚暉、張靜江等已為老朽，陳果夫本綢緞店經紀，毫無知識，羞與為伍。故對蔣除有普通禮敬外，一無衷誠之言，彼深知自己入黨資歷太淺，政治資本仍為精衛，但在當時環境之下，無從表現！

（四）

湘省方面，唐生智駐衡陽，在湘軍中實力最強，欲取趙恆惕之省長位置。時趙部兵力尚有葉開鑫、賀耀祖、劉鉶三師，主張予以討伐，趙不允。趙此時之心境甚苦，趙之文人幹部，有不少留歐學生，以李劍農爲首，平日耳濡目染，已知廣東爲一新興勢力，無可與抗，且自己以護國護法起家，如攻唐則唐必走粵，自己究處於何地，無從得國人之諒解。據往事，斯時中山若在，必可收趙爲己用。蓋趙曾三函譚延闓，論吳驕妄必敗，故當時中山改由江西北伐，對趙猶有倚任之心。十五年，譚延闓既代國民政府主席，併程潛，必欲驅趙快意，趙雖欲通於國民政府而無由，乃電唐生智曰：「大法不可不守也，鄉邦不可殘也，余任期將滿，定助我弟當選次任省長，力維自治成規，勿使湘省糜爛」等語（此等文件台北中央研究院有影印本，原件存其公子佛重手）。生智不聽，仍起兵攻長沙，趙乃任唐代理省長，離職之時，封存省庫，無纖介取，省總商會聞之，湊金廿萬元爲贐，趙早已登輪行矣。過漢口時，吳佩孚正自稱十四省討賊聯軍總司令，時在十四年（此時之賊原指張作霖）。遣其秘書長張其鍠迎趙於江岸，願以兵助趙返湘驅唐。趙語其鍠曰：「余與子玉及兄交厚，尚不知恆惕爲何等人耶？」乃赴大連。十五年夏，國民革命軍經湘，盛傳趙恆惕曾晤孫傳芳及吳佩孚，願返湘指揮軍事，蔣介石亦有電致長沙前線探投趙夷午先生惠鑒等語，其實皆奸人造謠，蔣氏被愚而已。造謠者蓋即譚程之部曲也。丁中江未及細察，乃將此等事件收入《北洋軍閥史料》。其時余正在長沙，未聞趙有任何活動，亦未見趙之蹤影，況其時吳佩孚在南口血戰，趙與孫傳芳前無一面之緣，且在湘鄂自治戰爭中曾大敗之。斯時趙固未離大連一步。參加北伐之李品仙、龔浩現仍居台北，讀者可問其詳情，定知余言之不誤。況趙已決大策，讓位於唐生智，爲一有原則之人，何致狐埋狐搰！信史之難得，往往如此！

趙離湘後，葉開鑫等確曾引北軍入湘攻唐，唐敗退，返衡陽，果投國民政府，國民政府乃任爲第八軍軍長及前敵總指揮，與趙之預測若合符節。

（五）

十五年六月六日，國民政府任蔣中正爲國民革命軍總司令，蔣於七月九日頒動員令，廿七日自廣州出發，此時的軍事安排大致如次：蔣分第一軍爲二部分，自率一部分，並朱培德之第三軍、程潛之第六軍入贛，何應欽另率一部分，並李福林之第五軍攻閩，李宗仁之第七軍、張發奎之第四軍、譚延闓之第二軍入湘支援唐生智，此路實爲攻吳佩孚之主力，以唐生智爲此路之前敵總指揮。北伐初期之戰略，爲打倒吳佩孚，妥協孫傳芳，放棄張作霖。第四、第七、第八軍以敢戰著稱，唐生智等未經過戰爭即克長沙，蔣在入贛前曾親來長沙勞軍。生智又殺湘軍第三師師長劉鉶，將其部伍納入第八軍，賀耀祖部、葉開鑫部亦有攜械來歸者。葉走依吳佩孚，賀則率殘部流竄，無所歸屬，已不構成威脅。如是，生智之兵力特強。第二軍、第六軍無甚戰鬥力，彈械亦缺。

孫傳芳雖稱擁有江蘇、安徽、浙江、江西、福建五省地盤，其主力實在江浙上海一帶，距革命軍猶遠，故革命軍之初期戰略爲妥協孫傳芳，免其支援吳佩孚，孫亦自私，不知唇亡齒寒之理，因此蔣只率較弱之部隊入贛，並遣何應欽率師入閩，李濟琛（桂人）則留守廣東。七月底，第四、第七、第八各軍已越湘境攻入蒲圻，吳佩孚猶在力攻南口，太輕估革命軍之實力，八月中方得奉軍之助，陷南口，回師武漢已疲敝不堪，大抵疲於奔命之軍無不致敗，秦末之項羽其著例也。且兵無主義，何能當節制之師，遂致大敗。

初，馮玉祥受奉直合作雙方之壓迫，一面遣李鳴鍾入粵，宣佈全軍加入國民黨（此爲民國十五年之事），一面宣佈下野赴俄，交部隊與鹿鍾麟、張之江等統率。時吳佩孚擁號十四省討賊聯軍總司令，並遣靳雲鶚、寇英傑率師入河南，北上攻馮軍。戰機迫在眉睫，鹿鍾麟等乃電吳請降。此本爲吳之最佳機會，但吳早已與張作霖有諒解，合力滅馮，此時吳目中之賊，已爲馮玉祥，不復爲張作霖矣。作霖自經郭松齡之倒戈，李景林之改圖，亦政策聯吳。吳剛愎自用，竟電覆鹿等命其一律繳械，吳當時實無一卒在北京，徒逼鹿等鼓勵士氣與之爲敵。鹿等擁兵數萬，能突破張作霖之封鎖達到南口，駸駸有南下攻吳之勢。吳滿以爲攻陷南口，解除河南之威脅後，旋師武漢，時間兵力猶足充分支配。不料南口方面得奉軍之助方得攻克，時革命軍已出蒲圻矣！鹿鍾麟等經平地泉赴陝山，馮玉祥又回軍指揮，出豫，吳腹背受敵，不敗何待。嚮使吳佩孚當日接受鹿鍾麟等之投降，則南口之戰可免，吳之崩潰、革命軍之勝利不致如是之迅速，甚至張作霖早已倒斃，全國軍事形勢大爲改觀，革命軍歷史或須重寫。自作孽不可活，吳之謂也。

八月底，革命軍克漢陽、漢口，吳佩孚退駐孝感，鄂軍劉佐龍投誠，至十月十日又克武昌，旋第八軍又攻孝感，吳佩孚退武勝關外。第四、第七兩軍又東進，如是湖北全省爲革命軍所有。

唐生智收編鄂軍殘部，兵力益強，出諸軍上，乃驕妄自大，謂全國莫敵，已輕視總司令蔣介石矣。孫傳芳知禍將及己，親率精銳進駐南昌，蔣介石軍初不利，屢頻於危，唐生智等坐視不救，利蔣之敗，己可取其位也。趙恆惕電葉開鑫、賀耀祖率所部入贛，援革命軍，兩軍相敵加銖錙而移，蔣乃得擊破孫傳芳軍，於十一月初克南昌，葉、賀續迫，又克九江，蔣編葉爲第四十軍，賀爲第四十四軍，軍容益整。孫傳芳由武穴退回南京固守。從此蔣頗德趙。

何應欽率軍攻閩，初亦不利，敗報迭聞，蔣乃派其總參謀長白崇禧赴前線代爲指揮，方克閩浙，於十六年夏抵上海，白崇禧被任爲上海衛戍司令。

在此一北伐戰爭中，尚有若干插曲，不可不述：

唐生智予智自雄，視湖南爲私產，不欲分人一杯羹，知四軍、七軍志在北伐，不致留湘，但護憲之役曾挫譚延闓，懼魯滌平軍留湘，乃拒二軍取道長沙，時延闓、介石非用唐爲前鋒不可，只得隱忍，命魯軍經醴陵、萍鄉入贛，是爲魯滌平以後爲江西省政府主席之遠因，蓋其軍始終留贛也。

十五年冬及十六年初，革命軍政治工作人員已至上海從事宣傳，工人又歷次示威罷工，孫傳芳任丁文江爲淞滬督辦，乃大殺工人、學生及革命軍政工人員，秩序紊亂。迨白崇禧抵上海，亦以清共爲名大開殺戒，被屠戮者多無辜群眾，何嘗殺到共產黨人。厥後蔣介石兵抵京滬，吳稚暉爲其總政治部主任，陳銘樞爲副主任，亦殺人無數。尤其吳稚暉在北政府時代曾資助學生留俄，至十六年蔣氏清共，凡留俄學生爲吳所識者，無一倖免，資以滅口（此事余曾與吳有爭辯，依序述於後文）。又白崇禧捕得一學生，視爲共產黨，交其政治部主任潘宜之處理，被捕學生之妻爲北大學生劉尊一，頗具姿色，親求潘宜之貸其一命，潘陽允之，而急斃其夫，強娶尊一，並污其妹，如是乃得雙凰。余聞此等消息，已深爲革命前途擔憂，厥後余在倫敦猶得見潘宜之及劉尊一，彼等固恬然無恥也。

十六年一月一日冬，國民黨中央執行委員會及國民政府決議遷都武漢，如是代理國府主席譚延闓率國民政府重要人員如外交部長陳友仁、財政部長宋子文、交通部長孫科、司法部長徐謙，及國民政府大部分委員如陳銘樞等，暨總政治部主任鄧演達、俄顧問鮑羅廷，均赴武漢，中央黨部亦遷武漢。時蔣介石已駐南昌，一方面須籌備攻南京，另一方面又惡唐生智兵力強大，鮑羅廷又擅權，政府大員中，陳友仁、徐謙亦左傾，蔣不欲赴武漢受其挾制，思於南昌另組國民政府及中央黨部，法定人數又不夠，乃挾顧孟餘同行，表面上優禮有加，蓋其時黨部及民眾團體基層仍高呼「迎汪精衛返國主持黨政，蔣介石專主軍事」。又國民黨之部伍師法蘇俄以黨御軍之政策，汪精衛為革命軍各軍總黨代表，且兼黃埔軍校黨代表，各軍總黨代表（汪精衛）不能到職，以副黨代表代行職權，副黨代表又係汪所任命，除蔣自領之第一軍不受黨代表、副黨代表之牽制外，各軍軍長之命令均須副黨代表之副署，不能自由行動。僅第八軍副黨代表劉文島無能，唐生智又係梟雄，劉文島只能奉承顏色，其他各軍均須與副黨代表合作。蔣不懼譚延闓等，彼等本非直接之汪派，孫科更糊塗，只爭權利，宋子文為孫公之姻親，尚可倚信（但宋對汪亦執禮甚恭），惟顧孟餘深沈寡言，又有個性謀略，遇事果斷，懼其赴武漢滋事，名義上請之隨行參密事，實則形同監視。顧亦知之，伺機離蔣。

黨政糾紛既多，僵持亦非辦法，蔣乃遣丁惟汾（鼎丞）探顧之態度。丁顧之感情本佳，丁偽語顧曰：「黨政糾紛如此之多，必削弱北伐力量，非迎精衛回來，不能求黨政軍之團結。」顧曰：「余識汪有日，細察之，汪之弱點甚多，感情用事，考慮不周，無論辦黨為政，汪均不如蔣。」（此顧夫人對余所親言）丁大喜，回報蔣，曰：「顧本一窮書生，公待以國士之禮，彼必以國士報公」，並將顧言詳報於蔣。蔣乃親自訪顧，請其赴武漢說服譚延闓等將國民政府及中央黨部遷南昌，擺脫共產黨之干擾，顧受命殊無難色。顧此行如龍歸大海，一去不返，武漢國民政府有顧，如同有了靈魂，乃訂下迎汪返國主持黨政之大計。蔣一生善玩弄人，不意此次反受顧之玩弄，故恨顧入骨。汪歸時，蔣已於南京另組中央黨部及國民政府，惟不足法定人數，蔣知汪一歸，不利於己，遣吳稚暉迎之於滬，請其赴南京，汪佯允之，但汪之立場實異。中央及國民政府本經中央全會會議遷武漢，不赴武漢將失立場，且去南京徒受蔣氏之挾制，乃即晚乘輪赴漢口。厥後吳稚暉責汪背信以此。吳後又結合蔡元培、李石曾、張靜江提案彈劾汪親共，不知從事政治活動之人物，豈懼一紙彈劾書。從此寧漢兩政府分立，武漢政府實爲正統之合法政府，南京政府乃蔣氏以武力所杜撰。

十六年初寧漢兩政府雖分立，但大敵當前，仍商定分途北伐，蔣自南京北上攻徐州，唐生智、張發奎等出師攻河南，兩路均得手，蔣進佔徐州，唐軍佔領鄭州，張軍佔領開封，張學良率奉軍北退，適馮玉祥率軍出豫，佔領豫西一帶。吳佩孚僅餘數百人，率之經襄樊入四川依楊森。汪精衛、顧孟餘、鮑羅廷赴鄭州與馮會商合作，馮要求河南全省地盤，時馮早已率全軍加入國民黨。國民政府志在統一全國，對馮不能不予安插，故允之。唐生智以血戰得來之地域拱手讓馮，心有不甘，此乃馮唐後來衝突之遠因。張作霖尚待討伐，唐生智不能不服從汪之命令，乃於五月旋師返武漢，張發奎亦返，開赴九江屯駐。馮旋又赴徐州，與蔣介石會商合作對付武漢政府，馮此時適有舉足輕重之勢。

初，汪精衛之返武漢也，共產黨領袖陳獨秀亦至武漢，時國共尚合作，大敵當前，爲表示兩黨同心，精衛乃與獨秀發表聯合宣言（國民黨史載「汪精衛與陳獨秀在上海發表聯合宣言」，非是。汪自法返國，在上海只留一日，未晤陳獨秀）。此十六年初，尚未攻河南時之事。此時之顧孟餘只沉機觀變，凡汪已決定之事，言之無效者，決不發言。彼自兼中央日報社社長，對汪陳之聯合宣言總須捧場，均命《中央日報》總主筆陳啓修爲之，啓修本親共產黨，正中其意，孟餘自己則無隻字發表。厥後南京政府清共，頗肆屠殺之慘。唐生智旋師後，武漢國民政府及中央亦發見共產黨陰謀顚覆政府，奪取領導權，湖南後方之秩序最紊亂，河南則紅槍會橫行，擾亂革命軍後方，故有湖南之馬日事變，繼之以唐生智接收《武漢民報》，驅逐共產黨人，時余正在武漢，前文已述。政府頒令分共之前數日，顧孟餘突發表二文，顯含反共之意，前文亦已述及。正式分共前，顧孟餘召集中央宣傳部高級職員會談，余進言：「分共，送之出境可也，不必效法京滬之殺人，累及無辜。蓋一開殺戒，不能制軍人行動之橫暴，累及無辜，差也。」顧曰：「中央正是此意。」從此顧對余更多勉勵。如是，武漢政府驅共產黨人包括鮑羅廷、鄧演達等，遣商輪送之赴九江，任其走上海，亦任徐謙、陳啓修等離武漢，厥後啓修見人必罵顧以此。共產黨經此次事變後亦分裂，陳獨秀被開除黨籍，鮑羅廷返俄亦失蹤，蓋責其在湖南、河南發動社會革命太早，以致全局敗壞，從此托洛斯基國際革命派失勢。以後又引起國民黨應付之失策，後文有述。

武漢國民政府分共未殺一人，深得輿論及人民之同情。

汪精衛之返也，亦有風度，仍請譚延闓代理國民政府主席（此本爲汪之原職），自己只領中央政治會議主席兼國民黨中央組織部部長，以周炳琳爲中央組織部秘書，鄧演達離總政治部主任職後，以陳公博繼任。

河南旋師後，中央政治會議決議，國民政府頒令，任蔣中正兼國民革命軍第一集團軍總司令，馮玉祥爲第二集團軍總司令，閻錫山爲第三集團軍總司令，唐生智爲第四集團軍總司令，張發奎第四集團軍第一方面軍總指揮。奉軍聞閻錫山歸誠革命軍，乃退返北京，涿州之圍亦解（傅作義堅守涿州三月，因此名播全國）。

（六）

茲將武漢政府之兵力略述於次，再述南京方面之情形。

唐生智之第四集團軍轄三軍，即：第八軍，初由唐生智兼軍長，後由李品仙升任；第卅五軍，何鍵任軍長；第卅六軍，劉興任軍長。張發奎亦統三軍，即：第四軍，張軍長；第十一軍，初由陳銘樞任軍長，銘樞被唐生智所逼離武漢，後改由張發奎兼；第廿軍，賀龍任軍長。均屯九江至武穴一帶。

此外譚延闓之第二軍（魯滌平代）駐宜昌，北方輸誠之方振武軍駐襄樊。湖南另有新軍數師，暫編第一師駐常德，師長周瀾計殺黔軍總司令袁祖銘後，收編其部隊約二萬餘人，勢力強大，故生智任周瀾代理湖南省政府主席（主席本由唐自領，張翼鵬代理）。此外兩師不詳。

此時武漢政府之政策為東征，打倒個人獨裁政府，兵力亦足用，故命何鍵為安徽省政府主席，屯安慶，劉興進屯蕪湖，距南京僅九十華里（四十五公里）。徐州革命軍之勝利，為曇花之一現，蔣所統之兵力本不強大，已述於前，新收編之北方部伍如陳調元、劉鎮華等屯安徽，作戰力弱，亦不足恃。孫傳芳得奉軍支援，集結伍萬餘人作孤注之一擲，大舉反攻，蔣軍不敵，退回南京。時南京守軍尚有何應欽軍，李宗仁、白崇禧軍，及程潛之第六軍，蔣自己所統之北伐軍仍有二萬人，重心當然在何、李、白，故蔣召集何李白會議，但何、李、白早與汪有默契。汪以召開第二屆中央執行委員會第四次全體會議爲號召，依合法途徑將武漢政府遷入南京，定爲首都，解決黨政糾紛，並解除軍人專政（即倒蔣），決不用武力進佔南京，擴大任何人之地盤，蓋欲收何、李、白爲己用，收拾完整之國民黨，汪並謂：「我們國民黨人應有同氣類之感，精誠團結，永遠廢止『武裝同志專政』（此辭乃汪顧常用之名辭，見《前進月刊》）。」何、李、白樂汪之謙和，不願受蔣之頤指氣使，故在會議中不發一言。蔣察知當前形勢，論軍事則唐生智軍已進佔蕪湖，孫傳芳軍隨時可以渡江，黨政糾紛又不利於己，自己平日所用之親信如陳果夫等決非汪顧之對手，如何、李、白不戰，自己已毫無辦法，故宣佈辭職，旋即赴奉化，再轉赴日本。在赴日以前，於十七年元旦宣佈與宋美齡結婚於上海之大華飯店，此乃一政治婚姻，欲以中山之連襟資格增強其號召力也。斯時蔣之元配毛夫人、繼配陳夫人均健在，眞爲天子之三室。

蔣既解職，孫傳芳軍奮勇鬥江，達五萬人之眾，但南京乃一堅城，易守難攻。何應欽軍初接戰不利，幸賴李宗仁、白崇禧軍力戰，盡殲孫傳芳軍於龍潭。余當時兼任《武漢民報》總主筆，每晚在報館聽候消息，聞勝則喜，聞敗則憂，龍潭之役，每晚均是好消息，精神爲之大振，更深佩革命軍之方略及士氣。惟當時之唐生智軍，近在蕪湖，何以不赴援？實情爲汪知龍潭之戰有把握後，即命唐生智軍不得前進，避免漁利之嫌。汪苦黨內糾紛久，亟於收拾人心，尤不欲啓何、李、白之猜疑。讀者如嫻習近世史事，當曾國荃久攻南京不下，清廷命李鴻章自蘇州赴援，李不敢動，清廷又責曾國藩宣命曾國荃，勿存爭功之心。國藩覆旨，坦白陳述：「臣兄弟曾讀聖賢書，決不致有爭功之事，李鴻章殆有讓功之心。」龍潭一役之情形甚類此，何、李、白唾手可成之功，如唐軍一進，必致僨事。汪精衛之此一措施，只有讀書人能之！當時余在武漢政府，參與機要，故熟知其事。當時下游一帶盛傳唐生智與孫傳芳相勾結，余敢確證其無。唐乃一梟雄，確有野心，彼當時以蔣百里為軍師，百里曾為保定軍官學校校長，唐乃其學生，百里為之奔走，聯絡保定出身之軍人，思於革命軍內獨成一系以對抗黃埔，為其主要策略。又唐之機要秘書有唐炳初者，原為留日學生，彼與駐漢口之日本領事有深切關係。日本於中國內地均設有秘密電台，凡各方之軍事行動，日本領事館均先獲得消息。唐因炳初對孫軍及南京革命軍之行動及態勢瞭如指掌，則確有其事。

（七）

南京方面自蔣介石解職，李宗仁、白崇禧肅清孫傳芳軍後，情形非常特殊。只有蔣介石非法設立之黨部及政府。

汪精衛以國民黨政治會議主席身分，宣佈寧漢合作，中央黨部及國民政府均遷南京，惟戒前線唐生智軍不得續進，蓋不欲唐軍與李、白之第七軍、何應欽之第一軍衝突，再啓糾紛，欲以合法會議之方法收全黨團結合作之效，故同時主張召開第二屆中央執行委員會第四次全體會議。武漢分共後，中央委員孫夫人宋慶齡女士離漢，取道上海赴莫斯科，外交部部長陳友仁隨行。國民政府代理主席譚延闓率國民政府遷南京，中央常委孫科率領秘書處職員亦遷京，其他各部暫留，蓋下游輿論為吳稚暉、張靜江及蔣介石之黨羽操縱，仍詆汪精衛、顧孟餘、陳公博、甘乃光、暨勞工部長王法勤等為共產黨。其實汪精衛自分共後，言論顯白，反共理論尤較蔣介石徹底；顧孟餘自在北大任教以來即反共，與陳獨秀、李大釗等早已失和；陳公博則與汪精衛誼同子侄；王法勤則年逾六十，態度一向溫和。吳稚暉等之宣傳，不過故意顛倒黑白，淆亂是非，故顧孟餘常稱之爲老瘋狗。汪精衛曾一度親至南京召開國民黨中央臨時會議，及民眾團體之會議，宣佈武漢方面之政策獲得盛大之同情，但因武漢內部之糾紛，全體黨部之遷往，猶尚有待，精衛仍不欲操之過急也。故於武漢設立政治分會，前文已述。

武漢之事，敗在唐生智及張發奎之手，張發奎之過失尤其重大。唐生智兵力既強，藐視一切，湘省護憲一役與譚延闓結下冤仇，北伐時又逼魯滌平軍改道江西，故延闓常欲伺機倒之，置二軍於宜昌，暗結於四川之楊森及襄樊之方振武，生智恃自己之兵力，竟藐視之。生智不懼張發奎，因其粗魯無能，但懼陳銘樞，惡其有謀略，且擁文人幹部，故驅陳銘樞離漢，將第十一軍（兵力本不強大）交張發奎統率。一日，陳銘樞訪顧孟餘辭行，顧詢其原因，陳曰：「孟瀟（生智字）逼我走，我不得不走，否則有生命危險。」（關於陳之出走乃孟餘對余所親言）時汪不在武漢，顧亦無能制唐，陳銘樞走乃附於南京，蔣介石任爲國民革命軍總政治部副主任，主任吳稚暉最初除殺共產黨及青年學生外不與他事，故銘樞爲事實上之主任。

民國十六年三月中旬，唐生智率師北伐，自己沿京漢鐵路北上，擁有鐵路交通之便利，又盡收購武漢市面之卡車專爲己用，令張發奎率第一縱隊步行擔任右翼，攻開封，既蒙受行軍交通之困難，生智且吝其餉械接濟，發奎雖攻克開封，己身之損失亦慘重無比，故從此與生智積怨甚深。

生智旋師後，驕橫特甚，不禮於粵方委員。時余已任職中央宣傳部，中央會議時，余與陳友仁之秘書俞鴻鈞共同擔任紀錄，余寫中文，俞寫英文，蓋陳友仁只看英文報告也。余等親見中央委員廖夫人何香凝女士直指唐生智、罵爲軍閥，生智不敢辯。生智已失中央委員之同情，譚延闓又陰肆播弄，如是內部感情益惡。張發奎既屯九江，認爲唐生智係假革命，眞革命必須再來一次，自負太過，決定率軍返粵，汪精衛、顧孟餘電勸張發奎，謂：「一切糾紛，待遷都南京完成後再圖解決，決不令兄受委屈。」此電乃孟餘命余所草擬，經汪先生修正後發出，無效。陳公博亦附於張，先離總政治部主任職，越粵，如是釀成南昌事變及廣州事變，張之兵力及武漢政府之兵力亦大削弱，無力與何、李、白抗矣！此事已述於前，不再贅！汪精衛之聲望受打擊，無可彌補，吳稚暉及蔣部之宣傳益有效！

南京之黨部既空虛，如是李烈鈞合西山會議派入南京，組織中央黨部特別委員會主持黨政。何以謂之「特別」，蓋不足法定人數也。譚延闓乃一大梟雄，僅貌爲忠厚長者而已。忌李、白擁強兵，無力操縱，乃誘其攻武漢，實調虎離山之計。至於特別委員諸人玩弄政治，雖合全力亦非譚之對手。無所顧忌！如俗諺所謂「坐在黃鶴樓上看翻船」，笑汪蔣之空事鬥爭而已！唐生智既兵敗下野，譚延闓躊躇滿志，認爲汪蔣唐均倒，何應欽忠厚老實，容易籠絡，自己之魯滌平軍、程潛軍，可緩緩培養其實力。初仍與李、白結合，任李宗仁爲武漢政治分會主席，胡宗鐸爲湖北省政府主席，任程潛爲湘鄂政務委員會主席，魯滌平之培養則暫緩一步，以免各方之疑忌。彼志在獨主中央黨部及國民政府，排革命元勛汪蔣於局外。己初不露面，一切宣傳均由特別委員會爲之！彼一生之所行，均類此。老黨員或猶記憶，民國九年岑春煊任護法軍政府主席總裁時，彼深結於岑，曾稱「中山爲新式土匪，陸榮廷爲舊式土匪」（此乃趙恆惕、鍾才宏所言），迨岑春煊失敗，中山返粵重開大元帥府，彼又挾湘軍之殘餘實力深結於中山，從宋慶齡進，提拔宋子文，以取得中山之信任，又厚撫舊日政敵程潛，分二軍之一部與之，編爲第六軍。彼之權詐善變，入民國來之第一人也，故能屢挫屢起。

（八）

汪精衛自張發奎廣州失敗後，十六年冬回上海，仍高呼召開四中全會，打倒特別委員會之方針。蔣介石自不甘失敗，乃自東京返國，至上海晤汪，重修舊好，同意汪之方針，汪蔣又再合作，志在入京開四中全會，解散特別委員會，並對付桂系（暫置譚系於不問）。何應欽在南京，陳調元在安徽，仍可受蔣之指揮，並命龔浩（武漢政府軍事委員會之參謀長，本唐之舊部）赴東京訪唐，請其返湘重整湘軍攻武漢。時余閒居武漢，接李品仙、何鍵、彭湖、蘇民來函，囑余留武漢，待彼等東下，蓋此時已與唐生智取得聯絡也！李宗仁、白崇禧聞之，乃率第七軍攻湘，湘軍闕統帥，無鬥志，程潛、魯滌平又助李、白，黃紹竑又自桂入湘，如是李品仙率其所部廖磊、葉琪首先迎降（三人皆廣西人），何鍵亦降，劉興離軍出走，於是湘軍盡爲李白所有。汪精衛、唐生智再蒙受一次失敗。

汪蔣既合，商定：四中全會時，由汪擔任會議主席，提議請蔣中正復國民革命軍總司令職；汪則避免廣州事變之餘波，赴法國暫住，俟次年召開五中全會時或三次全國代表大會時，由蔣介石提議請汪精衛復國民政府主席職。四中全會預備會議時，汪已實踐諾言，提請蔣復職，並解散特別委員會。不料在此一年內又發生大變。第一，張作霖猶盤踞北京及山東一帶，蔣乃與武漢之李宗仁商定十七年夏分道北伐，蔣率軍由南京、徐州北上，收復山東，並戡定北京，驅張作霖出關（張旋被日本人炸死）。白崇禧率湘軍，沿京漢路北上，不久亦抵北京（時余在李品仙軍中，前文已述）。蔣任閻錫山爲平津衛戍總司令，一以防馮玉祥之發展，一以制桂系之湘軍，已則回南京經營家業。此時之蔣桂二系顯已對立。桂系擁有武漢、湖南（湖南非全璧，仍有譚延闓之勢力，但兵力弱，不敢抗桂）及廣西之地盤，廣東省政府主席李濟琛亦桂人，隱然與李宗仁爲桂系之二大領袖；但李濟琛不能指揮粵軍陳濟棠、余漢謀等，白崇禧又遠在北京，勢力分散，且潛伏矛盾，不似蔣介石假中央政府之名發號施令，江浙又係財富之區，故勤練部伍，爲一完整勢力；隱然有討桂、討馮之志。大批群雄割據之時，誰能據中央，即能發號施令，取得優勢，此曹孟德之所以必挾漢獻帝以自重也。

（九）

汪開四中全會預備會議提請蔣復職後，即離滬赴法，蔣對之尚有禮貌，謂不改合作初衷，命財政部長宋子文資助顧孟餘、陳公博每月各萬元，在上海辦刊物（宋本主張汪蔣合作）。顧曰：「余辦刊物，只宣傳中山之主義及反共之主張，且將精選文章，不涉及人事糾紛問題。只擬出一小型月刊，且恐不能按時出版，無須多錢，故只收三千元。」蓋顧孟餘無意廣收徒眾，藉以避免誤會，更不願受特殊勢力之津貼。厥後顧孟餘辦《前進月刊》，果如所言。陳公博辦《革命評論》週刊，廣收群眾，致有施存統、劉侃元等共產黨份子加入，大放厥辭，並極力攻擊桂系。顧曾勸之，謂「刊物決須將共產黨之言論洗伐淨盡，對桂系亦不必攻擊。」但施存統在《革命評論》已喧賓奪主，公博亦好大喜功，欣然於《革命評論》聲勢蓬勃，又素惡桂系指己爲共產黨，故肆力攻擊，不遺餘力。顧語之曰：「政治上之恩怨，何能計較太分明，前途變化甚多，尤宜納入考慮。」公博不聽。

余自十七年冬被開除黨籍後，於十八年春來滬依孟餘，爲其核閱稿件，顧語余曰：「無論看文作文，須注意數點：第一，洗伐共產主義之言論。第二，吾輩所主張者，爲反對軍事同志專政，不涉及私人恩怨。第三，凡國民黨人，不論其現在擁護何人，將來均可化敵爲友，爲吾人之政治資本，決不能隨自己之好惡作人身之攻擊。吾人如離開國民黨及黨員，即無政治資本。」凡此均可見顧孟餘之有遠略。余手中尚存《前進月刊》九冊，不幸缺第一冊及以後各冊，特選出顧孟餘之重要論文數篇，列入本書後編以證余言之不誤。至於《革命評論》則一無所存。

汪蔣合作本係客觀形勢造成。蔣氏本深懼汪之煽動力，且擁有群眾；譚延闓默察形勢，知汪歸來後如任主席，則自己之地位落空，乃屢屢暗示蔣，軍政時期一滿，則可行訓政及五權分立之制；又思及縱設五院，汪如任主席則蔣必任行政院長，蔣任主席汪必任行政院長，其他各院彼實不關心。其屢屢誇稱汪才幹之強，群眾之多，關係之繁，且於南北軍事長官均有交誼，如駿馬之行空，不可一世（「駿馬難羈」，見譚之詩集，即指汪），實離間汪蔣之感情也。此語余數數聞之於故友楊綿仲，彼久任譚之機要秘書，後出任江西財政廳廳長，實譚之心腹。蔣如是決定召開第三次全國代表大會。會前曾調整各省市黨務指導委員會（指導委員乃中央所任命，非由選舉而出）代表名額，由各省黨員人數比例產出，此次代表大多數由中央指派，其事交由陳果夫、陳立夫主持，雖中央常委丁惟汾亦不能與其事，並造出丁家黨之謠言（時中央黨部設於南京之丁家橋，丁家黨實中傷丁惟汾也），以指摘丁之擅權，毀損其聲望。趙恆惕晚年與予至好，曾屢言「譚以文人身分，而好弄兵，不肯一日離開兵權」。至於譚氏曾言「大丈夫不可一日無權」，則聞之者甚多，皆事實也。在如此形勢下，二屆中央委員人人自危，咸知蔣將造成清一色供自己指揮之黨部，並排除汪於政治圈外，故以顧孟餘、陳公博、王法勤、王樂平等為中心，集議於上海，反對三次全國代表大會。時余在天津，亦為文反對三次全國代表大會（次章有述）。

蔣氏雖如此安排，但仍不能指揮北方黨務人員。北方群眾曾於民國十三年受汪精衛號召，知有汪，而輕視蔣，乃於此時提出「汪蔣必須合作」口號，實以阻撓蔣擅權之大計。南方黨務人員中如段錫朋、谷正綱、李壽雍等，亦倡汪蔣合作。李雖成為三次全國代表大會之代表，亦未失其赤子之心，辦有《青年呼聲》，主汪蔣合作。余在天津辦《天津雙週》，並資助創辦《益民報》，言論更激烈。蔣氏對於書生言論，向不重視。又，李宗仁在武漢，北方馮玉祥另成一系，擁有河南陝西地盤，非蔣氏所能指揮，各省黨務人員亦多崇信汪者。故蔣在開三次全國代表大會前必須打倒桂系及馮玉祥，在南京精密籌畫討李及馮軍事，並派何成濬為革命軍總司令部北平行營主任，每日發佈馮聯赤俄之消息。馮在十四年雖一度離軍赴俄，但此時與蘇俄已中斷關係，凡北平行營所發佈之消息，最大部分均係造謠。余知大禍將臨，乃於《天津雙週》及《益民報》上發表反對內戰之言論（後文有述），事雖無成，而對蔣在北方之信譽實具有破壞力量，並影響北方黨部之態度。

蔣於十八年夏召集第三次全國代表大會，決議實行五院之治，自任國民政府主席，以譚延闓任行政院長，胡漢民任立法院長，王寵惠任司法院長，戴傳賢任考試院長，蔡元培任監察院長。初，蔡氏經歷數次事變，再不欲與任何方面齟齬，欲為考試院長，不欲尸監察院之職位，動肆彈劾，對汪尤改示崇信態度，而與顧孟餘等聯繫。但代表大會決議仍以蔡為監察院長。同時代表大會內亦有一部分代表反對指派，故谷正綱被黃埔學生所毆打，受重傷，李壽雍等十餘人則宣佈退席。此均無損於代表大會之開成，但蔣氏之聲望亦受重大打擊。以後陳果夫、陳立夫等羅致重要幹部，只取服從及江浙同鄉抱腿之人，而排斥有思想之青年，排斥北大學生尤甚，國民黨從此日趨沒落，代之而起者爲共產黨，實伏因於於此。

武漢方面，李宗仁自危，乃發動反蔣，初拘湘鄂政務委員會主席程潛，另易桂系人物夏威爲湖南省政府主席。不知蔣氏佈置周密，初以開會爲名，召廣東省政府主席李濟琛入京，將其扣留，另任粵人陳濟棠爲主席，賄以重利，大施分化政策。白崇禧在北京，桂系勢力分散，乃頒令討伐李宗仁。蔡元培挺身而出，語蔣氏曰：「入民國以來，連年兵禍，生靈塗炭，今國民政府已經統一全國，黨內糾紛應憑政治方法解決，不必再用武力，徒苦民生，傷殘國家元氣。余拼老面皮，去武漢說服宗仁服從中央，如何？」蔣氏允之。蔡赴武漢，李宗仁知實力不敵，乃接受蔡之條件：

（1）湖南省政府主席問題，聽候中央解決。

（2）武漢政治分會服從中央命令。

蔡大喜，返報於蔣，時蔣氏已調集江浙大軍廿餘萬，整裝待發，乃語蔡曰：「你們書生不懂得軍事。」蔡亦怒曰：「我去武漢係得汝之同意，你欺我老頭子，叫我出賣朋友。」（蔡尚長於中山數歲）遂辭監察院長職，一怒而離南京，從此不復返，於此亦可見蔡之風骨崚嶒。蔣乃任審計院長于右任爲監察院院長。

在此以前，尚有一重大插曲，關係未來蔣桂雙方之成敗，不可不述。

民國十七年冬，白崇禧知奉軍內楊宇庭之實力強大，年齡資望均高於張學良，又有常蔭槐掌交通以助之。時學良年僅廿六歲而代作霖之位，楊輕視之，白乃約楊宇庭會於山海關，圖推翻學良，桂楊合作，可震驚閻錫山，並可對抗蔣氏。僅攜其參謀長及政治部主任陶冶公隨行。余早識冶公，語之曰：「余附驥尾，登山海關，觀賞古跡，決不與政治，可乎？」冶公曰：「僅兄一人無妨。」時報章早已宣傳白楊之會，非秘事也。余於車中語冶公曰：「白總指揮此行，係奉蔣總司令之命，抑係白公單獨之行乎？楊宇庭抑曾報告於張學良乎？」冶公不答，而將余言報於白。白氏機警，立召余相見，屏退隨從，語余曰：「閣下如有高見，不妨盡量傾吐。」余曰：「守其職者忠其事，公既不恥下問，余亦不能不略陳管見。觀蔣總司令之所爲，重用閻錫山而抑馮玉祥，且無休兵養民之志，一意擴充嫡系部伍，而抑其他。公等佔領武漢湖南後，蔣總司令曾予支援乎？」白曰：「否。」余曰：「公會楊宇庭事先無請示，無報告，從此嫌隙成矣，何況公於十六年冬曾與何敬之合作，逼蔣辭職，銜恨於心久矣。」白聞余言失色，徐曰：「如何補救？」余回：「事後報告，已無用處，宜速電駐武漢之李總司令（宗仁）爲備，並厚結閻錫山，稍緩大難之時日而已。」白不答，余亦退。白楊會晤後，蔣果遣吳鐵城攜鉅款（傳說二千萬元）餽學良，命其設計殺宇庭、常蔭槐。楊常驕矜無備，果被害，如是白氏之計畫全敗，事後白氏亦未與余再見，可見其心胸狹隘，世仍稱之爲小諸葛，誤矣！

白崇禧既擁有湘軍，蔣氏思不戰收回湘軍，初請趙恆惕，恆惕已歸禮佛，力辭。民國十七年汪蔣協議合作時，任唐生智爲軍事參議院院長，僅擁虛銜，乃自告奮勇，請赴北京唐山收回湘軍。蔣初猶疑忌，蔣百里（百里浙人，斯時已歸於介石）力保之，蔣乃遣唐。湘軍本崇信生智，迨唐至，湘軍歡聲雷動，唐立發軍餉二月，統兵大員另有餽贈，李品仙遂率師長廖磊、葉琪迎降。白避居東交民巷，眞不煩戰爭，卒定大事。時余閒居天津，曾赴唐山訪唐，唐留余居於幕府，待以賓客之禮。小事被諮詢，大事則無從聞問。余年輕無經驗（時年廿六歲），曾勸唐蓄精養銳，伺機迎汪，唐不答。幕府目余為改組派，其實余當時與改組派毫無關聯，純係個人行動。中央改組同志會大概成立於十七年冬，由顧孟餘、陳公博、王樂平主其事，時汪精衛仍居法，余與顧、陳、王未取得聯絡。

第八章　國民黨漢寧分裂前之種種事實及其再分析

（一）

民國十六年北伐成功的原因及黨政上的若干糾紛已具述於前，不再覼縷。十六年，作者年廿四歲，已身自參加合法遷武漢之中央，故在上章能略述其經緯。寫完前章後，得到《傳記文學》所編的《民國大事日誌》，據體裁只記事實發生之時日，不能有正確的分析，又被偏袒杜撰的官書所誤導，或不明實情，記載亦多失眞。蓋編者年齡太幼，根本未能參加國民政府北伐及民國卅年前之黨爭諸役。大抵改姓易代之歷史記載，得勢一方常誇大自己之功，有百正而無一負，失勢一方之事實，則多被抹殺或改竄，使讀者發生天命有歸之印象。國民黨之史料及官書，均爲蔣家一言堂所把持，反對者無登紀錄或正確記載之餘地。作者翻閱此日誌一遍，常發見荒誕及歪曲之記載，其足欺矇後代，蓋可斷言。故有就親身見聞補述前事及再加分析之必要，爲民國保存眞史。在分析日誌所載若干事實以前，必須追溯往事，以明十六年以後之發展，大抵係梟雄一手造成。以前之事本應提前說明，但余已年老，精力有限，只能補述於此。讀者幸無責其敘次失倫。

（二）

（1）中山於民國十二年一月後，已與北方段祺瑞、張作霖成立三角同盟，合力討伐叛部陳炯明，及把持北方政治的直系。但討伐直系，國民黨仍困於內爭，無從參加。

（2）中山於十二年一月四日通電討伐陳炯明，運用駐粵桂閩邊境嫡系部隊李烈鈞、許崇智、黃大偉部，並合滇桂軍楊希閔、劉震寰部，驅陳炯明出廣州。陳炯明仍得保有潮、梅及惠州。是役以滇桂軍為主力。厥後廣東四分五裂，楊劉把持廣州及廣東之西江一帶，終中山之世未得肅清。

（3）中山於十二年二月返抵廣州，組織大元帥府，不復稱總統，亦不再提護法主張，此為大轉變。蓋曹錕、吳佩孚已恢復民元之約法，舊國會已集會於北京，成為曹吳之工具。中山由民八成立後之國會非常會議選為大元帥，唐繼堯為副元帥，但唐仍割據雲南自固，不就副元帥職。

（4）二月，大元帥府任命胡漢民為總參議，與汪精衛、孫洪伊、徐謙駐上海，聯絡反曹吳各方。廖仲愷為財政部長，譚延闓為內政部長，鄧澤如為建設部長，伍朝樞為外交部長，朱培德為參軍長，楊庶堪為秘書長，徐紹楨為廣東省長，職位均匀分配於湘滇粵桂各方人士，最蒙中山重視者為廖仲愷。改護法軍為討賊軍，賊即指陳炯明及曹吳。日誌載「任蔣介石為大元帥府參謀長」，按蔣過去無高資歷，十三年五月二日方任粵軍總司令許崇智之參謀長，此時尚無任大元帥府參謀長之資格。係後人杜撰，藉以拱高蔣氏追隨中山之地位。

（5）十二年一月一日趙恆惕公佈湘憲法，稍後當選為湖南省長，力主自治，超然於南北紛爭之外。日誌中載趙於十一年十月公佈省憲，當選為湖南省長，殊誤。按趙於十一年十月援鄂自治失敗後，方倉卒制定省憲，於十二年一月公佈，並當選為省長。

（6）十一年及十二年之《日誌》對蔣中正之事實及活動多所誇張，殊與事實乖迕。

（7）十二年五月七日，中山鑒於勢孤，調任廖仲愷爲廣東省長，以葉恭綽爲財政部長，鄭洪年爲次長。葉鄭均舊交通系。北方梁士詒組閣，被吳佩孚反對去職，梁葉避居香港，奉段命支持中山，梁士詒又爲張作霖支持之人，如是孫段張同盟公開於世，中山此舉似不得當時輿論同情。

（8）是年廣東、四川及北方內部混戰，陳炯明之勢力仍囂張，中山莫能制。

（9）十二年十月，曹錕賄選成功，當選爲總統，中山宣佈申討，並通緝賄選議員。

（10）本年討陳炯明之戰爭屢進屢退，陳炯明且數度得勢，攻抵廣州近郊。

（11）本年譚延闓組討賊軍討趙恆惕，欲奪湘省地盤，失敗。率師返粵，中山迎之於韶關。中山得此生力軍爲助，因得保持廣州，拒退陳炯明。

（12）中山鑒於軍事不利，決心爭取群眾，首先改組中華革命黨爲中國國民黨，並容納共產黨員以個人資格入黨，最先入黨者爲李大釗。十月廿四日派廖仲愷等召集特別會議，商中國國民黨改組問題，並派蔣中正赴俄考察。

（13）中山派汪兆銘、胡漢民、廖仲愷等籌組中國國民黨臨時執行委員會，準備召開全國代表大會，改組國民黨。

（14）十一月，中國國民黨中央臨時執行委員會決議：三民主義、五權憲法之解釋，一以孫中山之說爲斷。可見下層已有紛繁之解釋。戴季陶之解釋即不同於孫中山之解釋，共產黨人則指民生主義爲共產主義，戴季陶著《孫文主義的哲學基礎》從而和之，不遺餘力。

（15）廖仲愷奉派至上海，與各省支部幹部商改組黨務。

（16）自十月以後，中山之主要活動爲宣傳其主義，完成三民主義之講演。

（17）日誌中載國民黨臨時中央執行委員會決議：「義勇軍學校定名爲國民軍軍官學校，以蔣中正爲校長，陳翰譽爲教練長，廖仲愷爲政治部主任，推廖仲愷籌備。」按此乃黃埔軍校之前身，廖仲愷負籌備全責，尚無校長，且蔣中正此時留俄未歸。後來力爭軍校校長則爲事實。日誌記載，殊違眞相。

（18）十二月，中山派廖仲愷、鄧澤如、譚平山、孫科等爲中國國民黨臨時執行委員，並聘俄人鮑羅廷爲顧問，是爲改組國民黨之先聲，聯俄政策確定。

（19）十二年廣東軍事擾攘，中山除計畫改組國民黨外似無成就。

（三）

（1）十三年一月十九日，中國國民黨第一次全國代表大會開會於廣州高等師範學堂（後改爲中山大學），中山以國民黨總理資格任主席，並指定胡漢民、汪兆銘、林森、謝持、李大釗組織主席團，時蔣中正資歷仍淺。

（2）代表中有反對容共者，第一次全國代表大會乃決議「凡黨員皆有服從黨內嚴格的紀律之義務」。此乃中山所堅持，容共問題不許黨員置喙。

（3）國民黨第一次全國代表大會通過宣言，內容分三段：①中國之現狀，②以三民主義爲救國救民之準則，③標舉國民黨對內政策及對外政策，對內政策爲打倒軍閥及聯省自治派，對外政策爲聯俄容共、打倒帝國主義、廢除不平等條約。

（4）十三年四月廿一日，蔣中正方返廣州。《日誌》載「五月三日孫大元帥任命蔣中正爲軍官學校校長兼粵軍總司令部參謀長」。蓋已准廖仲愷辭校長職，改任軍校黨代表。以後廖夫人何香凝每語人「廖先生派蔣某爲軍校校長」，此則憤於廖之被刺，而發爲狂言也。

（5）以上各條之爭端只有當時在粵之少數元老知之，余以後聞之於汪精衛、王懋功、鄧家彥、陳公博等，斷非虛語，官書中已無從查證矣！

（6）民國四十一年余在台北，黨史會主任委員羅家倫及王世杰、李壽雍等集於余寓，余據《革命文獻》（此書未攜出）詢羅家倫，謂：「中山自民國十二年底即籌備軍校，十三年三月已開始招生，並考試下級幹部，五月方任蔣中正就校長職，在十二年年底至五月初之空檔時期誰主持籌備，誰爲校長？」羅不能對，余窮詢，羅始承認：「廖仲愷實主持籌備並曾任校長。」並謂：「此等機密大事，愧無能直書。」王含默無言，余及李則大笑！蔣家黨徒竄改史跡，於此可證。

（7）《民國大事日誌》十二年、十三年所記之事實，多零亂不實。例如《日誌》載「十三年二月三日任命蔣中正爲中國國民黨中央軍事委員會委員」，按此時中央黨部並無軍事委員會之機構，蔣中正於五月三日方被任爲粵軍參謀長，資望亦不孚中央軍事委員會委員之職務。按軍事委員會，當時隸屬於大元帥府，十四年後隸於國民政府，國民黨中央黨部始終無軍事委員會之組織。後人爲尊蔣而使黨史零亂。信史之難得，如此。

（8）十三年六月十四日，孫大元帥任命粱鴻楷爲粵軍第一軍長（粵軍總司令爲許崇智），李濟琛爲第一師師長，張民達爲第二師師長，鄭潤琦爲第三師師長，李福林爲第三軍軍長（柏文蔚已早爲第二軍軍長，但鮮實力），時蔣中正猶未能直接指揮軍事。十九日方就粵軍總司令部參謀長。

（9）六月十二日，中山重用廖仲愷，任爲廣東省省長。在聯段祺瑞以前，廖本爲大本營財政部長，聯段後易之以葉恭綽及鄭洪年。軍校黨代表與校長均權，凡校長之措施均須黨代表簽署。中山此時之用廖甚於過去之用胡，汪精衛則爲聯繫廣東以外各方之總代表。一次全國大會容共後，廖又任中央黨部工人部長，與共產黨爭工人群眾，地位聲望遠出蔣氏之上。

（10）容共後，共產黨深入基層，鄧康（中夏）爲其工運之領導人物，與國民黨時起糾紛。

（11）六月十八日，國民黨監察委員張繼、謝持、鄧澤如對共產黨提出彈劾案。六月廿五日又質問鮑羅廷。日誌中載共產黨幹部又決定排斥戴傳賢。其實戴已於民國九年在上海助共，此誌是否事實，待考。

（12）中山力主容共，國民黨發表黨務宣言，申明容共原則，以三民主義爲革命唯一途徑，解釋內外誤會（並抑制馮自由、張繼、謝持等）。

（13）七月七日，孫大元帥任蔣中正爲長洲要塞司令，是爲蔣氏擔任方面軍職之始，其地位尚次於軍長也，何能在以前爲軍事委員會委員？

（14）十一日，國民黨設立政治委員會，孫大元帥自任主席，指派胡漢民、汪兆銘、廖仲愷、伍朝樞、譚平山、邵元冲等爲委員，蔣中正尚未能膺選。《日誌》中缺汪兆銘之名，恐係有意爲之。

（15）十一日，孫大元帥改組軍事委員會，指派許崇智、譚延闓、胡漢民、廖仲愷、伍朝樞、樊鍾秀、楊希閔、劉震寰、蔣中正等九人爲委員。《日誌》中列蔣氏之名於第一，是編者故意抬高蔣之地位。編者非必指《日誌》主編之劉紹唐君，斯時劉紹唐尚未入北京大學，不在廣州，當已另有人改撰。事實上蔣氏方爲粵軍參謀長。

（16）八月廿四日，國民黨中央決議函詢鮑羅廷，請其答覆俄國退還庚子賠款辦法。蓋中俄協定乃北京政府與俄國簽訂，國民黨尚不明其內容也。

（17）孫大元帥命創設中央銀行，任宋子文爲行長，用譚延闓之荐也。譚氏自討趙失敗、歸附中山後，極力逢迎宋慶齡，中山用譚代理大本營秘書長，譚推薦子文以自結於中山，因此中山幕府中並稱之汪胡，已變爲汪胡譚矣！廖仲愷當時已出膺方面，不爲幕府！

（18）孫大元帥撤銷軍事統一訓練處，仍以蔣中正辦理軍事訓練，但當時軍事不統一，無從辦起；汪兆銘辦理政治訓練，俱以鮑羅廷爲顧問。可見鮑仍參密事。《日誌》載，同日蔣中正詢廖黨代表，電請派軍校教官文素松率領第三、四隊學生前往維持廣州治安，鎮壓謠言，可見當時廣州情況之緊急，亦可見廖黨代表仍能指揮軍校之校務。

（19）《日誌》載：十九日，國民黨中央全體會議討論國民黨內之共產派問題。

（20）廿日，中央政治委員會議決國民黨內之共產派問題及國民黨與世界革命運動之聯絡問題，兩草案均通過，向中央執行委員會全體會議提出。可見兩黨下層之糾紛日甚。

（21）國民黨中央全體會議繼續討論黨內共產黨問題，針對消除共產黨在國民黨內之「秘密黨團作用」，決議接受中央政治委員會所提之兩草案，公開共產黨派包辦國際聯絡之秘密。此不過對鮑羅廷之一警告，中山仍力主容共，蓋共產黨人之活動深入群眾，中山又扼於軍事，故不願與共產黨破裂。

（22）孫大元帥在廣州農民運動講習所講耕者有其田，是後又在桂林作同一講演，是爲國民黨爭取農民支持之開始，工人運動則早已由廖仲愷主持。

（23）九月有廣州醞釀商團之變，十月爆發，操縱者爲香港總督及廣州英領事，執行者爲廣州商會會長陳廉伯。中山因商團之變，組織革命委員會，自任會長，以許崇智、廖仲愷、蔣中正等六人爲革命委員會委員，並令用會長名義便宜行事，歷時二月始先後敉平商團各次叛變。

（24）九月四日以後，北方直奉兩方各進行軍事準備，時中山在廣東之軍事活動極不順利，陳炯明之勢力尤囂張，粵人久苦兵禍及稅負之奇重，對中山亦不諒解，中山乃決計響應奉段兩系，會攻曹吳，並發表宣言，大意謂「粵人如資其北伐，本人誓不返粵」，並函復蔣中正謂「在粵有三死因，急宜北伐謀生路」。

（25）《民國大事日誌》載「八月廿六日，孫大元帥公佈考試院組織條例及考試條例」，按中山生前未實行五院之制，當時且無行政、立法、司法、監察各院，何能先組織考試院。且廣東既未統一，中山亦無力實行普遍考試之制，此可見編者針對龐雜之文書，毫無抉擇。

（26）九月五日，中山在大本營召開軍事會議，決定督師北伐，分路入江西、湖南，命胡漢民留守廣州，兼廣東省長，廖仲愷爲軍需總監兼財政部長，譚延闓爲北伐軍總司令。

（27）《日誌》載：八日，共產黨籍之國民黨中央執行委員于樹德等，對中央執行委員會重申國民黨紀律決議案，並指名攻擊馬超俊、吳鐵城、孫科等。可見當時黨爭之激烈。于樹德並非共產黨，而爲國民黨員。但當十三年時，中山期望俄國之軍械並努力爭取共產黨群眾，極力主張聯俄容共。

（28）《日誌》載「十二日，孫大元帥設大本營於韶關，加派許崇智爲軍政部長，親率警衛隊、贛軍全部、湘軍、滇軍、豫軍出發，黃埔教官文素松率第一隊學生隨從護衛。此爲中山響應奉段攻曹吳軍事行動之開始。

（29）《日誌》載「十五日，唐繼堯向孫大元帥輸誠，通電就副元帥及川滇黔三省聯軍總司令職，與廣東採取一致行動。實則瞰中山將離粵，己欲向粵桂發展擴張地盤而已。厥後中山逝世，乃與胡漢民爭代理大元帥職。

（30）《日誌》載「十八日，孫大元帥發表宣言：北伐之目的不僅推倒曹吳，尤在打倒軍閥所賴以生存之帝國主義。」後點與共產黨之主張全同，中山始終主張聯俄容共，此其一因。

（31）《日誌》載「十月十一日，孫大元帥以粵事無望，令蔣中正收束黃埔離粵，專力北伐，速運俄械來韶關，訓練革命軍，惟蔣中正感於廣州爲根本之地，不可輕易動搖……並請孫大元帥回師平難。」此乃蔣氏不願放棄自己之唯一政治資本之黃埔軍校，並不事事服從中山。

（32）《日誌》載「孫大元帥任蔣中正爲粵軍總司令部訓練部長（實際名義似爲訓練總監，待考），此外尚有湘、桂、滇、粵、福各軍總司令均隸於大元帥。」蔣中正雖蒙中山特達之知，地位仍居次等。

（33）十月廿六日直軍戰敗，曹錕被幽囚，吳佩孚先退天津，以後轉輾退駐岳陽，受趙恆惕之卵翼。中山之北伐軍亦敗，仍回廣州，於討伐曹吳無績效，故段祺瑞、張作霖敢公然輕視之。

（34）《日誌》載「北方領袖段祺瑞、張作霖、馮玉祥、胡景翼等電請孫大元帥北上，廿七日大元帥發電允即北上。」時馮玉祥、胡景翼、孫岳等之國民軍，早已輸誠中山。其幕府亦多國民黨青年。

（35）《日誌》載「十一月六日，張繼、丁惟汾等以張作霖、馮玉祥等擁段祺瑞爲大元帥，段派毫無誠意，電請孫大元帥綏北上。」實則此電以國民黨北京政治分會名義發出，列名者尚有蔡元培、于右任，《日誌》漏列。

（36）段祺瑞未就大元帥，採其主要幕府章士釗毀法造法之建議，組執政府，自稱執政，師法羅馬共和政府之制也。章士釗自民二以後即反袁甚力，何以從段？蓋章自清季同盟會成立後，即未入會，而赴英留學，以後即被中山之左右及同盟會排斥。民國五年，章奉黃克強命，擁岑春煊入粵，討袁，一度任護國軍政府之秘書長，有大功，事後仍被排斥。在孫中山所領導之國會非常會議內又被除名。國內無容身之地，故憤中山頗甚。厥後梁啓超死，段之左右無夠格之文人，乃禮延章入幕，章從之。章亦自知爲窮途末路，但以洩憤。此一經過，章於民國卅年曾坦誠告余（時同任參政員）。當作〈章士釗之悲劇〉，列於本書之後編，猶杜工部之爲李白及王維辯誣也！

（37）《日誌》載「十一月十一日，孫大元帥令新軍改爲黨軍，又任命廖仲愷兼中央執行委員會農民部長，許崇智爲軍事部長，蔣中正爲軍事秘書，並派廖仲愷爲黨軍及軍官學校講武堂黨代表。」廖仲愷在中山之世，始終爲爭取革命群眾及控制黨軍之首腦，蔣中正之地位並不如其門徒所宣傳之高。

（38）《日誌》載「十一月十三日，孫大元帥啓程北上，臨行前檢閱黃埔學生戰術演習，乃曰：嗟呼！本校學生能忍苦耐勞，努力戰鬥，必能繼續我之生命，實行本黨主義，今我可以死矣。」時中山已病入膏肓，自知不久於人世。左舜生之《黃興評傳》載：「毛澤東曾先於此時語人曰：中山已患不治之肝疾，將不久於人世，一時尚無繼任人選，吾等須分途擠入國民黨，奪取革命領導權」等語，可見當時共產黨之策略，亦可見毛澤東之野心。

（39）《日誌》載「十一月十九日，樊鍾秀部豫軍開抵開封，孫大元帥令其聯同胡景翼討伐長江各直軍。」是時吳佩孚已敗，截至民國十九年，樊鍾秀始終在河南，自此始。民國十八年二屆中委反蔣之役，樊受汪精衛之命。十九年被蔣軍炸死。

（40）中山北上後之活動及當時之情形已寫於官書。十三年之《日誌》不再分析。轉而述十四年之大事。

第九章　民國十八年余在天津之黨政活動（一）

（一）

前文第六章已述余於十七年冬遭編遣辭職，遂閒居天津，領得軍中三個月遣散費後，寄五百元，安頓祖父母及母親之生活，自己仍保存了相對數目，準備重理書本，充實自己。筆桿即是書生的資本，生計應可無虞。雖無保障，在當時的情境下別無良法，只得走一步算一步。

十八年春，有周仁齋者，長沙人，北洋大學畢業，專治機械工程，從事基層黨務活動，被選為天津特別市黨部執行委員兼宣傳部長。有友人傳余之名於仁齋，仁齋親來訪，坦誠謂余曰：「余本不解政治，僥倖被選現職，擬不揣冒昧，屈老兄為秘書，凡宣傳部之事兄可主之，不必商於余也。」余思由顧孟餘先生之秘書變為周仁齋之秘書，抑何可笑，繼思大丈夫能屈能伸，就業總比失業好，乃允之，月俸亦有二百元。入宣傳部後，仁齋果如所云，遇事接納余之主張。

時北方黨務工作人員於民國十三年中山北上時，曾受汪精衛之影響崇汪而輕蔣，視蔣為純粹軍人，無學問，不足為黨政領袖。河北省黨部、北平市黨部、天津市黨部所選出之執行委員、監察委員多此類份子，陳果夫雖有一二部曲溷入其中，既無能，且花天酒地，穢事彰聞，益不齒於群眾，守位暗作情報而已，為存忠厚且不願污吾筆墨，故不指名縷述。山西黨政則全為閻錫山所操縱，河南黨政則為馮玉祥所操縱，馮之秘書長為郭春濤，二屆候補中委，河南省黨部常務委員為鄧飛黃，均北京大學學生，郭通於李石曾及顧孟餘，鄧專通於顧，此二省均非蔣系人物所能插足。余利用宣傳部之經費，創辦《天津雙週》，實含二義：（一）每兩星期刊出一次，另一則暗含天津有二周（仁齋及余）存在。仁齋辦有工廠，無暇常為文，余則每期著一社論，領導全刊。惜《雙週》無存，余之稿件亦未留副，惟關涉余早期之信念及政治主張，記憶甚清。余曾作一聯，刊於首頁：「立己有三不（不朽），何當理八埏」，此二語，既明志，亦驚人。文章大意略述如次。

（二）革命論

革命一辭，早見於古史，孟子所謂湯武革命是也。以後歷代梟雄推翻前代政府，取代天子地位，均謂之革命。革命之後，必休兵養民，以收拾人心，安定社會。故革命範圍，只及於政治，更易其虐政及文武大吏，決不可推翻歷代相傳與人民相安之文化社會基礎。上古帝王及歌功頌德之臣工，猶嫌未足，乃陳大電、大虹、玄鳥、巨跡、白狼、白魚、流火以為帝王受命之符，斯為詭譎妄誕，其可羞也（此據柳子厚之〈貞符〉，余在中學時即熟讀柳文）。如是眞命天子之說以起，厥後柳子厚駁之曰：「是故受命不於其天，于其人；休符不于其祥，於其仁。惟人之仁，匪祥于天；匪祥于天，茲惟貞符哉。未有喪仁而久者也，未有恃祥而壽者也……鄭以龍衰，魯以麟弱，白雉亡漢，黃犀死莽，惡在其為符也。」故歷代明君，於即位之後即偃武修文，周武王牧馬華山之陽，放牛桃林之野，示兵革不復用，即其著例。反之，秦政、王莽、隋煬之武力，超過前代，不事斂戢，虐用其民，故享國不久，王莽、隋煬且菑逮其身。

近世革命一辭出於西方之Revolution，大都亦只指推翻無道之政府，非指推翻歷世相傳之文化及社會生活之基礎。惟法國大革命之領導人物，相信自己有超人之智慧，可以一舉掃蕩一切彼等認為不合理之制度及事象，奇蹟可以一舉產生，乃濫用「自由」一術語，倡言「人有攜帶武器之自由，有殺反革命之自由。」但誰為反革命，亦亂點鴛鴦譜耳，故羅蘭夫人臨刑時，即曰：「自由，自由，天下之罪惡，均假汝之名以行之。」且革命領袖互相殘殺，紛擾數十年不息，究視英美文化進步之速度何如？不難觀察。尤其美國開國，無歐洲封建制度之包袱，戰爭八年，獨立成功後，即戢兵建制，費城制憲觀均取自英憲之精華，華盛頓亦極具風度，拒三任總統而不為，以鞏固民主及法治之基礎。故能屹立於世界。

中國近世情形特殊，中山所倡導之國民革命，本含二義：（1）打倒帝制及軍閥，（2）廢除不平等條約，使中華民族與世界各民族平等合作。此外不含他義。今帝制早已推翻，掃除軍閥亦大半成功，所餘者惟一二人而已（指閻馮）。此一二人者既已歸誠革命，實不足畏，因其轄地貧瘠，長官思想陳腐，貪瀆無厭，余居軍中有日，知軍隊死亡率高，現在此一二人所統之兵卒平均年齡均在四十以上，不十年勢力衰微矣。此漢文帝制吳楚等七國之術也，前事足師。江南為富庶之區，國民政府宜以教育經濟建設為首要之圖。民力既充，斯一二人決不足懼。目前裁兵，縱無可能，只須限制現有兵額，遇缺不補，一視同仁，無分南北，以示大公。計此一二人所統，不過十餘萬人，何能當國民革命軍？教育經濟之建設，必須任用專才，招賢納士，不分黨派，收全國人才通力合作之效。且封疆大吏必用文人，免其無知肆虐，擴充部伍。李世民戰伐起家，所用之宰相有一武人乎？所用治民之刺史有一武人乎？各州都督僅領府兵，全國六百餘軍府，軍府之長爲折衝都尉，上府不過徵兵千二百人，中府千人，下府八百人，全國至多不過六十萬人，分由廿四個都督監理徵兵之事；且都督只有徵兵之權，徵兵完成後，即將兵員交中央十六衛上將軍統率，屯於京師及邊疆，內地均不駐兵，軍令之權則集於天子。出征之大將，一返京師，即無一卒，封以爵位而已。大將及都督均不得與民事及侵刺史之權。李靖爲開國首功，文武兼資，亦僅爲右僕射（諸相之一），四年即行解職。鑒前車，思來者，故余當時主張將全國各將領所統之兵均改爲國軍，平時以師爲最高單位，廢除地方軍之番號，此事國民政府早在廣州曾實行之，卒資以統一全國。並廢除總司令、總指揮軍長之番號，此皆對外作戰時之編制，平時不得沿用。

次論中央政府不可無武力。此等武力只有二項用途，最重要者爲捍衛國防，故大部分須屯於邊疆，另一部分屯於京師，以爲對內鎭懾反側之用。但鎭懾只示中央有武力存在，使內地梟傑有所顧忌，不可一不如意即掀起內戰。凡西方文明國家，二百年來已無內戰。此俗語所謂亮刀而不殺人也。若眞作內戰，勝敗難期萬全，敗則政權莫保，勝亦民生凋敝，有礙建設。

又極論武人不能與政。武則天可謂凶橫淫穢極矣，而所用宰相及封疆大吏，均負有資望之學人，僧懷義乃其日夕不離之戀人，曾拜大將軍，亦不與政，一旦驕橫，即不惜殺之。故有唐賢相陸贄譽之爲「歷代仰知人之明，累朝賴多士之用」。開元之治，諸賢相大吏，均則天所遺留，迨李林甫當政，一反往例，安祿山擁大兵，唐室幾亡。豈今日之秉國鈞者，視武則天而不如耶？此爲當時極大膽文字，當然爲執政所厭聞，但亦無法制裁余之議論。

至於國民革命的另一目的「廢除不平等條約」，非可憑武力倉卒獲致。咸同後凡中國對外戰爭無不失敗，豈國民革命軍一夕即可有神力擊敗各國耶？故首要之圖，仍在修明內政，建成眞正民主法治共和國，可與各國比美，然後經由外交途徑逐漸廢除之。中國擁有四億人口（當時公佈之數字），四百萬平方公里之土地，資源豐富，爲各國所爭取之市場，且如實行中山之「實業計畫」，公平招致外人投資，假以時日，此項交涉必可成功。故據現在形勢，宜祭告總理在天之靈，謂「政治革命已經成功，今後不再言革命，以杜紛擾，至於廢除不平等條約，當一如總理所示，全力以赴，必達成目的而後止」等語。此並非有先知之明，作者親身看到北洋政府自第一次世界大戰勝利後，與訂約國亦曾有多次談判，交涉修正關稅，亦由五％的限度，逐步達成七．五％及十二．五％。故只須國力充足，情況可以改善，至於欲憑武力除廢，中國實無其力。尤其目睹日本阻撓國民革命，在濟南慘殺蔡公時案件，及炸斃張作霖事項，對中國野心勃勃，英國尚堅持其帝國主義之政策等事項，深知前途多艱，故發爲此論。此等議論之正確性，已爲第二次世界大戰勝利後所證明。

(三) 憲法論

作者作成此文，亦煞費苦心。作者據中國之經史，知道國家必資法以爲治，不可賴人以爲治。柳子厚在其〈封建論〉中，早謂「繼世而理者，上果賢乎？下果不肖乎？則生人之理亂，未可知也。」說到沈痛之處，且云：「將欲利其社稷，以一其人之視聽，則又有世大夫世食祿邑，以盡其封略。聖賢生於其時，亦無以立於天下。」此正是中國的歷史及當前的經驗。又目睹入民國以來戰亂頻仍，民生凋敝，皆由上層毀法、亂法、犯法而起；人民本皆善良，其鋌而走險流為盜匪者，皆由上層逼成。作者當時之法學知識雖淺，但亦不遜於任何大學生，尤其已懂得英美二國之憲法，均以保障人權為主旨，全部條文均趨向此一鵠的而無例外。如是乃著為論曰：人為萬物之靈，故能組成社會生活；其能組成社會生活者，以人行動皆有一定律也。嚮使人之行動而無規律，資生之物又從於欲，必致互相爭奪砍殺，一如猛獸。規律之形成，乃人憑天生理智及悟解，認識分工合作利益之所在。即在原始，人以搏殺爭奪為能事，初殺俘以自養自肥，進而役俘為奴，夫役俘為奴，即已認識奴隸之勞力於我亦有價值，迨至近世文明發展，乃釋奴隸為自由人，知奴隸一獲得自由，其於我、於社會之價值將更大。故人之自由，乃由一點一滴演化而來，亦由一點一滴爭取而得，此社會演化之公例也！

又論人類之行動規律初發為風俗習慣，風俗習慣乃不成文之法，人民資以彼此相安者也。今日文明國家之習慣法，猶占大勢力，何況先民！由風俗習慣，演進為典章制度，則法之形式具矣。《周禮》一書，即為當時最高之法，包含風俗習慣及典章制度二部分，以今日術語表之，即憲法也。此乃逐漸長成，非一人之力所能締造，故孔伋云：「仲尼祖述堯舜，憲章文武。」法之重要已備述於孔墨荀各家，故司馬談之儒法分家，只取其貌，而不知法之根本大源也。儒家之法，其重視風俗教化，尤甚於政治制度，此義至唐之杜佑、清初之顧亭林持之尤力。其主旨仍發揮孔門學說「人非人不濟」、「人之相與，若舟車然，相濟達也」。其論帝王之統治術，一以仁義為歸宿，遵之則治，違之則亂者也！

惟人性亦有弱點，好逸惡勞是也。當路在勢者尤容易發揮此弱點，以增益其權力及豪奢。往古之事不必一一論列，近世發揮並利用此弱點最甚者厥為袁世凱，以致全國大亂，風紀蕩然。並引述梁啓超之言曰：「護國軍總司令蔡將軍之言曰：『吾儕今日不得已而有此義舉，非敢云必能救亡，庶幾為我國民爭回一人格而已。』嗚呼，我全國父老昆弟……知將軍此言其中含有幾斗之血、幾斛之淚者，嗚呼我四萬萬人之人格，至今日已被袁世凱蹂躪而無餘，袁氏自身原不知人之所以異於禽獸者何在，以為一切人類通性，惟見白刃則戰慄，見黃金則膜拜，吾挾此二物以臨天下，夫何其不得者。四年以來，北京政府何嘗有所謂政治（未言法律是梁氏之陋也），惟有此二物，縱橫狓猖盤旋薰灼於人人心目中而已……袁氏據一國之最高權，日以黃金誘人於前，而以白刃脅人於後，務使硬制軟化一國之人以為之奴隸，自非眞正強立之士，其不易自拔也有固然矣……蓋四年以來，我國士大夫之道德，實已一落千丈，其良心之痲木者十人而七八……而此種罪孽誰造之，吾敢斷言之，曰袁氏一人造之……其有能自制其弱點而不甘受彼利用者，則必設法屠殺之，驅逐之，窘蹙之，使其不能自存……試思以此種人為淘汰之術，挾大力以鼓鑄社會，云何可當？使袁氏帝國成立，賡續行此政策，數年乃至數十年，其必善類日漸滅絕，惟惡種獨能流傳，其不致使全國人盡喪失其為人類之價值而不止也。」引文有刪節，或因其太繁，或因其持理有不醇之處。然因其筆端感情豐富，煽動力極強，為余所不及，故仍引之以資今日執政者之鑒戒！

袁氏失敗後，又有無數軍閥產生，毀法亂紀，一襲袁氏故智，而以段祺瑞為罪魁禍首。其違抗黎元洪之不惜挾督軍團以造反，其撲滅張勳也為其取得政權、狐埋狐搰之行為，乃以再造共和為己功，其實張勳辮兵之勢力，不逾萬人，即無段氏，亦將有人撲滅之。何況復辟一役，段氏事前實際與其事。憶黃克強民五居滬時，黎元洪聘為總統府高等顧問，克強力辭，並語友人曰：「北方不久將有復辟之怪劇，尚須吾人打臉掛鬚扮演一場，以資掃除。」（見《黃克強書翰遺墨》）克強情報何等靈通，必有籌劃，厥後克強雖逝，中山猶在，不可掃除一稚子傀儡之皇帝乎？

祺瑞當政，大借外債，練參戰及邊防軍，斷送青徐膠濟五路之經濟特權，賣國無殊於袁氏，白刃黃金之伎倆，師法無遺，制造安福國會排斥正士，與袁氏何異？蔣氏以國民革命軍總司令之尊，初入北平，即執贄尊師，實大可不必！

總之，民國以來之禍亂皆起於執政者之無法、毀法、犯法、亂法。人民實不與其事。民國開國已逾十七年，尚無憲法，較之近世美法二國，未免相差太遠。雖十八世紀號稱專制之普魯士，威廉大帝即位後，即著手制定普魯士之憲法，並奠立行政法，威廉大帝並宣稱「行政法僅爲程序法，只劃分各機關之職掌，與人民之權利義務無關，與憲法毫無牴觸！」故今日首要之圖，莫急於制憲，以爲各項法律之準繩。並標出憲法精義：

（1）最高立法信條，必須建立，爲全國官吏、人民及行政、立法機關所必須遵守。

中華立國數千年，本有最高立法信條，仁義是也。孔子春秋褒貶一以仁義及禮爲歸宿，「禮者，履也。人人履而行之也。」亦即以前各代之文化遺產也。孟子曰：「賊人者謂之賊，賊義者謂之殘，殘賊之人，謂之一夫，聞誅一夫紂矣，未聞弑君也。」是明目張膽謂人民可以造反，帝王不得不行仁義。墨子著〈法儀〉、荀子與武君論兵，特別創爲刑法一辭，均以仁義爲歸。余常讀墨子〈兼愛〉上下二篇，主張交相愛，兼相利，並重視生產之增加，是乃墨氏之社會學。孔子主張愛有差等，施由親施，是孔子之倫理學也。範圍廣狹不同，故用名稍異。今日西方之社會學主張交相愛，兼相利，亦已極矣，然仍謂「人之親和性愈遠愈疏」，是兼愛汎愛本爲通理，後儒乃軒孔輕墨，殊屬無謂。

惟時至今日，仁義之義，稍嫌空洞，不易爲人所喻，中國數千年來亦無保障仁義之制度，從未聞人民隨時挺身而出，力爭仁義之事。故今日之最高立法信條，不如採納西方之「人權」爲有力。人權者即「個人自由」也。中國仁之古訓爲孔子之「克己復禮爲仁」，此即含人之相與各有分際之義。又曰：「己欲立而立人，己欲達而達人。」以今語表之，即「己欲獨立，人亦欲獨立；己欲有成就（達），人亦欲有成就。己立之外，且須助人之立，己達之外，且須助人之達。」據此可發展爲保障仁義制度，中國未達到此點，實中國文化之缺陷，毋庸諱言。西方之法，自由也，爲「獨立」，即獨立於別人武斷意旨以外，故發展爲具體之人權，美國憲法之人權表，已列舉之：

a. 所有權之自由（即財產自由）
b. 言論思想之自由（包含學術研究之自由）
c. 集會結社之自由（包含組黨之自由）
d. 居住遷徙之自由
e. 信仰之自由（宗教自由）
f. 出版之自由
g. 選擇職業之自由
h. 秘密通訊之自由

凡以上各項自由，總稱之曰「人的自由」（Personal Liberty or Individual Liberty），以示人之尊嚴，

盧梭又稱之曰「天賦自由」（Natural Liberty）又凡列舉方法，不能包括無遺，亦不能適應時代之發展，當路在勢之人物仍可假未被列舉爲名，侵犯人的自由，美國費城制憲時，即已發生此項爭論，據現代學理尚須增列二項：

i. 一切合法行動之自由（Liberty of Action）

各國學術史上之各宗派，常有干涉學人在研究上採取新行動之事，又中世紀之「行會」亦常有干涉製造程序、模式及材料之事，時至今日，仍未能全免，凡此一切積典均須一律掃除之。行動自由原最重要，其冠以合法二字者，蓋個人不能享有妨礙別人行動之自由，及製造危害公共安全及公共衛生物品之自由也。此類限制必須以法律定之，即事先經由立法程序，公告於人民，使個人於採取行動以前能將其納於考慮。行政部門不能以「命令」限制人權。

j. 凡歷史上、風俗習慣上人民所已享受之自由，均視爲已納於人權表之內。——此據美國大法官之解釋。

凡以上各項最高信條，即人權，任何人不得侵犯，包括擁有權力之行政、立法、司法各機關。立法機關只能在此類信條下立法。立法機關而不受最高立法信條之制約，必將演爲暴民之治，果有此類立法，應由最高司法機關撤銷之，人民亦得合法途徑反抗之。此合法途徑另以法律訂之。

民國元年頒佈之臨時約法似未瞭解各項自由即爲人權，故於列舉各項自由外又加列人民之各項權利，多指公民權，似無必要。

（2）憲法上必須明白區分「實體法」與「程序法」之範圍。凡與人民之權利義務有關者，方爲實體法，與人民之權利義務無關者僅爲「程序法」。此一劃分爲「人權至上」（Supremacy of Human Rights）之最尊崇的表示，全部政府機關之功能，只是「保障人權」，決非高臨於人民之上。此帝王專制與民主政制之分界線！略舉各項實體法之項目：

a. 總統選舉法。凡合法公民均有總統選舉權及被選舉權。總統必須經由全國合法公民大選。此不必憚其煩而費，行之數屆，公民知此爲其本身之基本權利，必能發揮民意，加強民力，控制政府，政權轉移乃能形成一定軌道，免除武力之攘奪，美國其著例也。民主政制之優點，乃使人民及政府有機動的糾正錯誤之機會。

b. 國會組織法。國會須分參、眾兩院，眾議員須由各省分區選舉，其名額與人口有直接比例。中山之國民會議，以民眾職業團體爲基礎，在眾議院中似可不採，蓋議會中加入職業團體之利益衝突，反易肇紛擾。凡關涉人民之負擔法案，如預算決算，稅法幣制，公債之募集及發行，外債之籌借，均須得眾議院之議決。懲罰法案，如刑法，亦須眾議院議決。參議員由各省及各特別區舉辦大選選出之。其名額亦與各省人口有關聯，但最高名額每省或特別區不得超過五人，最低不得少於二人（因各省及各特別區人口不同）。其職掌爲議決全國一致必要且不易引起爭議之重大法案，如國防法，兵役法，牽涉全國或兩省以上之交通法，國營事業法，及駐外代表之同意案。

眾議院議決之法案，如參議院有異見時，可提請眾議院覆議；前後仍以眾議院之再決議爲準。就此等事件不得召開兩院聯席會議決議法案，以保各院職掌之完整，並避免離開原則之妥協。對外戰爭及媾和事項以及對外締結條約事項，則須由兩院聯席會議法定人數三分之二以上之表決通過，以示特別鄭重。

c. 國防法。包括動員資源，與人民之權利有關。

d. 兵役法。合法公民有服兵役之義務。

e. 預算法。

f. 決算法。

g. 稅法。包括項目頗多，如所得稅法，關稅法，貨物稅法，地價稅法，礦稅法。凡地方各稅，由各省省縣議會議決。

h. 交通法。如鐵路、公路、航路、郵電，牽涉收購土地及納費問題，與人民之權利義務有關。

i. 公營事業法。凡天賦稀少之資源，原則上視爲國有，如私人曾以投資方式取得所有權者，由國家按市場價格收購之。國有之資源，由國家開採經營，國家財力不足時可另訂投資法規，委託私人經營。無論公營私營之產品，一律以競爭方式在市場上銷售（武器除外），不得有任何差別待遇，以致發生特權，破壞公平競爭原則。（以上所稱之國家，指各級政府）

（3）凡程序法一律稱爲條例，如政府機關之組織只規定所屬單位之預算分配及職掌劃分，並執行法律，其權力源泉，既均出自人民，故政治機關之組織，均稱爲組織條例，無例外的適用於各級官署，以示各級政府均在法律之下執行業務，完全表達「法律至上」（Supremacy of Law）之精神。

（4）凡公營事業機關之組織，因其取得所有權一依於法，其產品及服務須在市場上公平競爭。故此項組織一律稱爲規程。其不得稱爲條例者，以其須受政務機關之監督也。

凡條例規程，除執行法律外，不得另有規定，涉及人民之權利義務。其在執行程序中，遇有侵犯人民權利義務事項，得由受損人訴之於司法機關，由普通法院審理，以示司法之獨立（此仿照普魯士行政法院與普通法院之職掌劃分）。

（5）行政法院或平政院只審理公務員違反行政官署組織條例內所規定之職掌。其涉及侵犯刑章者，仍交普通法院審理（普通法院指各級法院）。行政法院或平政院不得為司法之處罰。

（6）宣告民法、商法屬於判例法範圍，不在立法機關立法範圍之內。中國幅員廣大，文化發展不一致，風俗習慣亦不一致，宗教信仰不同，包含之民族亦極複雜，人民且多不識字，例如以上海、天津及長江流域文化發展區域之法，適用於文化經濟落後區域，如蒙古、新疆、甘肅、青海、西藏、貴州、廣西、湘西各地，必扞格難行。治理以上各等區域，必因其人情風俗習慣，方能有效。故民事、商事及日常細故之爭執，必運用判例法。

第十章　余在天津之政治活動（二）

此乃余在《天津雙週》上之第三文。爲避免一章過於冗長眉目不清，故另立一章於此。余在民國六年時已多讀時賢之憲論文，進北大後又曾選憲法課程，對於憲法之精神及主旨已有了解，故敢作此文。

（一）人權與民權之分，私權與公權之分

徒法不能以自行，故必須有保障人權之制度。中國歷史上無保障人權之制度，士君子及人民只仰賴帝王施仁政，帝王不施仁政，人民亦無挺身而起，爭取人權之事實。人民針對帝王殘酷、政府腐敗，逼得無路可走，只有造反之一途。成則爲王，敗則爲寇。縱令成功，是否以暴易暴，亦毫無保障。作者撰述此文時，百思莫得其解。只有在一九六五以後讀到海耶克《自由的憲章》（F.A. von Hayek: *The Constitution of Liberty*），觸類旁通，再鑽研古籍，方作成一篇〈論中國歷史上何以無保障人權的制度〉，有所說明（請參看周德偉著，《海耶克學說綜述》，二六六—二七一頁。此文乃作者之創見，非抄襲或翻譯海耶克，因海耶克亦不明中國文化也。），見後編。

作者作此文時尚未讀到海耶克之書，主要之點均採取西方之法理學，大意於次。

中山先生發表民權主義之講演後，一般讀者均以爲中山之民權即西方之人權，其實全不相當，不可不辨。

西方之自由即爲人權，已如上述，官文書上已見於一二一五年之大憲章（Magna Carta）、美國之憲法及法國之人權宣言。著作上有 John Stuart Mill 之 *On Liberty*，對此主張毫無異見，即十九世紀之 F.C. Savigny 之 *System des heutigen römischen Rechts*（現代羅馬法大系）持論亦同，尤其著重風俗習慣及法律之關聯（當日之原文只引到彌爾爲止），此皆屬於私權範圍，私權較公權尤爲重要，此乃自社會生活內長成，非任何人所能締造，制定之法不過就已得勢之風俗習慣寫成文字而已。故法先於立法（legislation）而存在，道德法尤先於法而存在。私權對人生之重要，猶如空氣與水，不可一時或缺。帝堯時代之〈擊壤歌〉「日出而作，日入而息；鑿井而飲，耕田而食，帝力何有於我哉？」此即表示人人有其私權，有其行動之自由，與國家不相干。

禮或道德法同源，在中國初見於《周易》。《易》描述萬有之法（自然法）及人文演進之法（道德法）。繼見於《周禮》。《周禮》實中國最早的法典，此非周公所造，而係周公所述，後儒切至近人梁啓超懷疑周公時代不能著成如此繁複之書，而疑爲僞書，實不知周公僅記述歷代久已流傳得勢之風俗習慣、典章制度，僅盡編纂之勞而已，遠較後人成一家言之著作爲容易，亦比《周易》、《中庸》爲容易寫成。依時序，繼又有孔子之仁。仁之達詁，爲人與人相偶（今語相對）相濟之道，曾參曰：「人之相與，若舟車然，相濟達也。」（濟達較今語互助合作尤美）鄭康成曰：「仁，乃此一人與彼一人相偶也，必有二人焉（多人）而仁乃見。」董仲舒《春秋繁露》曰：「人非人不濟。」孔子曰：「人而不仁，如禮何？人而不仁，如樂何？」仁可通於禮樂，「禮以明分，樂以道和。」凡此等事象，均自社會生活內長成，非聖哲所能創造，故孔子亦云「述而不作」。嚮使人之行動毫無規律，沿相反之軌道，如相見即互相砍殺爭奪，或互相逃避，尚有社會生活之可言乎？尚有仁、禮、道之存在及發生乎？西方亞里斯多德（與孟子同時）早謂「法先於國家而存在，且超乎國家之上。」又謂「人不能造法，只能立法。」立法者，只就已存在之超立法信條，寫成成文法，其作用為保障人權，或懲處破壞人權之人、之事。

後儒釋仁，限於帝王之施仁政，此後儒之固陋，與仁之本義完全不相當。因仁之本義久已喪失，故不能發展保障人權之制度，及人民能爭取人權之事實。此點最宜注意。人民大規模造反，溯其原因及內容，實為向無道政府爭取人權，乃儒生一律稱之為「叛逆」，此一歪曲術語，阻遏了中國文化千年應有的進步！吾人豈可不資以為鑒戒。

孫中山民權主義的講演，只列舉人民有四種權利：選舉權，罷免權，創制權，複決權，此乃公權，與人人必要之私權毫不相干。公權乃人民要求參加立法及行政管理之權。對此等權利，大多數人民可能不關心。大多數人民所最關心者，為其私權之保障，具體言之，即其勞動成果，除納稅外不受別人之攘奪，住宅不受別人的侵襲，身體不受非法捕拿及拘禁，思想研究製造不受政府及別人的干擾，信仰不受別人及政府的拘束，合法的行動不受政府及別人的侵犯，就業不受政府及別人的阻遏。總之人民之所要求者全為此類自由，一切法律之目的，亦在保障此類私生活的自由。德文表現得最明白，法與人權為同一字：Rechts。

至於公權，以選舉權為最重要。美國號稱為最民主的國家，擁有人口一億以上（現在為二億），享有選舉權者與實際投票者不及半數，且數年方行使一次。二十歲以下（現在改為十八歲）及犯有刑法者均無選舉權，至於婦女享有選舉權亦近年之事（當時之情形）。選出之總統及副總統以及民意代表，除非觸犯刑章、容受司法制裁外，即脫離人民之掌握，爲所欲爲，經過任滿之後，方有糾正機會。至於直接罷免官吏（罷免權）、直接立法（創制權），只有小國寡民（如瑞士）或縣鎮能行之，英美二國之人民亦甚少運用。複決權，據法律規定及慣例，只有制定憲法時方行之，（製造憲法程序，初由專家起草，再由更多數之州代表審查，最後交付全國享有公權之人民複決。）數十年或百年以上方行使一次。

又從相反方面言之，如從中山之意，人人爭取官吏及民意代表之職位，而不事其生業，且無生業之保障，國家尚可治理乎？吾見產業發展國家或農業國家，大多數人民均有職業，且有職業之保障，未見多數人均搶官位及民意代表之職位。故社會基礎鞏固，政府官員及民意代表之變動亦不能違反憲法，觸犯刑章。故人民能樂其生業。

中山又云：「中國人民之自由太多」，此大違反常識之論。人民私生活之自由，只患其寡，不患其多，中國文化能保數千年不墮者，正賴人民有私生活之自由（人權）。中國官制本極簡，貞觀之世，號稱極治，據李世民云，當時中央政府官吏僅六百餘員，另設弘文館、崇文館優容學士，又設鄉貢及科舉制度，吏部主甲科，禮部主乙科，被取錄者大致爲國家之良，且名額有限制。爲政之主旨則在省刑罰、薄賦斂。地方政府只有州縣二級，州之組織只有刺史一人，別駕一人（別駕例不治事，爲中央大員自宰相以次之貶職），長吏一人，六曹參軍各一人，功曹一人，令吏（秘書）數人，學官數人，其餘均爲吏員，無法定職掌，奉長官之命辦理文書檔卷而已。一州之官不越廿人。每州均轄數縣，唯京兆府轄廿三縣，太原府、河南府、成都府、江陵府亦轄縣十餘，官員亦不致超過卅人以上。縣之組織，只有令一人，丞一人，教諭一人，訓導一人，典史數人（司緝捕刑獄），尉一人或二人，其餘爲吏員，均縣令所自僱。一縣之官員不過十餘人，而轄百里之地，對老百姓之私生活眞是鞭長莫及，無從干預，地方事務均由地方人士自己辦理。士君子雖爲一特殊階層，其不任官者，只能協助或領導地方事務。（老百姓多不識字，故地方公共事務，大都由士君子辦理；士君子辦理此類事務亦須與輿情融洽，不能脫離傳統之風俗習慣。）故人民享有高度自由（人權），此中山所謂中國人民自由太多也！不知中國人民正賴此等自由，方得生息蕃殖，故世界所有之舊文化只有中國能保存。希臘文化後來移殖至羅馬及英美後方得藩衍。

中國歷史上治亂循環，考其致亂之由，均由暴君侵犯人權，民生塗炭而起。吾人試讀亂世歷史，及杜甫之詩，不難窺見當時政治之腐敗，人民之痛苦。故明君於平服暴亂以後必休兵養民，偃武修文，換言之，即恢復人民自由及人權是也。中山欲以民權（公民權）代替人權。民國開國十八年矣（作文之時），吾人曾得機會運用此四權乎？當然，袁世凱及督軍團肆虐，當負最大責任。然即使行中山之治，以公權代替私權（自由），人民能如中山之意以控制政府乎？余敢斷言之，曰：否。中山又以「能」代替政府之政權，謂政府萬能，四萬萬之人民（當時之數字）均爲阿斗，阿斗能憑中山之四權以控制政府乎？余亦敢斷言之，曰：否。如使四萬萬人均爲阿斗，不得運用其才智，則靈明盡錮國家可由是治理乎？余再敢斷言之，曰：否。

孫文學說完全以自己爲中心，只誇稱自己爲先覺，欲全國人皆服從其指揮，如全國人只服從一人之指揮，不趨向獨裁何待？

余讀各國政治史及法理學，只知政府之權力即爲政權（political power），未聞其改稱爲「能」者，未聞政府而無政權者，更未聞人民及立法而不限制政府之權力者，政府萬能乃在民主政制下不可思議之辭。政府既有權，爲確保私權及個人自由，故人民須限制其權力，不能如阿斗也。起中山於地下，似亦不能否定吾說。

（二）保障人權之制度

西方經千百年之流血，無數哲人、政治思想家及政治實行家之思考及經驗，方樹立分權制度（seperation of power）以確保人權。中國在過去於此方面無足稱之建樹。人之智慧本相差不遠，在可見之將來，恐亦難產生更高明的辦法。

惟權力分立或分權制度，須有明確之標的，此標的爲何，即保障人權是也。民主國家之憲法，其全部條文即爲趨向此一標的。故費城制憲時，哈彌爾頓（Alexander Hamilton）反對憲法內附加列舉之人權表，謂列舉必有疏漏，啓政府行動侵犯人權之漸。但當時多數意見：「開國之時，必須列舉基本人權（fundamental human rights），俾行政部門有所遵循，將來時會變遷，憲法可容許修改，或容受大法官之解釋。」故有現在之美憲。行之二百年，修改條款極爲有限，而以大法官之解釋爲最有力，此即：「凡歷史上、風俗習慣上人民所已享受之自由，均視爲已列於人權表之內。」

孫中山亦主張分權矣，惟其具體主張，頗含混淆重疊及標的不明之處。例如考試權，只考試可以任職之官吏，官吏又只含全國人口內之一小撮人民，與人人日常所需享受之自由似無密切關聯。爲求公平及選拔眞才起見，唐宋以來，考試權即已獨立，但數年一次的鄉貢科舉及會試，只臨時派遣合格之政府大員爲主考官及同考官主持其事，任何大員及政府部門均不得干預其事，事後即行撤銷，此已符獨立之實，現在似不必另設永恆之考試機關，反致糜費公帑。今日西方各國亦行文官考試制度，政府各部門如需用專材，即由各機關主辦考試；考試之時，雖行政長官及其他部門均不得干預。需要何等人才，何等員額，只有行政主管機關自知之，故只有主管機關能主辦有效，不必設立龐大之考試院（時三次全國代表正議決實行五院之治），每年舉辦考試，對於各行政機關之內情又一無所知，或多膈膜；被取錄者，亦只取得一資格，一時又無法授與實際職位，徒敗壞政府之信用，且啓多人求官而不事生業之漸。故當今只須立法上規定考試權獨立及考官之資格，即爲已足。

監察權自漢唐以來號稱獨立，實則距事實甚遠。舊制以御史大夫總司監察及糾彈之權，屬員有御史中丞、侍御史、殿中侍御史及監察御史數級，侍御史以上之職掌爲糾彈中央之達官，監察御史則糾彈地方官吏，分道掌理糾彈事務。清朝改御史臺爲都察院，置左右都御史，職位與六部尙書相當，下設各級御史。地方長官之總督巡撫，亦加都御史及右副都御史之銜，是行政長官亦有糾彈之權。又吾人讀史常見宰相及擅權之大臣諷示御史糾彈其所欲排斥之官吏，御史亦秉命唯謹。故中國之監察權，向只有獨立之名，而無獨立之實，不過爲帝王及擅權大臣之工具爪牙而已。中山謂舊制完全獨立，似不符事實。

今日民主國家亦有監察權，職權劃分遠較明確，效果亦較優良。即彈劾權專屬於議會，專對政務長官爲之。政務長官須向議會負政策之責，如制定及執行政策有錯誤，或不執行立法機關決議或執行不力，議員得提出彈劾案，彈劾案一經成立，政務長官即須解職，無迴旋之餘地。其觸犯刑章者則交由司法機關審理。雖總統亦莫得而避免，法律前人人平等，總統亦不享受司法豁免之特權。至於糾舉權，則各級法院內均設有檢察處，專司檢舉觸犯刑章之官吏，交由法院審判。至於各級官吏失職或違反合法之行政命令者，人民及官吏均有檢舉之權，分別向行政主管及檢察處爲之；違反合法之行政命令者，行政長官自行懲處。行政長官必須有合法權力懲處僚屬，方得端肅風紀。且檢舉案件中之觸犯刑章者，亦交法院審理。又各級官吏亦有權拒絕執行長官之不合法命令。

在憲法未制定前，中華民國元年頒佈之臨時約法仍爲最高法律。約法第七條，人民有請願於議會之權。第八條，人民有陳訴於行政官署之權。第九條，人民有訴訟於法院受其審判之權。第十條，人民對於官吏違法損害權利之行爲，有陳訴於平政院之權。凡此各條文內之陳訴字樣可視爲檢舉。惟現在平政院既廢，「違法及損害權利事項」又屬於司法審理之範圍，故「有陳訴於平政院之權」一語，應改爲「有向司法機關檢舉之權」。普魯士於十八世紀末即設有行政法院（類似中國之平政院），規定「凡關涉人民之權利義務事項，一律交普通法院審理」，以示司法之尊嚴，雖威廉大帝亦莫得而犯焉！又議會無審理之權，第七條用請願二字頗爲得體。盱衡現在形勢，將來制憲，宜將彈劾權隸屬於議會，專司政策之監督，凡檢舉權應分別由人民及檢察處爲之。監察是否應獨立成院，似爲極須愼密考慮之問題。又，約法內之陳訴權，宜一律改爲檢舉權；蓋陳訴權之術語，即表現官府高臨於人民之上，非由人民所產生也。作者作文轉至此完結。

惟以後又發生重大怪現象，現在補述管見於次。

國民政府後來又設立行政法院及公務員懲戒委員會二機關。凡人民之行政訴訟經各級行政機關之裁定，達於行政法院爲最後定讞，此定讞雖涉及人民之權利義務，司法機關亦不過問，人民亦無知識或能力辨別，以再提司法訴訟。是中山之五權憲法變爲六權憲法矣，司法機關亦放棄其保障人權之職掌矣！

又公務員懲戒委員會之裁定，照現有規定須得提案監察委員或監察院之同意，是監察委員能干涉公務員懲戒委員之裁定，公務員懲戒委員會之委員不爲司法官，亦已明矣。蓋司法官之審判，不受外力之干預也。而今日之公務員懲戒委員，竟每人自稱爲司法官，而不明自己之職掌已被監察院剝奪無餘。此一情境發生之流弊，眞不忍言。即行政官吏之不得於或取怒於或不接受監察委員之請託者，監察委員動提彈劾，移請公務員懲戒委員會予以懲戒。如是正直骨鯁之公務員，動遭彈劾而受懲處，而多數貪瀆違法亂紀之分子，反長袖善舞，反逍遙法外，其例不可勝舉，請監察委員及公務員懲戒委員，自己反省自己之良心及一般法律常識，即可有得。監察院及公務員懲戒委員會二機關，並行存在，職掌又糾纏不清，公務員懲戒委員會之裁定，如不合監察委員之意，監察委員即以彈劾公務員懲戒委員相恫嚇，公務員懲戒委員會尚得獨立行使其職權乎？尚得爲司法官乎？又，在黨治之下，黨團及政府大吏亦常促使監察委員亂提彈劾，公務員懲戒委員亦亂肆裁定，受害者不知幾許人矣！再以俗語表之，監察院如無公務員懲戒委員會，則無生意可做（因監察院不能司懲處及裁定也）；公務員懲戒委員會如無監察院，亦無生意可做（因無案受理，受理之後又須仰監察委員之鼻息）。如是守法不阿之公務員苦矣。整個政府官員中，滋生一種反淘汰律，即善類漸趨滅跡，惡種獨得蕃育！

作者於此有一親身經驗。因不得於若干監察委員，約當一九六四時期（正確時日已記不清），有監察委員金某者，私以預擬之提劾案示余。余不明其意旨何在，守正不聽。一年之內，遂連續遭受三次彈劾。公務員懲戒委員會因持正，亦連續遭受彈劾之威脅，並公之報章。友人李壽雍因主持正義，爲作者澄清事實，亦幾於惹火上身。作者又頗通法理學，並擁有社會同情，乃得一次獲勝，一次雖稍受委屈，僅爲一紙具文，無損於作者之公私權利，祇爲監察委員遮羞而已。另一案則在請司法機關覆審時，作者函大法官質詢，中國究竟是五權憲法，抑六權憲法？監察委員有干預裁定之權，是否合理？法院不保障人權，則法院何用？並以副本送請司法院長及行政院長研究。乃得由高等法院推翻各級行政訴訟機關之裁定，最後並判定，本案已結，行政機關不得再提上訴。此爲中國法制執行史上之創例。依時序，後文當稍有述及。其不詳述者，乃公私文書達數十萬言之多，作者不願以個人雞毛蒜皮之事，浪費讀者寶貴之時間。三案結束後，作者年已六十有七，懶得與監察委員作長期之糾纏，且妨礙作者著作事業，乃自動呈請退休，雖財政部長懔於輿情，表示願聘作者爲顧問，免辦退休手續，作者亦予力拒。試問一般人民及若干公務員，有幾人能通法理學，並獲社會聲譽？受枉之後，亦不過飲泣含恨而已。悲慘孰甚。

故作者之結論：如欲遵崇法治，監察院及公務員懲戒委員會勢在必裁，將現行職掌之彈劾權交之議會（立法院），檢舉權交還人民及司法檢查處，行政懲處權改由行政長官行使，司法審判權交由各級法院，俾得獨立保障人權。平心而論，本三案發生及處理經過，公務員懲戒委員會殊能持正，對作者亦表示傾服，但作者爲文，非謝恩私門，乃欲爲國家建立永久之優良制度，故作上述之主張。凡本段實情之說明，非十八年之原文，乃寫此文時之補充。前文已說明。

據上文所述，關於權力分立制度，嚴守西方之行政、立法、司法之三權鼎立即爲已足。蓋此三權方與一般人民之權利及義務有普遍關聯，而爲保障人權之正確標的。縱有人主張五權分立，亦與五院分立有別，五權之治，並非五院之治或制也。中山既主張分權，又視政府之權爲能，不免自相牴觸，起孫先生於地下，亦不能否定吾說也。如黨人眞僅認中山一人爲先知，尤屬大謬。世豈有先定之事乎？如只認一人爲先知，則與眞命天子何異？

關於行政、立法、司法三權之內容，頭緒紛繁，作者當時（民國十八年）未作詳細說明，只指出若干重點：

（1）行政院及所屬各部祇爲政策制定、監督及法案草擬機關，組織宜簡，祇有若干專家及文書草擬人員已足。英國之首相官署，祇設秘書廳，司各部所擬定政策之審核協調，呈由首相召開國務會議決定而已。

至於主管業務之事務機關，遍設於全國，員額當然較多，然亦須視各地業務之繁簡，酌定員額，不必爲普遍一致之規定。例如前清各部，祇有尚書二人（滿漢各一），侍郎二人（滿漢各一），左丞一人，右丞一人，左參一人，右參一人，各司郎中一人，員外郎一人，簽事若干人，主事若干人，令史若干人，辦事員若干人，每部總額不逾百人。至於九卿及各地業務機關（如海關鹽務、內地稅務）所轄員額，反較六部爲多。至晚清方增設外務、郵傳、學務各部，員額亦簡，共爲九部。今日各部員額，常在千人以上，往往侵及下層業務，監督反因之失效，雖今日時勢進步，政務較繁，仍宜大加淘汰，凡主管政務之部，員額亦不應超過二百人。例如陸軍部，並非陸軍總司令部，不直接指揮兵員，只司各師之編制，何必設一龐大之部（當時陸軍部官員最多）。各部政務長官，既只司政策法令之擬定，實無多設員額之必要。各國皆然，故政通人和。

（2）立法部門即爲國會，其立法之權應受憲法之限制，即受「超立法信條」（meta-legal-doctrine）之限制，立法院應爲權力有限之立法，決非無限之立法院。亞里士多德早言：「立法機關如無超立法信條之限制，則數百個暴君之爲害將甚於一個暴君。」希臘之法治觀念，本早於民主觀念 demo-crata，且較民主觀念重要。民主即多數之治（rule of majority），多數之表決，不過爲解決爭議之手段，其本身並非一價值。亞里士多德又言：「多數之表決，如無最高立法信條爲之限制，一遇感情衝動，則所立之法必無一貫性、永恆性、一般性，徒召起無窮之紛擾。」柏拉圖且言：「只要有依索諾米亞（Isonomia 法治）可憑，雖寡頭政治，亦不爲害。」甚至造爲「寡頭政治之法治」一術語，此皆足資爲吾人之鑒戒。

（3）至於司法機關即爲各級法院，例如最高法院（或大理院）、高等法院、地方法院。最高法院主要爲司憲法之解釋及依法交還人民覆審事項，不必另設不司憲法解釋及審理之司法院，此正符司法獨立及保障人權之精神，亦爲其完備之制度。西方民主法治國家均如此，未聞大法官之上，再疊床架屋再設一司法院也。

（4）總統、副總統及民意代表既由人民直接選舉，經數次執行之後，人民即知自己有權控制政府，對於自身權利之防護又有檢舉權，較之空口談訓政之效果優良多矣。

（5）總之三權分立，乃以立法制衡行政，司法主要爲制衡立法，並及於行政。凡制定法之不合於憲法規定者，大法官得撤銷之。如此重重制衡，人權乃可得完全保障。人民既自知並力保自己之人權，何致如中山所云一盤散沙。且既知國家爲人民所自有，必進而愛護其國家。

此一民主法治制度，中國始終未曾實行，改弦更張，今其時矣！

第十一章　余在天津之黨政活動（三）

例。

此爲作者在《雙週》上發表第四文。大部分取材於民國十三年中國國民黨第一次全國代表大會宣言，即宣言中之「三、國民黨之政綱」之「乙、對內政策」之規定，及師法西方民主法治國家之先例。

（一）省憲論

宣言中對政策有如次之重要規定：

（1）關於中央及地方之權限，採均權主義。凡事務有全國一致之性質者，劃歸中央；有因地制宜之性質者，劃歸地方；不偏於中央集權制或地方分權制。

（2）各省人民得自定憲法，自舉省長；但憲法不得與國憲牴觸。省長一方面爲本省自治之監督，一方面受中央指揮，以處理國家行政事務。

（3）確立縣爲自治單位。自治之縣，其人民有直接選舉及罷免官吏之權，有直接創制及複決之權。土地之稅收，地價之增益，公地之生產，山林川澤之息，礦產水力之利，皆爲地方政府之所有，用以經營地方人民之事業，及育幼、養老、濟貧、救災、衛生等各種公共之需要。各縣之天然資源及大規模之工商事業，本縣資力不能發展興辦者，國家當加以協助，其所獲純利，由中央及地方均分之。各縣對於國家之負擔，當以縣歲入百分之幾爲國家之收入，其限度不得少於百分之十，不得超過於百分之五十。

（4）實行普通選舉，廢除以資產為標準之階級選舉。

以上各項規定，大致明白而正確。中山在當時似已受了聯省自治及湖南省憲之影響，知非如此，不足以成立統一之國家也。惟規定縣越過省之一級，直接與中央劃分收入，是中山內心仍未放棄其夙昔主張之中央集權之制，而使省為虛位，似屬扞格難行。蓋以主管政務之中央，何能直接指揮全國千七百縣及各特別區。尤其民族複雜及宗教信仰不同之區域，甚難有一致之規定。大不列顛三島比之中國，一小國耳，然愛爾蘭與英格蘭之爭端，至今無法平息，大英帝國（現為國協）統治海外各區域亦各異其政。且以中央政府指揮各縣，必設龐大之官僚制度，易啓腐敗之漸。歷史事例明昭可考。

省既由人民制定省憲，自選省長，則省長之權，亦不能只代表中央監督各縣。省必有政府，轄有各廳司，以執行並監督省之政務；省有議會，司省立法之權。各省資源財富、文化教育水準、風俗習慣不一致，所立之法條必互有出入，最重要者只規定省憲不得與國憲牴觸，其與國憲牴觸者應由省最高法院撤銷之，亦得由中央最高法院大法官會議撤銷之，如此亦可收國、省制衡之效，而不害及均權及國家大政之統一。

凡制度之改進必有因革，孔子曰：「殷因夏禮（禮即法制），所損益可知也；周因於殷禮，所損益可知也。」考之現代社會演進狀況亦如此。革命只以政權為對象，不以全部社會制度及文化基礎為對象。

明承元制，各省均設行中書省（行省之名始此），行中書省設有同平章事及左右丞相各長官，其官階只低於中央政府之同級職位半品（即一階），胡惟庸即以廣東行省之同平章事、左丞相，入為中央政府之丞相。厥後各行省之長官，改為承宣布政使司，設左右布政使，其官階約與中央之六部尚書相當（從二品），鐵鉉即以中央之兵部尚書，出為山東行省之布政使，其時抵抗燕王之造反，布政使之職位，更較尚書重要。清代設經略使、總督、巡撫，僅為中央臨時派出之欽差大臣，專督軍事，隨設隨撤，並非定制；行省之行政長官仍為布政使，並非僅中央之傀儡，其下有按察使，司全省刑獄，並有道府，均各有固定職掌。未聞中央政務官署直接指揮各縣之政務及事務也。咸同以後，督撫方為地方事實上之行政長官，然總督、巡撫之官階仍與布政使相同（均從二品），中央政府只有大學士為正一品而無實權，六部尚書為從一品，侍朗為正二品，尚書、侍郎並非完全隸屬關係，均可直接上奏，而為各部之堂官。此一中央集權制度當然應予改革（事實上久已改革）。

如懼省之權力龐大，則軍隊統屬於國家，總統為全國各軍之大元帥，省市及各縣只有警察維持地方治安，統轄於省長，長官猶漢之都尉，被統轄於太守也。且省之各行政、立法、司法均由國憲、省憲及各項法律管轄，何能與中央抗衡，司法如實行判例法，則人民亦有直接監督之權，而不與國憲、省憲牴觸。

又縣民罷免官吏及直接立法之權，在教育未普及、文盲未掃除前，亦無從執行。國民黨第一次代表大會宣言中，未規定義務教育，亦為重大缺陷，必須明文補充。

又大學及專科教育，須視各地之經濟發展及事業需要，由各省及地方政府或私人舉辦，畢業之後，不患其無業可就。英國無國立大學，只有私立大學，美國只有州立大學及私立大學，而無國立大學，私立大學大抵均優於州立大學。課程只因地制宜，亦並無統一之規定。中央只設有各種基金，或倡導巨富設立基金，津助各高深學術機關之研究，所收學生皆在博士以上。故高深學術亦蓬勃發展。中國在改革草創時期，爲迎頭趕上，不妨變通其意，在各大埠，如北京、南京、天津、上海、武漢、廣州各地設立國立大學，以爲之倡，並設立重要研究院。其課程及研究項目亦不必有統一之規定，只以因地制宜及取法西方最高標準以陶鑄人才。又中國之各有歷史之書院，所存文獻及研究品不少，且大多數各有財產，宜仍令其存在，其財產不足者，可由各省或中央補助，一律改爲大學或研究院，以收文化延續之功效。

又各黨之政綱及主義不可於各級學校設立專科、從事宣傳，其正確之主張，自可納入各項社會科學。總之，思想重自由，不可使受教者一入學校即爲教條所拘束，而蔽錮其靈明，如孫悟空先戴上頂緊箍咒，神通大減矣。英美之各學校決無各黨政綱主義溷於學科，而無害於英美之強大及學術之發展。且各種自然科學本與政治主義及政綱毫無關聯，如一律授與黨派之主義及政綱，且考試院考取各項人才亦置政治主義及政綱於首要地位，是無異鼓勵其政治慾。求取政治職位，只能得到亂政，不能得到治政，社會基礎無從安定。英美各國只有少數人有政治慾，多數人均樂於從事自己之專門職業，普選數年方行使一次。不似我國，一出中學門牆，即爭政治職位，搶官做，爲搶官做，又不惜降志辱身，分別抱要人之腿，造成派系；又每年益之以普考高考，拚命鼓勵其政治慾，其風既流，品德益趨卑下，不可不從現在開始防萌杜漸。

又中央或省對偏僻縣區、文化經濟發展落後者，不僅不能補助中央十％至五十％，且須由中央或省均匀支配，並須予以補助。宣言中，亦規定欠明，不可不明文納入。

（二）反內戰論

此爲作者在《天津雙週》上之第五文，文雖簡短，最具刺激性，亦爲當時執政所最厭惡，以致集上述諸文所生之反感，觸發大禍臨身。

時蔣氏假中央之名，準備討伐馮玉祥，又三次全國代表大會（代表大部分爲指派代表）已議決設立五院，中央政治會議挑定蔣中正爲國民政府主席，譚延闓爲行政院長，胡漢民爲立法院長，王寵惠爲司法院長，戴傳賢爲考試院長，蔡元培爲監察院長，而排除汪精衛於主席及院長名單之外，且開除汪精衛黨籍，蔣氏顯已不只違背民國十六年冬汪精衛離國赴法之諾言（此諾言上文已述），二屆中央委員凡附於汪者均落選，不得爲三屆中委。馮玉祥、陳公博且遭開除黨籍處分，顧孟餘則停止黨權三年。余知內戰及黨內糾紛將起，中山辛苦締造之國民黨勢將沒落，余乃發憤著此文，其大意如次。

（1）自民國十七年初，馮玉祥、閻錫山均已率全軍宣誓加入國民黨，張學良亦已易幟，並被任爲東北司令行政長官，如眞討馮，安知不引起北方軍人之人人自危，以致戰禍延長，塗炭民生，甚至影響中央之政權。

（2）最近百餘年來，西方文明國家已無內戰，一切戰爭均屬對外，只有野蠻落後國家方有內戰。國民革命軍北伐後全國已經統一，何不集中全力建設爲文明國家，而反爲野蠻之表現，以致貶損國格。

（3）中央之武力只應對外捍衛國家權益，今不平等條約尚未廢除，正宜從事文化經濟之建設，充實國力，廢除不平等條約，達成國民革命之全盤目的。今背道而馳，掀起內戰，必致耗損國力，距國民黨之全盤目的益遠。凡文明國家及社會，關於內政之意見無不有分歧之事，均由政治或由立法途徑或直接行之民意，以獲致正確及反映民情之解決。今不循法律正軌，輕啓內戰，內則耗損國力，外則招致各國之輕視。

（4）國家爲人民所有，非一黨所有，更非一黨之一派或少數人所有。凡民主法治國家之對外戰爭及對外締結條約，亦須國會多數通過，何況對內！

（5）凡內戰頻仍，民生凋敝，必致盜匪橫行，爲淵敺魚，爲叢敺雀，歷史教訓彰彰可考！

（6）凡國家之人才，宜不分黨派，安置得所，以收全國之向心，尤其具有光榮歷史之領導人才，尤不宜予以排斥，反之則既違輿情並召糾紛。

時中央知北方之輿情不一，其實南方各省輿情亦不一致。段錫朋及北大系之李壽雍等創辦《青年呼聲》，公開主張黨內合作（只未言汪蔣合作而已），但無其他激烈言論。中央政府內之大吏宋子文（財政部長）向主汪蔣合作，此時已不敢發言。谷正綱因反對指派代表，被黃埔系賀衷寒指揮群眾毆打成傷，因而走上海。但彼等爲少數，蔣氏不重視之，且內心已另有安排（後文有述），唯重視北方之形勢，故於河北省、北平特別市、天津特別市組織特種宣傳委員會，以中央宣傳部秘書張廷休爲主任委員，河北、北平、天津三黨部之宣傳部長爲委員。張氏攜巨款北上，首至天津，時天津市黨部宣傳部長周仁齋出席三次全國代表大會未歸，余代理其職。張氏首訪余，余告以北方輿情厭戰，且尤崇汪精衛，宜納入考慮。並詢廷休：（1）特種宣傳究具何等意義？（2）各省市既設有宣傳部，亦係由選舉產生或中央所任命之同意，中央宜予以信任。今更設特種宣傳委員會，是明示不信任。如此措置，何能起輿情之統一？（3）吾兄以中央宣傳部秘書資格，亦不應凌駕黨員合法選舉產生之委員之上。廷休忸怩而言曰：「特種宣傳即係討伐軍閥之宣傳，但此種機密事件，不能用命令表達，故派余特別宣示中央意旨，且諸事必與諸省市宣傳部商酌而行，決無淩駕之意。」余據上文所述之意見力駁之，並斷然表示余不敢奉命，廷休猶不知趣，仍謂余：「請召集各級民眾團體代表，如農會、工會、商會等，共同商酌如何？」余於此事已有把握，乃爲召集百餘代表之會議，余主席，發言甚長，力陳黨義及余在《雙週》上之各項主張，主要爲反對內戰，會場掌聲雷動，余乃請廷休宣示中央意旨；廷休默察會議形勢，知無可爲，乃氣憤而退。廷休既未奉命會晤各執行委員，各委員乃作壁上觀，不發一言。廷休既在天津失敗，乃去北平，會晤河北省黨部、北平市黨部之宣傳部長，彼等早已獲悉天津事件之消息，且亦不欲受一秘書之指揮，故饗以閉門羹。廷休一無所成，巨款亦無所用，乃搜集《天津雙週》，報於中央，並云北方各黨部均爲改組派周德偉所操縱，一切特種宣傳無從著手。中央乃召開常會，決議周仁齋、周德偉撤職，並交中央監察委員會議處，議處結果爲開除黨籍。其時周仁齋仍在南京。蔣氏知北方情形複雜，乃親自北上，預備整理北方黨務，日程先行通知各黨部，過天津時，天津市黨部無一人前往迎接，蔣氏已感不快；至北平，河北省黨部、北平市黨部亦無人往迎，蔣氏更大怒，乃於北京飯店之行轅召集各黨部之委員及部長訓話。時仁齋仍未歸，撤職命令尚未達到，故余仍照常到部辦公。余知此去凶多吉少，乃派宣傳部科長楊立坦代表出席。蔣氏對各委員及部長大罵，謂「不重中央命令違犯黨紀。」各委員懼事，乃諉稱天津之事，均係改組派周德偉一人所爲（其實余當時與改組同志會尚無聯繫），河北省黨部、北平市黨部不愼，受周德偉所影響而已。蔣氏大怒曰：「即行拘拿究辦。」楊立坦歸報於余，並謂「老兄處境甚危，宜有以自處。」余乃離職，匿居法租界。其實，天津爲閻錫山防區，亦不束命拘拿，故余得安然無事。秘書一職余本視同敝屣，故亦不介意。越數日仁齋歸，余表示歉意，仁齋曰：「反正余有工廠可辦，丟了委員兼部長亦非大事，一切可以不必再談。」仁齋亦有修養者也。

時余缺乏經驗，猶冀蔣氏之一悟，乃致函蔣氏之隨員常德周佛海曰：「北方輿情厭戰頗甚，且馮玉祥本人及其將領既無知，又年事已高，數年之後，馮氏之勢力衰微矣；且如用兵，反引起其他軍人之疑懼，兵事一起，勢難驟解，徒苦民生並損中央威信。且蔣先生與汪精衛有宿諾，黨員知之者甚多，不實踐前言亦損盛德。且余所發表之文，均本學理，並無人身攻擊之事，且各市黨部委員持見亦與余相同，事先並無一言予以阻止，余不過首倡爲文而已。文人爲文，亦有罪乎？言論自由之謂何？請婉轉呈報蔣公，愼重處理國事，務崇法治，速息內爭，方不負中山先生多年之奮鬥」等語，不意佛海將余函呈報於蔣，蔣氏更怒，乃下令解散河北省黨部、北平市黨部、天津市黨部，所有委員一律撤職，並另派各省市黨部指導委員整理黨務。如是各省市黨部之執行委員及監察委員與余同歸於盡。余負友太多，歉痛至甚。蔣氏此令殊屬荒唐違法，凡民主政黨之上級黨部無權撤去下級黨部合法選舉之執行委員及監察委員之職，解散尤屬乖謬。蓋解散之後黨員勢必重辦登記，可以任其去取。

（三）階級鬥爭評述

此外尚著有階級鬥爭論評述，大旨謂：（1）中國自秦漢後，已無固定的身份階級制度，只有職業分殊，各業須互利互助，而爲社會內不可或缺之因素，並引《周書》及〈貨殖列傳〉爲證。（2）各階層內之利害關係並非不變，亦無絕對一致之事實，引西方工業革命後之情形爲證。（3）提出和諧發展一觀念，以與鬥爭毀滅一觀念對抗。曾於一九五四大加補充，非復當日之原貌，載於一九六二年之拙著《尊德性齋論著拾遺》，後又重編，載於一九六八《周德偉社會政治哲學論著》，爲免讀者翻閱之勞，將轉載於本書之後篇。

《天津雙週》只出刊三月，仁齋及余均被撤職除籍，北方各黨部亦遭非法解散，蔣介石並手令改組各省市黨部之執行委員及監察委員爲各省市黨務指導委員會，盡取其浙江同鄉及其所謂忠實份子爲委員，如是輿情益憤。以如此重大之行動，而以蔣氏個人手令爲之，心目中尙有黨紀法紀耶？眞爲黨政魔王矣。

余在雙週所爲文件尙不止此，不復記憶，但有關平生之政治主張，永銘於心，至死不能忘。余坦然承認當日爲文，辭旨較繁，措辭或不如今日之精工，然大綱不悖，幸讀者勿以辭害意。

天津既有《雙週》，江蘇又有《青年呼聲》桴鼓相應，三次全國代表大會又有代表退席之事，蔣介石不省自己之失，而轉憤有學力、有見解、有獨立思考之知識幹部，謂其「不服從命令，難於一己之操縱。」三屆中央委員凡附於汪精衛者均落選，顧孟餘、陳公博輩或停止黨權，或開除黨籍。其實陳公博主辦《革命評論》，雖批評蔣氏，但亦與蔣氏大有裨益。公博不聽顧孟餘之勸告，極力攻擊桂系，此無異助蔣攻桂張目，直至蔣氏出師攻武漢並扣留李濟琛，方停止攻桂之言論。甚矣，政治行動必須有遠見並忍耐待變也！三屆中央委員會又盡奪丁惟汾之權，而以陳果夫為中央常務委員，陳立夫擢升為組織部長，葉楚傖為中央常務委員會秘書長。二陳網羅中央幹部及省市黨部幹部（委員秘書職），只取其服從效命而排斥剛正不阿之士，北京大學學生被排斥尤甚，而易之以政治學校、教會學校馴如綿羊之學生。其未被排斥者，或取其浙江同鄉，或取其無能而恭命。朱家驊雖曾任北大教授，僅以其附於戴傳賢且為浙江同鄉，故得保全位置。蔡孑民則早已離職，專主持中央研究院。如是幹部之有獨立思考者或憤而投共，眞如為淵敺魚，為叢敺雀。忠實三民主義信徒則轉而趨附於汪精衛之旗幟下，谷正綱則走滬，組織各省市黨部聯合委員會，聯繫各省市黨部之去職委員及秘書，為汪所領導之中央改組同志委員會之行動外圍。如是汪精衛又成為一大勢力，否則彼以一手無寸鐵之書生，何能與蔣氏對抗？

蔣介石雖躊躇滿志，以為黨政從此統一，而不知黨勢從此沒落。黨而無知識領導，尚能生存發展乎？大悖十三年中山擴大組織、奠立群眾基礎之旨矣！以後蔣系之幹部及黨員均紛紛抱要人之腿，造成內部更多之派系，各圖升官發財，基層宣傳幾盡落於共產黨及其外圍份子之手。汪派之刊物亦相形見絀！此皆由於蔣氏無知自私而起，權詐術數有何用哉。竊嘗論之，蔣氏辦黨之方法，乃竊取青幫辦幫之方法，非中山辦黨之方法。青幫會員必拜祖師，蔣家之幹部及黨員亦須拜蔣氏為祖師。張發奎、馮玉祥、俞作柏等用兵反蔣後，亦被開除黨籍，被連累而開除黨籍者，達四百餘人之多，大部分未經公佈，可見蔣氏之一意孤行。

同時共產黨內部亦發生大問題。寧漢分共後，蘇聯深咎鮑羅廷發動社會革命太早，中國共產黨亦深咎陳獨秀一切附於鮑羅廷，以致列寧、斯大林輩原訂之「使黨員儘量滲入國民黨內，圖奪取政權」之計畫全部落空。鮑羅廷返國後被整肅失蹤，陳獨秀亦被開除黨籍，中國共產黨實權一度落入李立三之手，繼之者爲毛澤東。惟共產黨人亦不識革命只能以政權爲對象，不能以社會爲對象，社會爲人民所自發組成，社會革命無異革人民之命，如是社會內部砍殺爭奪，毫無寧日，國家民族之元氣大傷。今日之共產黨似稍有覺悟，然各省尚設有革命委員會，余不知其用意何在也！余只希望社會進步，文化經濟發展，法治至上，余已老廢無用，已無任何政治企圖，此心此志，可白於天日。

最可笑者，繼國民革命之後，多數國民黨人亦高呼社會革命，余曾力闢之，徒招思想落伍、反動、右傾之名，遭嫉忌及打擊益盛，以至於無容身之地。

余文發表後，陶孟和師來函，大意謂：「相離數載，忽覩大文，較初期《新民叢報》、《民報》及《甲寅》內容充實多矣，足下有如此成就，欣慰莫名。希望速來北大，完成學業，勿溷入黨政內鬼混，徒浪費時日，與足下無補。我擔保以足下發表之論著抵三年級之學業，只讀一年即可結業，然後出國留學。」余當時生事艱難，祖父母及母親待養，未能接受。陶師實我生平之第一知己，未接受其忠告，至今懊悔，然已增余出國留學之決心矣！

第十二章　民國十八年十九年余之黨政活動及自修

（一）

余於民國十八年（一九二九）四月離開天津市黨部，閒居天津，賃室獨居，目睹當時國民黨之所謂訓政，無非新軍閥、新財閥攘奪權力，距離群眾益遠。新軍閥以蔣介石爲領袖，附之者盡闒庸奴才，財閥亦由蔣氏一手培植，以宋子文、孔祥熙爲中心，則孫蔣二家之親屬也。北洋舊軍閥、舊財閥多已向蔣氏輸誠，滲入國民黨政府內分享杯羹。而才智之士，則排斥殆盡。歷朝開國規模之隘，無適於此者，如此，何以建國？

五四運動後號稱覺醒時代，實則自陳獨秀、吳虞、吳稚暉倡爲打倒孔家店之說後，過去的文化遺產，已盡失其信用。人類進入社會生活後，即追求萬事萬物變化之理及治國之方術，故有各種哲學及科學之發展。此一努力就文字可考者，自希臘三聖後至今不息，中國亦然。即十九世紀革命派之馬克思，亦承襲古典學派之經濟學、普魯士官房學派之黑格爾哲學，未聞其一無所本。胡適之當時被崇爲思想家，實則彼毫無獨立之思想，僅爲乾嘉時代考證諸子之續，如此何能滿足知識青年求一貫解釋事象之慾望？而青年之心靈又如一張白紙，一無所有。如是四千年之文化遺產喪失無餘。如是唯物主義及歷史辯證法乘虛而入，掌握了青年之心靈。唯物論雖缺陷重重，然至少提供了一套解釋萬象變化之方法，其論旨雖謬，然而當時之知識青年不知其謬也！

又世界文化交流，任何主義及思想，移植於不同之土壤，應有其不同之發展，追加新的及向所未知的因素，採取不同之形式及內容，不可僅爲某一主義之翻版。同一民主政治，在英美及歐洲，即有不同之發展，此一發展之可能，只有在自由境地下，方可完成，不可自上面迫致於下層。將思想治術自上面迫致於下層，即帝王及教主之方法，李斯、王莽、王安石早已行之，均已失敗矣，何況今日之知識青年已有覺悟，環境又複雜萬倍，自上層迫致之方法必將失效。

中山曰：「政治者，管理眾人之事也。」斯說即誤，蓋眾人之事，只能由眾人自爲之，政府之責任只司人與人間之正義，協調人與人間之利益衝突，並供給眾人作事之優良環境。正義之標準必得最大多數之體認，而以眾意咸同之法治（the rule of law）以維持之。法治術語，必須採最廣義之解釋，包括道德法（law of morals）、最高立法信條及一切制定法。制定法又須以前二者爲準繩。政府之職權一伸入管理眾人之事，試問何一政府有如此龐大之人力？政府之官吏又何能盡明眾人之事？眾人之事，只有從事者個人知之，官吏決不能知；以無知管理有知，必至治絲益棼，其流弊將使專制政體再生。

中山主張「由訓政進入憲政」，此亦爲空談，官吏圖功名利祿之不暇，何有於訓政？且官吏不知眾人之事，以無知管理有知，吾見其立敗而已。

當時萬念叢生，眞不知如何著手。曾思獨組一自由黨闡明吾說，只使政府職權協助人民自由發展，而當時謀生之不暇，資歷聲望又所不孚，不足以資號召，只有此構想而已，終生無成，愧恨何如？

一日閒行於天津街市，遇朱化魯。化魯原在民國十六年秋共事於武漢政治分會，司組織，年事長余廿左右。彼邀余至其寓所閒談，化魯曰：「自寧漢合作余奉派為河北省黨部整理委員，此乃十六年汪先生之安排，不料到任後局勢全變，事事須奉命唯謹，無自由主張之可能，余遂辭職，故未得當選為執行委員。幸家在北平，稍有薄產，擬優遊歲月以終老。最近奉王法老（法勤）之召來津，寓此戚友之家，法老有重事相託，一時不能離津。」余曰：「是何大事，足以羈君之行止？」化魯曰：「吾輩老友，又閱讀足下所為各文，願坦承相告。現在二屆中委已成立改組同志委員會，北方之事，一交法老主持，法老年高，乃召余為助。上海方面之事，由顧孟餘、陳公博、王樂平先生主持，從之者有柏文蔚、朱霽青、白雲梯、郭春濤、谷正綱諸先生，春濤任秘書。擬在各省市秘密設分部，河北、北平、天津已成立分部，由法老總其成。吾兄既閒居無事，何不加入共同奮鬥？」余乃索閱改組同志會之綱領，化魯坦然出示，並曰：「此一文件本非同志不能閱，余知君信士，故敢出示，幸守秘密。」余詳閱之，謹記於次：

（1）取消黨權至上口號，黨只能在國以下，不能在國以上；只能在國以內，不能自外於國。

（2）儘速結束訓政，制定憲法，尊崇法治，還政於民，以示大公，並遵守中山先生革命之原旨。

（3）取消階級鬥爭口號，洗伐唯物論之殘渣，以別於共產黨之主張。

（4）永遠杜絕武裝同志專政。

（5）從速從事文化經濟建設，實行中山之實業計劃，細節可因時制宜、修訂補充。

（6）將現有中央地方各軍一律改編為國軍，編制、裝備及預算必須一致，不得有任何歧視；核實員額以節政費。

（7）軍隊屬於國家，任何黨派不得領軍。

（8）整理財政，立即與訂約國交涉關鹽二稅自主，以充實國家財政，寬籌建設經費。

（9）取消三次全國代會之諸決議，並撤銷三屆中央委員。

（10）儘速實行黨內普選，凡各級黨部委員，一律由選舉產生，過去整理、指導等名稱，以後不得再行沿用，建立黨員間之互信。

（11）國憲內，須有容許各省制定省憲、自選省長之明文規定，以收中央地方合作之效。

（12）黨治時期中央政府設立政治諮詢委員會，容納全國名賢及民眾團體代表，諮詢其國事意見，並儘量邀請碩德名賢及學人入黨。

（13）以上各項儘速召集全國民黨全國代表大會決議，代表一律由選舉產生。

（14）其他立法事項，俟憲法頒佈後正式設立立法機關辦理。

化魯並謂此一綱領乃顧先生邀請駐上海之二屆中委草擬，呈由汪先生批准；惟未發出宣言，故為秘密文件，改組同志會亦為秘密團體。

全文雖未盡符余之理想，然在當時形勢下已龐大無倫，余遂加入改組同志會，走一步，算一步，以為後圖。化魯遂偕余謁王法勤先生，宣誓加盟，由化魯及王劃初先生監誓。劃初為法勤之同族，亦河北名賢。

此後余往來於平津之間，晤谷正鼎，時任北平市黨部指導委員會委員，並晤中學同學之楊銳靈，時任閻錫山主辦之《北平日報》總編輯，均已加入改組同志會。其他同志，不及備錄，總之北方（包括山西、河南）已有改組同志千人以上。

（二）

唐生智接收湘軍後駐北平，六月顧孟餘先生附便人致余一函，並附致唐生智一函，辭旨極簡，僅云：「茲介紹周德偉同志擔負貴部政治工作，汪先生所同意也。」余知將有軍事行動。余原意綱領如此龐大，必須廣事宣傳及組織，吸收大量群眾，再圖大舉，方爲有效。余既奉命，不得不行，乃先派同志持顧函轉致與生智，生智遣其參議余如愚（亦改組同志）迎余赴北平，設宴於長安西路之忠信堂相見，在座者如愚而外，僅其參謀長龔浩（字孟希）、副官長宋英仲，均余之好友，孟希平日對余尤爲傾服，余知情景有異，如生智果奉命，當約見於其司令部，乃沉機觀變，不發一言。宴後生智果屏退諸人，獨與余密談，曰：「汪顧二先生爲余所崇敬之人，余安得不從其命，唯現在余之兵力有限，時機未成熟，尚須擴大並勤練部伍，以策萬全。閣下名氣太大，如入余軍，即顯示余即將反蔣，事未成而先洩，危道也。余即將組政治部，擬擇一韜晦之人擔負其事，但中級幹部閣下可予推薦，即不任職，余亦將賦以名義，維持其生活。」余對曰：「總司令（時唐任五路軍總指揮，以其曾任第四集團軍總司令，故尊稱之）既有大計，余何人耶，敢事推薦，余之同志亦非啜飯者流，總司令既負軍事全責，只須將來合作，余願已足，組織政治部之事，實不敢干預！」唐無語，即開三千銀元之支票（時尚未行法幣政策）餽余。余曰：「余此來既有不虞之周折，受金而退，何以報顧公。」立返其支票。

唐曰：「此非余之私囊，乃公款，助閣下之活動耳，閣下如不受，余亦無以報顧，事在兩難，請閣下委屈。」余乃曰：「此款將移作改組同志會公用，事後當一一呈報。」

余返津後將此款悉交與朱化魯，並謂化魯曰：「有鄧一舟者，在天津辦《益民報》，擁汪反蔣甚烈，雖非同志，願魯兄以此款濟之。」化魯亦允諾，按月濟以三百元。余乃據以函報於唐。唐從此亦知余非易與之人。此後唐每月約見一次，均相晤於餐廳，唐每次餽三百元，曰：「吾輩道義之交，閣下閒居，朋友之助，亦不受乎？且此不過供閣下來往旅費及最低生活費用。」余思大款拒，小款受，亦不礙大節，乃以百元交化魯作公用，以百元濟家，自己僅用百元而已！

余以撤職開除黨籍之人，在平津鮮能活動，乃商於王法勤、朱化魯，願去上海訪顧先生，研究長期計畫，王朱二先生允諾，計余在津不過三月，受唐餽參千陸百元，已以參千貳百元移作公用，法勤贊譽有加，並設宴為余餞行。余乘新銘輪去滬，登輪時，遇谷正綱、尚其煦（尚留法學生，亦改組同志），旅途頗不寂寞，惟正綱暈船，每臥床不起。一晨閒坐於甲板，見吳敬恆（稚暉），余識吳，而吳不識余也。余前趨與談民主政治，時正當汪精衛吳敬恆筆戰之後，吳聞民主之言即勃然大怒，持手杖向余曰：「我要打死你這班汪精衛之黨徒！」余隨手持座椅迎敵，吳傾於地，賴尚其煦扶起，坐地上，仍怒目相覷。余乃曰：「民主政治非精衛所得而私，何以一談民主政治即斷為汪精衛之黨徒？無論是否汪精衛之黨徒，總比最初培養共產黨，後來又不分青紅皂白、屠戮黨人之流為優。」吳大怒曰：「你罵誰？」余曰：「就是你。」吳曰：「有何證據？」余曰：「我就是證據。」因力數其民國十三年與李石曾、易培基經紀盧布，資助學生赴俄留學之事，並舉其名稱不少。「十六年寧方清共，大開殺戒，冤死無辜青年，公不司其事，任其職乎？」吳更怒起立，持杖逐余，左右力解並攜余離開甲板而散。次日午餐，余與吳迎面而坐，侍者均著禮服，秩序肅穆，無從爭吵。余乃從容語之曰：「當日公等資助留俄學生，原為反對北洋軍閥，任何人亦未知今日之後果，余本無意反唇相譏，公氣大盛乃為遭遇戰，殊為抱歉。」又曰：「公本為汪精衛之好友，常呼之為小弟弟，見於文字；余本不識精衛，與公相較，不啻霄壤之別，何以一遇政爭，即破口大罵，穢語百出，屁精（吳稱汪夫人陳璧君為陳屁精）屎尿齊下，不留餘地？余在北京讀書時，本極尊公之革命精神，自讀公攻汪之文後，方知老輩不顧朋友道義，斯文掃地矣！此對余輩青年之觀感及影響如何，願有以賜教！」吳曰：「你昨日何不說此話，如昨日說出，我就不打你了！」余曰：「今日說出想不為遲。」吳乃曰：「不談了，同喝一杯如何？」余亦舉杯為應。此亦一大趣事，惜正綱暈船，未得見及，尙其煦又無消息，無人證矣！此後歷十餘年與吳未再有接觸。國民黨容共、分共，不知犧牲無辜青年多少，大損國家之元氣，不知讀者及當政作何感想！

（三）

余抵上海後因焦斐瞻（抗日時曾任南京政府考試院副院長）訪朱霽青，朱乃一粗魯軍人，殊無知。余未表示任何意見，蓋不能與言而與之言者，是謂失言。竭數日之力，方訪得顧孟餘先生之地址，通函請謁致敬，顧約余相見於另一秘密處所，詢明晤見唐生智之情形後，顧曰：「余對汝另有安排，請稍待數日。」後顧命余移居法租界善鍾路廿四號，此乃一極秘密處所，為二屆中委集會之地；

房室寬敞，陳設頗精，僅有男女工丁各一人，寓底層車房，北大同學梁綸才寓一樓，余來後，二人各居一室。顧只命余司開會紀錄及代閲《前進》稿件，殊悠閒，同志盛傳余已爲二屆中央委員會秘書，實則並無其事，顧未給余任何名義，只月助四十元生活費而已！二屆中委之秘書爲郭春濤，余不隸於郭，只隸於顧，如謂爲秘書，事實上只爲顧之私人祕書而已！

顧語余曰：無論閲文、作文，必須把握要點：

（1）凡含共產主義理論之文，如唯物哲學、唯物史觀、唯物辯證法、階級鬥爭、社會革命等說，須一概不取。

（2）對中山之學說宜表尊崇，不宜批評，除非確有卓見，能持爲討論之資，不礙中山學說之本體者，方得爲之。措辭儘量緩和，且表示爲眞理而求眞理之意見，如五權政治與五院政制有別，可取，（余辦之《天津雙週》，每期必輾轉郵遞汪）公權與私權之辨亦可取，惟不宜批評中山。蓋中山曾倡護法運動，護法即擁護舊約法，約法中已有私權之規定，中山並非不重視之。

（3）對國民黨黨員，無論附蔣、附汪者，均不得施以人身攻擊。對蔣氏個人，只言反對武裝同志專政已足，不得舉及姓名，反較含蓄。

（4）凡中山之學說及國民黨黨員均吾人之政治資本，不可隨意開釁，徒增將來派系之紛擾。凡黨員之行爲失檢者，政治設施一旦清明，弊端可以盡去，其不能改行者，尚有法在，此等細故不宜溷入余所辦之月刊。

（5）對於現存武裝同志之派系，宜不加論列，以待時變，目前公私恩怨俱泯。

（6）中國人口，八五％均爲農民，農民問題終須解決，可以討論，但不得沾染共產主義之思想，立言一本法治，此點極宜細心。

（7）工業問題暫以中山之實業計畫爲據，可補充而避免批評。

（8）戴傳賢之《孫文主義之哲學基礎》釋民生主義爲共產主義、爲唯物論，此有關國民黨立黨之大節，可予批評，但不得直指戴之名稱，藉留後來相見之餘地。

（9）吳敬恆爲一老瘋狗（此顧平生罵吳之語），但汪先生親與筆戰，殊失身分，吾人避開不談可也。天下之小人甚多，罵不勝罵，對罵貶損身分。

（10）凡民主、自由法治學說，可以暢論，眞理乃天下之公器，不必有所顧忌。

以上十點，可見顧先生盱衡當前形勢，確有遠見，爲當時任何黨國要人所不及。

顧先生爲《前進》作文，用公孫愈之筆名，手中尙存《前進》九册，而缺第一册及以後各册；此九册均經余閱稿，故獨得倖存。本書後篇當錄出顧先生之文章若干篇，以資參證。

改組同志會對外各方之聯繫，均由山東王樂平先生爲之。樂平本爲丁惟汾（鼎丞）之好友，而極尊顧，事事稟命；顧則深居簡出，無人知其住址，每二星期來善鍾路廿四號主持會議（汪居法未歸）與余晤面而已，余有所請示，亦必輾轉始達！王樂平則闢辦公處於法租界邁爾西愛路三一四號，門庭若市，已非秘密處所矣。王曾任黃埔教官，時遣黃埔同志入蔣軍中煽動起事，蔣最惡人能分化黃埔之勢力，故鄧演達（曾任黃埔軍校政治部主任）被捕槍決，蔣初遣上海市長吳鐵城諷王離滬，居杭州，月餽生活費五萬元，又請其入南京莞領一部，王均拒之。王學力雖不逮，其志節亦無殊於宋教仁（遯初）也。如是蔣氏乃含殺機，俟時待發！

（四）

民國十八年初，汪蔣對抗之形勢已成。汪對各方實力派有聯絡，均由顧孟餘先生電商於汪，透過王樂平執行。

時余已決心準備留學，故志不在爲文，亦不願作實際活動。谷正綱等深惡余之不參加小組會議，一無表現。彼稚魯無文，不識余之志也！

余盡購大學課程之英德文標準著作，如：Alfred Marshall: *Principles of Economics* 及 *Industry and Trade*; Frank William Taussig: *The Theory of International Trade*; Carl Menger: *Grundsätze der Volkswirtschaftslehre*; Ludwig von Mises: *Theorie des Geldes und der Umlaufsmittel*; Kunt Wicksell: *Über Wert, Kapital und Rente* 及 *Vorlesung der politischen Wirtschaft*; A.V. Dicey: *The Constitution*; Lord Acton: *The History of Freedom*，細讀之，一字不放鬆。顧先生又遺余龐巴維克之《資本論》三卷，以卷帙浩繁，未及細讀。又讀完康德之《實踐理性批評》。唐有壬時任中國銀行經濟研究室主任，有政治慾望，附於顧，對顧執禮甚恭，言必侍立；余雖不重其人品，但彼擁有資料，故常相過從。余既讀諸書，又輔之以實際資料，除深信自己之學力已超出一般大學畢業生遠甚，出國留學研究決無問題，所差者惟一紙大學畢業文憑耳，余思此決不難解決！

汪蔣既已對抗，各省軍人及主席亦思與各方多生關係，多有至上海與改組同志會求取聯繫者，顧不露面，均由王樂平先生接見。十八年夏，湖南省政府主席何鍵來南京報政，假遊杭州爲名，秘密至上海遣其總參議王大楨（字芃生，留日學生，第一次歐戰結束後曾任青島善後督辦公署之處長，湖南醴陵人，國民革命軍奪取武漢後，附於何鍵，而爲卅五軍之參謀長。何任湖南主席後，改總參議，駐上海代何聯絡各方，十六年與余相識於武漢）訪余，謂何鍵求見孟餘先生。余知孟餘先生深沉機秘，汪先生未歸，事機未成熟，決不願見何，乃婉轉以實情告王。王偕余見何鍵於大華飯店（何與先長兄爲結盟兄弟，余早已熟識，前文已述），婉轉告何：見王樂平勝於見顧。何鍵無語，徐曰：「吾兄何不隨余返湖南，同理地方政務，當以廳司位置相畀。」余對曰：「屢承厚愛，豈無感動，惟余隨顧先生於困阨之中，見異思遷，何以答顧公？何以爲人？度公亦必知余之處境也。」何曰：「早知吾兄大節不苟，以後如有困阨，可語芃生。」次日芃生持何函訪余，函曰：「余忝膺湖南主席，義濟湘賢，區區之數，望乞哂納。君子相交以道，度兄必能保密也。」余詳視之，乃支票千元也。余初甚駭異，繼思正無以寧家，且何鍵知余與顧接近，留一伏線而已，此等民脂民膏，用之何害。遂受之。從此與芃生來往不絕！

初蔣知唐生智與馮玉祥有宿仇，唐亦矢蔣效忠，乃調唐軍駐鄭州、洛陽，意在阻馮玉祥出陝，另以嫡系隊伍監視之，並派飛機大隊駐洛陽。蔣知唐生智有將兵才略，爲策萬全，乃調唐入京，任爲軍事參議院院長仍兼五路軍總指揮。留唐駐京，形同監視，實則不能直接指揮軍事，蔣以湘軍群龍無首，又有中央軍監視，不能不俯首聽命矣！

唐乃於南京以公款購大廈，花天酒地，以事韜晦，蔣更寬其經費，實則勾心鬥角而已。

十八年秋，張發奎自宜昌通電反蔣，余見之大駭（蔣之秘錄謂駐湘南之張發奎叛變，殊誤），蓋張軍僅有二萬餘人，何能獨力反蔣。次日二屆中委緊急集議，極機密，余亦未得司紀錄。散會後余詢顧曰：「向華（發奎字）之行動，係奉中委及汪先生之命乎？」顧曰：「否，向華粗魯敗事。」余曰：「改組同志會之綱領如此龐大，何不先行廣事宣傳，招致群眾及黨員之信服，南京之政治必日趨腐敗，迨其腐敗，公佈改組同志會之綱領，此種精神力量遠優於軍事。汪先生不知國民革命軍北伐，筆桿之力量遠優於兵力耶？俟時機成熟，合武力以擊之，將如摧枯拉朽，何必急急於發動軍事行動。凡此所為，自民眾及黨員視之，汪蔣等夷耳。」顧無語而出，蓋其心中亦極痛苦也。

余察顧雖為汪之台柱，然自十三年識汪後，非奉汪之邀請不入汪邸，或由汪親自訪顧，或用電話聯繫；凡汪召開大宴會，顧每後到先退，不欲與諸人多言，藉保其軍師地位之尊嚴。顧揣知汪之不能容納其意見者即不發言，汪本身亦有多方關係，言論龐雜，多言無益，或反遭多方之疑忌。十六年春，汪與陳獨秀聯合發表宣言時，顧惟沉默自安而已，待分共時機成熟，汪已悔悟，顧始陸續為長文反共，平日不輕易表示態度。彼當時兼中央日報社社長，非有關大政之文決不發表，亦政治家之風度也。

汪深惑於其妻陳璧君，璧君常語汪：「吾輩不能一生流亡，宜速擊潰蔣介石。」凡汪失意時，陳不予安慰，且藉往事刺激之，此余後此數數所聞。汪亦感情衝動人物，不能自制，對顧雖禮貌有加，實則不能盡用其策。顧之不能制汪陳，猶諸葛亮之不能制劉備及關羽也。劉關失敗、諸葛亮當權時已為殘局，汪歷次軍事冒險失敗，亦已為殘局。牝雞司晨，惟家之索，信矣古人之言也。改組同志會之綱領，竟無以自見於世。

顧未加入同盟會，入黨資歷淺，離汪亦無政治資本，只得委曲求全，書生悲劇，古今同軌，爲之擱筆長嘆。此段連類而及論斷以後之事，藉明顧志，亦余之夙昔所主張者也。他人又何能知之。

張發奎通電反蔣後，率軍離宜昌，經由湖南常德、溆浦入湘南以攻粵，自信一舉可克，以廣東爲根據地，擁汪反蔣，形成寧粵對峙局面，陳公博又力贊之。平心而論，張志非不佳，而不審自己之實力，則爲大誤。

蔣氏初令湖南何鍵率湘軍追剿，何鍵有圓滑騎牆之慣技，畢生未曾力戰，乃陽報蔣大舉追擊，斬獲甚眾，實則軍行恆距張軍五十里，張進亦進，張停亦停，護送張軍出境而已。蔣志在滅張，只得置何鍵於不問，又恐桂系多生事端，極力懷柔，並濟以軍餉，矢言決不入桂。乃遣何應欽率大軍十餘萬由海道入粵，駐廣州迎敵，又悉遣飛機隨行，以待張軍入彀。張軍經長途跋涉，已爲疲敝之師，然鐵軍（張之第四軍當時號爲鐵軍）能戰，入粵後仍能克韶關，進抵廣州近郊，爲蔣軍所圍，桂則觀望不赴援，蔣之空軍又濫肆轟炸，張軍大敗，戰死者萬餘人，僅餘殘部四千餘人。殘殺同志如此之慘，近史所未有也。張乃宣告離軍，將殘部分別交由師長繆培南、吳奇偉、薛岳、朱暉日等統率，退屯湖南廣西邊境。時北方亦不穩定，蔣知張已無力，又恐引起桂軍反感，兵事無從了結，乃不事窮追，令何應欽率軍南旋，以鞏固江浙之根據地，並任降將韓復榘爲山東省政府主席，資以禦閻錫山之發展。此當時全國之大形勢也。

（五）

張發奎自撤離宜昌後，十八年九月，計張之行程將達粵境，二屆中央委員會奉汪命，令馮玉祥率軍由陝入豫，會合唐生智軍，沿隴海路攻徐州，令豫軍總司令樊鍾秀會合駐豫南之方振武軍攻武漢，閻錫山亦有諒解，支持馮之軍糈，馮、閻、樊、方各方面均覆電遵辦。馮玉祥率大軍已抵潼關，而唐生智處反無消息，萬一馮唐衝突，全局將不可收拾，王樂平先生殊為焦急，又無法與鄭洛之唐軍聯絡，一夕訪余，曰：「君在唐軍將領中有無朋友？」余對曰：「各軍師長官均熟識，談不到深交，但亦無反感，彼等均呼余為才士而已。」（以彼等之知識水準衡之，余當然為才士。）王曰：「現在事勢急迫，獨生智無回電，態度暗昧，煩君前往鄭洛一行，運動軍隊，與馮軍合流何如？」余思事已發動，無可中止，守其職者忠其事，乃慨然應之，王立即電話召郭春濤至，命辦特派令數紙：（1）特任唐生智為第四集團軍並討蔣軍總司令；（2）特任劉興為第四集團軍第一方面軍總指揮，李品仙為第二方面軍總指揮，何鍵為第三方面軍總指揮，又擢升廖磊、葉琪、龔浩為四集團軍軍長，蔣秋平、凌兆垚為師長，其餘各團營連排長均各擢升一級，由總司令或方面軍總指揮令達，並呈報二屆中央備案。各派令均蓋上國民黨第二屆中央委員會之大印，並蓋二屆中委會主席汪兆銘親簽之木刻官章署名。並發旅費五百元，命余即行，余收之，大駭，蓋煽動軍隊至少須發一月薪餉以為犒賞，方可集事；繼思，改組派窮，豈有富人而後可以革命耶？劉邦不以遊俠起家耶？此不得不憑余之口舌矣！

王郭退出後，乃立召深交之女友李健至，時任上海法政學院註冊主任，告以其事。李女士沉默寡言，雖不欲余往，然識大體，且知余個性果決，無可挽回，乃為余拆開棉被，將各項派令及密電本密縫於其中，泣道珍重而別。旋顧孟餘破例訪余，謂曰：「汝可去耶？此事殊危險！」暗示余可辭卸，不欲余徒爲無謂之犧牲也。余對曰：「既已受命，義無反顧，湘軍長官均友人，度不致加害，所恐者惟被蔣軍所得而已，此事余當機警及妥慎爲之。」顧含淚並道珍重而別。

余次日乘輪赴天津，轉北平，先至順承王府訪李品仙，蓋李被唐奪其軍，亦鬱鬱不得志者也。李召其機要秘書蘇民（厥後中日抗戰時任安徽省政府秘書長，與余爲中學同班同學）及楊績蓀（湘人，抗戰時曾任安徽省黨部執行委員兼秘書長，亦余之好友）三人會談。余宣二屆中央委員會及汪之意旨畢，並出派令相示。蘇、楊均勸李受命，李當時無語，只命蘇、楊於王府闢一精室款余，晚宴甚闊綽。夜間，蘇語余曰：「李實欲得總司令，汪先生何吝之耶？」余暗思：「如事無成，此等派令均空頭支票，總司令、總指揮何別，李果庸才也。」乃語蘇曰：「論當前形勢，汪不能棄唐用李，以致僨事。大事如成，論功行賞何有於一集團軍總司令？望勸李受任。」次晨，李請余至其私室，謂曰：「汪先生之命，安得不從。」並出一密電本，謂余曰：「此電本，除劉興外，均可聯絡。劉興處須特別慎重。」並賜旅費五百元，如是余方有密電費用，旅囊仍不能謂充足也。

余改製長袍馬褂，僞裝富商，易名乘車至鄭州，未逢軍警檢查。余思：「最初決不可見劉興，劉乃唐生智之死黨，惟唐之言是聽，萬一不從，余之生命不足惜，敗二屆中委會之大事奈何。」乃賃居一旅舍，先發出密電致駐洛陽之廖、葉、蔣、凌，適鄭州電報局有報務員爲余之同鄉同學之密友，發出密電甚順利。得覆電，可往洛陽一商。余乃往洛，晤諸君於舊日吳佩孚練軍之曠野。宣達汪之意旨，並出派令，諸君同聲曰：「事權不一，則扞格殊多，不得唐總司令之命令，殊難集事。」余曰：

「唐總司令方居南京，形同監視，何能出京？如君等舉義，唐總司令多權變，蔣氏亦知中央軍力弱，不足制君等。君等如舉義，唐總司令或反有出京機會。唐總司令何難犧牲余之生命以圖取信於蔣，余自有方法脫難，請君等勿多顧慮。君等曾熟讀《三國演義》，孫權力抗曹孟德，孟德嘆曰『獅兒難與爭鋒也。』劉表之子迎降，孟德反譏之曰『若劉景升諸子豚犬耳。』此乃眞事，見於正史之陳壽《三國志》，君等不知之乎？君等如不舉義，則眞將爲曹孟德之流所笑。且馮軍已出，樊鍾秀等正準備攻武漢，三面皆援，君等又何懼耶！」如是議乃定，並選定日期，由廖磊、葉琪軍突襲蔣氏之中央軍，蔣秋平、凌兆垚軍突襲飛機並破壞機場。

余仍返鄭州，思軍隊均已聯絡就緒，可見劉興矣。乃訪劉興於其軍事令部，宣中央意旨一如前事。劉久無語，旋曰：「此大事必須請示唐總司令。」余曰：「舉大事者不顧小節，果有助於唐之出京，唐必德君，大功大名可立成。時機成熟，望公果斷。」再三辯難，劉仍堅持請示。余思唐陰鷙險狠，過去能殺其保定盟兄弟師長劉鉶、參謀長張雄輿（此民國十五年之事），何有於一書生？劉興請示之電一達，危險殊甚，不得不亟走。回旅寓即整理行裝，並密電上海改組同志會曰：「事有望即歸。」時由鄭赴滬，乘隴海路快車轉京滬路，卅小時可達，乃正途，余思此途殊危，唐如有意害余取信，不難沿路大索，乃改由鄭州北上，至北平僅十小時。唐得劉興電後果電劉「速送周德偉來京」，劉乃派兵至旅寓圍捕，余已鴻飛冥冥。劉令沿隴海路、津浦、京滬各路大索，更無所得，余已安居北平順承王府矣！是爲余平生之第三次因機警而脫險（第一次爲十六年馬日事變，第二次爲十七年春幾爲程潛所捕，已述於前）。厥後鄉里之人聞之，皆曰：「周德偉提著頭顱當作燈籠夜行。」亦妙譬也。

唐索余不得後，果矢忠於蔣，請親率軍擊馮。蔣乃命其出京。唐生智身率五旅之眾，並蔣氏之中央飛機大隊擊馮軍，大敗之。馮仍退回陝西。

唐氏非不欲反蔣，但思先爲蔣立功自效，取得蔣之信任。然擴大部伍，聯絡保定系軍人以與黃埔系對抗，事如成功，必總全國軍事，取代蔣氏之地位。如此次與馮合作，必屈居馮玉祥之下。彼與馮有宿恨，故決心擊之。如是三屆中委會及汪精衛又蒙一次大挫敗，反蔣前途益形黯淡。

余返滬後，顧孟餘先生來告曰：「汝電到後之次日，即有暗探監視收電處，以後作事，更須謹愼，密電不可濫發也。」余既惶無功，無語而退。

先是余奉命離滬後，改組同志會恐余獨力難成，乃遣同志余如愚赴鄭洛相助。如愚於民國十六年曾任唐生智之交通處長，對湘軍情形較余尤熟習，迨如愚抵鄭州，余已北返矣！唐生智既復領軍，如愚亦無能爲力，返滬後悉告唐捕余之詳情，余始爲之駭然。余既脫險，年輕不更事，益自負，「如能領大軍，敵蔣氏有餘，遑論其他。蓋彼等至多能治軍，而不知爲政也。」亦可謂疏狂之至矣！

十八年冬，余在邁爾西愛路三一四號，王樂平先生辦公處之三樓，與其秘書蘇幼溪閒談，王樂平先生正在底層會客室約見各方人士，忽聞樓下機關槍聲掃射不絕。余與幼溪手無寸鐵，無能赴援。迨槍聲息，余等赴樓下探視，則樂平先生已橫屍地上，中彈無數。余與幼溪抱屍號哭。事後偵知乃蔣氏遣其淞滬警備總司令熊式輝所爲。次日上海市長吳鐵城派大員攜萬元至王之私宅爲賻，被王之女公子逐之出門，並罵曰：「余父不由汝等殺死耶，誰受汝之臭錢！」蔣氏爲一己之權位，不惜殘殺同盟會之老同志，可謂陰狠矣！

蔣氏於唐生智擊退馮玉祥後，親自赴鄭州勞軍，犒賞極豐，語唐氏曰：「君建殊功，從此吾二人一體，請君回京，即任君爲軍政部長，總全國軍政，不必與諸將等夷也。」唐氏聞語色變，蓋唐欲爲藩鎮，擴展兵力，不欲居蔣之肘腋下也。此乃事後唐之親信秘書曾芸閣親自語余，度必不誤！唐從此遣使四出聯絡全國保定系軍師長官，立意與蔣對抗矣！

十八年九月底，蔣調馮之降將石友三赴福建剿匪，石北人，不欲南行，恐孤立無援，遭蔣解散，十月三日余見報載石友三部在浦江譁變。是夜余收得石友三之通電，謂「已渡江攻佔南京」，余大疑之，蓋南京城垣堅固，又有蔣之大軍固守，十六年孫傳芳以五萬之衆抱必死之心，尙遭全部殲滅，石友三闒庸無能，又何能爲？立報於二屆中委緊急集議，略陳鄙見，二屆中委亦若信若疑，不敢遽斷，顧孟餘先生未發一言，仍決議再令唐生智速發爲援。是夜余草發電文，徹夜未眠。

次日見唐生智通電討蔣，倒塡日月，十月一日發出，蓋唐亦獲得石友三之電，見南京已下，蔣已無能爲力，爭首義之功也。時距擊退馮軍不足一月，步驟凌亂如此，又何能爲？唐之通電聲勢浩大，唐領銜，四川劉文輝署第二名，全國保定系軍官及樊鍾秀、方振武亦署名，不下百人之多，實則保定系軍人散處各省，縱同心，亦難於短期內會合，何況又多在蔣之控制下。余知必敗，唐生智不過爲石友三之電所惑，純爲投機行動。粗魯無知，一至於此，敗固必然。

初蔣見石友三之叛變，又恐其與韓復榘、閻錫山合，正議渡江攻浦江，忽得唐電，知事態嚴重，乃令駐武勝關之兵集中武漢，準備大戰。山西之閻錫山，深忌唐生智之得志，乃電令石友三北撤，予以掩護，石本心怯，乃北撤，依於錫山，唐生智孤立無援矣！蔣見石友三北撤，大喜，乃令駐武漢之軍北上攻鄭洛，另由隴海出師側擊，閻錫山坐視不救。十二月中合圍，是年冬令大雪，氣候嚴寒，唐軍陷於泥淖之中。唐變計欲出襄樊經宜昌返湘，亦無效果，遂被蔣軍殲滅。唐生智改裝工人，乘煤車逃北京，由海道赴香港，向汪精衛請罪。余函唐，責其負一時之氣，唐不與馮合，輕率妄動，以致全局敗壞，實二屆中委會之罪人，有何面目見天下士？唐亦置不覆！至中日抗戰時，方再見於重慶！

（六）

十八年十二月，汪精衛自巴黎返抵香港，策劃討蔣全局，而各軍潰敗，一時無從著手，顧孟餘離滬赴港，訪汪商大計。臨行前，秉汪命解散革命評論社，驅逐劉侃元、施存統輩十餘人出改組同志會，蓋惡其言論紊亂，破壞與各方之關係太深也，公博亦無異議。汪、顧只攻擊武裝同志獨裁，推崇民主憲政，對於黨內派系之爭，無論文人、軍人，隻字不提。每語余曰：「吾輩非軍人，所能爭取者，輿論之同情也。吾人私德亦須檢點，以免遺人話柄。」顧又結納有聲望之學人，凡北京大學、武漢大學乃至中央大學內之名教授，能保持接觸者即降心相處，不課以任何義務，常謂「辦改組同志會爲一事，吸收賢豪、建立輿望又另爲一事。」其最著者爲蔡孑民、胡適之、周鯁生、王世杰、楊端六、張慰慈、高一涵等，令唐有壬、彭學沛司聯絡之責，志在使蔣介石爲眞正之軍事獨夫。胡適之重實力，頗嫌汪太空洞，與顧若即若離，顧亦不介意，但胡一時亦無力接近政權。

對於南京方面，顧仍與丁惟汾、朱家驊、段錫朋等及往日之北大學生一一與之聯絡，故南京之CC系中隱然有一北大系存在，資以分散蔣之勢力，且與宋子文、黃郛信使往還。蓋宋有政治慾望，欲掌握金融之力量獨成一系，與汪、蔣鼎立而三，於汪蔣紛爭之中，對汪仍矢誠敬；黃郛原屬陳英士舊部，因民國二年中華革命黨問題，脫離英士而附於黃克強，至民國十六年方再歸於國民黨，顧任北大教務長時，曾聘黃郛為軍事教官，二人關係良好。王懋功曾任黃埔軍校教官，且在民國十五年一度為國民革命軍之教導師長、廣州警備司令，兼任軍事委員會參謀長，素附於汪，對顧亦執禮甚恭。

實力派方面，李宗仁、白崇禧於十六年曾攻倒武漢政治分會者，並直指汪、顧、陳、甘（乃光，廖仲愷之舊部也）為共產黨，故陳公博在《革命評論》初期攻之甚力，顧不以為然，反棄宿怨，無一矢之遺，此為廿年廣州非常會議粵系近汪排顧，李、白、黃（紹竑）則通電迎顧入桂之遠因。

又北大學生鄧飛黃等仍在馮玉祥之軍中，時通情報，郭春濤曾任馮之秘書長，舊日關係仍存，又因馮玉祥、李石曾均通於閻錫山，佈置若干北大學生於其內部，湖南何鍵方面則以余如愚及余司聯絡之責。汪精衛曾數任中山之巡迴大使，與北方之軍人及政治人物多所聯繫，不因軍事失敗而盡喪其關係。汪之潛力，仍存在於各方也。

顧孟餘為汪之台柱，蔣氏雖極忌之，仍不能不重視之。顧雖機秘，固非不採取行動者也。此皆顧離滬赴香港前之事，世人多不知之，故特書於此。汪之能屢蹶屢起，顧之策劃為多。

汪顧在香港相見後，採顧議，創辦《民主週刊》，分別在香港、上海方面出版，公開主張民主及法治，反對任何獨裁專政政體，間接揭揚蔣氏之不德，並將其定為改組同志會之機關報，分發於改組同志會各省分部從事宣傳，並分發於閻、馮、李、白各部隊閱讀，灌輸其主張。嚮使汪能專守斯幟，必可廣收群眾，鞏固基礎，時北方之輿論尚多同情於汪，而以張季鸞主持之天津《大公報》為首，曾轉載顧之中國農民問題等文。不幸汪精衛不能自制，再作軍事冒險，以致再蒙挫敗，汪之聲望受損甚重。

汪自法返香港後，陳公博亦去港，上海改組同志會之事改由朱霽青主持，殊無作爲矣！改組同志會之活動中心，遂移香港！

顧離滬後，善鍾路之二屆中委辦公處亦撤銷，朱命余移寓辣斐德路之另一秘密大廈，與柏文蔚、潘雲超同住，白雲梯、郭春濤亦常來往，諸人殊無知，余不願與之多言，惟日事讀書而已。顧孟餘先生曾附曾仲鳴之姐（曾醒）致余一函，命余偕劉鶚返湘主持黨務，後劉鶚未來，朱又吝發經費，故未得成行。

改組同志會總部遷港後，余益閒，乃訪舊北大校長（時北大校長由蔣夢麟繼任）、中央研究院長蔡孑民先生，蔡見余甚喜，詢余學業，余與談康德哲學、倫理學、法理學、社會學，先生驚曰：「汝不治經濟耶？何以學識廣博如此？孟和之言爲不虛矣！」余始知孟和師早已爲余遊揚，余益感之。蔡詢余何年畢業，余對曰：「慚愧之至，因家難，距畢業尚二年。」蔡曰：「可惜，可惜。」余詢其意旨，蔡曰：「國民革命北伐成功後，余已請夢麟（後改孟鄰）：『學問與經驗同等重要，凡北大學生南下參加革命，如學業只差一年者，一律發給畢業證書。汝闕二年，無從補救，奈何！』蔡沉思有頃，曰：「請留一電話於此，二三星期後當有消息奉告。」越二星期，先生果來電召，余往趨謁，先生出示一紙曰：「此乃汝之成績記錄也，學分已足，且均最優等，毋須再讀大學，持此或可備他日之用。英國研究院重視學力，破例之事甚多。」並親書數語於上：「周德偉學問基礎深厚，知識廣博，可勝文法各科專門研究之任。」先生負國際聲望，一言九鼎，余益興奮，留學英國之志即決於此時。

時共產黨內部分裂，托洛斯基國際革命派失勢，流亡上海。一日余於小餐館遇舊同學羅章龍、劉仁靜、李梅羹等，相對噓唏，彼此各知背景，不敢互示地址；感情如舊，形跡則疏。余感慨萬千，深嘆政爭之殘酷，泯滅人性矣！乃專訪蔡先生，曰：「自吳又陵、吳稚暉倡爲打倒孔家店後，舊文化傳統盡失，世豈有無文化傳統之社會耶，余未見西方文明國家盡棄希臘三聖及數千年前哲人有得之論也。五四時期知識青年心靈空虛，政象又極混亂，故爲唯物論所乘，誤入歧途。羅章龍本習康德哲學，與馬克思之唯物論如冰炭之不相容；劉仁靜專習英文，李梅羹專習德文，不識思想源流，但志趣甚佳，實國家之良。先生學界泰斗，何不酌爲收容，循循開導，爲國家稍留元氣。」蔡先生曰：「汝能識其大，不止書生矣。留本院任副研究員如何？」余曰：「已隨顧孟餘先生，於困阨之中受其濟助，義不能離。」先生曰：「汝隨顧先生乎！甚佳，必有前途，勝隨余遠矣！」

厥後蔣介石系在上海，偵騎四出，大捕共產黨人，陳獨秀暨羅、劉、李等盡被拘入獄，奉蔡命與此輩聯繫之楊杏佛亦被刺殺，爲共產黨當權派清除反側，政策之笨毋適於此者。此皆緣於無知之過。

余建議蔡先生後，唐有壬來訪，持羅章龍著《中國經濟史》三大卷共百餘萬言相示，唐曰：「奉蔡先生命請足下審評，但須由余簽報而已。」余攜歸，略事翻閱，見其爬梳前史，煞費苦心，即回報於唐曰：「揣蔡先生之意，不過欲假公專家之名，力予推獎，以便資助，納罪入正軌而已，何必吹毛求疵，簽報蔡先生只云：『羅君以流亡之身，能著書百餘萬言，亦卓然有以自見者，且盡棄黨見，殊屬可佳。』只此數語足矣。」唐喻意，簽報一如余旨，事後蔡先生果助章龍二千元。不幸章龍被捕後，原稿被擱置。厥後對日抗戰時期，陳獨秀出獄獲自由，但其諸子早被槍決，獨秀無後矣！羅、李則被派爲國立西北大學教授，劉仁靜爲國立暨南大學教授。羅後又改任國立湖南大學經濟史教授，與余共事半年（時余任經濟系主任），各能持平論學，無復黨見。後事如此，何必當初。蔣氏實天下之大愚人也。大陸淪陷後，聞羅遭慘戮，蔣氏摧敵不足，幫兇有餘，爲之三嘆。

蔡知唐之簽報爲余之主張後，頗器余，常招至其寓所，談論國事。

凡余此等行動，爲功爲罪，只有俟之史家批評。

這是周德偉於一九三〇年代留學英倫僅存的一張照片，老大周弘已三歲。（其餘照片在長江輪船上浸水全毀，此照片因夾在手邊書中，得以保存下來。）

抗戰勝利後，代表國府出席聯合國貿易會議，與其他代表攝於「瑪麗皇后」號郵輪上。

一九四九年，周夫人李健，與長男周弘、長女周毅、次男周辰、次女周芷、三男周渝攝於香港，時周德偉已率國民政府財政部關務署官員，船艦（緝私艦）攜所有文書及稅則資料等退至台灣。

周夫人與二子二女攝於住宅（現紫藤廬）。（郎靜山攝）

一九五〇年，周德偉（上）時年四十八歲，同夫人（下）攝於住宅（現紫藤廬）花園。（郎靜山攝）

一九五〇年代前期，攝於台大校園（上）（右）。

周夫人、周芷、周渝攝於花園，約一九五一年。

周德偉四十八歲肖像。

一九五〇年代，攝於自宅。

一九五〇年，周德偉（右二）邀羅家倫（左一）、王世杰（左二）赴高雄港視察，登港口燈塔攝。

周夫人李健於住宅客廳，約一九五二、五三年。

周氏全家攝於台大傅園，約一九五二年。

周夫人與五位子女攝於住宅房前。

周氏夫婦與周芷、周渝，約一九六二年。

周辰、周芷、周渝攝於住宅客廳，左後方二燭臺間是周德偉父母親周壽椿暨夫人沈氏牌位。每年農曆除夕、初一、端午、中秋三節，周德偉必全家祭祖。此照約攝於一九五五年。

六十歲生日，背後為周氏的名聯，是請前湖南省主席趙恆惕書寫。

攝於橫貫公路武陵農場，約一九五二年。

約一九七〇年代前期，與夫人及長孫攝於陽明山公園。

約一九六〇年，攝於陽明山公園。

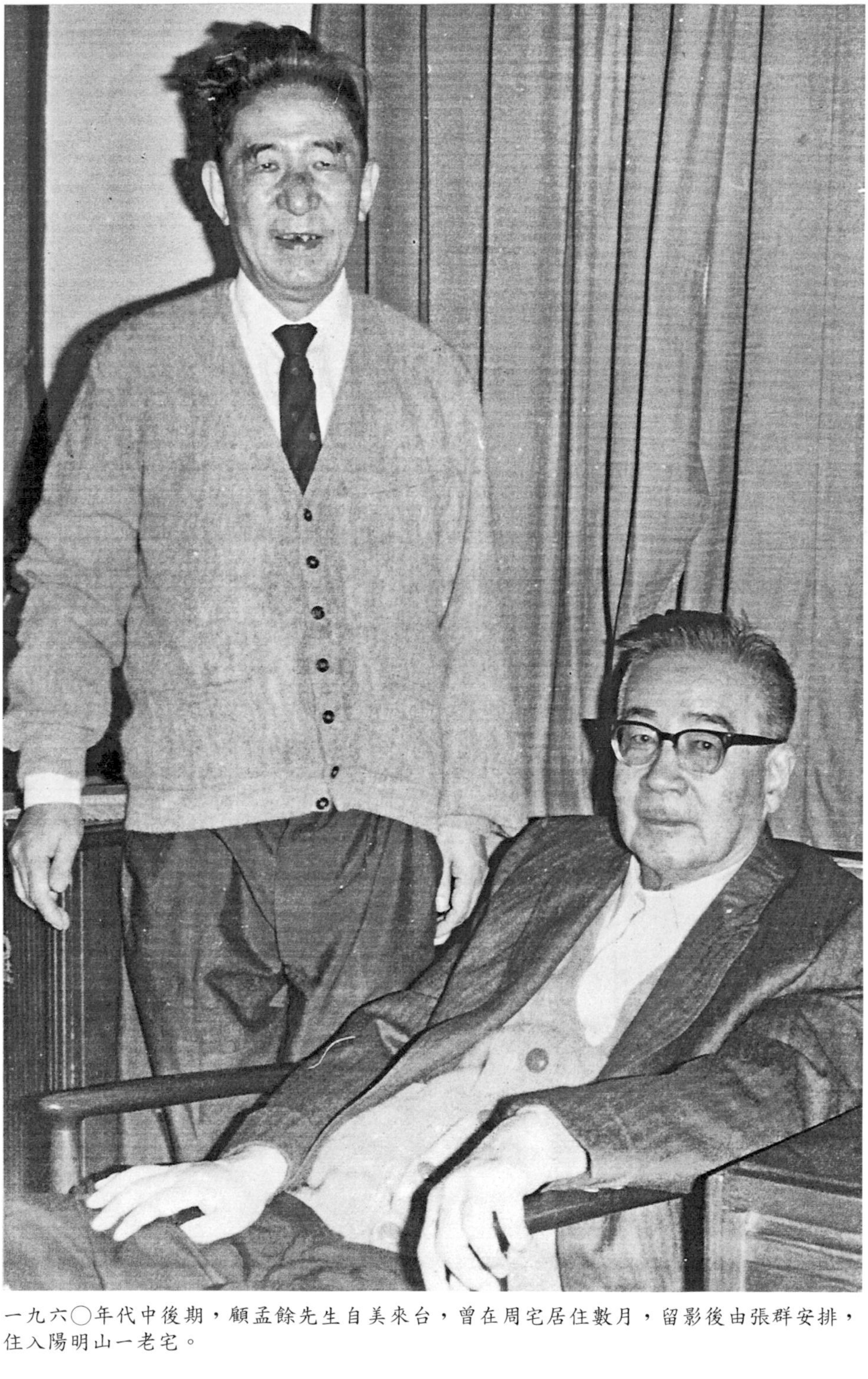

一九六〇年代中後期，顧孟餘先生自美來台，曾在周宅居住數月，留影後由張群安排，住入陽明山一老宅。

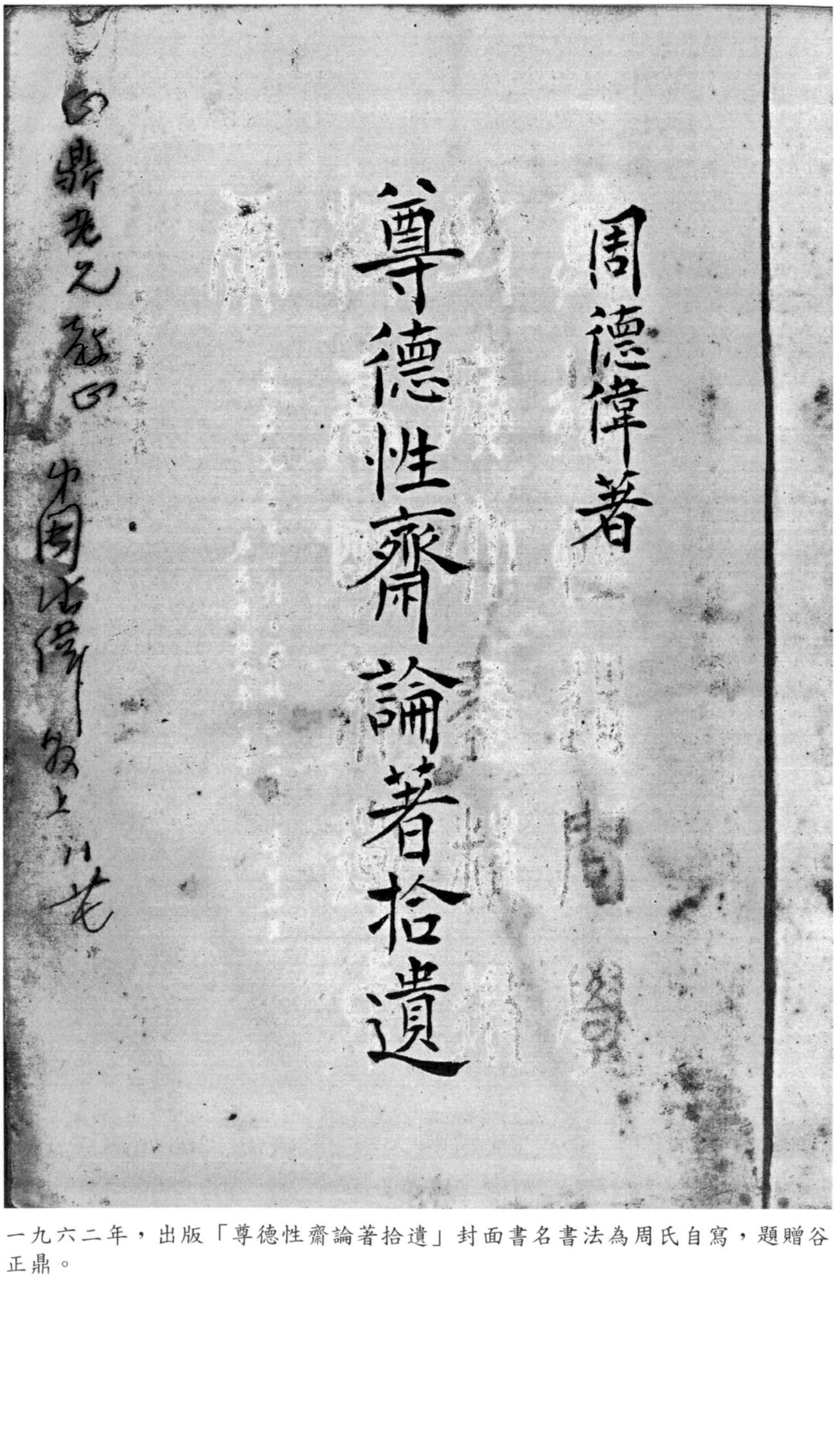

一九六二年，出版「尊德性齋論著拾遺」封面書名書法為周氏自寫，題贈谷正鼎。

約攝於一九七〇年，周氏右邊長眉下藏著一顆大痣，曾有相師對他說，此相為「草裡藏珠」格，此格生前不得志，死後享大名，而鼻梁高聳，為「孤峰獨聳」格，生性孤傲，不得人緣。

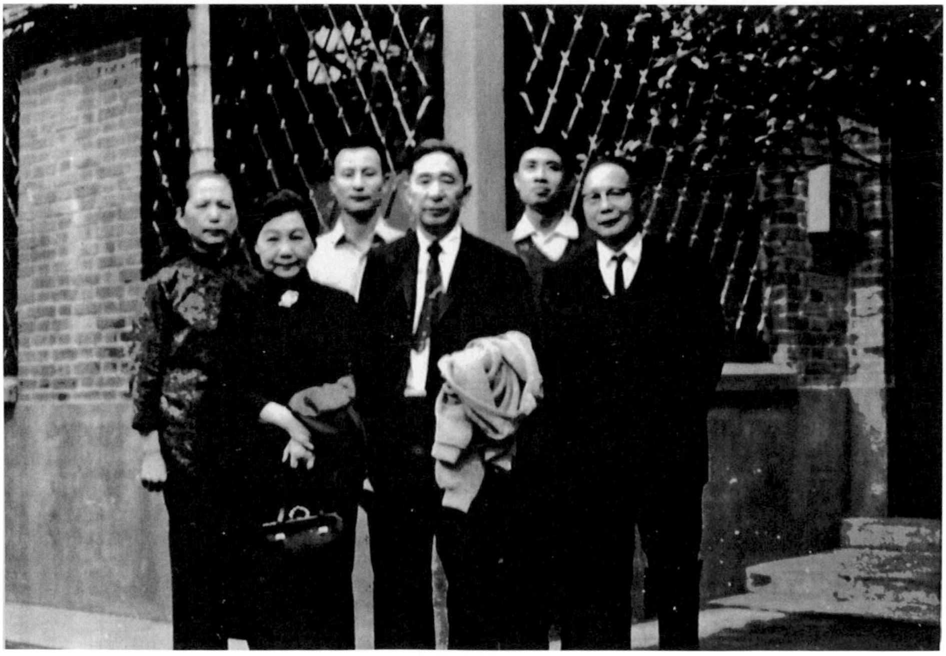

一九六六年，赴台中東海大學演講，與徐復觀教授（右一）暨夫人（左一）合影於徐宅前。

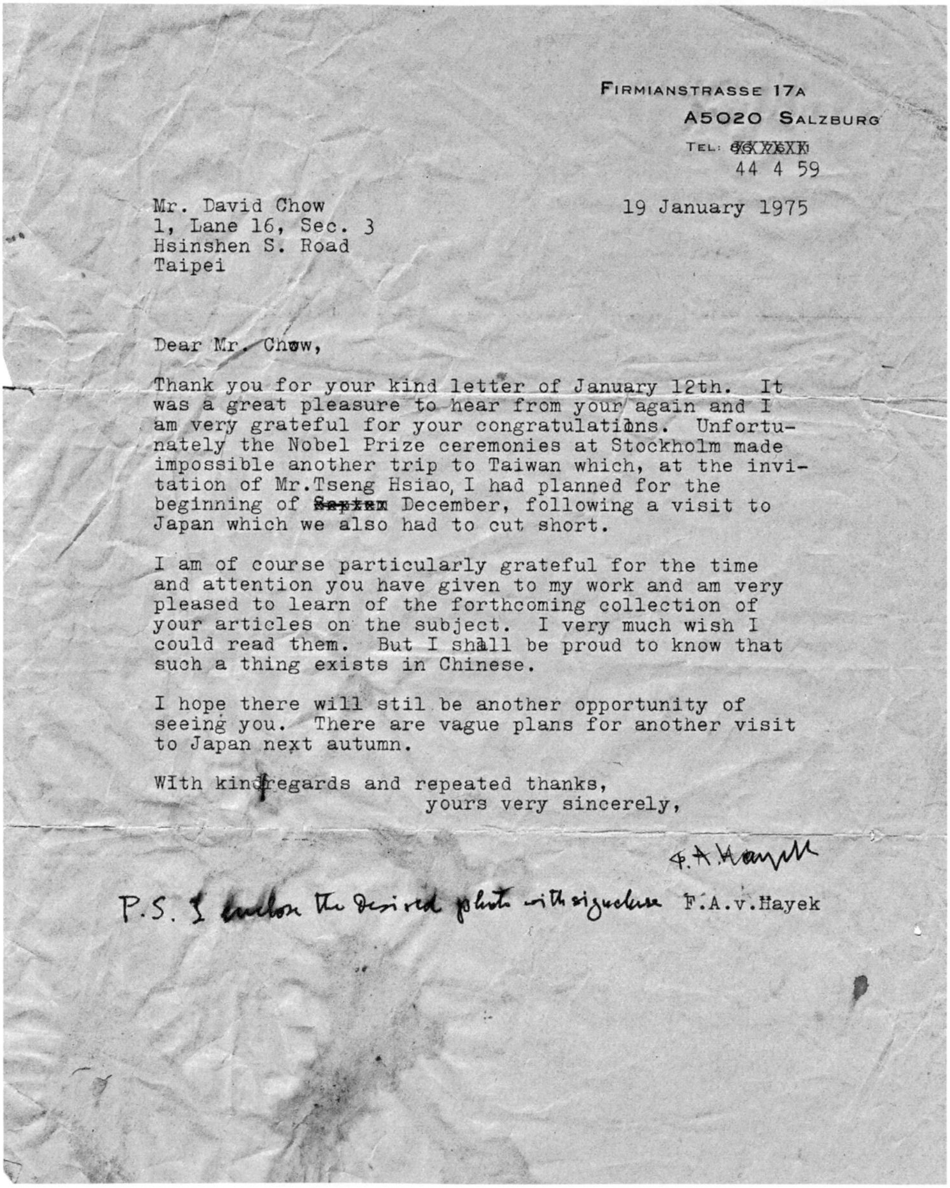

Firmianstrasse 17a
A5020 Salzburg
Tel: 44 4 59

Mr. David Chow
1, Lane 16, Sec. 3
Hsinshen S. Road
Taipei

19 January 1975

Dear Mr. Chow,

Thank you for your kind letter of January 12th. It was a great pleasure to hear from your again and I am very grateful for your congratulations. Unfortunately the Nobel Prize ceremonies at Stockholm made impossible another trip to Taiwan which, at the invitation of Mr.Tseng Hsiao, I had planned for the beginning of ~~Septem~~ December, following a visit to Japan which we also had to cut short.

I am of course particularly grateful for the time and attention you have given to my work and am very pleased to learn of the forthcoming collection of your articles on the subject. I very much wish I could read them. But I shall be proud to know that such a thing exists in Chinese.

I hope there will stil be another opportunity of seeing you. There are vague plans for another visit to Japan next autumn.

WIth kind regards and repeated thanks,
yours very sincerely,

F.A.Hayek

F.A.v.Hayek

P.S. I enclose the desired photo with signature

海耶克給周德偉的信，表達很欣慰《自由的憲章》已譯為中文出版。

PREFACE

Although I am unfortunately unable to read Mr. David Chow's essays, I know from conversation and correspondence with him that he has deeply entered into my ideas and that I must be profoundly grateful to find in him a sypmathetic and understanding interpreter of my ideas to the Chinese people. He has by persistent concern with my work developed a clear view of the gradual development of my ideas over a period of almost fifty years from rather technical work on the theory of money and industrial fluctuations to a comprehensive view of the operations of the market order and the legal and moral conditions of its proper functioning. In the course of the development of this philosophy of a free society I have had to enter into problems of political theory and the philosophy of science and elaborated conceptions in these fields which seem to me essential for the intelligent choice of an economic and political order.

Mr. Chow has clearly seen the connections between these efforts in apparently quite different fields and recognized the coherent system of thought behind it which I have only partially been able to expound explicitly.

I am very happy to have found such an expositor of my ideas who, I am sure, will soon make important contributions to that greatly needed understanding of the working of a society of free man to which what I have been able to do was only a beginning.

Salzburg February 1975

F.A.V.Hayek

一九七五年，周德偉彙集過去有關文章，出版《大思想家海耶克學說綜述》（正中書局），海耶克為他作序。

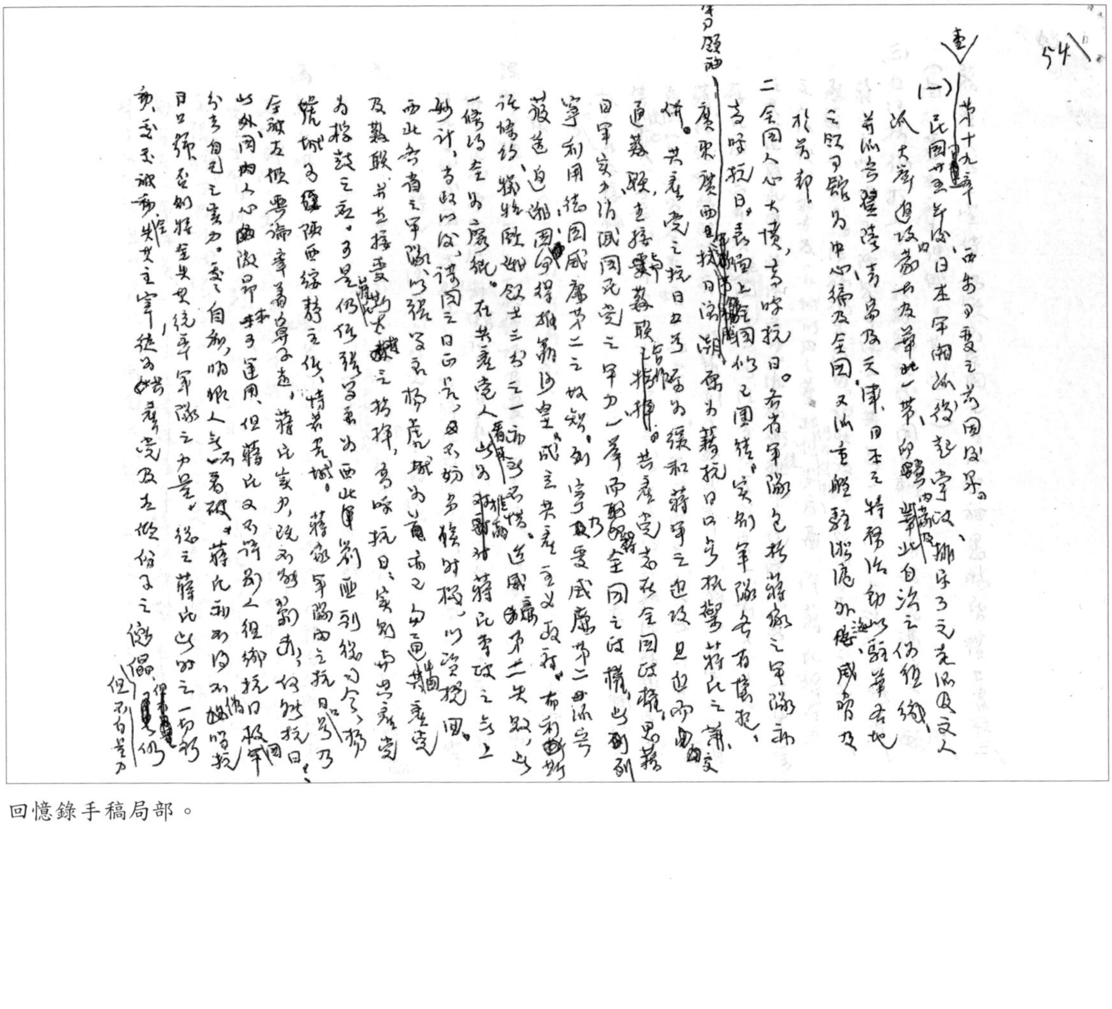

回憶錄手稿局部。

第十三章　中央擴大會議

（一）

十九年八月，汪精衛聯絡反蔣各方成熟，在北平組織中央擴大會議，合第一屆、第二屆中央委員於一爐，共同討蔣。蓋汪等始終認三次全國代表大會爲蔣中正一人所杜撰，觸犯黨紀，爲重新恢復黨的生命、建立憲政，非推翻蔣氏政權不可。

擴大會議推汪精衛、顧孟餘、陳公博等起草國民政府組織大綱。九月，擴大會議通電公佈國民政府組織大綱，並推閻錫山、汪精衛、馮玉祥、李宗仁、張學良等七人爲國府委員，閻錫山爲主席，中央擴大會議推選汪精衛爲常會主席，中央各部則採委員制，選顧孟餘爲中央宣傳委員會主任委員，陳公博爲中央組織委員會副主任委員（主任委員似爲鄒魯，余未親與其事，各委員會之組織情形，不及詳知），時谷正綱僅爲組織委員會之科長，余之內兄李實爲總幹事，汪將實際組織業務盡以付之。各委員會委員均勻分配於一、二屆中委，張學良拒國府委員之任，宣佈嚴守中立。

擴大會議又推汪精衛、顧孟餘、陳公博、張知本、茅祖權、鄒魯、冀貢泉爲約法起草委員，以汪精衛爲委員長。時軍事甚亟，無暇召集會議，約法後由顧孟餘一人草擬完成，後文有述。約法之目的蓋欲結束國民黨訓政，迅速進入憲政也。汪主席並宣告推倒蔣氏後，重開合法之全國代表大會，依法改組中央爲國民政府，並宣示黨內一切措施均嚴格遵守黨紀，遵照中山手定之步驟，如期結束訓政，制定憲法，各省人民有自定省憲之權，省長民選，掃除軍人專政之積弊，任何個人及黨員，包括擴大會議臨時負責人員在內，均不得於黨紀及法律以外爭取權力及祿位，態度頗富號召力。北方人民大多數及黨員均尊稱汪為黨紀先生。又令國民政府秉承擴大會議之決議及指示改組，由閻錫山提議辦理，蓋仍以黨領政也。九月八日閻錫山、汪精衛等通電就國府主席及委員職。閻錫山電張學良，以國民政府部長之半數由張推薦，張置不覆。閻錫山命所部隊伍之一部分進駐平津一帶，張蔭梧返屯德州，孫楚返屯河南，馮玉祥率所部會合，舊國民二軍、三軍之餘部由陝出豫，沿隴海路進攻徐州，閻錫山部扼守石家莊為援，命駐豫南之樊鍾秀部及方振武部攻武漢。蔣軍方面令劉峙、顧祝同率嫡系部伍馳徐州，親自指揮軍事，令何應欽率軍扼守武漢並進攻豫南，於九月十七日頒總攻擊令，又令韓復榘為山東省政府主席，對抗閻錫山部之張蔭梧及石友三（石原隸馮玉祥）。

此外另有一大事，頗值一書。汪精衛令北方各級學校照常開學，超於政爭及黨爭之外經費照預算發給，各級公私立之校長、教授、講師、教員均照舊供職。最初盛傳顧孟餘將長北京大學，至此謠言盡息，顧氏亦與北大師生更形親密，蓋汪氏此時重在爭取人心。此等措施獲有相當成功，北方人心大悅，匕鬯不驚，汪氏以後均沿此志奮鬥，故終能再絀再起。

西南方面，令李宗仁、白崇禧率兵出湘，以黃紹竑為湖南省政府主席，何鍵移湖北省政府主席，兼攻鄂軍總司令，李品仙為湖南綏靖主任，事先均得其同意也。

不料事實發展不如是之順利。十九年十月，馮玉祥出陝西甚順利，克洛陽、鄭州、開封，勢如破竹，進抵野雞崗，日本通訊社稱馮軍在野雞崗大捷，蔣軍潰敗，徐州危急，實則過甚其辭。蔣軍縮短戰線後仍能力阻馮軍，玉祥固待閻錫山攻克濟南為桴鼓之應也。

時余仍居上海，王大楨（字芃生）來訪，研判情形，認為蔣軍無望，立贈改組同志會活動費拾萬元由余轉致，並餽余二千元，奉何鍵之命也。余私人只受伍佰元，蓋仍嚴守大款拒小款受之旨也。其拾萬元則立交於朱霽青，霽青大喜，呈報汪、顧，力稱余之功。實為多餘之事。蓋此乃何鍵自結於改組同志會之策，余不能居其功也。

馮玉祥自進抵野雞崗後，遭蔣軍劉峙、顧祝同精銳反擊，不能續進；豫南方面，蔣氏遣何應欽率師進攻，輔以空軍大隊，樊鍾秀被炸死，部隊星散，方振武軍亦潰，馮軍後路遭受威脅；津浦路方面，濟南之援師不至，如是不得不作撤退之計。

濟南方面，韓復榘不能復歸於馮；閻錫山僅遣石友三進抵黃河邊境，孫楚屯德州，逗留不進，蓋閻本圓滑騎牆，惟保全實力是務，如馮軍克徐州，則援兵必發，馮既不能克徐州，事敗，仍可擁兵作山西王，知蔣氏鞭長莫及也！石友三與韓復榘原為好友，見後援不足恃，兩軍隔河對峙不戰。且友三仍受閻氏之卵翼，益無鬥志。

西南方面，蔣氏以銀彈收買粵軍陳濟棠、陳銘樞等牽制桂系，唯銘樞仍與汪通款曲，但獨力難支，不能出兵。

李、白既受粵之威脅，亦未出師，何鍵盤踞湖南，不欲放棄現成地盤，陽通於汪，實則仍受蔣命。李品仙無一卒，只擁綏靖主任空銜，何鍵亦無干擾。李見黃紹雄主湖南之命，頗不悅，蓋志在得湖南主席也。實則桂軍如不克湖南，黃紹竑亦無從抵任，李之庸懦無能於斯益見（此事余於民國廿年擴大會議所聯絡之各方各懷私志，勝敗之情形已判。然猶能支持年餘，則馮玉祥部力戰之功也。初晤李後方知之。）

（二）

十九年冬，朱霽青命余返湘組改組同志會湖南分部，任余爲書記（執行委員之首席），伍仲衡司組織（伍爲留日學生），謝國馨司宣傳，龔勵初司訓練。龔本蔣氏之湖南省黨部秘書，見黨務腐敗，一年以前由余之聯絡加入改組同志會，並任李青霖爲助理書記。余臨行時，朱不發活動費，余詢其意旨，朱曰：「汝與何鍵友善，自有辦法。」余曰：「過去何鍵餽金，乃有求於余及改組同志會，今形勢不利，余若有求於何鍵，是賓主易位，遭其輕視，何以保密？且不損改組同志會之信用乎？公以爲何鍵能容改組派公開活動乎？」朱曰：「余無資，速去速去。」其糊塗有如此者。汪精衛以此等人物主持南方黨務，豈不敗事！余不得已，乃返湘，與女友李健珍重泣別。此書既名《余之一生及國民黨之點滴》，依時序，不能不書與余生平有關之大事。

李健本世家女，祖父第進士，官廣東鹽道，娶廣東巨室林氏女，林亦進士也。父諱星圃，清末任湖北天門縣知縣，與湖北巨紳哈漢章爲密友，入民國因漢章之薦，爲萍鄉煤礦局局長。五年黎氏去位，漢章解職（哈漢章被段祺瑞、徐樹錚目爲黎氏四兇之一），星圃先生亦解職，攜妻妾子女十餘人居上海。星圃先生本拓落不事生產，不數年已貧困，幸其長子李實於民初已畢業北京大學，在湖南辦甲等學校有聲，方得遣其弟妹入學，到十八年各已成家立業，惟健深閨待字。星圃先生世本回教徒，不許其子女與外教通婚，惟健鑒於其姐妹遭遇均不佳，遂矢志不守回教規律，婿須自擇。時家既貧，不能不輟大學之業，遂就上海法政學院註冊主任職，月俸僅百元，自奉極儉，月費廿元，餘數盡呈父母。李實已加入改組同志會，爲朱霽青之祕書，處事細密而負責，余常與過從，遇健，見其樸實平淡，脂粉不施，而容光煥發，言談中節，余深異之，健亦樂余之豪邁特立，遂深相結納。時年廿，父已代其訂婚於富室傳家子，將成婚矣。健突稟於父曰：「周君豪傑之士，所不知者命運耳，兒願認命。父經驗多，見錦繡公子貧無立錐者豈少哉？」父不能屈。與余臨別時，泣曰：「君有大志而屢冒危險，萬一不幸，我身亦殉耳。」余極感之。李實後於民國廿二年任實業部國貨陳列館館長，民國廿五年後改任國立青島大學中國文學副教授，遭對日抗戰之變，無消息矣！

余返湘，寓伍仲衡家，其父伍坤，湖南富室，曾任省議員，有大寓所，余蒙善待。凡活動經費余與仲衡籌之（仲衡對日抗戰時曾任湖南糧政局局長，甚稱職，仍通於汪，忽傳自殺，死因始終不明。），勵初精悍努力，不二月得同志五百餘人。余始終未晤何鍵。

廿年初，霽青遣范予遂、趙光廷同志來湘視察，僅遺活動費貳百元，余一笑置之，蓋余與仲衡及余如愚等所籌之款已不下萬金矣！如愚籌款或來自何鍵，蓋彼爲何之參議，何亦欲自結於改組同志會。

余既有同志數百人，情報靈通，已偵悉長沙近郊及平江一帶共產黨彭德懷部活動甚力，隨時有撲長沙之可能。余於五月秘招余如愚來寓，語之曰：「彭德懷定撲長沙，請速報何鍵爲備，共產黨恨改組同志尤甚，余等寓所必已被偵知，處境甚危。」如愚告何，何大笑曰：「是非周德偉之言乎（據此可知何鍵已早偵知余之活動）！書生無事自擾，彭德懷烏合之眾，敢撲長沙耶？」如愚返報，余知何鍵無能，乃語余如愚曰：「余即日返鄉省親，君須攜家速避於河西李青霖家，省河有英國驅逐艦數艘護商，彭德懷縱佔長沙，一時或不能渡河。仍須為何鍵策劃反攻，事不備，則不立。」並語國馨、勵初速避匿，勵初尤贊余議。余返鄉之次日，即聞彭德懷佔領長沙，何鍵倉皇逃走，赴河西會余如愚等，赴益陽調集湘西、湘南大軍反攻。

彭德懷佔領長沙廿餘日，富室搜劫一空，並張貼佈告，指國民黨為白匪，大殺國民黨人，並殺名士葉德輝等。德輝雖頑固，晚節可佳，慷慨就義，大罵不絕，余不因諸疵而掩其一瑜，故書於此。

（三）

蔣氏審量形勢，知非渡黃河北擊不可，乃於十九年七月調駐粵之蔣光鼐、蔡廷鍇二師出粵，經由湖南北上，何鍵亦任其通過。馮軍已為疲師，後路遭受威脅，正逐漸撤退，閻錫山更按兵不動。勝敗之形勢既判，九月中，何鍵招余至其私寓，態度驟變，語余曰：「余知君在此活動已久，君須知『雖有智慧，不如乘勢，雖有鎡基，不如待時』（何為前清秀才，故知此二語），據現在形勢，君留湘，彼此無益。」即出程儀千元，頭等輪船票二紙，命余立即離湘。余不假思索，立返其金，受其船票（其時余已無旅費），並語之曰：「不意公為熟讀孟子之人也。」何為之愕然。以世交故，未加殘害，亦聊勝其他軍人一籌而已。其首鼠兩端亦客觀形勢造成，不足深責！

余抵上海，自無分文，幸李健女士出資為余製備衣物，北大同學粟顯運時任淞江埔務，亦贈旅費數十元，余乃赴北平，思訪擴大會議諸公。不意此時蔣光鼐、蔡廷鍇已攻破德州北上，馮玉祥軍已敗退陝西，蔣氏又遣吳鐵城攜款貳千餘元並明星舞女遺張學良，學良乃通電主和，實則派大軍沿京奉路南下攻北平。閻錫山棄國民政府主席職，率師回太原，汪精衛亦率擴大會議諸委員赴太原商善後。

余抵北平時，擴大會議各委員會僅留一秘書資遣職員，余乃赴鐵獅子胡同汪邸，試訪顧孟餘先生，冀其猶在。此邸原爲一王府，孫中山即逝世於此。司閽者啓十餘門方達顧先生之書齋，見顧先生正在起草文件，態度安詳，書籍盈架。聽取余之報告畢，即電話召宣傳委員會秘書楊全宇至，語之曰：「周德偉同志雖非擴大會議職員，然爲黨宣勞，艱苦備嘗，宜照擴大會議科長例（時無處長一級）給與遣散費三個月。」並書手令，命余與楊全宇聯絡，全宇唯唯而退。余又告顧先生曰連年奔走，祖父母及母親俱高年失養，不知何以爲人，今後擬覓一固定職業寧家。先生笑曰：「凡政治運動，成功失敗參半，不必介意，汝既有特殊情形，可從汝意，以後如有機會，定當相招。」顧先生旋離座赴別室，余起立，觀其文件，乃赫然約法草案也。先生旋返室，曰：「汝既觀此文件，今日可留此，爲余謄錄，但須極端保密。」其序言大意謂國民黨宜速結束訓政，制定憲法，還政於民，以示大公。約法內容較民元之約法爲周密，公私權利劃分明白，仍稱政府之權曰政權，並規定政權和平轉讓辦法，杜絕軍人把持政權，約法宣佈後即須著手制憲。實對全國人民之諾言，非專對國民黨員而發。惜當時不便謄錄副本，今已去函台灣大學歷史系友人搜求原始資料，希望有得。先生又曰：「今日爲在北平最後一次之見面矣，余即將離此，希望仍鼓勇奮鬥，余不信武裝同志能永遠控制政權也。」先生能於大敗之後，鎮靜如常，且籌畫未來，北京大學師長中具政治家風度者，唯蔡校長及先生而已，先生較蔡尤爲周密堅定。

余次晨訪楊全宇，則已人去樓空，捲款潛逃矣。余一無所得，不得已，借寓友人楊績蓀之家，閒居二月，款待殷渥，亦盛德君子也。寒假期中，覓得山東省立高級中學教員職位，擔任社會科學概論及國文二課，改名周季謀，入濟南任職，月俸百六十元，學校免費供給宿舍，膳食費月僅十元。足以寧家矣！

南京方面，蔣氏部屬多湘人，平日知余背景，相避唯恐不遠，見擴大會議瓦解，知余已無力，偵得余之行跡及化名情形。孫慕迦來函，謂：「奉內兄中央軍官學校政治部主任酆悌之命，請來校擔任上校政治教官，每週授課三小時，月俸貳百四十元。」余覆函曰：「多年舊友，尚不知余爲何等人耶，豈受招安？余在此甚佳，以後望各崇明德，君等既偵知弟之詳情，生死一由君等，余不離此也。」以後無消息。蔣介石當年之緝拿究辦，不過臨時氣憤之語，亦未嚴格執行。

第十四章　余在山東之任教工作

（一）

余初以國文一課，雖主講於大學，亦無慚色；社會科學概論乃入門之學，更容易。抵校任教以後，方發見有甚難克服之困難：社會科學概論一科，前任爲一共產黨人，所用教本爲素羅堅著《唯物史觀社會學》，乃共產主義之標準著作，人手一本。馬克思的思想流行，國文教師如高滔、董秋芳等亦多左傾人士，所用教材均是周作人、魯迅、老舍等尖酸刻薄之文字，或胡適之所作之《紅樓夢考證》、徐志摩之詩等作品，此皆余素所不喜者，但如立即盡反前執，必遭逢反對，自己將無立足之餘地。余又感於國民黨上層只爭官職祿位，不注意青年之思想，思想盡走偏鋒，如吳稚暉之所謂「將線裝書拋入毛廁坑」之類，則文化源流必將中斷。青年人長成後，必將加入政治及社會，發生大影響，吾人必須求其影響之正確。

經我考慮之後，認爲克服國文教材之困難尚易著手。余初語學生云：「中國文化流傳四千年，豈無一物可取？豈無變遷之沿革？君等日常所用之語言文字、資生之工具以及流行之風俗習慣，究爲先民之遺跡，抑爲君等一手一足之所能創造？凡個人之臨時杜撰，能爲社會一般所接受乎？人之所以異於動物者，正因其不必一一從頭做起耳。如一一從頭做起，尚有文化進步之可言乎？君等如不明變遷之沿革，則亦不能明近世《新民叢報》、《民報》之淺近文言，降至今日陳獨秀、胡適之、魯迅等之語體文學。君等不聞今日西方之高中學生尙讀休姆、囂娥、莎士比亞、歌德、席勒，上溯至希臘三聖之文章乎？君等求學，不力求其博乎？余從博著手何如？」學生咸俯首無言。余又曰：「中國文學之壞，壞於六朝綺麗靡靡之文，完全與一般社會生活脫節，此乃玩物喪志之文學，不僅君等不喜之，余亦最所厭惡，不擬以授君等也！」學生乃大笑，余又曰：「韓昌黎號稱文起八代之衰，即廢六朝靡麗之文也，惟其所爲文，大抵爲帝王謌功頌德，及名公鉅卿之碑銘傳誌，言多不實，直爲帝王官吏作家譜耳，君等能於其文中發見中古、上古及當日之社會生活乎？至其議論文、政論文，則多與現代科學、哲學之眞理相違，無一可取，唐人中惟柳子厚作〈貞符〉，一掃往古怪誕謠囂之說，作〈視民詩〉，將歷代興衰之眞因歸本於人。近世民生凋敝不皆由政府措施不恰人心乎？柳子厚作〈封建論〉明制度因時而變，聖人復生，亦不能廢其言，君等素學唯物論，重變動，何以重視今之變動，而抹殺古之變動乎？孔子亦云『窮則變，變則通，通則久』，知古可以鑒今，凡余所重者，此類事件而已，度不背於今日之潮流。」學生感曰：「願受教。」余又曰：「唐宋八大家後，至明清之八股文更壞。凡爲八股文者，既不識經義，更不顧社會實況，只揣摩當路在勢者之意旨，以求功名利祿，以致爲人唾棄，故有晚清維新運動及革命運動之發展。凡明清舉人進士之文，余亦將擲之於毛廁坑。」學生乃歡聲雷動。余又曰：「當代之若干考證文，亦多與時代脫節，歷朝有關國運之制度，民生之設施，可考者不下萬千，何必考證一群女孩子爭風吃醋之事，置國計民生於不問？」余又曰：「古人有言，不問蒼生問鬼神，可乎？朽骨得直，蒼生不問，可乎？杜威主張研究活的問題，謂學校即是社會、社會即是學校，爲美國進步派之領導人物，今專門研究死的問題，可乎？」學生乃大笑。余初未攻擊今日若干淺薄尖刻之文，恐違學生心理太遠，反致僨事，擬循循誘導，納入正軌而已。

余既得此諒解，乃開始余之教學計劃，初選《史記》若干篇爲教材，並曰：「司馬遷著八書，凡上古之典章制度均盡於是。古之學者嫌其簡，諸君必嫌其繁。時代變遷，已與現代社會生活脫節，不擬以相授，如諸君自力讀之，有疑問，余必竭其所知相告。凡余所取之文，均明白曉暢，有關立國、立身之大節，能裨益君等之知識及見解。」

初授〈五帝本紀〉，講畢，詢學生曰：「君等對堯舜揖讓之事有何見解？」學生咸無言。余曰：「考〈五帝本紀〉，從黃帝至虞舜，均黃帝之後，舜、禹同爲帝顓頊之後。五帝所統治之區域僅爲今之河北南部，山東西部，山西之東南部，河南之西北部，區域狹小。黃帝之時已號稱萬國，蓋部落之治也。各部落風俗習慣不同，文化水準不同，甚至有利害衝突，協和萬邦（萬個部落）亦應有相當能力、聲望及治術。堯舜之子不合諸項條件，故擇賢者而立之，以維繫各部落之統一，且其所選之人不出黃帝一家。當時男統已立，故仍爲傳子或傳後之制。揖讓之說恐係儒者僞託。凡制度必有因襲，不可驟改也！入民國以來，革命已久，除革去帝制及不合時宜之風習外，究從根本革去何事，諸君等能一一言之乎？」

次授〈吳太伯世家〉。講畢，余詢諸生曰：「太史公著世家廿五篇，何以獨列吳太伯於首？」諸生亦無言。余曰：「諸人皆爭帝王之位，太伯獨能讓國，故史公取之。結文史公贊曰：『孔子言：太伯可謂至德矣，三以天下讓，民無得而稱焉。余讀春秋古文，乃知中國之虞與荊蠻句吳兄弟也。』最後一句不可輕易放過。當時部落雜處，文化程度高者咸視低者爲夷，或互稱對方爲夷。齊太公世家：

『封師尚父於齊，都營丘。東就國，道宿行遲。逆旅之人曰：吾聞時難得而易失，客寢甚安，殆非就國者也。太公聞之，夜衣而行，黎明至國，萊夷來伐，與之爭營丘。營丘邊萊。萊人，夷也。』周初之時山東東部尚爲夷，何況五帝之時，故吾人研究上古蠻夷，不可能有嚴格之劃分。厥後經過同化，乃爲夏，乃爲漢，孔子之時，猶稱用夏變夷，可證夏已爲一大國，故孔子稱爲夏族。古有東夷、西戎、南蠻、北狄之分，不與同中國。實則齊桓公以後，發展至海岱之間，東夷之名始消滅。秦以西均爲西戎，長江以南均爲南蠻，河北北部以及今之東北各省均爲北狄，凡所謂夷。甘肅爲西羌，轄地大於中國數倍。至漢武帝統一各民族及部落，始合蠻夷構成大漢民族。秦漢以前，蠻夷之分殊難確定，史公稱虞（舜）與荊蠻句吳均爲兄弟也，已道出眞相，具何等識力！故吾人讀書必須通社會學理，並多求旁證。」

次授〈伯夷列傳〉，授畢，又詢諸生曰：「史公著列傳六十九篇，何以獨置伯夷於首？」有聰明者曰：「取其不爭王、爭官者乎？」余曰：「得之矣！史公最惡劉邦，寫漢家穢事亦多，呂后私於審食其，劉邦亦不過問，爲爭天下不擇手段，故世家首太伯，列傳首伯夷，均視帝王如無物者也。此史公著書之微旨。其〈郭解列傳〉首句曰：『郭解，高祖同時人也。』郭解乃游俠之雄，劉邦亦出身游俠，然一則爲帝王，一則不保其生命，胸中抑鬱不平之氣，只以一句即足寫出，後人著書有此筆力乎？有此識力乎？有此魄力乎？落筆驚風雨，不必如今人之繁瑣也！」

又次，授〈孔子世家〉，授畢，余詢之曰：「據《史記》，孔子學問之廣博，政治活動之頻繁，前史有之乎？司馬遷筆下之孔子與朱熹筆下之孔子，人格、個性究相同乎？君等能一一言之乎？今人動謂孔子爲擁護封建制度之巨魁，究竟孔子重封建、輕封建之比重何若，諸君能詳舉之乎？」學生咸無言。余乃引史公之言曰：「孔子知言之不用，道之不行也，是非二百四十二年之中，以爲天下儀表，貶天子，退諸侯，討大夫，以達王事而已。」余乃斷曰：「此之所謂王事，乃治天下之事也。夫貶天子，退諸侯，討大夫，譏世卿，豈擁護封建者哉？又《春秋》書弑君卅六，亡國五十二，諸侯奔走不得保其社稷者不可勝數，察其所以，皆失其本矣。」余又斷之曰：「孔子之所謂本，乃仁義也。《論語》、《中庸》均言：『仁者，人也』，以今語表之，即可變爲人權；義之本義與西方之justice全同，何以出諸西哲之口即爲眞理，出諸孔子之口即誣爲封建？」又據純粹學理而言，孔子曰：「萬物並育而不相害，道並行而不相悖」，又曰：「盍各言爾志」，是與思想自由之旨有別乎？又曰：「尊德性，道問學，致廣大，盡精微，極高明而道中庸」，又曰：「致中和，天地位焉，萬物育焉，四時行焉。」又曰：「曲能有誠，誠則形，形則著，著則明，明則動，動則變，變則化，惟天下至誠爲能化。」余又斷之曰：「是與諸君求學之旨有別乎？是與西方之邏輯有別乎？」又引孔子曰：「己欲立而立人，己欲達而達人。」是與穆勒群己權界說有別乎？余又斷之曰：「從學理上，破壞封建制度者，孔子實爲第一人。孔子知天王、貴族、世卿之無用，乃將當時貴族專利之知識盡傳於門弟子，造成士之階層欲以代替執政，是與亞里斯多德之智者政治何異？諸君日日言打倒封建，而不知孔子，是何異見輿薪而不見泰山？凡此諸說，非唯物論可以盡代也。」

其次又授〈貨殖列傳〉，授畢，余即曰：「此千古之奇文也。農工商業並舉，無所軒輊，而皆爲人民資生之所必需，司馬遷曰：『巧者有餘而絀者不足』，『貧富之道，莫之奪予』。自諸君視之，似與流行之社會主義相違。試問，諸君之天才、能力、學問、知識能一一相等乎？誰有權能將甲之勤勞所得攘之於乙，是不大亂天下乎？自十八世紀社會主義初起時，即有學人謂將導入獨裁及奴役政治。諸君須多讀各家之言，方能正其是非，不可先入爲主也。〈貨殖列傳〉之說是與亞丹．斯密分工之說何異？」

再次授《墨子．法儀》，謂墨子反對法其父母、法其君、法其所學，而主張法仁。法仁者，求人與人之相安也，以今語表之，即法人權也，即近於今日民主自由之制也！且不分階層，避免利害衝突，含蓋何等廣遠，不較今日一偏之論爲優乎？此論至柳子厚而益明，柳子曰：『今夫封建者，繼世而理者也。繼世而理者，上果賢乎？下果不肖乎？則生人之理亂未可知也！將欲利其社稷，以一其人之視聽，則又有世大夫世食其祿邑，以盡其封略。聖賢生於其時，亦無以立於天下。』（一其視聽，原意乃一其法制）今日正爲聖賢生於其時亦無以立於天下時，打倒帝王之後又有無數軍閥專政，數十、數百暴君之爲害，遠甚於一個暴君。諸君日日倡言革命，宜沿是路進行可也，無須旁騖！」

西漢文章於司馬遷而外，余取賈誼之〈過秦論〉。此論著秦之亡，源於虐用其民，致形成土崩之勢。司馬遷著本紀、世家、列傳，均結以贊文或評文，獨著〈秦本紀〉，不憚煩全錄〈過秦論〉上中下三篇爲結，自己反無一言，蓋司馬遷審知〈過秦論〉千古不磨，自己之識解決無以過之。虛心若此，諸君宜存以效之！又取劉向〈諫營昌陵疏〉，力戒帝王之奢侈，耗竭民力，爲亡秦之續。又取趙充國之〈屯田奏〉，明禦敵安邊之術，非徒恃戰爭攻伐，勝於衛青、霍去病遠矣！

三國時只取諸葛亮之〈隆中對〉及〈出師表〉，一明當時天下大勢，一顯忠貞之人格。又授曹孟德之〈短歌行〉，以明其氣概及志趣。又取陳壽之〈諸葛亮傳〉，蓋諸葛亮一生人品、學問、操守均盡於是，無疵可擊，足爲後世楷模。

唐人文章只取柳子厚之〈貞符〉、〈視民詩〉及〈封建論〉，前文已述。又曾授〈寄許京兆孟容書〉、〈梓人傳〉及〈捕蛇者說〉，均與治國大道有關。又汎舉論中道數十條，與治學有關。宋人之文只取王安石之〈楊墨〉，〈荀卿〉，〈讀孟嘗君傳〉，〈讀柳宗元傳〉，〈復讐解〉，以諸篇皆有新義，其〈上仁宗皇帝言事書〉以其太繁，不取！

清人之文，只取黃宗羲、顧亭林二家之文，尤重黃氏君爲民服務之義，及顧氏於風俗教化有毅然承先啓後、舍我其誰之概，視功名如無物！近人之文則取嚴譯《天演論》，章行嚴、白芝浩內閣論，一明社會演化之理，一明憲政法制。

至於中山之三民主義，學校另有專科，余不另述。

余不工詩，但仍取杜工部之〈三吏三別〉及〈秦州雜詩〉廿首、〈麗人行〉相授，取其寫民生疾苦，藩鎮宦寺亂政爲唐室敗亡之因。

余授課一年後，生徒各有所得，較魯迅、老舍、胡適之文，內容遠爲豐富，如是其他班次之學生爭來聽講，乃開大禮堂授課，於糾正當時風氣似有裨益。

(二)

至於社會科學概論一科，余雖於國文一科已用暗渡陳倉辦法灌輸若干反唯物論之思想，但若取素羅堅之著作，一一駁之，未必能為學生所接受。

幸余在大學時，已讀過休姆之《人性論》，亞丹·斯密之《道德情操論》，康德《純粹理性批評》，及若干篇顧孟餘先生所選之近代德國知識論，乃拋開素羅堅之著作不談，從知識論開始。首詢學生曰：「宇宙之動物亦多矣，何以人獨有知識、有文化，動物何以無知識、無文化乎？」學生曰：「人為萬物之靈。」余乃續曰：「既明乎此，則知識文化之發展，人為主乎？物為主乎？」學生不能對。余又曰：「萬事萬物皆有眞理，此等眞理，物自言之乎？抑人之發見乎？」學生：「當然為人之發見。」余曰：「既明乎此，吾人可以探究唯物論矣。諸君不曾習代數及幾何乎？凡代數及幾何之眞理，均憑演繹而得，不憑任何經驗及物質，此種演繹及推理在一定假定下，只要無外力干擾，無推理聯繫之錯誤，對同一問題，人人可得出同一之結論，此何故乎？」學生不能對，余曰：「此正為心（mind）之力量。」學生若信若疑。余又曰：「三千年前希臘哲人已構洛葛斯（logos）之學，洛葛斯者，心性之學也，至十八世紀康德著《超經驗邏輯論》，益恢張之，謂動物一旦進化為人，每人之心性建構全同，故能建造人人公認之眞理。嚮使心性建構不同，人之思維各異其軌，則不能發見人人同意之眞理。」此論太高，學生仍不能悉喻。余又曰：「當然，心性不能活動於眞空之中，只能在一定之制度及物質環境中活動。最初，人心只能施之於一個事象，就一個事象之分析所得之結論，只是局部事象，故人之知識必然為局部的，進而研究他一事象，仍然為局部的，故人不能盡知一切。古人云『人生也有涯，而知也無涯』，莊子云『計人之所知，不若其所不知』，皆眞理也。若有人自以為懂得一切，則妄人也！君等所習得之各項科學眞理，為各項科學所授與乎？抑為籠統之唯物主義或唯心主義所授與乎？唯物論曾授予君等數學眞理、物理化學眞理乎？」學生咸曰否，但曰：「唯物論不過求萬事萬相之共同解釋而已。」余曰：「此等放縱誇大之企圖，數千年前之哲人早已爲之，但皆失敗，故仍回到各事各物之研究，故有科學之分殊。科學分殊後，方有各科或局部之知識。當然從各科之知識可以擴大到含蓋較廣遠之知識，但任何人不能盡知一切。蓋心性能力只許人個別接觸各項事物，不許人一舉並於一時接觸宇宙間一切事物，故知識由累積、傳授而愈廣，此文化發展之途徑也！君等之大父，曾知君等今日之生活乎？君等之大父既不能知數十年後之事態，君等又何能知數十年、數百年後之事態乎？各人均有心性及靈明，數十年數百年後之事態，當由後人自爲之，君等無從代庖也！且時代有延續，情境有變遷，文化有累積及進步，後人當較今人更爲聰明特達，欲以今人之愚以代後人之智，是亦妄舉而已。故吾人只須求得一「自由環境」，各人發揮各人之聰明才智，以求於過去文化上獲得一點一滴之增益，即爲已足，不可爲任何教條或主義所拘泥，以自錮其靈明；亦不可爲放縱誇大之企圖，蹈前人已敗之覆轍。君等已習中外史書，知政教鬥爭之慘劇，紀元後四世紀殺了多少科學家及哲人，究於文化進步有補乎？抑有大損乎？自政教分離，文藝復興後，文化方有飛躍之進步，前人之事跡不可資以爲鑒戒乎？」學生方俯首默認。此等理由經反覆論辨引證，達三月之久，學生方悉余學識之端倪。如是乃沿此途編爲教材，首知識篇，次邏輯篇，次社會科學篇。

（1）知識篇

從人所共有之感官接受，獲得印象，從印象獲得簡單之觀念，合若干觀念融成初步之知識，再合若干素樸單一之知識融成較廣泛之知識，並闡明知識之無窮無盡，爲人所不能盡明。惟其不能盡明，故方求深入，方求進步。此皆就現代知識論加以闡發，余無所增益。學力上亦不能有所增益！

（2）邏輯篇

乃取康德之《超經驗邏輯論》譯成中文相授，輔以穆勒《名學》。授此課時極爲艱難。學生曾詢近代辯證邏輯，余曰：「辯證一術語，非創於馬克思，亦非創於黑格爾，在蘇格拉底之著作中，即有此一術語，至康德發揮益精。康德劃分形式邏輯、分析邏輯、辯證邏輯。研究者必須將研究對象之資料，納入心性所共用辨認之形式，方能著手研究推理。分析邏輯者，乃分析各項研究之因素，宜屬於何類形式。又取前人之歸納（reduction）及納入是否合理，是否合於共同之心性。辯證邏輯者，乃取抽象之形式及分析，與當前呈現之事態及心性反覆參校，力求其正確無誤；反覆參校故謂之辯證。此三項劃分不過爲研究之便利，三者實融合爲一大邏輯體系，三項個別邏輯不能獨立存在。嚮使人心之邏輯不同，則決不能發展共同之知識。與邏輯不同之人之討論，將如與異種人文字之討論。如不明異種文字，則各不相喻。吾人之能相互討論者，以心之邏輯建構相同也。即就黑格爾及馬克思而言，黑格爾從心性出發，馬克思從物出發，余寧取黑格爾，而不取馬克思。馬克思亦無力反對黑格爾之心性哲學，轉而推崇之，矛盾多有。惟黑格爾解釋歷史事象之發展永爲正、反、合，其實不如是簡單。馬克思假藉正反合之論，發爲鬥爭論，眼光過於狹隘，其實凡宇宙及社會事象，和諧、合作、協調、生長、發展，佔最重大部分，利害衝突及鬥爭只佔最小部分。衝突及鬥爭只能產生毀滅及退化，不能產生生長及發展。君等所賴以資生之工具不由兼相愛、交相利而得乎？攘奪別人之所有，能產生秩序乎？君等同學不下千人，日日相衝突鬥爭乎？曾子曰：『人與人之相與，若舟車然，相濟達也！』孔子曰：『致中和，天地位焉，萬物育焉，四時行焉。』嚮使天體內之各項星體無平衡和諧協調之理，豈不致天翻地覆乎？孔伋曰：『悠久成物』，以今語表之，即物之生長及生產需要時間，此即康德之所謂形程（modality），凡此等程序豈正反合所能盡乎？亦豈鬥爭所能產生乎？」

余又曰：「諸君正在熱烈求知，物既不能自言，心又不能在眞空中活動，故一談到知識論，非成立於心物二元不可，而心爲主動。凡獨元論均不能解決此一問題。邏輯則專闡明心性之建構爲一切眞理之本源。諸君已知邏輯之重要，亦知邏輯之所以重要乎？中國學術之不發展，以未發展專門之邏輯學也。印度尚有因明學，即邏輯也，持與相較，我國之學術實有遜色，望諸君極力追求之。」

我國亦講心性之學數千年矣，只在性善、性惡內繞圈子，空無所有，殊屬可嘆！西哲之言心性也，從超經驗之極據出發，我國先民之言心性也，從經驗之事實出發；經驗永遠爲局部的，甲可舉出爲善之事實，乙可舉出爲惡之事實，互不相下，且善惡標準乃人類組成社會之後方發生，與超經驗之心性不能混同，孟子曰：「惻隱之心，人皆有之；是非之心，人皆有之；羞惡之心，人皆有之；慈讓之心，人皆有之。」（故性善）《周易．序卦》曰：「物生必蒙（童蒙），故受之以蒙。蒙者，蒙也，故受以稚。物稚不可不養也，故受之以需。需者，飲食之道也。飲食必有訟（爭），故受之以訟。訟必有眾起，故受之以師。」（師，眾也）荀子據此，乃曰：「物生而有欲，有欲必爭。」（故性惡）此荀子據古說及本身經驗之談也。孟荀兩說行之於事實，皆眞。其弊乃在以後天發生之善惡上繫於超經驗之心性，而善惡又無客觀及眾意咸同之標準。後儒論心性，先固執善惡觀念，莫能擺棄，故不能達於共通之邏輯。夫物生必蒙，蒙必有養，有養必有所需，有需必爭，爭必有眾起，乃千眞萬確之事實，與現代經濟學理相通，故荀說較孟說爲含蓋廣遠，其不能達於邏輯者，以不能超出善惡之後天觀念，以達於先天之心性建構也！故治邏輯必從康德之超經驗邏輯論入手。穆勒建立之各種形式亦符於心性，所可惜者惟不能如康德之上探本源也。夫心性之學，中西均歷四千年而不衰，黑格爾亦不能毀，豈馬克思一人所可毀哉？凡余所授之邏輯均本是義，於洛葛斯（logos）及康德之說亦無所增益，亦述而不能作之類也。

（3）社會科學論

社會科學之範圍太廣，余只舉出治社會科學之方法與治自然科學有重大分歧之點。治自然科學（數學除外）只須取得研究之對象，在一定假定下，並抽去時間地點之因素，亦抽去研究者人之因素，視爲客觀眞實（objective reality），予以試驗及分析，即可得出眞理，適用於其類（類現象 Class Phenomenon），在大多數場合，不能有例外。其有例外者，則所觀察及試驗之不全，故只能構成不完全之知識，非物之本身無眞理也。然科學家初步仍可得出概然率（Probability），概然率者，即不完全之知識也。夫物無心靈，無意志，無判斷，無主動的行動，如有活動只是機制的活動（mechanic operation）及功能的活動（functional operation），不能與人之行動（human action）比擬，更不能與修整的行爲（polished behavior）比擬，故能任人之擺佈納入試驗室中予以分析。社會科學則不然。社會科學之研究對象爲人，人有心性，有靈明，有意志，能採取主動的行動，故不能納入試驗室中予以試驗，否則爲解剖學矣，爲生理學矣，爲心理學矣，此只能納入自然科學，而非人的行動的科學（the science of human action）。夫人之感官相同，心性建構相同，故亦可構成類現象，各項社會科學均已發見適用於其類之眞理，如倫理學上之親和性愈遠愈疏，經濟學之供求原理、貨幣數量原理、功效原理、生產消費原理，亦可適用於其類，但此項適用受有重大限制，蓋每人均有其個性，均有其特殊的價值判斷，均有無窮無盡之創性，均可奠立特殊之目的，均可採取主動的行動，其所形成之現象，無一完全相同，類現象之原理決不能解釋此等問題。王安石之個性決不與司馬光、蘇東坡之個性相同，諸葛亮之個性，決不與劉備、曹孟德、司馬懿之個性相同，其聰明才智亦不一。人一出生，將來爲聖賢，爲英雄，爲豪傑，爲各類科學家，爲小人，爲盜跖，誰能預知？諸君之同學亦已多矣，父子兄弟夫婦亦已多矣，縱令處在同樣之物質環境中，受同等之教育培養其成就，其發展、其事功均將相同乎？故歷史上人之事象及社會事象無一全同。所謂施之萬世而皆準之歷史哲學，決不能成立。

故研究社會科學，決非類現象之原理所能盡。

研究個性必須從悟解入手，各人之悟解又各與其個性相關聯，無一全同。此之所謂悟解，決非試驗，乃德文之 verstehen，柏格森之直觀 intuition。夫每人之創性無窮，悟解可能有多類，故佛有八覺之說，惟余不通佛學，不能冒充內行，只能以悟解相授。悟解乃研究歷史事象及人文事象之特殊工具，人之悟解既各不同，何以能得出公認之眞理？此有二項學問爲之補助：① 即類現象之公認原理，凡悟解與此等原理正面衝突者必須拋棄，如過去以天象、地震爲上天示警或與某一大難有直接關聯，今人尚可守此悟解乎？又悟解憑知識文化之演進而日精，今人之悟解定與原始人之悟解相同乎？② 人之悟解亦在求眞理，驗之於後來事態之演變，多所衝突或全不相符，研究家須隨時參證事實，撥棄錯誤之悟解，另求新的悟解，汝不撥棄，人亦撥棄之。此即辯證。

總之，研究個象須憑悟解，試驗無所施其技。人不能將別人當作試驗品，更不能將國運民生當作試驗品。凡歷史事象、人文事象均個象也。

凡作悟解不能抽去時地及人之因素，此點切須注意。蓋人之悟解隨時隨地可變化也。諸君已不明物價漲落原理乎？諸君所知者乃平均物價水準耳，此可由供需原理、貨幣數量原理得之。諸君亦知個別價格之形成乎？凡個別價格之形成，均與人之個性、愛好、風俗習慣乃至道德倫理均有關聯，諸君能懂得多少，須憑諸君悟解之因素之多少為斷。故諸君務須發揮自己之靈明及創性，隨時隨地增益諸君自己之創發及悟解，方可有成。決不可為偏執之教條所拘泥，此思想自由之重要也，此自由為文明之最高無上之創造力也！

余於此三篇曾翻譯及引證各家之文，故編為教材廿餘萬言，此為余之第一本鉅製，惜以後離開濟南時未將講義攜出，致喪失無存。以後又著政治社會哲學論著及經濟學論著，有更精到之發揮，足資補充。惟作文須賴在當時當地之靈感，事後決不能作出原封原樣之文章，故此一著作之喪失仍為終生遺憾。

授課二年後，學生方知山外有山，不復重視素羅堅之著作矣，此為余畢生最快樂時期之一，蓋改變學生之思想，闡明眞理，與糾纏於黨政活動中一無成就者，不可同日而語。但余當時仍思改變工作，蓋一生不能拘守於高中教員地位，至少須習得大學教授之學問，增益現存之知識，方能不依傍，不所獲，獨來獨往、卓立於世界，此將述於後文！

余在此地不能不述及若干後起之怪事，藉以鑒往昭來。余之講義，作於民國廿年春至廿一年冬離開濟南之時爲止。越廿年播遷至台灣，在書店中發見黃文山著《社會學原理》，黃文山者，即黃凌霜也。爲好奇心所驅使，翻閱一遍，仍是那本素羅堅著唯物史觀社會學，改頭換面出版。有人說黃凌霜思想改變了，被中國共產黨開除了，但黃凌霜如眞有人格，眞有學問，何以重翻舊說，無一點新的增益，以欺世惑眾？余向不作人身攻擊，但此點足證黃凌霜對於社會科學及哲學尚未跨入門牆，不忍續論矣。台灣自詡反共基地，而任共產主義之學說流行，蔣某豢養不少文化特務，對此盲然無視，而對眞正之個人主義及自由主義，反視若洪水猛獸，打擊不遺餘力，此尚有反獨裁之絲毫意識乎？此怪事之一。

號稱國民黨中央黨部之理論組，幾全爲唯物論份子、辯證法份子（其實彼等並不懂辯證法，粗略錯誤的渲染馬克思之學說而已）所把持，有從警察出身、未受過基本教育者，僅識若干中國大字，於西文一無所知，被尊爲理論家；又有僅受過初中教育、未曾跨入大學門牆，即從事政治活動，以共產黨之身分投降國民黨，所持仍爲共產主義，將民生主義解釋爲共產主義，並公開宣稱「只反對馬克思派、斯大林派之共產主義，而不反對他種共產主義」，一問其他種共產主義究爲何物，亦茫然無知，亦被尊爲國民黨之理論大師。余不願舉其名稱，以貶損自己之身分，污余之筆墨。余坦然承認，民國四十四年，理論組召集人謝幼偉曾邀余入組，不逾月即被此輩所圍攻，謂：「周德偉，你號稱學人，著述甚多，何以無一文恭維總裁，恭維領袖，闡釋三民主義？」（中央日報社社長曹聖芬與余原有私交，亦曾以此相指摘）余不願與辯，乃宣告退組。此爲怪事之二。

蔣某開辦革命實踐研究院，並開辦國防研究院及高級訓練班，親身主講辯證法，其所著之書不知多出所讀之書若干倍，開中外古今未有之例，萬口雷同從而和之，余無從批評，只得引二千餘年前孔伋（子思）之言，以明是非。子思曰：「以吾觀衛，所謂君不君，臣不臣者也。」公丘懿子曰：「何乃若是？」子思曰：「人主自臧（自臧猶言自是），則眾謀不進。事是而臧之，猶卻眾謀，況和非以長惡乎？夫不察事之是非而悅人讚己，闇莫甚焉；不度理之所在而阿諛求容，諂莫甚焉。君闇臣諂，以居百姓之上，民不與也。若此不已，國無類矣！」子思又言於衛侯曰：「君之國事將日非矣。」公曰：「何故？」對曰：「有由然焉。君出言自以爲是，而卿大夫莫敢矯其非；卿大夫出言，亦自以爲是，而士庶人莫敢矯其非。君臣既自賢矣，而群下同聲賢之，賢之則順而有福，矯之則逆而有禍，如此則善安從生！詩曰：『具曰予聖，誰知烏之雌雄』，抑亦似君之君臣乎？」讀者掩卷試思，蔣某之政治究與此何別？子思之直言，尚得直達於衛侯，今日達士之直言，能達於帝王並教主之蔣某及其不肖而飯桶之兒子乎？誰能謂歷史事象只有進步而無退步？又錄《資治通鑑》一故事，以相佐證。「楚昭奚恤爲相。江乙言於楚王曰：『人有愛其狗者，狗嘗溺井，其鄰人見，欲入言之，狗當門而噬之。今昭奚恤常惡臣之見，亦猶是也。且人有好揚人之善者（此人字乃外交辭令，即指楚王），王曰，『此君子也。』近之，好揚人（此人字亦指楚王）之惡者，王曰：『此小人也。』遠之！」今日自蔣某以次之執政大員，誰不豢養多少狼狗（衛士小人之類）守護前門後門，非宦寺安從得入。此風既流，邪說大張，此今日怪現象之三。

另一怪現象則余所身受者。余著書均尊德性，尊個性，尊自由，重法治，反獨裁，而出版則極艱難。文化特務每見余文，則圈點分析謂爲對領袖之攻擊及大不敬，以相挖苦。所幸余所爲文，均學理之分析，無直接之人身攻擊，雖與現狀對照，判若懸河，在對外僞民主之粉飾下，執政亦不敢持余之所否，自攬於頭上，故余得保其殘生。而執政從行政方面力謀賊害，余之身不苟，亦得避過死亡關頭！然仍有禍及別人者。有大學畢業生張益民，初入社會爲新聞記者，見余著人文現象的理解，爲文恢張，讚譽有加，次日張君即失蹤，從此不見於人世。余只能爲其祈禱冥福而已。此文並未能深發余之奧蘊，余未保存，幸得摯友樓桐蓀君從報紙上剪下，存入拙著《尊德性齋論著拾遺》中，張君一生僅留此筆跡，不禁噓唏！此無非證明執政見某一新勢力之將起也，即從而撲滅之！此爲怪現象之四。余學雖不逮，頗有承先啓後、推動社會進步之志，未知視顧亭林何如？故只得隱忍，苟全性命於亂世。此今日之所以仍努力不懈也。

第十五章　廣州非常會議及汪蔣之復合

（一）

第十三章已述至擴大會議之失敗，蔣氏志得意滿。當時之國內形勢如次：

（1）蔣某任張學良為國民革命軍副總司令兼其北平行營主任，資以鎮壓閻、馮，居然為北方王；但張學良闒庸無能，縱情聲色，不理軍政，且東北軍既入關，日本之窺伺日趨急迫，蔣氏仍只專心內爭，不急外務也。

（2）閻錫山猶得保存完整實力。馮玉祥之實力雖有殘破，然仍屯於山西、陝西邊境。石友三亦退屯山西，受閻之卵翼，仍為蔣氏之隱憂。

（3）韓復榘仍為山東省政府主席，當南北之緩衝。

（4）蔣氏之嫡系部隊控制江蘇、浙江、安徽，以達於河南、陝西及武漢。

（5）湖南之何鍵所部向無戰鬥力，且其人工政治手腕，無意為蔣效死力。

（6）蔣光鼐、蔡廷鍇之勁旅（與陳銘樞接近）仍調回廣東，加強對桂系之鎮壓，然廣東另有陳濟棠、陳銘樞、余漢謀等，與蔣蔡合為粵系，仍非蔣介石所能如意指揮，純恃金錢及分化政策以羈縻之。

（7）廣西李宗仁、白崇禧、黃紹竑團結堅固，蓄精養銳，又容納湘軍廖磊、葉琪（皆桂人）所部，勢力仍不可侮。

（8）大戰以後，民生凋敝，政治腐敗，共產黨之勢力已控制江西，魯滌平所部力量薄弱，困守南昌而已！

（9）陝西雖有蔣氏之中央軍隊駐屯，然雜牌軍亦多，如劉鎮華、楊虎城等，號令不一且鞭長莫及，如遇有反對之軍事行動，蔣軍只能撤退，決無法固守。

（10）四川為一特殊區域，擁有軍隊號稱百萬，軍事領袖甚多，內部混戰，旅進旅退，無從收拾，為蔣氏之勢力所不及。雲南、貴州更在邊遠，無從指揮，亦只以金錢羈縻。

據上文所述，蔣氏之武力統一政策仍屬落空，與舊北洋軍閥無異，且日本及中國共產黨為其巨患，有增無已！

（二）

十九年冬譚延闓死，汪精衛去了一個工於權謀術數之巨敵，蔣介石從此無文人支持，聲望日低。蔣氏於十八年撕毀對汪精衛之宿諾，用胡制汪，策劃多出自延闓。延闓死，精衛敗，蔣氏益輕胡，又種下日後之紛亂。

汪精衛自採用顧孟餘之建議公佈太原約法，表示繼續奮鬥。約法意旨已述於前文，不重贅。蔣氏見太原約法後，大驚曰：「汪精衛真會鬧事，國民黨訓政瞬將三年（自十八年夏起），彼據中山三年訓政之說並煽揚全國民眾向余爭憲政，浸淫日久，反對勢力將益擴大，余實無力再作一次大規模之內戰。」此語，余在台北時聞之於白崇禧（健生），崇禧乃聞之於其兒女姻親顧祝同，當非虛語。蔣氏乃授意其幕府起草南京約法，內容雖有異，直與太原約法爲桴鼓之應，惟名爲訓政時期之約法而已，默示可與汪精衛攜手，提出中央常會討論。胡漢民知汪、蔣一旦攜手，己在政治上將無立足之餘地，平日受制已久，此時憤不可遏，乃極力反對之。蔣、胡口角相爭，胡罵蔣氏爲軍閥，並謂：「中山已死，我不教訓你，誰教訓你。」蔣氏大怒，乃幽禁胡漢民於湯山（此事知之者甚多，亦白健生據顧祝同之言轉告）。粵系委員大憤，軒然大波又在醞釀矣。

蔣氏於廿年六月公佈南京約法，其在汪精衛看來，「汝雖伸手言和，我不能與汝對峙，即不能談和，否則無異投降，故仍在香港沉機觀變，覓致對峙機會。」此語由汪夫人詳告於顧孟餘夫人，顧夫人事後又詳告於余者，雖無原始文獻支持，理本固然，事足信也。

顧孟餘廿年春仍留天津，創辦《人民日報》，以彭學沛爲總主筆，竭力揭揚武裝同志專政之失，並鼓吹約法及憲政。張學良無意過問，閻錫山則予以資助。北方輿論深表同情。顧氏曾招余去天津相助，余爲山東高中、齊魯大學之課務所羈，未能應命。此亦見余不能乘變應付政治也！課業及自修爲重，亦其一因。八月，粵系三屆中委以孫科、劉盧隱、馬超俊等爲首，全體離京赴廣州，召開國民黨非常會議，宣佈反蔣援胡。非常會議者，以不足法定人數也，此與過去中山在粵召開非常國會之理相同。但群龍無首，孫科不孚人望，亦不能得桂系之心，勢不得不迎汪精衛入粵，此正與汪以對峙之機會。時顧孟餘亦來港，汪赴廣州時語顧曰：「余與展堂相交數十年，因政爭失和，咎不在余。如能援其出險，握手言歡，亦平生宿志。」（此亦顧夫人對余所談）此可見汪之胸襟豁達，不似胡之狹隘也！

同時汪亦知粵桂有隔閡，桂必附於己，北方有閻、馮支持，並非全無實力，不致完全爲人傀儡。此外，粵系之陳銘樞亦暗通款曲於汪。

汪抵廣州後，被推選爲非常會議主席，孫科力爭國民政府主席，亦只得與之。孫科派力攫粵省各機關之位置及權力，粵省實力派及人民亦惡之。汪氏一無所爭，反得好感。桂省窺破此點，正無術直結於汪，以圖將來發展，乃由李宗仁、黃紹雄、白崇禧聯名電請顧孟餘入桂，電文中並謂：「顧先生若至，勝於十萬雄師。」此電騰於報章，當時人物想猶能憶及。顧氏遣彭學沛往桂答聘。蓋顧志在全國政治，不欲捲入小派及偏邦以自貶其身價，且在派系喧爭之中，己獨卓然自立，反可增加輿望，行動自如。凡顧平生所爲均類此。故留香港沉機觀變，不以未能隨汪入粵而介意！

擾攘數月，寧粵雙方均未用兵，適九月十八日日本大舉盡佔東北各省，時張學良猶在北京飯店招明星作通宵酣舞，蔣氏知外交政治事急，獨力難支，非迎汪入主政治不可，蓋此時蔣氏之惡孫科及粵系有甚於惡汪者。乃於廿一年春通電，願辭國民政府主席及國民革命軍總司令職，另組全國統一之政府。蔣氏知顧孟餘能包辦汪精衛之事，乃遣黃郛、張群乘軍艦赴香港迎顧。黃郛與顧原爲北京大學同事，交情甚篤，且黃郛自民國二年不參加中華革命黨以來，亦久通於汪。張群過去未混入陳果夫把持之黨爭，且手腕靈活。陳果夫雖爲蔣之唯一親信，但過去黨爭色彩太濃，招致歷年之兵爭，故此次紬之不用。

黃、張晤顧後，黃首先發言曰：「奉蔣先生之命來謁先生，願求良策，團結全國，應付危局。」顧曰：「良策須出自蔣先生，余手無寸柄，又何能爲？」黃曰：「余等奉蔣先生之命，獲得全權，凡公所提示之辦法，蔣先生皆不折不扣，一概接受，只以團結全國各方為第一義，且尤尊重汪先生之地位。」張群從而和之。顧乃曰：「既如此，此易事耳。寧、粵、汪三系各有實力，不可畸重畸輕，欲求團結，蔣先生可於南京召集全國代表大會，汪先生亦可在上海召集全國代表大會，粵方非常會議於廣州召集全國代表大會，事先取得諒解，共選一、二、三屆中央委員為第四屆中央委員，並由各方自由加選十人以容納新進，並立即恢復胡展堂之自由，進而實施憲政。各方皆不受委屈，不即可求得團結乎？」黃、張均欣然同意，並立一協定，顧首簽，黃、張連署。黃、張並請顧乘其軍艦先去滬籌備，顧允之，臨行時，電請汪「速來滬籌開全國代表大會」，汪喻意，即通電離粵去滬，粵方乃群龍無首矣！

寧、粵、上海三方之全國代表大會，召開於廿年十一月，決議均遵守顧、黃、張事先之協定，所餘者惟若干西山會議派經中山手令開除黨籍者未經議及。上海改組同志會方面加選王懋功、曾仲鳴、谷正綱、朱霽青、彭學沛、唐有壬、郭春濤、范予遂、鄧飛黃（彭、唐、郭、范、鄧均顧所提出之人）、蕭忠貞等十人為委員。事後同志間頗有煩言，謂彭、唐非改組同志會之會員，不應膺選，彼等不知彭、唐乃顧孟餘用以聯絡各大學教授之橋樑，其眼光不局限於改組派也。寧粵雙方加選之十人，不復記憶。時余方執教於濟南，開會前，顧孟餘先生之機要秘書谷錫五急電余去滬競選，以余在改組派之地位曾為一省之首腦，決不次於鄧、蕭也。但余當時志不在此，蓋縱得中委，亦不過追隨黨中領袖俯仰，不能有所建樹；余一意營求公費出國留學，政局既變，所欲不奢，必可如意。故覆電錫五謂：「學生課業重，大考期近，不能離職。」谷又來電，謂：「十二月或明年一月將在南京召開四屆

中央全體會議，君必須來京，或有佳會。」老友熱情，畢生感之！此後來谷錫五事略之不能不作也。（見《周德偉散文存稿》）

（三）

四屆中央委員全體會議開會於南京前，汪精衛請蔣氏任陳銘鉞為京滬衛戍總司令，蔣氏嫡系隊伍暫行撤離。此在汪氏為必要之措施，蓋必如此，各方赴會委員方有安全感，且能確保會議不受軍方干擾。蔣氏亦曲從之，心中懷恨不言可喻。

汪、蔣二氏預料孫科既為廣州非常會議國民政府主席，彼為中山之不肖子，唯功利是圖，必競爭主席或行政院長，其他資深之院長亦必有喧競，故汪蔣二人相約留滬，不出席全會，免當喧爭及請託之術。汪派顧孟餘為代表，主持汪系之意見；蔣派宋子文為代表，主持蔣系之意見，大事直接電告汪、蔣商酌。其紬陳果夫者，以陳為包辦三次全國代表會引起紛爭之首腦。宋則向主汪蔣合作，彼有於汪蔣對峙中成為第三巨頭之野心，故於汪、蔣無所軒輊，同時為蔣氏之姻親，對蔣保持良好關係。此時顧孟餘亦有成為第三巨頭之野心，但實力不足。

汪在上海召開代表大會時，一切費用均由宋氏秉承蔣氏供給。改組同志之流浪於上海者，蔣、宋二人亦吩咐杜月笙供給住所。余於廿一年春抵上海時，亦得三層樓住宅一所，余招湖南改組幹部共居之，不以獨享也！

余於廿年十二月濟南高中學生大考完畢後，即遵谷錫五之囑赴南京，寓中央飯店，房間亦顧先生所安排，時中央飯店爲政府全部租用，出席委員多寓其中。

顧孟餘平日深沉隱秘，此次則闢室三大間，一爲與其親信彭學沛、唐有壬、谷錫五會商要公之所，范予遂及余非被召不得入。一爲顧先生與賓客會談之所，西山會議派諸公亦常來顧處活動，要求加入全會。一爲顧氏之候客室，擁擠不堪。己則寓宋子文宅。

顧又招胡適、王世杰、周鯁生、皮宗石、楊端六來京，惟胡適未來。王、周、皮、楊均寓中央飯店，余因得與再見。顧思納彼等於政府，以求集思廣益，並壯聲勢。書生無兵力，惟恃學人爲援耳。

全會之第一個決議爲恢復汪精衛、馮玉祥、陳公博、周仁齋、周德偉之黨籍。余列名要人之末，同志均刮目相看，群來慶賀。其實此舉無聊極甚。汪、顧二先生爲余之前輩，當表敬意；仁齋與余曾共患難，不無顧念。其餘如馮玉祥等，何嘗在余之眼中。

全會事先預商，推選監察院長于右任爲國民政府主席，事已騰於報章。惟胡漢民恢復自由後，原期其出席全會，復任立法院長，但胡氏逕去上海，聲言赴港另樹一幟，仍堅持反蔣。顧孟餘與宋子文、陳銘樞緊急會商，「若大部分立法委員隨胡南行，則合作又生頓挫。」乃急電商駐上海之汪、蔣二巨頭，擬改選原任立法院副院長林森爲主席，以羈縻係立法委員，由汪轉蔣、宋、顧、陳（銘樞）分別通知，寧滬粵各系委員照選，惟未通知孫科，蓋孫氏不自量力，亦競選主席也。次日全會開會，林森由大多數通過爲國民政府主席，于右任大憤，因此恨顧孟餘入骨。

孫科既不得主席，誓欲得行政院長，聲稱如不得志，仍將走粵助胡。汪、蔣預計孫無兵力、財力，決難久於其位，故電告顧、宋、陳（銘樞）照辦。

全會決議推選汪精衛爲政治會議主席，常會主席虛位以待胡漢民。政治會議主席實際上重於常會主席，蓋院部長官均須由政治會議決議提請特任也！推選蔣中正爲軍事委員會委員長，蔣並未立時到職，蓋惡孫科，仍思設法去之也。

政治會議決議以曾仲鳴爲政治會議秘書長。當時黨內同志盛傳余時任副秘書長，其實從無其事。以一、二、三屆合作之大黨中，論聲望資歷，此席決輪不到余，況當時並無副秘書長職位。同志因余與汪顧之關係，又以余恢復黨籍列名巨公之中，連想而及耳。事實上，只在提出曾仲鳴爲秘書長以前，顧氏曾召余相見，曰：「汝在政治會議任秘書如何？」余力辭，顧曰：「此乃余可能爲汝安排之最高位置（蓋當時黨內各部尚無副部長，秘書即助部長管領部務也），汝尚有何欲？」余曰：「余已無政治慾望，只求如孫悟空鍊成金剛不壞之身，不爲先生之長期累贅耳。」顧問何意，余曰：「余思公費留學，充實學力，能獨來獨往；嚴守不依傍、不呵護之旨，以先生之重，不能相助耶？」顧含笑允諾。

顧孟餘思籌畫全國政治，欲於將來之汪內閣中爲財政部長兼行政院副院長，故於政治會議時提議先行組織全國財政委員會，以唐有壬爲秘書長，思納王、周、皮、楊及全國財政金融領袖爲委員，爲財政部之最高諮詢機關，專門研擬財政改革計畫。唐就任後立即訪余，求余爲財政委員會特派員，赴各省調查地方財政。余思孫科既爲行政院長，區區唐有壬何能與抗，故仍力辭，事後顧氏亦無不滿。

全會散後，余隨顧先生去滬，顧於寓所常召集唐有壬、彭學沛及上海財政金融領袖開會，余叨陪末席。顧曰：「人皆以國民黨有左右派之分，今已共同反共，何來左右之分。如有左派，須就財政經濟政策分界。余所主張者爲向帝國主義交涉，收回關稅、鹽稅自主，充實中央財政。廢除厘金（厘金創於曾滌生、胡林翼，乃就地籌措軍費之舉。初限於曾、胡之轄區，後來擴大變爲各地方政府所收之貨物過境稅，阻礙經濟發展，困敝民生殊甚。）及地方之一切苛捐雜稅，資以培養民力，另訂合理之中央及地方財政收支劃分辦法，一切地方稅須以法律定之，無畸輕畸重之弊，以收地方政府之向心，並得自行發展經濟。平均裁減各方兵員，以充實建設經費，實現中山之實業計畫，細節可斟酌修改。如有左派，此即左派之主張。」

汪、蔣協議將來在汪內閣中以宋子文長財政。汪知蔣雖退出行政院，決不甘心放棄軍、財二政之權，宋子文亦爲汪可運用及同意之人選，故允之。事先亦婉商於顧。顧之寓所之財政會談不復召開。厥後汪就行政院長，中央之財政委員會秘書處亦撤銷，調唐有壬爲政治會議秘書長，曾仲鳴調鐵道部次長。

孫科既任行政院長，以黃漢樑爲財政部長，但黃與財政金融向無淵源，且無社會地位。陳銘樞兼交通部長，陳友仁爲外交部長，何應欽爲軍政部長，陳紹寬爲海軍部長，羅文幹爲司法行政部長（汪之親信），朱家驊爲教育部長，陳公博爲實業部長，葉恭綽爲鐵道部長（葉隸舊交通系）。

日本忌中國之統一，又大舉進攻上海，蔣軍不敵，自粵調蔣光鼐、蔡廷鍇赴援，亦不敵，蓋日本派出雲巨艦率驅逐艦數十艘攻淞滬，中國陸軍無海軍掩護，故犧牲慘重，上海陷落。

事態緊急，孫科兵財兩竭，無能應付危局，四屆中委會第二次集會於南京，准孫科辭職，推選汪精衛爲行政院長，蔣中正爲軍事委員會委員長，此廿年春之事。

汪氏受任於危難之秋，急入南京組閣，以羅文幹為外交部長，宋子文為財政部長，何應欽為軍政部長，陳公博為實業部長；陳銘樞調任內政部長，握有警察實權，仍兼京滬衛戍總司令；教育部長則以政務次長暫代，留待有份量之學人。汪氏自兼鐵道部長，留待蟄居上海之顧孟餘，以曾仲鳴為鐵道部次長，唐有壬為政治會議秘書長，褚民誼為行政院秘書長，其餘各部暫無變動。

日本既佔淞滬，南京遭受威脅，汪氏乃宣告遷都洛陽，準備長期抗戰。此時之蔣中正對外不發一言，一切困難由汪氏當其衝。汪乃於洛陽召開國難會議，全國各黨派領袖、社會賢達及有名之教授均被邀請與會。上海兵敗，何應欽報告軍事，被會議人員轟下台，改由汪氏親自報告，蔣則避不見人。同一事件出於汪氏之口乃獲得全場掌聲，可見汪氏辭令之工。汪氏又親自報告外交方針，亦獲全場擁戴，如是輿論一致，團結抗日之形勢一時成熟。

日本不宣戰而入侵，亦為國際輿論所非，但蔣軍無力反攻，汪氏迫不得已乃與日本交涉，簽訂淞滬協定，日本撤兵，中國軍事生命財產之損失未得任何補償，是為一屈辱協定，無庸諱言，但此一協定實汪、蔣二人協議而成，蔣氏贊之尤力，事後汪氏獨蒙惡名，亦事之大不平者也！但此後共產黨及左傾報紙力詆汪精衛賣國，汪氏輿望大受損失，蔣則在傍獰笑！以抗日領袖自居。當時共產黨之政策，不懼蔣而懼汪，蓋汪尚具國際知識，且擁有一批文人，能凝積社會力量；蔣則剛愎自用，對於外交昏憒無知，且仍存肅清國內異己之志，輕估共產黨之潛力，此正共產黨所日夕祈求者。蔣氏在黨內所重用之幹部如陳果夫、陳立夫、張靜江、葉楚傖、邵力子等，均不能向群眾發言，二陳尤為其鷹犬，只知擴大蔣氏個人之力量，置基層群眾於不顧。如是全國輿論盡被左傾報紙把持，國民黨已失去號召力量，此一形勢迨一九四九共產黨成功，全無改變，中山辛苦經營之國民黨，被蔣氏一手斷送其生命。

淞滬協定簽定後，汪精衛乃宣告還都，中日糾紛暫告一段落，但東北各省被侵佔，國際聯盟僅派一調查團來中國調查，當時日本政府之政策，爲不許西方強國干預中日事件，調查團在東北根本無法活動，作成之報告亦不切實際。同時中國輿論每高唱一次抗日，日本立即發動軍事攻勢，在華北陸續發生事變，蔣軍當之即潰。此一形勢如繼續演變，將使國民黨之軍隊全部消滅，無兵力則政權無維持之可能，此爲汪氏忍辱主和，以待國際形勢變化之遠因。蔣氏自然贊同，但已不露面，任汪氏獨當其難，汪氏亦自言跳火坑。廿六年以後汪氏曾將此一形勢詳告於余，後文有述。

汪氏還都後任顧孟餘爲鐵道部長，乃調朱家驊爲交通部長，蔣氏忌其通於汪、顧，乃薦其軍需總監俞飛鵬爲交通部政務次長以監視之。顧孟餘知前途艱難，乃棄過去與胡適之宿嫌，建議以胡適爲教育部長，命余撰函請胡（時余已任鐵道部簡任秘書兼留學生選派委員會委員，鐵道部主管交通大學，常選派留學生，故有此一組織），並命余持函請朱家驊會簽，並請北大老教授胡適之密友張慰慈（時已任鐵道部參事）持函赴北平迎胡。胡有政治慾望，思附於實力派，嫌汪無實力，又不願因顧孟餘而進，力辭不就。周鯁生原與汪精衛、顧孟餘交厚，乃改請鯁生，鯁生力薦王世杰，故任王世杰爲教育部長。段錫朋爲政務次長。蓋顧氏仍欲以北大同事及學生爲班底也。

共產黨之勢力已坐大於江西，魯滌平部之師長張輝瓚被俘受戮，國民革命軍之第二軍被消滅，汪乃請蔣駐南昌統率全軍圍攻共軍，但蔣氏心繫南京之黨政，師出無功。

汪長行政院後，代蔣介石肩負了外交的黑鍋，且對群眾的號召力比胡漢民強多了，在汪的號召下，蔣氏受益最多，蔣家政權得以暫時鞏固，捨棄了胡漢民，聯絡了汪精衛，蔣氏獲了大利。國民政府主席換上了一個毫不生作用的林森，蔣氏亦輕視之。

本章附錄

一、民國廿年五月間，蔣氏擬公佈訓政時期約法，蔣與胡漢民衝突，乃幽禁胡於南京郊區之湯山。《民國大事日誌》隻字未提，可見其有意代蔣文過。

二、五月廿五日，孫科、陳友仁抵香港，即謁見汪精衛、唐紹儀，同赴廣州，並由唐紹儀、汪精衛領銜通電，要求蔣氏下野，廿八日汪精衛、李宗仁在廣州成立軍政府。

三、廿年六月二日，蔣中正在中山陵前舉行公佈約法典禮，此即暗示汪，可接納其主張，但暗中仍進行頑抗。

四、六月十四日，蔣介石集所一手操縱之三次全國代表大會五中全會第二次會議，決議：（1）對廣州事變由中央監察委員會查明處理。（2）修正國民政府組織法及中央執行委員法、政治會議組織法條文。（3）推選蔣中正等廿三人為政治會議委員。（4）通過推選蔣中正為國民政府主席，並通過任蔣兼行政院院長，宋子文為副院長（以宋亦與汪接近），林森、邵元沖為立法院正副院長（以林繼胡漢民，邵則蔣之私人），王寵惠、張繼為司法院正副院長（王乃粵人，蔣思以緩和粵方之反對），戴傳賢、劉盧隱為考試院正副院長（劉乃胡系之人），于右任為監察院院長。

（5）通過任命張學良爲陸海空軍副總司令（藉以鎮壓北方，防杜閻、馮之殘餘勢力）。（6）改組中央人事，秘書長丁惟汾，組織部長陳立夫，宣傳部長劉廬隱，訓練部長馬超俊（粵人）。（7）第四次全國代表大會於本年十月十日舉行。

五、六月十五日，推定蔣中正爲政治會議主席。

以上可見蔣仍凝結自己之實力，以不關重要之位置畀與粵系。

六、全會發表爲一致協力剿滅赤匪告全國同胞書，即行閉會，思以剿赤爲號召，藉以挫粵方之志也。事實上林森爲一無所可否之人，最便運用。立法院之實權均操於邵元冲之手，張繼此時已不附於蔣，未就職。劉廬隱亦未就職。馬超俊且走粵！且監察委員會以蔡元培爲首，已結於汪矣！

七、廿五日，蔣氏並設立南昌行營黨政委員會，實行以軍統政，並圖控制西南各省之黨政，益增粵方之反感！

八、《民國大事日誌》載，七月廿日汪兆銘派陳友仁赴日本勾結，要求援助，實則絕無其事，蔣氏見汪氏不屈，藉此以誣之也！且陳友仁早隨孫夫人宋慶齡通於蘇聯，亦不可能奉派勾結日本。此一謠言乃九月十八日日本侵佔東北各省以後所造出，欲將東北淪陷之事嫁罪於汪精衛，文奴乃顛倒其時日，以實蔣氏造謠之慣技！

九、馮玉祥舊部石友三於廿三日通電反蔣，與粵、桂呼應。

十、八月五日，閻錫山由大連飛返山西，整頓實力，並資助馮玉祥凝積舊部，與汪精衛通聲氣，從事反蔣。如是蔣之形勢日危，其所宣傳之剿赤實效均誇大其辭，以欺惑民眾，事實上蔣全力對付粵桂，剩赤不過虛張聲勢，故共產黨兵勢日張，在此時期抗日之事亦無任何行動，惟提無效之抗議書而已！

十一、九月廿四日，蔣氏令第四次全國代表大會延期舉行，蓋鑒於自己之勢力日孤，武力已不夠用，故暗中與汪精衛及粵、桂各方協商息爭條件。三十日，蔣氏令閻錫山免予通緝，亦向閻氏伸手言和也。

十二、十月廿四日，蔡元培、張繼、陳銘樞赴粵磋商和平條件，此乃蔡元培等主動所為，得蔣氏之默許，蔣氏固未令派也。蔡、張乃中央監察委員會之首腦，早已不附於蔣。

十三、同時蔣氏親派黃郛、張群赴香港訪顧，乃得寧、滬、粵分開四次全國代表大會之妥協辦法，《民國大事日誌》隻字未提，蓋仍欲顧全蔣之顏面，並掩顧孟餘之重也。

十四、《民國大事日誌》載赴粵協商和平之蔡元培、張繼偕粵方代表汪兆銘、古應芬、孫科、鄧澤如、李文範五人及唐生智、張發奎、黃紹竑等隨員九十一人抵上海，事實上，顧孟餘於商定和平辦法後即隨黃郛、張群赴上海，並電請汪赴上海召開四全大會，同行者除蔡元培、張繼外，僅唐生智、張發奎、黃紹竑（桂系仍遭粵系排斥，故附於汪）、陳公博、曾仲鳴、曾醒（仲鳴之姊），孫科等仍留粵主持粵方之四全大會。

十五、十一月七日，南京、上海、廣州和平會議代表在上海經七次會議之討論，汪為主席，黃郛、張群代表南京，協議成功，發表聯名通電，汪精衛、蔡元培領銜，顧孟餘、張繼次之，黃郛、張群及黃紹竑、陳公博亦聯署，決定分別在南京、上海、廣州召開第四次全國代表會議。各方提案均交第四屆中央執行委員會在南京舉行第一次全體中央委員會議處理，並改組政府。斯時即前文所述，谷錫五邀余以改組同志會湖南首腦之資格列席全會，余未能應命。

十六、三方召集之四次全體會議，均決議合一、二、三屆中委均爲四屆中委，另由各方加選新進十人。厥後第四屆中委第一次全體會議改此三十人爲候補中委。

十七、汪在赴京前請蔣氏調開駐京滬之嫡系隊伍，而以陳銘樞爲京滬衛戍總司令，率蔣光鼐、蔡廷鍇駐防，蔣氏不得已允之。

十八、第一次全體會議推汪精衛爲政治會議主席，曾仲鳴爲秘書長。厥後曾仲鳴調鐵道部次長，以唐有壬爲政治會議秘書長。《民國大事日誌》對曾仲鳴、唐有壬之新職一字未提，而杜撰葉楚傖任秘書長，事實上葉楚傖畢生只曾任中央常會之秘書長，固未一日任政治會議之秘書長也。當日報章及檔案如有存者，尚可覆按。又彭學沛任行政院政務處長，亦隻字未提。此皆汪、顧之親信，文奴爲此，無非欲掩汪之重，國民黨尚有信史乎！

有此附錄，讀者可明當日政爭分合之經緯。作者寫此點滴集時，多憑親身之經驗及記憶，序次不免失倫，幸讀者諒之。

第十六章　民國廿一年後汪精衛、顧孟餘之黨政作法

（一）

顧孟餘爲汪之台柱，凡汪之大政大略多出於顧，故此地汪、顧並稱。汪自就任行政院長後，閣席分配已見前，不再錄。惟表示對黨內同志不再用兵，汪商蔣，廢除國民革命軍總司令職，改組爲軍事委員會，以蔣任委員長，一意對外。蔣以名異實同，更擴展權力。汪請蔣駐南昌剿共，以除內顧之憂，汪則駐京主政，蔣初恍於輿論，允之，然對政治遙遙控制，不脫軍閥素習，軍費佔歲入八〇％以上，各省封疆大吏，則一仍其舊，汪氏無置喙餘地，且多係軍人，亦無從更易。張學良仍任軍事委員會委員長北平行營主任，尤跋扈專橫，汪氏莫能制。蔣氏旋又推薦孔祥熙爲中央銀行總裁，兼中國銀行董事長，金融之權仍操於蔣氏。蔣氏後又推薦陳果夫爲江蘇省政府主席，張靜江早已任浙江省政府主席，本蔣氏之恩主，交情堅固，對汪均不恭命。中央之黨務則有葉楚傖、陳立夫操縱，陳立夫尤橫，一意爲蔣氏鷹犬，與汪立異。

汪之情境既如此窘迫，己身又當極難得同情之外交之衝，如何著手實爲最大之問題。汪採顧議，一意泯滅派系之爭，在黨內化敵爲友，以增厚自己之政治資本。分配各部次長時，同時起用中層幹部十人爲次長，改組派只占二人，曾仲鳴調任鐵道部次長，郭春濤任實業部次長（郭去職後改任谷正綱），彭學沛、羅貢華任內政部次長。彭係顧孟餘推薦，並非改組派，以其曾任大學教授，以之爲聯

絡大學教授之橋樑；羅則陳銘樞之親信，與王禮錫等另爲一系。其餘五次長均爲CC系，惟段錫朋乃北大學生出身，任教育部次長，通於汪、顧，然本身仍爲CC之中層首領也。CC系見汪用人無私，漸釋嫌怨，且有揚言者曰：「黨內之基層幹部，如黨之領袖不予提拔，誰來提拔？汪先生之作風方是正確，若如蔣先生只安排素所接近之人爲部長，殊非辦法。」此論在中央黨部不脛而走。汪氏只用唐有壬爲政治會議秘書長，且禮賢下士，不吝資財，其資皆出自宋子文，子文以財政部長經常在上海做證券業務，獲利百發百中，乃將其一部分利潤轉入曾仲鳴之帳戶，並告汪曰：公如「需款，可問仲鳴。」蔣氏初不知之。此外蔣之密友黃郛、張群亦與汪、顧交厚，凡不影響蔣氏政權之事，頗能協調汪、蔣間之歧見，因而遭陳果夫、陳立夫之忌，目爲政學系。

政學系本自民國元年舊國會內之歐事研究會蛻變而來，會員多爲曾留歐、留日習政法之學生，稍具現代知識，在社會上亦有號召力，既知袁世凱有異志，但當時刺宋教仁案尚未發生，公開反袁於事無補，乃以研究歐事爲名，籌劃反袁政策，並反對附袁之研究系。研究系以梁啓超爲首腦，啓超既不得於舊國民黨，乃轉而仰袁之鼻息。民元章士釗曾勸國民黨人停止攻梁，設法收爲國用，免其爲虎作倀，國民黨人不納（見其民國元年章士釗致楊昌濟之長函，此函已載於錢基博之《中國文學史》）。歐事研究會原以張耀曾爲首領，其會員有谷鍾秀、歐陽振聲、彭允彝、鍾才宏、文群等，又廣事與留歐美之學生通聲氣，其最著者爲顧孟餘、周鯁生、王世杰、皮宗石、楊端六、劉秉麟、胡適等，實則彼等並未加入國會內之歐事研究會，僅親士釗而已。該會遙奉黃克強爲領袖，資以抗袁，克強極開明，樂與知識界人士接近，彼本人只思擴展反袁之社會勢力，所親近者不限於舊同盟會及國民黨人。彼並無競爭總統之野心，仍極力推崇中山。宋案發生後，舊國會被袁氏解散，此派人物多走東京，集於章士釗主辦之《甲寅》旗幟下。《甲寅月刊》本中山及克強協議組成，當時欲擴展社會勢力、增加國民黨及反袁之聲勢，中山以汪精衛、胡漢民太偏於同盟會及國民黨，不能團結黨外力量，乃商克強請章士釗主持（章始終未入同盟會及國民黨）。士釗曰：「余主《民立報》時，爲同盟會之暴徒所逐，厥後余自創辦《獨立週報》，又被同盟會之暴徒夏重民所搗毀，余懼再蹈覆轍，無法接受重任。」中山乃語之曰：「余既信任吾兄，一切言論方針及人事安排均由兄主之，余不許同盟會員參加」等語，士釗乃允之（此一經過詳見左舜生之《黃興評傳》，士釗亦有自述）。中山即籌資廿萬元，稍後克強亦籌資廿萬元，如是《甲寅》乃得於民國三年出刊於東京，章太炎亦力予支持，士釗乃羅致當時之名士如陳獨秀、李大釗、高一涵、李劍農、劉文典等爲記者，留德之楊昌濟亦加入爲通訊記者，胡適時在哥倫比亞大學攻讀，尚無力爲政論，曾發表翻譯之小說實《甲寅》篇幅。士釗向爲文論憲政及內閣政制，專談學理。其時《甲寅》已籠罩全國知識界之精英，士釗之文亦極謹嚴而有學理根據，時《甲寅》之聲勢已遠駕往日之《新民叢報》及《民報》之上，嚮使士釗有術，堅守此一陣營，長期出刊，必可爲當時全國知識界之領袖，蔡元培不足比肩也，蓋章之政法學識遠超於蔡，舊學亦富，不似蔡尚不脫括帖儒生之氣。

不幸中山之左右僅汪精衛與士釗通，胡漢民仍力詆之，中山浸潤於讒言，謂「章將喧賓奪主」，不繼續供給經費；克強居美，更絀於資，《甲寅》僅辦二年即停刊。事先袁世凱聞之，因吳長慶之瓜葛關係，曾遣親信使者晤士釗，願全力協助經費，士釗拒之（袁在清末任吳長慶軍之營務處長，士釗爲吳之孫女婿，其岳丈爲當時負詩文盛名之吳北江，有《北江詩文集》行世。故袁氏自民元以後，即百計誘士釗爲己用，此事世人多已知之），乃於民國五年春就任北京大學教授兼圖書館長。可憐士釗，於民國二年不就北大校長，反將袁之帝制自爲之陰謀告於中山及克強，堅其討袁之心志，此事已載於錢基博之《中國文學史》及左舜生之《黃興評傳》。關於世凱願濟助經費事，士釗曾於民國卅年親自語余，《甲寅》記者、後任直隸教育廳長及國立湖南大學教授之柳午亭亦爲余話此一經過甚詳，可見士釗乃一大節不苟之人也。士釗此時期之文章極有光彩，風動全國，余於民國六年即讀其文，心儀其人，前文已述。厥後士釗奉黃克強命擁岑春煊入粵討袁，建有殊勳，乃孫中山系之國民黨員將章之光榮歷史一筆抹殺，萬口交詆，攻擊士釗尤甚於攻擊北洋軍閥，致章氏困頓終生，此乃國民黨治下之最大悲劇，亦志士幽人所長嘆嗟者也。士釗於民國十年曾刊出《甲寅雜誌存稿》，洋洋百餘萬言，國民黨當政後，又絕其發行。民國三十九年後，毛澤東禮遇士釗，其存稿或仍在大陸流行。以後蔣中正之羅致政學系人物，將另章述之。

廿一年汪當政後雖一意泯滅派系之爭，但改組派內部又生喧競。改組派乃當時黨爭之副產物，亦反映當時被蔣氏排斥之知識分子遑遑求生存之術。此輩人物大多數均無政治經驗及專門學識，但奉汪精衛爲領袖奮鬥不懈而已。汪氏當政後，僅擢十數人加入政治，如是群眾失望，尤集矢於顧孟餘，蓋顧氏一意結納大學教授，與改組派基層及下屬同志形同絕緣。一日，改組派同志集結二百餘人包圍顧之鐵道部官邸，聲勢洶洶，蓋咸認顧能左右汪之政策，鐵道部又能容納多士，幸顧另賃室獨居，未肇重變。顧之左右無力應付，余乃單獨進言曰（時余已任鐵道部秘書）：「改組派同志追隨公等多年，不予安置亦非人情之常，徒中CC之計。」顧怒曰：「此輩人物既無專門技能，余何能將其安置於鐵道部，且部內正苦人浮於事，縱今日余安插之，日後余如離任，繼起者不難逐之。派系喧爭不已，何日是了？」余曰：「內部異動，將損公等之譽重，此輩中不乏有黨務經驗及工人運動技能人物，公何不商於汪院長，安置於各級黨部？又各鐵路人事複雜，工人運動全操於舊交通系及CC系之手，時時醞釀罷工，為公巨患，此事常露於報章，公一無消息，何以應付危機？公何不安置若干合格之同志於鐵路黨部及工會中，情報不缺，則應付有方？」顧意氣轉下，曰：「汝意良佳，余即商汪先生，至於安插於各鐵路事，請汝代予慎選其良，報余任用。」余又曰：「此事必拖延時日，而同志生計不可不立即維持，以為釜底抽薪之計。」顧曰：「此事，數日內汝聽余之消息。」三日後，顧命谷正鼎（時任鐵道部參事）持五萬元交予，曰：「此乃顧部長暫時安撫同志之款，請君代為分配。」顧旋於部內設職工教育委員會，以鄧飛黃為委員長，改組派省級主持同志為委員，不幸飛黃無能，此會毫無作用。余貢數十人於顧氏，顧乃一一安置於鐵路黨部及工會中，如是顧氏對各鐵路之情報方得靈通。此輩後有起為鐵路黨部及工會之委員以及各路之處長者。此本細故，不值納入此一點滴案中，但余感於黨國大員之左右，均望顏承色，不敢表示歧見，誤國不少，余遇事敢為直言，顧亦休休有容，故直書於此。

（二）

顧孟餘任鐵道部長後，張學良在北平尤專橫，截留平奉路收入供己用，顧大憤，請汪精衛免除張學良一切職務，並謂：「現正汪蔣合作高潮之時，蔣不敢犯眾怒而破壞團結。」汪答：「稍待時機。」此以後汪撤張學良職之先聲。事未突發而已。

又平漢、津浦、隴海各路，因歷經軍事，殘破不堪，必加整頓，整頓必須從更動人事入手。顧欲以老成夙望之賓步程為平漢鐵路局局長。賓在清末留學德國，得工學博士學位，為中山之好友，曾資助中山赴美旅費。中山就臨時總統時，步程已返居湖南之東安原籍，中山乃登報請步程入京，殆賓抵南京，中山已辭總統職，南京留守黃克強乃任為金陵兵工廠廠長。克強離職後，賓乃回長沙，後任湖南高等工業學校校長，兼湖南造幣廠廠長，厥後全國各省以湖南之公路為最發達完美，均賓氏之學生所為；趙恆惕主湘政時，財政金融穩定，賓氏造幣無虧，亦有功。顧孟餘初以為用此老成宿望，蔣中正必無異辭，不意蔣氏以控制政治及軍事必須控制交通，竟拒顧氏之請，蓋原任局長乃蔣之嫡系軍人。至於津浦鐵路乃蔣系軍人合組之委員會管理，更難動搖。顧僅任王懋功為正太鐵路局局長。王本革命軍宿將，且曾為汪之參謀長，聲望隆重。正太鐵路本借法國之資金修築，員工待遇均按金佛郎計算，局長之薪俸及公費竟倍於部長，故懋功亦安之。顧所新任之湘鄂鐵路局局長，蔣氏亦陰使湖南省政府主席何鍵拒其到任。

顧氏欲整修各殘破之鐵路，改建黃河鐵橋，並根據中山之實業計畫逐漸築新路，在在需款，預算提呈行政院後，必送駐南昌之蔣氏覆閱，蔣氏每擱置，經年不理，蓋蔣必欲汪、顧一事無成，而置交通命脈於不顧。迨民國廿五年汪、顧辭職，任張嘉璈為鐵道部長，欲急事修路，已措手無及。蔣氏誤國誤民，可謂罪孽深重！

顧氏乃商於中央庚款董事委員會董事長朱家驊，以英國按年退還之庚子賠款作抵押，發行公債，拋售於市。初從事隴海路西段，即從洛陽至潼關一段，然後再及於西安；以交通大學畢業、留美習工程之學生凌鴻勛爲局長，兼總工程師，不另設副局長。顧在長鐵道部前與凌並不相識，凌已先在部內爲技正，顧頗器其爲人，故重用之。蔣中正以隴海路交通對軍事特別重要，又軍人不諳修路技術，故對於經費之籌措、人選之安排均未加阻遏，此爲破天荒之第一次。至於殘破各路之修復，則力戒各路局長撙節費用，儘先撥用修補鐵路經費，並以身作則，節省鐵道部行政經費，減省員工福利，充實修理經費，故各局長均不得不奉命。平漢路內部極腐敗，乃以張慰慈爲平漢鐵路局總務處長。張以北大名教授，何以屈就斯職？蓋顧原許張，俟顧與蔣之關係交好，即以之爲局長。又平漢路局之會計處長鄒安眾，亦因唐有壬早結於顧，顧乃命其與張慰慈合作，將節餘之經費，直接撥爲修路之用，唯需呈報計畫由部核定。此一措施與蔣中正無利害衝突，故蔣亦未過問。顧又飭津浦鐵路主管亦師此例，均未受阻撓。又以范予遂爲道清鐵路局局長，此路乃平漢鐵路之支線，資以運煤供平漢路之用，此小路政要所不注意，故得以之畀與其改組派之親信，人無閒言。此不過顧氏之初步措施。

顧思欲發展鐵路交通，非打開與蔣中正之僵持關係不可，己身又不願屈身見蔣，徒遭白眼，並自損尊嚴，乃以上海市工務局局長黃伯樵爲京滬鐵路管理局局長。黃本留德習工程之學生，在工務局政聲不惡，最重要者，彼係黃郛之侄，顧欲資黃郛以達於蔣。初谷正鼎欲得此職，顧語之曰：「汝乃政治人才，何必厠身求事務官之列，自損其前途。」谷初不解顧之政略，故有此請；亦見顧安撫親信部屬之巧。顧又用沈昌爲購料委員會主任委員，此乃部內之唯一肥缺，蓋購料統一於部，每一次購料，主任委員照例可得優厚佣金，不待貪污可以致富。沈僅廿五歲之青年，亦無甚能力，顧何以用之？因沈乃黃郛之內侄，黃郛又與北大名教授陶孟和為連襟，蔣正在與之交歡，孟和亦自結於顧，顧一舉三得，何樂不為。其主要著眼之重點，仍在資黃郛以安蔣氏之心。

顧之對蔣，既竭力求諒解，對汪亦不能無貢獻，乃設路警管理局，以朱暉日為局長。朱本張發奎部之軍長，發奎原有四軍長，即繆培南、吳奇偉、薛岳、朱暉日，張軍經歷次戰爭，殘破不堪，雖力事補充，仍不足二萬人；繆、吳、薛尚留軍職，朱獨失職。其實朱沉默寡言，實心任事，發奎粗魯，不重視之。時各鐵路之路警共數萬人，如能統一調度，資以新式裝備，可成一雄厚之實力，此舉則遭蔣氏之大忌，但以係鐵道部主管之事，未便公開干預。民國廿五年汪、顧因政爭辭職後，蔣氏撤銷路警管理局，改組為鐵路兵團司令部，直隸於軍事委員會，可見蔣氏對軍事絲毫不放鬆也！

財政部之稅警團，自宋子文離職後亦被蔣氏調離，納入國軍，而另招少數普通關警、鹽警以代之，一切仍復其舊。蔣之專政固無法打破也。

至於對黨員之質劑及協調，汪自任之，對知識界之聯絡則由顧主之，著手亦須順理成章，不能太露痕跡。適中央研究院南京社會調查所所長陳翰笙介紹研究生數人至鐵道部工作，顧語翰笙曰：「須何等待遇？」翰笙曰：「此均年輕人，低級荐任職務足矣，欲從公學習專門技能耳。」顧語之曰：「余正裁減部內行政人員，縱從君請，亦無濟於君之事業。余願津助君每月五千元，請君代為調查京滬沿線及江蘇全省之經濟情形，畀余能資以改良舊路，籌建新路。如調查所之人力足用，調查範圍能擴及於浙贛，津助尚可增加。」翰笙大喜而去。此並非僅籠絡知識界之手段，顧確有發展鐵路之企圖也。

中央大學校長羅家倫聞之，亦來請助。該校爲蔣氏所控制，不虞經費之竭蹶，顧願示坦誠，且羅原爲北京大學學生，亦有用處，顧乃每月助以萬元。武漢大學成立不久，情況較簡，該校重鎭爲王星拱、周鯁生、石瑛、皮宗石、楊端六、劉秉麟等，早已親汪顧，顧自動請其調查京漢沿線及北方各省之物產及生產潛力，並請其工學院（院長爲石瑛，同盟會之開創會員）特別研究鐵路建築工程，月助經費五萬元。對中央研究院亦有津助，余不知其確數。總之顧對行政經費極緊，對修路經費及研究經費則不遺餘力籌措。顧有雄心，但在彼之職權範圍內業已做到頂點，仍招蔣氏之忌。蓋民國十六年顧設計脫出樊籠（前文已述），蔣恨之入骨，忌顧尤甚於忌汪，顧實汪之靈魂也！

（三）

汪既兼任中央政治會議主席，以唐有壬爲秘書長，唐係顧之親信，行政院內則有彭學沛任政務處長，故汪之一切措施，均以顧爲主謀，表面上形跡甚疏，精神上則水乳交融。凡政治會議之案件，汪必先交顧審核；余雖任鐵道部機要秘書，顧從不累以部內公文，但政治會議之案件，則每交余初閱，並命簽注意見，顧雖不盡採，只就原件上改採或加注自己之意見，恃有壬爲親信，不拘形跡，即將原件交有壬辦理。有壬見多余之筆跡，一日僞爲笑容語余曰：「余擬請汪、顧二先生於政治會議設副秘書長，爲秘書處主持處務如何？」余對曰：「余正竭力營求出外留學，決不致侵君之職權，以君之足信，尙疑及汪、顧二先生乎！」有壬面紅耳赤而止。余從此鄙視有壬。

此外另一事，不可不書。王樂平先生爲主持駐滬二屆中委會之事而被暗殺，政府並無優恤之令，汪就院長後，不欲此小事觸蔣之羞，乃發出捐簿，爲王營墓，並撫卹其家屬。自捐五萬元，將捐簿一本交顧，顧立捐助五千元（時部長之薪俸及公費每月爲千八百元），將捐簿交谷錫五，錫五又交余曰：「周子若！你這個小官，亦曾受樂平先生指揮，須出幾個錢。」余立書四百元，已竭余一月之俸矣。旋訪谷正鼎，示以捐，谷亦慷慨捐六百元，又繼請部內三數改組派同志如楊銳靈等及部內職工教育委員會自委員長鄧飛黃以次之全部委員，亦各捐一月薪俸。顧與正鼎及余既示範於先，故各無難色。余又分向余所推薦鐵路服務之同志數十人及湖南省之改組派同志，請其量力協濟，自百元至二百元不等，但無少於百元者。谷錫五亦捐五百元。計余所募，不下萬金，顧見之甚喜。此外陳公博、朱霽青、郭春濤、曾仲鳴、谷正綱處亦各有捐簿，經募總數不得而知。余建議墓碑之陽面由汪先生親書「革命鬥士王樂平先生之墓，汪兆銘率同志敬立」，其他領導人物不必署名，並不得刊出捐款人之名單；碑陰亦由汪先生親撰碑文，家屬撫卹費由汪先生派員統交，勿示以捐簿，蓋以尊王並免傷其家屬之心也！各項建議均被採納。

同時鐵道部內之重要職務仍爲舊交通系所盤據。顏德慶（惠慶之弟）任技監，關賡麟任業務司司長，薩福鼎任工務司長，均舊交通系，又有葉恭綽撐持於外，控制各路基層幹部，雖孫科任鐵道部長時亦莫得更動。汪氏兼部時期甚短，未及整肅，顧氏到部後此輩仍不知斂跡，尤以關賡麟爲跋扈。彼在北洋政府內曾任交通部次長，代理部務，現僅屈爲司長，認爲應可無虞；彼又兼任北平私立輔仁大學校長，一次假視察輔仁大學爲名北上赴北平，旋又召集全國各路局局長在北平開路政會議，並報紙喧騰，已屬招搖。司長爲一事務官，無對外發令之權，顧氏初一無表示，任其橫行，迨關賡麟返部，見辦公室棹上置一密封大函，拆閱之，乃「關賡麟著即免職」，關乃驚惶失措，集部內舊交通系會談，一無良策，乃丐葉恭綽求情，顧乃改聘爲顧問。如是舊交通系俯首聽命，風紀大肅。用周鯁生之薦，任俞棪爲業務司長。俞本任部內參事，乃一鐵路行政專家，與顧素無親故，俞亦實心恭命，顧倚任有加。各方悅服。初部內同仁以顧乃小心謹愼之人，至此方知顧一旦有權，能開闔自如，不受牽制。

民國十八年後，顧在上海，深居簡出，住所除谷錫五外無人得知，凡所接見，均假隱僻之地爲之，又常易其地，且接近之人選亦極嚴格，如是同志多詆其膽小闒懦，並爲資本主義之典型人物，而樂陳公博之豪爽，接近群眾，顧不以介意。及各就部長之後，見顧之生活簡儉，非其他部院長官所可比擬。鐵道部長官邸，本孫科長部時所建，極爲壯麗豪奢，顧見之即曰：「余書生，不宜有此享受，且何以處常。」乃請汪院長居住，自己則改次長所居之二號官舍爲辦公室，僅命谷錫五居之，另在南京鼓樓附近賃住宅，月租僅五十元，亦不開支部款，雖汪院長亦不知其地，僅以電話聯絡。上海方面亦無住宅，赴滬時寓黃伯樵家，各種公私宴會均不參加。彼亦喜北方肴饌，常偕谷錫五及余至北方館小食，一餐之費僅數元而已！同志始稱顧先生僅喜清淨有規律之生活，書生本色，不似其他部院長官，除汪院長外，均生活糜爛不堪也！即陳公博亦不免賭博狹邪之事，夫人而外，尙與何大姑、何三姑同住，何氏兄弟炳賢、綽賢、寅緣得爲國際貿易局局長及全國商標局局長，但基層人員及附屬機關亦多容納同志，故能不遭反感，然清望遠遜於顧矣！顧一意爲汪開拓實力，招納賢豪，並悉心改革路政！但蔣氏不忌生活糜爛之人，而忌有清望之人，一如往昔！且以此爲擴展政權之術。

汪於改組派同志中獨親谷正綱，顧則用谷正鼎爲總務司長，該司兼主管交通大學之預算並主管各路所設之中小學，又主管鐵路工會，設有育材及勞工各科。鐵道部之總務司實較他部之總務司遠爲重要，汪、顧之重任谷氏兄弟，亦有其故。蓋正綱在民國十八年時，即任二屆中委會所轄之各省市黨部聯合委員會主任委員，聯繫已多；且二人之長兄谷正倫，任憲兵司令，駐南京，極有實權。余既與各路通聲氣，每獲工人將滋事之情報，立呈於顧，顧即召正鼎曰：「此事不可在報上宣揚。」此外別無他語；正鼎即訪正倫檢查新聞，禁登工人滋事之消息。如是CC系及舊交通系之陰謀無從得逞。可見顧氏亦用人多方，能縱橫開闔之政略家也！

（四）

汪氏自簽訂淞滬協定、日本撤軍後，乃於五月宣佈國民政府還都，中央各機關遷回南京，《民國大事日誌》亦有記載。

蔣中正雖駐南昌剿匪，並成立豫鄂皖三省剿匪總司令部，自爲總司令，李濟琛爲副司令，然對南京之政務仍時與干擾，汪精衛苦之，尤其膨脹軍事預算無已，汪、宋均表不滿。

五月廿一日，蔣氏主使監察院長于右任以淞滬停戰協定未送立法院審議，請中央監察委員會懲戒行政院長汪精衛。此蔣氏開始欲以抗日英雄之美名自居，而以淞滬協定中國未取得損失賠償嫁罪於汪精衛。事實上政府既遷洛陽，立法院正在休會期間，淞滬協定如不速簽，戰禍延長，蔣軍又不能戰，於中國更不利，汪氏乃請由政治會議通過，呈請國民政府以緊急命令核定公佈。此正表示汪氏負責之勇，且無違法之處！

時中央監察委員會以蔡元培、張繼等為首，已不附於蔣，張靜江時亦惡蔣之忘其舊恩，而同情汪氏，李煜瀛已見風轉舵，自己侵占中法庚子賠款，弊竇重重，不敢發言。故中央監察委員會即於廿三日無異議撤銷監察院之彈劾案。于右任之無骨氣、甘為傀儡，亦漸為世人所知，汪氏固未絲毫受損也。

五月，日本操縱之偽滿洲國成立，蔣氏有兵力而不聲討。

六月十四日，日本參議院決議承認偽滿洲國。

十七日，汪院長及外交部對日本承認偽滿洲國分別發表宣言，予以否認，並嚴斥日本及偽滿洲國。

六月二日，汪精衛呈請國民政府任命丁超代理吉林省政府主席，李杜代理東北邊防軍駐吉林副司令長官，馮占海為哈綏警備司令，三人均義勇軍首腦，汪氏欲以名位鼓勵其抗日抗滿，蔣氏則無絲毫實力援助。

廿三日，汪氏下令封鎖關外郵務，信件匯兌均停寄發，並通告各國，保持海關之完整（因關稅與庚子賠款有重大關聯，希望各國之助力）。雖對抗日之績效不大，然已見汪氏抗日之決心。

汪精衛見張學良生活腐敗，軍紀不肅，且全無抗日之志，乃商於蔣中正，要求撤除張學良之革命軍副總司令職務及一切兼職，將其軍隊調往南方整肅，請蔣氏另調精銳國軍北上填防，為蔣氏所拒。

蔣氏反堅持以于學忠為河北省政府主席，王樹常為平津衛戍司令，均張學良之嫡系；張學良仍任職如故。蓋蔣氏正資張學良鎮壓閻、馮殘部，志在對內肅清異己，無意對外也。

汪精衛憤甚，夙患糖尿病加劇，一日昏倒於辦公室。

顧孟餘勸汪精衛辭職，毋爲蔣氏所利用，並表示己亦辭職。汪氏勸顧留任，保留政治餘力。

八月六日，汪精衛辭行政院長職，並通電斥責張學良喪失東北土地，並要挾巨款、截留京奉路收入等罪狀，囑張辭職以謝國人。後二語未免失辭，既無力撤其職，任蔣氏負其責可也，何必以全國行政首長之尊要求地方長官辭職？

七日，國民政府及中央黨部慰留汪精衛，張學良覆汪電，願引咎辭職。八日，張學良電中央辭職。

十七日，《民國大事日誌》載，中央政治會議決議「改於北平置軍事委員會分會，由蔣中正兼任委員長」，此一記載恐非事實。蓋北平始終未設立綏靖公署，各省亦無軍事委員會分會之設置，蔣氏向不以軍令之權分於別人也，自己既駐南昌剿赤，時而回京時而巡視漢口各地，亦無法兼任駐北平之分會委員長，北方之事仍一倚張學良。但余手中無其他典籍及報章可查，誌此存疑，以備後人參證。蔣氏縱名義上兼任，在民國廿一、廿二年固未一日駐北平也。

廿二日，汪病未癒，仍堅決辭職，中央政治會議決定由副院長宋子文代理行政院長，准汪請假。同日任陳樹人爲僑務委員會委員長，陳則汪之親信也，過去曾隸南社（乃一詩人團體）。

汪氏既獲准請假，國民政府乃任命于學忠爲河北省政府主席，王樹常爲平津衛戍司令，無非爲汪氏樹政敵。

十六日，汪精衛赴莫干山養痾。

十七日後內戰又爆發，山東韓復榘部與廿一師師長劉珍年發生戰事。

十月一日，四川劉文輝與劉湘發生衝突，蔣氏均不與聞問。

十月三日，日本武裝移民東三省，開闢屯建區，久佔東北之意已極顯明，蔣氏未表示任何態度。

七日，外蒙古受日本指使，迫攻內蒙古（即熱河、察哈爾、綏遠三省）。

同日，馮玉祥下泰山，北上組救國軍，主張以武力抗日。張學良雖忠於蔣氏，但無力制止之。馮氏復得輿論之支援，蔣氏肅清異己之私圖益形黯淡。但馮氏亦僅藉救國名義反蔣，無意抗日。

十二日，東北護國義勇軍司令蘇炳文電國聯，報告日軍暴行，此電未經由國民政府，明知蔣氏無意援助也。

十五日，共產黨托派首領陳獨秀、彭述之被捕解京。其實陳、彭等早被中國共產黨開除，此舉無異幫助毛澤東清除異己。此輩人物早已復通於蔡元培，蔡亦欲其放棄共產黨思想，收為國用，司聯絡之人則為中央研究院總幹事楊杏佛。托派份子尚有羅章龍、劉仁靜、李梅羹等仍匿居上海，蔡元培曾與資助，此乃日後楊杏佛被 CC 系之中統局之秘密人員刺死之原因。

廿三日，蔡元培、楊杏佛等電中央營救陳獨秀，章士釗亦曾營救，均無效，章乃為陳獨秀之義務律師。蔣不釋陳獨秀，非對陳獨秀等有特殊惡感，乃忌蔡元培將成為一大力量，且與汪精衛交情甚篤。蔣一意對內，故不利用中國共產黨之反對派以對抗毛澤東，此事內幕似已無人知之，故書於此。

第十七章　余出國留學時期之生活

（一）

余早蓄留學之志，已述於前文。

余自民國廿一年春進入鐵道部後，顧孟餘先生即將兩大本鐵道管理之德文書交余閱讀，似有留余長期在部相助爲理之意。但曰：「汝既兼部內留學生選派委員會委員，宜留心有希望之人才，以備斯選。不必限於交通大學畢業生，更不限於改組派。」余始知顧有培植繼起人物擔當政治重任之意。沉思有頃，立貢楊銳靈、王禮錫、駱繼綱、陳述修等人，顧曰：「此事不急，以後細心觀察可也。」余任職半年，多辦政治會議之案件，及顧與知識界（多大學教授）聯絡之函札；此類事件，顧每召余至二號官舍爲之，外人不得而知也。

不久，部立天津扶輪中學發生罷課風潮，反對校長及教員情事，遷延數月，不得解決，報章喧傳，顧甚惡之，一日召余入部長辦公室曰：「余知汝對教育頗有經驗，即命汝暫兼扶輪中學校長，風潮須儘速平息。一切措施授汝全權，凡有請示不必經由總務司，直函余可也。」時總務司長李浩駒爲汪夫人陳璧君之親信。余抵任後，發見該校建構宏偉，設備完善，惟校務腐敗，鋼筋水泥之建築，三樓平頂，已經龜裂漏水，亦不修護；教員多係鐵道部內及路局內高級員司之親戚，多不稱職。風潮之起，積因甚久。乃一面命學生復課，一面請款修繕校舍及學生宿舍，並趁暑假時停聘舊教員卅餘人，另聘合格之人，事先作一新任及舊任之學歷對照表呈報於顧，顧均一一批准，且尤不吝經費，人心景服。部內舊交通系員司大憤，總務司長亦憤余之專權，不知余與顧先生早有諒解也。李浩駒乃摭拾部內大員之浮言簽報於顧，責余擅權僨事，顧見之大怒，立即於李浩駒之簽名上大書「免職」二字，可見顧於其職權範圍內，雖對汪陳亦無顧忌，而任谷正鼎爲總務司長。谷亦力助余，並更換育材科長，又採余議，更換CC系之勞工科長吳紹澍，免各路生事。李浩駒泣訴於汪院長，汪大怒曰：「顧先生乃我所尊敬之人，余命汝充當司長，汝不好好稟承顧先生意旨，眞是蠢材。行政院內及中央政治會議內，無汝之工作可能，你如欲在政府內繼續工作，須向顧先生請罪，顧先生能恕汝罪固佳，否則余亦無辦法。」汪能不受親信浸潤之言，實有政治風度，高於蔣氏遠矣。李旋丐次長曾仲鳴，攜之見顧請罪，顧乃任爲津浦路局管理委員會委員。扶輪中學經余三月之整頓，耳目一新，學生亦奮進，惟恐余去職，但余實不願久留，乃推薦北京大學同學、久任教職之陳述修爲校長，顧只照准，余返部復命。顧甚喜。時楊銳靈君已奉派留英矣！

旋顧召余曰：「平漢路路段甚亂，余擬派汝爲副局長（原有副局長一人，增派一人）。」余曰：張慰慈教授乃德偉之師，德偉何能僭居其上。」顧曰：「此余之事，汝不必顧忌。對張先生，余將另有安排。」余乃曰：「德偉追隨先生多年，重爲先生之累贅，今日縱就副局長，他日政局有變，德偉仍將爲先生之累贅。既蒙見愛，敢請先生派德偉公費留學英國，他翊稱贊先生，當更有力。」顧乃變更態度，曰：「此事良佳。」即派余以公費留英。部內同仁多笑余：「書癡，既能控制各路中小學（部立小學校長亦多余所推薦之人）及各路黨部以及工會，又參與政治會議之事，今又任平漢路局肥職，前程似錦，乃拋開現成高位別人求之不得者，而為學生，眞是笨蛋。」彼等均不知余之遠志也。惟舊交通系員司深滋疑懼，乃請葉恭綽見顧，語顧留學生選派程序，曰：「過去鐵道部及交通部選派之留學生，均交通大學畢業，在部、路任職有經驗者，且須經考試程序，用以培植鐵路管理及工程人才。公今不由考試，且所派之人員，似無鐵路知識，亦不出自交通大學，恐非成規。」顧力駁之曰：「國家派員留學，原為培植人才，豈能自立門戶，限於交通大學？治國之途多方，豈能限於交通及鐵路？君等如必欲固執成規，肇生事端，余何用此交通大學，余即將此大學交還教育部主管。」葉赧顏而返，語舊交通系員司曰：「現在國民黨當政，顧孟餘又為汪院長之台柱，吾等不能與抗，汝輩須小心任職，事事恭命，為吾輩稍留實力。」其實以後之交通系，經顧大力鎮懾後，已完全瓦解，顏德慶、薩福鼎亦轉而親顧。

廿一年十月，余尚未成行，部立鄭州扶輪中學亦發生風潮，顧先生又命余兼理校長，余奉命平息風潮，妥愼安置人事及經費後，推薦大夏大學畢業、在上海文來中學之黃鳴世為校長，顧亦採納。二校長均稱職，顧頗嘉余之知人。余於廿一年十二月卅一日返京復命，乃於廿二年春攜眷返鄉省親；計余自十六年離家，已六年不見慈顏及祖父母矣。旋余奉母至南京同住，七月即赴英。行前曾請示二事：（1）時部內會計長張競立，已照往例，簽報部長准余帶薪留學。余乃立見顧先生曰：「過去所派留學生，均部內及鐵路上之中下級職員，月薪百餘元，最過亦無逾二百元者；德偉忝居高位，並蒙厚待，月薪四百元，帶薪留學將生物議，亦為公盛德之累。但德偉有家待養，亦係事實，請每月保留薪資百元寧家何如？」顧先生立允之，乃於張競立之簽報上批示「周德偉准保留薪資百元」。事後張競立知事出余之自請，乃語余曰：「察公所爲，乃大開大闔之政治人物，不意公爲謙謹君子也，顧部長之信賴，不誣也！」（2）余請示赴英留學須從自己已有之基礎上繼續漸進，不能習鐵路，顧先生即曰：「只要汝勤學奮進，不論習何科，均有益於國，此事不必請示。」即此一事，可見顧先生之開明。其能領導群倫，非無故也。

（二）

余於廿二年七月抵英，距秋季十月開學尚有數月，乃勤習典籍。註冊前曾函倫敦大學經濟政治學校（The London School of Economics and Political Science）之經濟主任教授羅賓士（Lionel Robbins）求見，羅賓士乃約見於其辦公室，余表示欲入研究所爲研究生，羅賓士索證件，余僅出蔡孑民先生在民國十八年所出之證件。羅見之曰：「君似未得爲ＢＳＣ（學士），照本校慣例，不得爲研究生。」余乃曰：「請公暫勿問余之是否爲ＢＳＣ，願求面試學力，余之學力似較蔡先生書函時又略進一步。」羅乃聽余陳述，余乃縱談經濟學原理、貨幣原理及國際貿易原理。先是余已精讀羅氏所著 *Essay on the Nature and Significance of Economic Science*，並演其意謂：「近代大師馬歇爾著經濟學原理，名重當世，但馬歇爾僅局限於貨幣經濟，據鄙見人之行爲動機不限於貨幣現象，故治經濟理論者必兼精哲學、法理學、倫理學，凡可爲人之行爲動機者，納於一完備之系統。馬歇爾之著作，遠不及公之有洞見也。」余又詳述彼之著作之內容，羅氏大喜過望，詢余曾研習何種典籍，余曰：「除英國古典學派外，尚曾讀孟格爾（Carl Menger）、龐巴維克（Böhm-Bawerk）、維克塞（Kunt Wicksell）、米塞斯

（Ludwig von Mises）、海耶克（F.A. Hayek）、奈特（F.H. Knight）之若干著作，並粗明康德哲學。羅略詢內容，余亦對答無誤。余於英文無基本訓練，德文口音甚重，有時辭不達意，乃以德文足之，羅氏德文亦佳，驚曰：「汝通德文乎？」余回：「余之英文乃經自修而得，德文則自幼所習。」羅曰：「汝能通二國文字，學力亦夠，但違本校成規，仍須費力。余介紹汝與海耶克一談如何？」即電話海耶克，請其約見，海耶克立召余往見。余與談彼之著作 *Monetary Theory and the Trade Cycle* 及 *Prices and Production*（二書當時出版不久，余已讀其德文原著），並其他彼用德文發表之論文數篇。余曰：「維克塞之中立貨幣定義尚含矛盾，得公廓清之，爲學術上之無上貢獻。又公之三角立體分析方法，可開完整 Integration 研究之門。」海耶克曰：「余正以此施教，不意君已先得之。」立即電話羅賓士，謂：「周生學力遠超過一般之ＢＳＣ。」並謂：「余將爲汝見羅賓士教授。」

不數日，羅賓士約余往見，余應召前往。羅曰：「余對君已有安排，請先選讀二課：一爲余主講之經濟分析，另一爲海耶克主持之貨幣理論及經濟循環，如期考成績優良，再議入研究所事，如何？」余知其善意，作謝而別。余選課後，日夕勤讀，並廣讀有關之課外書籍，如是英文亦大進。期考成績，自信不惡。民國廿三年（一九三四）春季始業前，羅賓士又約見。入門，羅氏笑容滿面，並曰：「余據汝之考試成績，已提請教授會議通過授汝本校經濟學士學位矣，從此汝可進研究所，直接習ＰＨＤ（博士）。」並立將學士證書授余，余遜謝有加。此一事例，並非自余創始，初陶師孟和先生本僅畢業日本國立師範，英文及學力甚佳，進入倫敦經濟政治學校，只讀一年即獲學士學位，而進入研究所。余以半年勝之，亦大幸事也。

英國學士學位頗不易得，乃訓練本國學生之方法，四年成績絲毫不能通融，唯碩士、博士高級學位，對外國學生反較輕便。一九二〇年左右，英國國會曾派一教育考察團赴遠東考察，該團報告略謂「日本有中國學生數萬人，故中國政府充滿留日學生；英國殖民地遍全球，中國尤重要，然中國留英學生不足百人，無非以英國學位太嚴格，如不改弦更張，決不足與日本競爭。」因此，各校改變待遇外國學生政策，高等學位並不過事挑剔。換言之，即英國之學士程度外國學生與英國學生同一標準，外國學生之得博士、碩士者，其學力常遜於英國學生。此點似未經人道破！余之得學士學位，多少有幾分幸運，不敢以自驕也。

(三)

余自入研究所後，選擇海耶克爲指導教授，對彼所主持之討論班從未間斷參加，仍每二星期訪羅賓士一次，報告學業。對負盛名之拉斯基（H.J. Laski）、湯納（R.H. Tawney）及希克斯（J.R. Hicks）等人，在課業外各僅會談一次。留英三年從未涉足舞場及電影院，故余號爲留學生，始終不能舞蹈，並不解音樂及西方美術，後者實爲余之大缺陷，注定余之舊式儒者生活。

二十三年秋季始業前，海耶克召余曰：「請選擇一博士論文之主題，畀余得竭力相助。」余曰：「余求爲學人，不求爲博士，博士論文題旨太狹，余不樂受拘束。」海耶克笑曰：「聞落後國家重視外國高等學位，汝返國後能以學士自顯乎？」余曰：「余自信尚能應付中國之環境，余在中國之師友亦不重視此物也。」海耶克曰：「如此更佳。」乃指導余習英國休謨（David Hume）、柏克（Edmund

Burke）等人先於亞丹・斯密之經驗學派著作，並謂：「彼等之學說並不輕視心性及倫理，且通於經濟，而爲亞丹・斯密之先河。」又謂十八、九世紀通貨派（Currency School）及銀行業務派（Banking School）之爭論宜加注意，明乎此，則知凱恩斯（J.M. Keynes）之著作實質上並無重大貢獻，其膨脹政策尤將召致經濟之解體，各國沿此不變，將召致政治上及經濟上之重大危機。凡此等言論，均可見彼之遠見。彼命余詳閱孟格爾之《社會科學及經濟學之討論集》（*Untersuchungen über die Methode der Sozialwissenschaften und der politischen Oekonomie insbesondere*），並命余習康德以後之德奧「知識論」（Epistemology），及米塞斯之《共同經濟》（*Die Gemeinwirtschaft*，此書即後來英文出版之《社會主義》〔*The Socialism*〕之根據），又命余習薩維尼（F.C. von Savigny）之《羅馬法大系》（*System des heutigen römischen Rechts*, Berlin, 1840），「如明乎此，則知馬克思爲邪魔外道，不值一讀，其武斷庸俗有甚於彼初所信奉之黑格爾（G.W.F. Hegel, 1770-1831）。黑格爾哲學早已被摒棄，何況馬克思乎？余相信唯物主義在理論上決無法與吾人抗衡，余等行見共產主義者將被迫放棄理論上之鬥爭，只能作政治鬥爭，鼓動落後民族之群眾奪取政權而已。」（以後之發展果如所云），又語余：「北歐學派自維克塞後多出第一流學人，不可不予注意。」又謂余：「十九世紀英國威克斯特（P. H. Wicksteed）之《政治經濟學常識》（*The Common Sense of Political Economy*），其體系及論斷優於馬歇爾，亦可供參考。」

經海耶克之提示後，余乃有讀不完之典籍，又須時時顧及海耶克之新著。余一一瀏覽後（在留學之短期內，尚不及細讀），憑余之智慧及儒學根基，融爲一獨特之思想體系，益睥睨博士矣。余此後一生與唯物論立異，反對一切全體主義，即形成於留學時期；非至任國內大學教授多年，尚不能成熟。

民國廿四年，余思萬一顧先生詢余之成就，如何答覆，乃著手寫「中立貨幣論」，時斷時續，不能全力以赴，在留英時期始終未脫稿。

民國廿五年春季轉赴德國，海耶克爲余書介紹函，分別致米塞斯、盧布克（Wilhelm Röpke）、倭鏗（Rudolf Aueken）等各教授。余曾赴維也納訪米塞斯，晤談甚歡，並蒙指示，曾贈余奧國學派書籍多種。又曾赴佛萊堡大學訪盧布克，於其家宴中晤見後來任德國經濟部長之艾爾哈德（Erhardt），其時彼得博士學位不久也。至於倭鏗教授，始終無緣一面。最後余定居柏林，入柏林大學哲學院爲研究生。時希特勒聲勢甚盛，黨風傳入柏林大學，教授多爲年輕人，每開講時，教授即命學生起立，高呼聖希特勒（Heil Hitler）！余惡之，從此不聽講，只在圖書館中研讀所愛好之典籍。並賡續用德文寫《中立貨幣論》，至一九三六暑季完稿，共分十章，約十萬言，較威克塞、海耶克所述者遠爲繁複。複印手稿一本，送請海耶克核閱。海耶克復函謂：「關於德國過去貨幣理論上之爭論，大多數問題已獲解答，似可刪去。論文貴簡鍊創發，不在冗長。不必效美國作品之所爲。其餘部分極精闢，闡揚余說較余自己所述者猶佳。余擬將原稿送柏林大學舒曼哈（Schumacher）教授，請備博士論文之候選，請與接觸。」等語。余本未習博士課程，學理部分余自信頗深，具體問題，各大學多偏重本國之實際情形，余不感興趣，靜待哲學院研究所之指示而已！余仍加讀 Max Weber 之各項著作，頗益智慧。並刪去《中立貨幣論》三章，僅餘七章。

在柏林時遇中國學生黃維立，湘人，正習博士學位，此人乃一大天才。十七歲即畢業復旦大學，德文、英文極精，學力遠高於余，此爲余在外國所遇見之第一人。其妻亦曾留英，早已相識。晤談之下，交換學理見解，極爲融洽。一日余正讀熊彼得（Joseph Schumpeter）之著作，彼來訪，余向其質詢疑義，彼驚曰：「留德學生居此四年到五年者尚不能讀熊彼得之書，老兄到此不足一年，即能精研，且能發見問題，敢拜下風。」余曰：「余幼習德文，何異之有？」黃曰：「不在文字之艱深，而在所含背景及學理之繁複。」從此與維立相約，共讀名著，兩星期晤面一次，交換意見，相互招待晚餐（時余妻已於民國廿三（一九三四）來英，偕同來柏林）。凡約定共讀之書，頁數在二百到三百頁者，彼已畢閱，余之進度僅及半程，余服彼之聰明，彼服余之深思，每次必長談至深夜始去。一日謂余曰：「自晤兄後，余已完成之博士論文，又須增補並修改，信矣朋友之益。」不幸，自余返國任教不一年，不知何故，彼忽自殺去世，國喪英才，爲之痛哭。後文無機會述到黃君，故早述於此。

（四）

一九三六年夏，忽奉新任鐵道部部長張嘉璈一命令，謂「該員自出國留學以來已屆四年，靡費公帑甚鉅，竟無隻字報告學業成績，殊屬非是，仰速將學業成績呈部，以備審核。」諺云「不怕官，只怕管」，此一命令不能不應付，但余未習鐵路行政及工程，倫敦大學之成績單與此毫無關聯，繼思鐵路運價乃一結合 Cost，乃將經濟學理上之結合成本原理著成一文，故示學問之博，徧引名家之言，並應用於鐵路運價，斷言吾國鐵路運價損貧濟富，損生產益奢侈消費，且行政不良，頭等客運車票，半數以上免收，諂事達官巨僚，花車專車尤屬濫用，須結合成本原則全盤改革，以求公平，並濟生產；

至於路線太少、有礙經濟發展，尚未論及。竭十餘日之力草成斯文，繕寫不工，即以呈部，余思鐵道部之工程專家決看不懂此文，總務司乃一班飯桶，此文應可搪塞過去，旋即郵遞發出。果也，一月以後奉到命令，謂「該員之報告字跡潦草，可見其倨傲不恭，且以本部職員資格，在部並無建樹，徒對本部行政大肆攻擊，殊屬非是。」對於余所述之學理一字不提，余乃束之書架，再不理會。

此外余留學時期尚有一二政治事件，不能不書：

湖南覃理鳴（即覃振，時任司法院副院長）於二十四年來英，常有過從。一日余款之於家，作竟夕長談，覃氏大罵：「譚組安於辛亥年爲殺湖南正副都督焦達峰、陳作新之主使人，殺負眾望之黃忠浩，亦組安所主使。」又云：「余握有組安命巡防軍殺西路招討使楊任之證據。」余尚不明原委，不敢作答。次日理鳴先生即攜譚組安命殺楊任之手令示余，曰：「此乃鐵證，尚容辯論耶！」且陳黃二事，湘人眾口一辭，決然無誤，余只不知理鳴先生何以得此一證據也。楊任與覃氏交厚，且同爲湘西之革命首腦，故理鳴先生特憤。余思譚氏機靈通變，知時會已來，稍縱即逝，而有此類舉動，理或然也。譚氏常曰「大丈夫不可一日無權」，且以文人好弄軍事，厥後趙公夷午亦爲余言之甚詳。譚本維新份子，與梁啓超、張謇、熊希齡、蒲殿俊等通聲氣；迨民國元年革命成功後，恭事黃克強先生。民國二年宋案發生，譚離都督職，居上海，每日必晉謁克強，呼曰「克老」，其實克強先生當時年猶未四十也（克強逝於民國五年，享年四十三歲）。又憶民國八年，譚本擁岑春煊，排斥中山，謂「中山爲新式土匪」，厥後岑失敗，譚又百計親中山。自己倡湘省自治，迨不得省長，又詆趙夷午爲賊。譚之機變大多類此，前文有述。余又憶及，辛亥年先君受焦都督命，爲南路招討使，遠征萍鄉，迨率兵返株州，株州要害已盡被黃鸞鳴軍佔據，先君率眾露宿於郊外，偵知詳情，乃將兵權交出，後又得克強之庇護，得以無事，否則恐已步楊任之後塵矣！余聞理鳴之言，眞是萬念叢生！此一事也。又黃忠浩與好友李壽雍爲親戚，李多識忠浩之友，亦爲余話忠浩被譚所殺之事。

陳銘樞自閩變失敗後亦來英，時余與王禮錫合租一住宅，因王而識銘樞。大凡要人一至異邦，即親留學生。銘樞對余極謙恭，余亦設家宴款之。一九三六年銘樞忽訪余於柏林寓所，謂余曰：「汪先生被刺事件，南京方面盛傳爲余主使，余赴法訪汪先生，汪先生拒見，追至瑞士，汪又拒見，嫌隙太深，兄如得見汪先生，請兄只傳達數語：『我陳銘樞如行暗殺之計，當殺蔣介石，決不殺手無一卒之汪先生，何況汪先生爲多年之好友！』」余對曰：「余乃黨國一小卒，何緣見汪。」陳曰：「兄係改組派省級首腦，且曾司二屆中委機密，余不信汪先生不見其幹部也。」余見陳意甚懇摯，乃允之，是夏耑程赴瑞士，謁汪於日內瓦之郊外寓所，傳陳銘樞之言。汪先生曰：「關於余被刺事件，余已盡獲其詳，不疑眞如也（銘樞字眞如）。請轉達眞如，余來海外，不見任何大員，非獨對眞如失禮也。止此數語已足，不必多言。」余返柏林乃轉告眞如，眞如始安帖。此第二事也。

余因此事，又憶及楊永泰被刺死事件，事後盛傳係劉廬隱主使，劉乃一木訥無能之人，向不接近群眾，且亦無嘍囉，有何能力行暗殺之事。此事係CC系首腦陳果夫、陳立夫忌楊居蔣之左右，勢力日張，乃使中統局之秘密人員殺之。此事蔣知之，亦不過問。CC系乃造爲劉廬隱主謀之說，幽禁之於四川，無從申辯。此已成爲公開之秘密。組安已死不足論，惟國內政情，是非顚倒，失去立國之大本，只得付之一嘆而已。此第三事也。

以上數事，或爲余親身之經驗，或事屬同類，故書於此。下章尚有余留學時期之國內政情一章，則據報紙所載及親友通函而得，不能容此細故，讀者幸無笑其序次失倫！

（五）

一九三七年七月七日，蘆溝橋事變起，國難嚴重，又奉部令：「著該員即日返部服務，公費自八月一日起停發。」又上年顧孟餘先生離職時，已將返國旅費七十英鎊寄來，抵德後買成登記馬克，價值適倍，雖耗用一部分，仍足敷全家四口返國之旅費（余在英又舉一女）。同時舒曼哈教授約談，見面時即曰：「余已得海耶克教授之函，並已審核汝之論文，汝速將論文打字十份送余，以備提出教授會議審核。」對於未選讀該校之博士課程隻字未提，可見海耶克之力量。余攜回原稿後，思及僱人打字必耗巨資，且歷時日，提出教授會議通過後，尚須接受名家之口試，至少須一年時間方有結果，而資金已竭，乃思及博士得不成矣，此無害於余之學力。如是再手寫二份，一份呈舒曼哈，並說明自己即將奉命返國；一份送《國民經濟學報》（*Archin für Volker Wissenschaft*）發表。適武漢大學及國立湖南大學來函聘余爲教授，余乃束裝返國，抵滬時已八月中旬矣！航海途中遇張溥泉先生之長公子同船，爲余話溥泉先生及黃克強先生故事甚詳。

抵上海後，即赴南京，好友李壽雍已任中央大學教授，並兼中央黨部設計委員，調查各省財政，陳果夫欲用爲江蘇財政廳長也。李設盛宴於其寓所，並請教育部政務次長段錫朋先生與宴，段欲接近知識分子，尤其北大同學，收爲黨用，余志不在此，所談不合。

其時，汪、蔣二先生在廬山召請社會名流及各大學教授討論國策，李亦被邀請，余感於國難嚴重，重燃政治熱忱，乃與李同行赴廬山，欲見汪、蔣二先生。同行者尚有羅家倫及楊杰，乃素識，楊高談佛道之學，並言精神出竅之事，羅駁之，楊乃大罵曰：「汝乃妄人，既不通佛道之事，何得信口雌黃！」此乃對大學校長當眾之侮辱，余深駭之。余亦高談闊論，無所顧忌。羅戒余曰：「見蔣先生必須謹慎，並先探其意旨然後發言，否則與兄無益。」余曰：「各人之個性不同，余言、余行、余事，求其心之所安而已。」羅連碰二釘子，爲之失色！又有何思敬者，本左傾分子，與余同艙，詢余曰：「公被邀請乎？」余曰：「否，余初返國，又係汪先生當政時所派出之留學生，欲謁汪談國事耳。」何極機警，知余與汪有舊，乃曰：「到廬山時，可請汪發一邀請書，則旅費及膳宿均可得優等待遇。」余曰：「此乃大笑話，余志不在此，且未被邀請而自請，余無此厚顏。」何乃慚赧而止。逕書於此，以見人品之倫類不齊也。

余因谷正綱（時爲汪之秘書）見汪二次，晤談甚歡，二次均留午餐。余語汪先生曰：「公當政時簽訂數次停戰協定，共產黨及左傾份子人事雌黃，公譽望不免受損。士君子之政治資本爲輿論之同情，今戰不由公，和亦不由公，公何不稍安緘默，蔣先生既負行政及軍事全責，當儘量任蔣先生發言，社會群眾當必逐漸明瞭眞相，公之輿望可復。」汪答曰：「余早知左派罵余爲漢奸，余祖宗墳墓均在中國，且追隨孫先生多年爲黨效死命，何致出賣國家民族利益。」汪先生並歷舉自廿一年淞滬戰爭、北方各次戰爭及蘆溝橋事變以來國軍損失之數字，如數家珍，並曰：「日軍實力及裝備均遠優於國軍，故國軍每戰即敗，國際聯盟及英美各國只作壁上觀，且日本每遇我國輿論及政府強硬一次，即大舉進攻，我軍防禦無力，更談不到反攻。左傾份子高唱抗戰，實欲師列寧故智，以德軍之力量消滅沙皇之俄軍，然後奪取政權；共產黨亦欲假日本軍隊之手，消滅國軍，然後奪取政權，再圖後計。夫我國民情激昂，可爲協助政府對日交涉之資，余今爲政治會議主席，如高唱戰爭，日本必立即進攻，我軍又無力抵抗，此一形勢如續行發展，中國眞將亡國，國民黨之政權必迅即爲共產黨取代。故共產黨之爲禍，更甚於日本。余不忍孫先生之事業毀於一旦，故余寧跳火坑以救國，盱衡國際形勢，英美各強國終不能讓日本征服中國，獨霸遠東。時乎時乎，會當有變！吾人寧不可忍短時之辱，以待世界局勢之變化。今日當先清內，然後可以攘外。衡之史實，昔劉備百敗，猶能三分社稷，宋偏安百餘年，尙有理學文學之盛。今日國際形勢，數年後當有大變，此即吾人反攻之時也。夫不能忍短時之困辱，而使全國糜爛，將來復興無資，則眞爲主政者之大罪。此廬山會議所由召開也。且蘇聯陳兵百餘萬於西北利亞，正爲日本之威脅，吾人不能料日本絕無明智之士怵及此一威脅。吾人仍可循外交途徑圖緩和日本之進攻，然後修明內政，全力清內，以待時機。故余不懼一時悠悠之口，爲國家作長遠打算。未審君意爲何？」余對曰，「公既有原則，且有犧牲一己名位之決心，德偉何人，敢多發口，今後當從事教育，啓迪民智，以爲公桴鼓之應。」余又曰：「公動以國民黨之政權爲號，處今日之形勢，恐不足以號召全國之人心。夫黨只能在國家民族內生存，不能超出國家民族之上，世界各國亦無以政黨辦理對外交涉之事，公何不就國家民族立場，重言清內方可以攘外，少提國民黨一黨之事如何？此似不違公之原意。」汪先生乃曰：「君究竟是留英學生，深通憲政。余追隨孫先生數十年，曾爲黨效死命，故每發言不能忘黨！究不及君之思想活潑。以後如有所見，請直言無隱。」次日汪先生命正綱捐款千元，助旅費，余婉拒。正綱曰：「兄不受良佳。陶希聖這個九頭鳥，本被邀請而來，不終會即去，臨別尚向汪先生借五百元寧家（並出陶之原函相示），汪先生雖贈之，頗不悅。兄不受餽贈，殊見人格，且爲同志爭回顏面。」

余請見蔣先生時，蔣已回南京矣。

廬山會議之召開，汪、蔣二人將國家實情報告於會議，原欲所請社會名賢及大學教授發爲言論，稍抑民情之激昂，以便政府折衝，不料此類份子多被左傾人士牽著鼻子走，徒造爲更不切實際之口號，只有胡適作了一篇〈戰既艱難和亦不易〉，等於不說。

余既不參加會議，乃日事遊覽名勝，見孔祥熙之別墅最巨大豪奢，佔地數百畝，大木瓏璁，世外桃源無此壯麗也。蔣之別墅亦如之。汪則僅居三開間二層小舍，設備亦簡，曾仲鳴之別墅則遠過之，均宋子文在財長任內所代建，大舍予汪，汪接見賓客不欲示人豪奢，故與仲鳴易舍而居！

時徐恩曾任中央統計局長（情報機關），懷中藏有蔣之支票簿，凡參加會議人員之有求者，徐即立開支票，大肆收買，全無艱苦抗戰之氣象。汪則寒儉，然未聞有人反汪也！

余遊廬山一星期乃返南京，同與會人員乘散會以後之專輪免費而已，此外未費政府分文。抵京後乃電留上海之眷屬同行，返國立湖南大學任教授，兼經濟系主任。

民國廿五年，湖南大學初改國立時，校長皮宗石本邀請李壽雍君任文學院長（時無法學院，經濟系、政治系隸於文學院），李因有他圖，未就。余離京時，盛傳政府有遷長沙之議，李壽雍君暗示余，願去長沙，余晤校長後，立薦李任文學院長（時由教務長任凱南先生兼理），皮曰：「余曾邀之，彼不來奈何。」余曰：「今日形勢不同，如再邀請，余保證其必就。」皮乃電聘爲文學院長，李亦來校就任。凡以後校內設施及任教時之活動，亦另章述之。

第十八章　余留學時期及民國廿一年十月汪氏離職後至民國廿四年之國內政情

下文多據報章及親友通函以爲之。余所述多常與官書有異，官書未能描述事象之因果關係，且多失實。

（一）

廿一年九月，張繼報告西北青年思想堪慮，左傾份子並滲入駐軍楊虎城部，蔣氏亦不置理。此爲廿五年張學良、楊虎城扣留蔣氏之遠因，亦見當時黨內並非無遠見之士，惟蔣氏自私及昏瞶糊塗，利令智昏，古訓昭昭，不待闡述也！

十一月十九日，日軍大舉進攻黑龍江，並進行與蘇聯簽訂互不侵犯條約事。

十一月中旬，我國義勇軍蜂起，蘇炳文、馬占山、朱霽青爲領袖，攻擊日軍。十二月一日，日本增兵東三省，乘酷寒大舉進攻義勇軍，蔣氏不能派遣一卒相助，且無經濟支援。張學良舊部仍不參與戰事。

十二月二日，日軍佔領哈拉蘇並轟炸熱河之朝陽。

九日，山海關郊外日軍挖掘戰壕，大舉攻擊我軍。我國義勇軍首領蘇炳文退入蘇聯境內，日軍向蘇聯交涉引渡未成。此後馬占山、朱霽青部以械彈糧食兩絕，退回關內。

廿日，日軍轟炸朝陽，進攻熱河。

廿八日，蘇聯接受日本建議，互訂不侵犯條約，在國內則資助共產軍蔓延，我勢日危！

十二月卅日，日軍決定侵熱計畫，第一步肅清我義勇軍殘部，第二步分三路進攻凌源、朝陽、赤峰。

以上皆汪氏廿一年八月請假以後之事，蔣氏束手無策，對每次事變只提抗議書，並宣佈不與日本直接交涉，求國際聯盟援助，事實上日本不許國際聯盟干預中日事件。蔣氏之空口宣傳，已完全失去號召力，輿望受損甚重。

又《民國大事日誌》載「十一月七日，中央黨部決議中央黨部、國民政府及院部會定十二月一日由洛陽遷回南京。」事實上，汪精衛於本年四月簽訂淞滬協定後，早已宣佈還都，蔣氏事後飭其文奴，緩書其事，藉以文飾自己不抗日之罪惡。不論何日還都，蔣氏不抗日，總是千眞萬確的事實，欲蓋彌彰，愚蠢已極，有識之士從此不歸心蔣氏！

民國廿二年一月，日本陸空軍進逼熱河，與義勇軍朱霽青部在北票激戰，蔣氏不派一卒支援。日軍對山海關開始攻擊，三日陷山海關，我守軍安德馨營全部殉難，以一營抗日本陸空軍，蔣氏能辭其咎乎！

八日，大批日軍開抵山海關，準備以五個師團進攻河北及熱察綏。

十日，日軍進攻九門口要塞。

十一日，東北義勇軍丁超、李杜部不堪日軍壓迫，率部進入俄境。

蔣中正由南京親送北洋政府餘孽段祺瑞赴上海久居，優其奉養，執弟子禮。在此緊急時期，不支援東北，而糜國帑作此無益之舉，國人益非之。

日軍進攻九門口要塞。

十二日，行政院院長汪精衛在日內瓦發表對日本侵華宣言，詳陳過去日本侵華事實，並電勸蔣中正振作抗日；張學良部已滲入共產黨份子，形勢危急，請蔣將張學良部調離北方，整頓其部伍，以免為抗戰之累，並調精銳國軍北上抗日。蔣氏初未予置覆。如是汪氏之輿望漸復，國民黨已無人以淞滬協定問執汪氏之口矣！

十九日，國民黨中央通過「重要都市檢查辦法十二條」、「新聞檢查標準三款」，名義上為杜絕洩漏軍事機密，事實上乃掩斥蔣氏不抗日之罪惡。

廿一日，日本向北票九門口增兵一旅團。

廿五日，日本在山海關增兵，並在錦州設總指揮部。

廿九日，我國義勇軍在九門口內外與日軍激戰，蔣氏不為援。

廿二年二月四日，日方調大軍集中遼西，奉山路及打通路客車全停，輸送軍火。

十一日，日軍襲擊開魯，我國仍扼守城內一時，但旋被殲滅。

十三日，日軍總攻阜新。

廿日，日本內閣決議：如國聯大會採用十九國委員會報告書，日本即退出國聯。偽滿洲國任張景惠為攻熱總司令，張海鵬為前敵總指揮。蔣中正猶不派兵北上支援，信任張學良部如故。

廿一日，日軍總攻熱河，熱河省主席湯玉麟電請蔣氏援助，蔣氏不理。

廿三日，日本向我國外交部提出節略，要求我軍退出熱河，外交部僅予駁斥，蔣氏未派兵禦敵。

廿四日，國聯大會以四十票對一票通過十九國委員會報告書，不承認偽滿洲國。日本聲明退出國聯。

廿五日，駐天津之日軍在租界中日交界處裝設軍事防禦工程，形勢緊張。汪精衛在日內瓦再發表聲明，嚴斥日本妄舉。蔣軍仍無行動！

三月一日，日軍進攻赤峰。

《民國大事日誌》載：「廿三日國民黨中央通過國民參政會組織法」，絕無其事。民國廿七年蔣氏方組臨時軍事參議會，廿八年方改為國民參政會，以汪精衛為議長。《日誌》提前書其事，無非欲彰蔣勤求民隱、團結抗日之功，然而事實及文獻俱在，不能謂國人均無目也。

三月三日，承德淪陷，湯玉麟退灤平，張作相返古北口。

六日，中日軍在喜峰口激戰，萬福麟戰敗，承德方面日軍主力向灤平推進。

七日，行政院會議決議湯玉麟褫職查辦，對於蔣軍不赴援隻字不提。

張學良始辭華北政務委員會常務委員職！

八日，古北口方面日軍進攻，我軍仍敗。

中國民權保障同盟成立，推宋慶齡、蔡元培爲領袖，郵務工會等四十三團體加入，成立「國民禦侮自救會」，蓋群知蔣氏不抗日，國民求自救也。當然亦有左傾份子加入。

十一日，古北口日軍以重砲轟擊，我青石梁戰壕被毀，傷亡極重。

十四日，駐津日總領事桑島向河北省政府提抗議，指我在白河駐兵爲違約。時蔣介石怵於民情激昂，派中央軍關麟徵一師北上，以一師兵力當日本強敵猶如抱薪救火。蔣氏任蔡廷鍇爲援熱救國軍總指揮，救國軍者，乃臨時自動奮起救國之民兵及臨時暫募之新兵，無裝備無訓練，此猶唐肅宗以宰相房琯率臨時成立之義軍以當安祿山也，故有陳濤斜之敗。杜工部曾詠之：「四萬義軍同日死」。蔡廷鍇始終未成行。

以上皆三月十七日前中日衝突之形勢及事實，時汪精衛猶未返國復職，蔣氏厥後仍自稱爲抗戰英雄，可謂恬然無恥。

蔣氏號集主力剿赤，常發捷報，然而旅進旅退，瑞金及贛南各要地均被共產黨奪回，彭德懷部又再入湖南，故蔣氏曾赴長沙調度軍事；共軍又分兵入福建，故蔣氏以蔣光鼐爲福建省政府主席，蔡廷鍇爲福建綏靖主任，此以後陳銘樞得以挾爲閩變之張本。共軍徐向前部又入四川，滋蔓甚速。凡此事實均已爲官書及共產黨人所記載，毋須詳述，總之在汪返任前，蔣氏剿赤一無成就。

（二）

蔣氏鑒於形勢危殆，自己又不願當中日外交之衝，故屢次電請汪精衛返國主政，並允調張學良部往陝西整頓，自己一意剿赤，決不干預政務。

顧孟餘聞之，曾赴上海利用英國國際電台密電汪氏，大意如次：

（1）蔣氏已無力並無意抗日。

（2）蔣氏剿赤完全無功，軍隊腐敗，軍事長官無能，且貪瀆成習，封疆大吏生活糜爛，形將自潰，屆時國事方可有著手之處。正如滿清中葉，江北、江南大營不潰，曾滌生、胡林翼亦無從著手也。

（3）列強終不能讓日本征服中國，獨霸遠東，數年之後形勢必有變化，起而應之，尚有可為。

（4）國內知識份子已不附於蔣，蔡孑民及各大學反蔣尤力。

（5）公宜居國外，以待形勢之變化，並多接納留學生主辦刊物，主張抗日反共，反對軍人主政及獨裁政制，尊崇法治！

（6）公如執行上述主張，孟餘可隨時辭職，赴歐相助。公博已成熟不亂發言，可留在國內通情報，由曾仲鳴、唐有壬、彭學沛助之，必不致誤事。

（7）黨員對公之信任已經增漲，不可貿然再入政治漩渦。

（8）蔣氏不干政之諾言，決不可信。

顧孟餘又在上海密函汪氏，分析國內及國際形勢：

（1）蔣氏之嫡系部隊全力剿赤，已疲於奔命，赤軍之勢力反日擴展，對日外交又毫無辦法，終必內潰。

（2）蔣氏之個性，決不以政權分與黨內同志，寧與國民黨同歸於盡，此猶慈禧寧讓外敵而不肯以政權與漢人也，今日之甜言蜜語決不可信。

（3）國內形勢：桂系李、黃、白諸人正在廣西養精蓄銳，不出一卒，與孟餘有聯絡。廣東並無誠意擁蔣，蔣只以金錢分化之。陳銘樞對公有好感，仍足指揮蔣光鼐及蔡廷鍇部，實力不下三萬。閻錫山已返山西凝集力量，並卵翼馮玉祥舊部，馮玉祥正在北方組救國軍，仍可為公用。湖南何鍵毫無能力，如時機成熟，唐孟瀟可隨時返湘，成一巨大力量，督湘軍入鄂，已與孟餘數數商酌。蔣如不支，殘部可由何應欽統率，服公指揮。四川苦於兵多，正求向外發展。

（4）英國殖民地偏全球，尤關心遠東利益，決不甘讓日本獨霸。《泰晤士報》常發論國民黨之政權將輪替，英國如不及時著手，赤軍勢力日張，英國更將不利。

（5）公當速去英國，善辦對英外交，務宜得其軍械及財政援助，時機成熟，即攜數師軍械及財力返粵，另立政府。粵方見公有實力，必可俯首聽命。在對英外交中，只要不損主權，不妨酌予經濟開發機會以為交換。

（6）此一形勢不待二年即可成熟，公返國組府後即宣佈定期實施憲政，團結全國人心，一切行政及地域分配大公無私，各方必可響應。屆時公即命孟瀟返湘召集舊部，並督何鍵入鄂，但不可令張發奎返粵，致增粵軍之疑忌；令劉文輝由巴東宜昌入鄂，與孟瀟會師，進屯九江安徽。文輝與孟瀟同學，交誼素固，必可合作，孟餘與孟瀟已數數商酌。並令四川另一部分軍隊入陝，任劉湘為四川省政府主席，以滿其夙志。令陳銘樞率蔣光鼐軍入浙，蔡廷鍇守閩。

（7）全國路警已有五萬，可以隨時調動，不難成軍，扼守平漢、津浦、隴海各線，以張發奎、朱暉日為總副司令，如此公定可入南京主政，赤軍將措手不及。過去擴大會議之失敗，由於蔣軍仍強，今蔣軍將潰，形勢完全不同。

（8）令閻錫山率部進駐北平，驅張學良，起用馮玉祥為抗日救國軍總司令，宋哲元等現仍屯察哈爾，此路足恃。

汪精衛得此函後，商於陳璧君，璧君曰：「若依顧孟餘之計畫，待蔣軍潰敗，則共產黨或已先吾輩取得政權，不如從速返國應變。」乃力促精衛即返國，故以後又落入蔣介石之彀中。此猶關羽在側，劉備終不能專任諸葛亮也。此一經過，余於民國廿七年夏赴香港訪顧孟餘時，顧為余詳談，證以厥後事實之發展及各方之言論及情報，當屬可信！余為之長嘆！

不料汪之左右不能保密，顧之函電為蔣氏偵知，恨顧轉甚，知顧一日在汪之左右，必生大患，已決心去之矣。

三月十七日，汪精衛返國抵上海，宋子文電呈中央，聲明即日起停止代理行政院長職務。

廿七日，日本政府通告正式退出國際聯盟，以其採用十九國調查團之報告，否認滿洲國之存在也。

廿八日，外交部長羅文幹對日本退出國際聯盟發表宣言，謂：「日本雖退出聯盟，仍應遵行國際公約之一切義務。」秉汪之長途電話所爲也。

廿九日，行政院長汪精衛銷假視事。

汪銷假後，日軍仍總攻長城各口，外交、軍事均棘手。

（三）

汪銷假後，張學良在北平專橫如故，截留京奉路收入，並要挾巨款。顧孟餘力主去張，否則各方效尤，不堪收拾，汪乃北上視察北方黨務、政務，並調查日軍情形，召集北方各省軍政長官合議，禦侮救亡。張學良殊不爲禮，且不參加會議，蓋恃蔣爲靠山，不懼無兵權之汪精衛也。汪不露聲色，返京後即發令撤除張學良一切職務。此爲晴天霹靂，電令到達北平，張正在北京飯店攜名伶舞女作通宵之樂，左右呈電於張，學良猶強顏曰：「我有蔣先生支持，何懼汪精衛！」次日汪又發令，特派黃郛爲華北政務委員會委員長，何應欽爲軍事委員會委員長北平行營主任，主持北方軍務。黃、何二人本爲蔣之嫡系，但對汪亦執禮甚恭，汪以爲蔣可容忍，一切舉動事先均未商於蔣。事隔數日，各方均無動靜，汪乃赴上海，向國民政府呈請辭職，並推薦蔡元培繼任。蔣未料及汪氏有此毅力，天津《大公報》主筆張季鸞著文，大意謂：「以全國行政首長之尊，撤換一地方長官之職，乃其職權內之事，何必辭職，自損身分。」實以助汪也。全國各報紙多支持汪氏，惟《中央日報》含默無言。蔣氏不得已，乃親赴石家庄，召張學良入見。張此時方知大勢已去，蓋蔣氏果爲助己，必赴北平。張遵令謁蔣，蔣「命其遵令解職，暫去歐洲遊歷。允優容其部伍，俟機召其返國，另有重任。」如是黃郛、何應欽分別北上就任，華北長城以內各省匕鬯不驚，汪氏之威望大增，蔣氏暗中含恨而已，蓋張氏一去，閻、馮等無人爲蔣鎮壓也。

旋國民政府慰留汪氏，並派宋子文、周鯁生迎汪返任（鯁生並未居官，但爲汪之好友），此乃民國以來政府懲辦軍閥之創舉，亦可見汪、顧有膽有識，重要關頭並不懼蔣也。又伏下日後之政爭。

張學良撤職後，對抗日形勢全無損害，蓋張氏徒爲抗日之累贅，左右又已滲入共產黨份子，不利於國民黨殊甚。汪乃令閻錫山、宋哲元等全力抗日，並命宋子文予以財政支援。汪旋又派宋子文赴美，晤羅斯福總統商遠東問題，請其以經濟及財政力量援助中國。

五月十九日羅斯福與我國宋子文共同發表聲明「希望迅速恢復遠東和平」，允許支持中國之立場。

汪在復職初期，外交略有進展。五月廿七日，日本陸軍聲明準備進行停戰交涉，北寧鐵路日軍開始撤退，灤東亦告收復。但日本仍堅持僞滿洲國之存在。

廿九日，中日交戰軍隊本日雙方各撤退三十里，以進行和談。但日本又照會蘇聯，滿洲國願購中東鐵路，由日本居間斡旋。蔣氏已無兵可派，東北收復殆已絕望。

卅日，中日停戰談判會商，日本首席代表爲岡村，我國首席代表爲熊斌。熊固蔣氏之親信也。

卅一日，華北停戰協定由中日雙方首席代表在塘沽簽定。

行政院長書面聲明，華北停戰限於軍事，不涉政治，保證決無土地割讓之事，國民政府亦發表同樣聲明，此即有名之塘沽協定。厥後蔣氏嘍囉據此攻擊汪精衛，而不提蔣氏之親信曾爲簽定之首席代表。

六月二日，馮玉祥在察哈爾徵民兵，大縣二百，小縣百五十名，聲稱抗日，實則培養反蔣力量。日本外相內田倡親華論，蓋鑒於蘇聯之威脅，日軍長期侵華非計。內由屬於近衛一系。

四日，中美成立五千萬棉麥借款協定。

國聯協會聯合會主張各國歸還中國主權，藉以警告日本。汪氏自復職後，竭力與英美列強交涉，思以國際力量制裁日本，世人猶謂汪氏始終不抗日，抹殺事實殊甚。在民國廿五前不抗日者乃蔣氏及張學良，非汪氏。

五日，河北日軍砲隊開始撤退，灤東僞軍李際春、趙雷等部由我改編。

八日，憲法草案初稿全部草竣，共五編十章，二百十四條，此乃汪氏竭力主張所成。汪氏亟欲結束訓政，施行憲政，尤其鑒於蔣氏當政時，三次全國代表大會，代表多爲指派，大多數黨員根本無自由參與選舉之權，給予民眾之印象太壞，訓政只有負效，失去全國人心，故欲一舉結束之。此蔣氏絕不能容許之事。

十一日，馮玉祥自張家口通電：此次組救國軍專爲抗日，並非對內，決不割據自雄，亦與蘇俄毫無關係。蔣氏軍權在握，如善爲利用，即任馮氏抗日，北方形勢或可改觀，乃蔣氏反阻礙馮氏之行動。

十二日，國民政府接受國聯介紹，聘德人強立克、英人孫立凡爲政治顧問，蓋汪氏極力活動，欲藉國際力量制裁日本。

十五日，財政部長宋子文在世界經濟會議演說「歡迎外資開發中國富源」，說本出於中山，汪氏欲用之以牽制日本也。

十八日，楊杏佛被刺殞命，蔡元培從此失去融合知識界之重鎮。

廿二日，中央政治會議決議任馬占山、蘇炳文爲軍事委員會委員，蓋以鼓勵抗日之義勇軍也。時馬、蘇已返抵南京，實力全失！

蘇俄出賣中東路與僞滿洲國，定期與日僞代表會商，汪氏命外交部向蘇俄提嚴重抗議。

廿六日，灤東僞軍劉桂堂通過反正。

七月一日，華北戰區接收委員會在天津成立。

二日，中日商討接收戰區及改編僞軍之大連會議開始。

三日，國際聯盟行政院組織特別委員會進行與我國合作。

六日，中日大連談判告竣，決定本月十日起我方開始接收，收編僞軍三分之一，餘則遣散；北寧路恢復華北事變前狀態，直達榆軍。但廿六年後，蔣家嘍囉仍指摘此一談判爲汪氏與日本妥協，蔣氏則抗日之眞英雄，距離事實太遠。嚮使無汪氏之外交活動，北平之淪陷恐不能待至廿六年，汪氏之舉動實已延長國民政府數年之生命。

八日，馮玉祥通電否認赤化，謂以抗日爲唯一號召，但蔣氏則極力詆之。

十六日，財政部長宋子文奉汪命赴巴黎出席國際合作技術會議，主要商請英法各國技術援華。

十九日，蔣中正在廬山召集時局會議，商討處置察哈爾事件，即制裁馮玉祥之活動。時宋哲元任察哈爾省政府主席，蔣氏仍力圖阻撓汪精衛之計畫，事先未奉國民政府之命令。

廿二日，中國與美國、印度、西班牙、澳大利亞、加拿大、玻利維亞、墨西哥、秘魯等九國簽訂四年白銀協定，圖穩定銀價值，鞏固幣值。各國均產銀之主要國家也。

廿三日，華北戰區接收委員會雷壽榮、李擇一偕日武官柴山赴唐山辦理接收事宜。

卅日，灤河流域盧龍、遷安等八縣接收完竣。

卅一日，平古線（北平至古北口）密雲、懷柔兩縣接收完竣。

八月四日，駐北平之何應欽命宋哲元回察哈爾處理一切軍政，奉汪命爲之也，馮玉祥實力仍在。

六日，外交部正式公佈國際聯盟不承認僞滿洲國之通告。同日，馮玉祥通電：察哈爾省軍政交回原任省政府主席宋哲元，察事和平解決。

七日，馮玉祥之抗日同盟軍總部自動撤銷，蔣氏力主之也，亦以打擊汪氏。

八日，日本陸軍部發表聲明，日軍撤返長城線之工作於七日完成。我國在此華北稍形安定時，蔣軍剿赤無功，赤軍仍盤踞贛南、福建邊區及湖南北部，伸及四川一帶。

十七日，國民政府令羅文幹出巡新疆，外交部長由行政院長汪精衛兼署。

廿三日，赤軍在寧羌成立蘇維埃政府。

廿七日，南昌剿匪總司令部頒發整理保甲方案，用楊永泰之建議也，如是自縣以下至鄉鎮皆滿佈官吏，破壞數千年傳統之地方自治，民政日亂，民生益苦，剿赤已成絕望之勢。

廿八日，宋哲元返張垣，方振武、吉鴻昌、劉桂堂不受編，仍擁駐泰山之馮玉祥。

九月三日，吉鴻昌請宋哲元收編。華北方告暫時穩定。

以上皆汪氏三月返任後之暫時成就，黨史一概抹殺，而專爲蔣氏歌功頌德！

十月下旬後，蔣氏惡宋子文爲汪精衛活動，其資助汪精衛之活動費亦被蔣氏偵知，大怒，要求汪氏免宋子文財政部長之職，代以孔祥熙。顧孟餘曾勸汪辭職，汪氏徇陳璧君之言，未允。

十月十七日，立法院決議國民參政會無舉行必要，議案擱置，徇蔣氏之請，掣汪精衛團結全國名賢之肘也。

十月廿二日，毛澤東在寧都召開蘇維埃大會，議定反圍剿政策，可見蔣中正剿赤無功。

汪氏之外交政策既如上述，在黨內仍一意泯滅派系之爭。陳果夫主蘇時，曾許程天放爲民政廳長，結果民政廳長一職爲余井塘所得，程氏大憤，訴於汪院長，汪語以「黨人須團結一致，汝之位置余另有辦法」，次日即任程天放爲駐德大使，事出程氏望外，從此程氏忠心擁汪，黨內基層亦擁汪。

蔣氏在南昌坐立不安，已無心剿赤矣。

十月，德王已在內蒙古極力倡導自治，行政院決議特派內政部長黃紹雄及蒙藏委員會副委員長趙丕廉巡視內蒙各盟族。不久，德王宣告停止自治活動，可見汪精衛仍有號召力。

十一月十九日，福州宣佈戒嚴，黃琪翔自廈門抵福州。

廿日，陳銘樞、蔡廷鍇、李濟琛、蔣光鼐結連赤軍及第三黨份子在閩發表通電，宣佈成立中華共和國人民革命政府，奠定年號爲中華共和國元年，首都設於福州，即黨史所稱之閩變。

留英學生羅長海、王禮錫、胡秋原即啓程赴閩，余與禮錫同居，力阻其行，謂：「陳銘樞之主力僅有蔣、蔡二軍，共產黨之援助決不可恃。且蔣氏最惡黨內之叛離，必將放棄剿共，專力剿閩，君等何必急於返國，同歸於盡？」王等不聽。

果也，閩變僅二月，即被蔣軍敉平，共產黨則在江西擴展地盤。王禮錫、胡秋原倉皇返英，深悔不聽余言，羅長海則病逝於香港！事後陳銘樞頗怨汪精衛，本係好友，不應下令討伐。事實上汪精衛隨孫中山締造國民黨，何能容陳銘樞推翻國民政府，自毀其立場！

閩變之起，原不簡單。事先曾與汪精衛協商，汪未表示態度。又曾與李濟琛、陳濟棠、李宗仁、白崇禧等協商，諸人均極慫恿之，並議定擁胡漢民主黨，汪精衛主政，在廣州另組政府，逼蔣介石下野。但陳銘樞好大喜功，欲自爲領袖，臨時改變計畫，與贛、閩之共產黨軍成立攻守同盟，另立國號，另建紀元。汪、胡均爲中山之信徒，何能參加？胡漢民雖在野，亦發電力攻陳銘樞。自民國廿年後，王禮錫、胡秋原、嚴靈峰及其他共產黨托派份子即居銘樞之左右，銘樞爲其出資創立神州國光出版社，並辦《讀書雜誌》，言論激烈，力倡社會主義、唯物論及辯證法唯物史觀，嚴靈峰爲文尤多。彼等欲擁銘樞爲領袖，則不必屈居顧孟餘、陳公博、陳樹人、劉廬隱等之下，而直接成爲僅次於陳銘樞之領導人物。陳早已被其所惑，故臨時改變計劃，直接聯絡共軍而未通知汪、胡。汪、胡均能影響粵軍，汪精衛又可得李、白、閻、馮之支持，如陳銘樞果迎汪胡入粵組府，則蔣中正之勢力必崩潰。胡既公開反閩，陳濟棠等乃按兵不動，汪正任行政院長，均無法支持反對國民黨之陳銘樞。如是蔣中正得以放棄剿赤而剿閩，此則陳氏自取之咎也。民國廿五年冬，銘樞抵德，曾與余長談，頗悔當日計畫頗欠週密，對汪精衛之嫌怨亦釋。此均為官書所不載，國人自無從知之。

廿三年三月，蔣中正復召張學良返國，任為豫鄂皖三省剿匪副總司令職，為汪樹政敵也。

三月七日，中央政治會議決議設立蒙古地方自治委員會，特派何應欽、趙戴文為正副指導長官。（趙戴文、趙丕廉同隸閻錫山系）

六月廿八日，北寧鐵路管理局公佈平瀋通車辦法，自七月一日起實行每日對開一次，可見汪精衛之對日外交仍有若干成就。

七月廿日，最高法院判決陳獨秀、彭述之各減處有期徒刑八年，依優待政治犯辦法執行刑期三分之一，蔡元培、汪精衛、章士釗活動之力也。

十二月十四日，國民黨四屆五中全會決議明年十一月十二日舉行第五次全國代表大會。會後盛傳迎胡漢民主黨，顯寓排汪之意。顧孟餘曾勸汪辭職，陳璧君曰：「我們不能一輩子過流亡生活，看蔣氏對我們夫婦有何辦法！」

（四）

自廿一年後，顧孟餘一意整頓鐵路，並為汪之外交活動之主謀。曾建議蔣氏先修浙贛路，蔣氏不欲顧氏有表現，又恐赤軍入浙，力拒之。

顧氏乃先修隴海路西段（由洛陽至西安一段），以凌鴻勛為局長兼總工程師，不設副局長，以一事權。

廿三年春，隴海路自鄭州修至潼關完工，乃建議先修通粵漢路，時粵漢路北段僅通衡陽，南段自廣州僅通韶關，衡陽至韶關一段尚待建修，蔣氏以此路利於其征服西南，故允之。仍以中英庚子賠款退還款充建路經費。顧氏任凌鴻勛爲工程局長，廣東省政府主席及湖南省政府主席均保薦副局長，顧氏力拒之。並召凌鴻勛曰：「粵漢路修建工程之事全權授君，不另設副局長，總工程師亦由君兼任，員工均由君自任，以一事權。經費由鐵道部一力擔承，勉竭力辦理。」凌鴻勛從此遍誦顧之品德，舊交通系亦從此無蹤影矣。

蔣氏忌顧日甚。約在二十三年冬（精確時日記不起，《民國大事日誌》亦無隻字提及），監察委員劉侯武等彈劾鐵道部長顧孟餘，稱其「建修同蒲路（由山西大同至蒲州）借法款，以正太路全部收入作抵押，喪失國家權益，有營私舞弊嫌疑。」時汪精衛聲望正高，立即召開政治會議決議：「凡各部之政策由行政院集體向立法院負責，監察院並未向行政院及鐵道部查明案情，何得提起彈劾，即刑事案件亦只能由司法機關處理，以維五權憲法，故決定削減監察院之職權。」

彈劾原因甚複雜，劉侯武事先向顧部長有求不遂，又察知蔣氏忌顧；又于右任與顧積怨甚深，前文已述；CC系陳果夫、陳立夫等必欲代蔣驅顧。彈劾案發表後顧只發表談話數語，謂「彈劾案毫無根據，一切聽候法律辦理。」談話後，即請陳紹寬派軍艦一艘送其赴天津，正太路局長王懋功、路警管理局長朱暉日已率路警一隊迎於港埠，護顧至北平。顧極謹慎，恐在政治鬥爭中被人暗算也。旋於西山購簡單住宅作長期休息，仍由路警數名護其安全。從此不問部務，由鐵道部政務次長曾仲鳴代理部務，彈劾案一任中央政治會議及有關主管機關處理，答辯書由谷錫五、谷正鼎代辦，並不接見任何政治人物，部中職員除曾仲鳴、谷錫五、谷正鼎外，概不接見。偶約北京大學舊友閒談。此時余在英國，只於報端見其事。廿四年夏，谷錫五寄來答辯書，大意謂：「正太鐵路只數百里，收入除經費開支外極爲微小（已記不起數字），創修同蒲路需款甚巨（亦記不起數字），以正太路之收入作抵押品，已屬極有利於中國之條件，試問中國過去借款修路歷史，何一當局曾獲得此等有利條件，不難查卷，眞相即明」等語。公務員懲戒委員會主任委員經亨頤查明案情，即宣告：「顧孟餘借款修路，並無喪權失職之事，應予免議，惟事前未呈報行政院，亦有未合。」汪精衛旋再聲明：「余爲此事與顧部長常有聯絡，修路借款係鐵道部主管之事，只能由鐵道部長簽字訂約，行政院長亦不能逾越職權。」如是滿天風雲之廓清，從此監察院之職權大受限制，各方陰謀亦不得逞。但顧氏乃一極自尊之人，從此不理部務，雖汪氏派褚民誼、曾仲鳴北上力事敦請亦無效！

外交部長羅文幹辭職後，汪氏兼任部長，事前顧密電推薦宋子文，蓋宋子文負責，如同蔣氏之負責也。蔣氏亦不允許。汪氏密電顧孟餘，謂將以唐有壬爲外交部次長，事實上主管部務，顧氏回電「絕不適宜」，但汪已用之矣！（顧不同意之原因後文有述。）

（五）

蔣氏自敉平閩變後，乃全力合圍贛南。共產黨鑒於贛南僻處一隅，極難得到蘇聯之接濟，乃改變策略，以主力突圍，經由湘南、湘西入黔轉四川，向西北發展。其最注意之地，實爲山西。川省已有徐向前部呼應，黔省無多少蔣軍，易於通過。蔣氏乃命剿赤軍西路總司令何鍵追擊，但何鍵乃一陰柔、向不力戰而保全實力之人，乃躡於共產黨軍之後，相距恆數十里，其行亦行，其止亦止，電蔣氏告捷，每次均誇稱俘虜若干，斬獲若干，其實均虛言。共軍入黔，事亦如之。入川後方有戰事。此即中國共產黨之所謂二萬里長征。國民黨及共產黨官書均有記載，不詳述。

共產黨入川後，曾以一部入川西及西康邊境，藉以分散川軍及蔣軍之實力。主力則入陝西分擾山西。

共產黨主力雖西征，並未完全放棄內地，閩、贛邊區仍留有餘部，由瞿秋白指揮。最可異者，共產黨在蘇北及山東南部一帶著手組織赤軍，蓋歷經幾次內戰，民生凋敝，易於附和赤軍也！蔣氏竟一無所知，至民國廿六年方知有所謂新四軍，實力強大。昏瞶糊塗一至如此，可嘆！

廿四年三月一日，軍事委員會委員長武昌行營成立，以張學良為主任，楊永泰為秘書長。楊永泰乃政學系之最活動份子，蔣氏開始起用政學系，以與汪氏之知識群眾對抗。又張學良部，蔣氏已早徇汪精衛之請，調離華北。蔣氏又在南方卵翼之。

汪精衛仍積極負責，運動英國成熟，英國乃於三月二日向美、法、日建議國際共同對華貸款。先是，汪精衛派王寵惠訪日交涉，收束華北戰事。四日，王寵惠訪日，返國發表聲明，謂依平等基礎，謀兩國親善，交換意見，結果圓滿。其時日本軍閥表面上稍斂跡，實則日本間諜仍散駐於中國內地，以各地領事館為掩護，土肥原竟入福州，厥後周歷全國各重要都市，以迄南京。

六日，江西綏靖會議開幕，可見贛南仍未肅清。

七日，日偽（滿洲國）軍在哈爾濱槍殺革命青年四十名，大部均為反抗日偽之義勇軍。

十一日，蘇俄與日本僞滿成立中東路讓售草約，售價一億四千萬日元。中國外交部聲明蘇俄出售中東路爲不合法，中國對該路仍保持一切權利。

川南赤軍由威信入雲南。西南眞是遍地多赤。

五月十九日，外交部對日本、英、美、德等國使節升級爲大使。

廿四日，美國經濟考察團到華。

廿八日，中央政治會議決議：軍事委員會委員長兼全國禁煙（鴉片）總監。事實上徇蔣氏之請，專煙稅，於預算外增加軍費也。

卅一日，中法使節相互升格，任郭泰祺爲駐英大使，調顧維鈞爲駐法大使。郭本汪之親信。蔣作賓爲駐日大使，間於汪蔣之間。

六月六日，特派于學忠爲川陝甘邊區剿匪總司令，如是張學良部盡入西北。

六月十二日，瞿秋白被捕，旋被槍決。

國民政府命令宋哲元免職，以秦德純代理察哈爾省政府主席，蓋蔣氏極惡宋哲元爲汪用，亦徇日本之請。秦本宋哲元部屬，力辭，汪精衛慰留之。先是日軍撤出長城後，宋部猶進攻日軍，日本乃以其破壞停戰協定要求國民政府去宋。

廿五日，國民政府令：任命商震爲河北省政府主席，程克爲天津市長。如是河北全省入於閻錫山之掌握，閻本與汪有舊。

以施紹基使美，程天放使德。程天放使德事，已在前文提前說明。劉文島調使義大利（劉本使德）。

七月三日，行政院長汪精衛稱病，政務由副院長孔祥熙代理，實惡蔣之干擾政治也。

福建邊區仍爲赤軍盤踞，蔣中正派福建駐軍於三個月內將其肅清，事後無功。

七月十五日，汪精衛自滬赴青島養病。八月，鐵道部長顧孟餘、實業部長陳公博、教育部長王世杰、僑務委員會委員長陳樹人呈請辭職。可見汪蔣政爭之激烈。

八月九日，中央常務委員葉楚傖奉令赴青島挽留汪精衛。

十一日，蔡元培赴青島慰問汪精衛，勸其復職，爲國家保留一線生機。

行政院會議決議慰留汪內閣辭職各員。

十五日，國民黨中央常務委員會決議慰留汪精衛。

十七日，蔣中正派張群至青島慰留汪精衛，並面交蔣中正致汪精衛親筆函，解釋過去一切舉動，並允此後政務專由公主持等語，汪允返京。

廿日，汪精衛偕張群抵京，蔣氏立往晤談，內容不及詳知。

廿三日，行政院長兼外交部長汪精衛通電復職。

廿八日，國民政府令：任宋哲元爲平津衛戍司令，接替王樹常。汪精衛所堅持，蔣氏以初復任，不便反對。

赤軍蕭克、賀龍仍據湘西，有擾川鄂邊境企圖。

九月一日，行政院撤銷華北政務委員會，黃郛調任內政部長。黃氏辭不就。華北之事一一交閻錫山、宋哲元主持，汪氏並未放棄抗日政策。

十月二日，國民政府特派蔣中正兼西北剿匪總司令，張學良為副總司令，在西安設立總司令部，由張學良指揮，蔣中正仍常駐廬山及漢口。

十月中旬，國民黨籌開第四屆六中全會，並預備於十一月十二日召開五次全國代表大會，時蔣家嘍囉迎胡漢民主黨政之聲浪甚高，實以排汪，顧孟餘再促汪辭職。

蔣中正知顧孟餘能左右汪氏，乃派陳紹寬乘軍艦赴津，轉北平，迎顧赴廬山面談國事，並有親筆函件。顧以國民黨人未便與蔣決裂，乃隨陳紹寬赴廬山見蔣。蔣語之云：「現在赤患初平，黨內必須團結抗日，預備請胡漢民主持中央常會，汪先生仍主政治會議兼行政院長，余仍專負責剿赤軍事，精誠團結抗日。請先生即日銷假，回鐵道部長任。」顧允之，乃於十月底赴京，宣告復職。計顧氏離職年餘矣。

十一月一日，六中全會開會，六日即閉幕，顧氏不常出席。閉幕之日在中央黨部前坪攝影，蔣氏未參加，汪氏遇刺，面部中二槍，背部中一槍。顧知被蔣所騙，於醫院慰問汪氏後，立即赴滬隱居！

時余在英，訂有天津《大公報》，該報述事頗詳，言：「蔣聞槍聲，並未出視，即登中央黨部三樓隱避。當時攝影場情形大亂，中央委員紛紛逃開，張繼（溥泉）見汪被刺，乃衝向前方，抱住兇犯之腰，不意旁邊走出一便衣人，向兇犯開數槍，均中要害，揚長而去，以資滅口」等語，暗示此次汪氏被刺，實國民黨反對派之預謀。事後余又獲知汪氏於開會前即獲有情報，「謂有不軌之徒將不利於公」，汪持情報訪蔣，蔣氏拍胸謂：「絕無其事！」並允竭力保障其安全。汪氏遇刺後，蔣反登樓隱避，如是黨內眾議譁然。

汪遇刺後曾立即組特別法庭審判兇犯，谷正綱曾參與之，但兇犯到庭即斃，無從審出內情矣！事後乃嫁罪於陳銘樞，前文有述。

蔣亦知輿論不利於己，乃親訪汪於醫院，謂：「全會決議，仍請公擔任行政院長。」汪答：「余命在旦夕，如幸而得癒，亦將重病，何能復掌國務？」蔣曰：「以顧孟餘代理如何？」汪曰：「顧先生意志堅強，余不能與語，公自語之可也。」其實此乃蔣之虛語，蔣自任行政院長已成定案，迎胡亦無誠意。

蔣旋即訪顧於鐵道部之二號官舍，顧早已去上海，蔣語谷錫五曰：「余亟欲與顧先生一見，請即電告其來京。」並約定時間晤見於陵園之蔣氏官邸。谷電告顧氏，顧準時到達，楊永泰接見，曰：「蔣先生因要公出京，公候二日如何？」顧不答，略飲茗茶即告退，楊曰：「請示知先生之住址及電話，以便聯絡。」顧曰：「晤見時間乃蔣先生約定，蔣先生既臨時變計，余明日亦在上海有事，今夜即乘車返滬矣！」楊氏大駭，不意顧先生如此矜持也！故蔣、顧始終未見面。此皆谷錫五、谷正綱向余事後所述。

據上文所述，汪精衛就任行政院長後，對外緩和日軍之進攻，使其退出長城以外；北寧鐵路復通瀋陽；美國且有棉麥貸款，英法等國亦允對華貸款；國聯決定技術授華。對內則檄張學良之職，懲其淪陷東北之罪，人心振奮；訂定九國白銀協定，實行法幣政策，幣值穩定（關於實行法幣政策，官書記載無誤，故上文未述及），並主張先設國民參政會，以為憲政之先聲。凡所舉措，不為無功，乃國民黨史一概抹殺之。國民黨政府從未著手修國史，只頌蔣氏之功，其實蔣氏在廿六年前固未出一卒抗日也。余不書之，將何以信史傳後！

（六）記汪精衛離職以後之事

廿四年十一月四日，廣東之陳濟棠、廣西之李宗仁受胡漢民之影響，將對全國代表大會及中央地方職權分配提出異見，蔣氏已無力再作內戰，乃派戴傳賢、馬超俊赴粵與陳、李交換意見！

國民政府任命蕭振瀛爲察哈爾省政府主席，秦德純調北平市長。蕭乃一文人，手無一卒，且親日，徇日本之請也。可見蔣氏無意抗日。

以後日本軍閥復囂張，親華派默不敢言。

九日，平津日本駐軍連續非法捕我國官兵四十餘人，蔣氏束手無策。

十一月十二日，中國國民黨第五次全國代表大會在南京開幕，由林森主持開幕典禮。

十七日，旅日華僑第九十批被逐返國抵滬，蔣氏亦未提抗議。

十八日，全會通過黨員守則十二條，乃戴傳賢奉命草擬，條文全無革命氣氛，且未提抗日，只教訓黨員服從蔣氏。顧孟餘曾批評之云：「照此條文，國民黨員全爲行屍走肉矣。」條文已爲黨員所熟誦，不錄。（余在任何場合獨不誦此條文。）

十九日，蔣中正在五次全國代表大會作外交報告，謂：「和平未至絕望時期，決不放棄和平；犧牲未至最後關頭，決不輕言犧牲。」此兩語無異告知日本中國決不抗日。試問：絕望時期及最後關頭如何界定？日本軍閥窺知蔣氏外強中乾，方再決定侵華。汪氏緩和日本、交涉國際援助之績效毀於一旦，均蔣氏此兩語之後果也！

廿二日後，漢奸殷汝耕等又受日本軍閥指使，醞釀冀東僞組織，蔣氏無從制止。

廿五日，國軍第二路軍全部到達成都，蔣氏置華北危急於不問，仍一意對內！同日楊永泰被刺殞命，其原因前文已述。

同日，河北省灤榆區行政督察專員殷汝耕降日叛國，以冀東廿二縣，成立冀東防共自治委員會於通縣（逼近北平），宣佈脫離中央，並派漢奸監視稅收機關及交通機關。

殷汝耕並不領兵，僅受日本浪人指使，且據塘沽協定及大連議定書，日軍已撤至山海關以外，北寧鐵路已復原狀，日本軍閥又暫時斂跡，殷汝耕等之活動純爲漢奸叛國問題，中國不難以兵力立即敉平之。蔣氏此時反駐川陝剿赤，置北方之叛國事件於不問，以致冀東事變日形擴大，成立僞政府，日本軍閥再起，以問執日本緩迫派文人之口。使汪氏而當政也，證以過去之績效，決不致容此！蔣氏之冒竊抗日英雄之美名者，乃西安事變以後之事，後文有述。

廿六日，國民政府令撤銷軍事委員會委員長北平行營，起用宋哲元爲冀察綏靖主任，何應欽爲行政院駐平辦事處長官。蔣氏並未遣一卒北上。

北平各大學校長教授訪宋哲元，力斥冀東僞組織。可憐，蔣氏既不作任何支持，宋哲元何從禦敵？閻錫山飛返山西，圖自救。

廿七日，蔣氏令第一路軍圍殲擾湘鄂之蕭克、賀龍，第二路軍經四川洪雅向川西進攻，第六十一師調駐成都。對冀東之事變，只褫殷汝耕之職，殷氏已叛，何懼撤職。後來蔣家黨徒均以此次事變歸罪汪氏，實則汪氏久已被刺離職也。

廿八日，中國共產黨發表救國抗日宣言，意在緩和蔣氏在西南之進攻。

同日，日本增兵長城各口，情勢緊張。

廿四年十二月一日，日軍陸續開進關內。

天津《大公報》社論勉宋哲元保障國家統一，竟受停止郵遞處分，蔣氏尚有絲毫抗日之意志者乎？實情則求和而不可得者也。

五日，日機多架在北平市上空散發傳單，鼓動自治。

六日，美國國務卿赫爾宣言：「華北自治運動，美國不能熟視無睹，請各國尊重九國公約。」蔣氏對此一重要宣告毫無反應。

七日，五屆一中全會第五次大會推選中央負責人員，中央常委會主席胡漢民，副蔣中正；中央政治委員會主席汪精衛，副蔣中正；國民政府主席林森，蔣中正兼行政院長。其他各院正副院長無關重要，不錄，且官書已有記載。事實上汪、胡均不就，如是中央黨務及行政均操於蔣氏一人之手。又推選葉楚傖爲中央常務委員會秘書長，葉本蔣之私人，此無異框胡也。推選顧孟餘爲中央政治委員會秘書長，明知顧不就也。此無異對顧之一大侮辱，顧向自尊，只能輔汪且看不起蔣。彼曾爲中央政治委員會常務委員，何能屈就秘書長，故置之不理。

十二日，行政院長蔣中正爲分配部會首長，事先曾赴滬訪汪，僞欲爲顧孟餘保留閣席，汪曰：

「孟餘意志堅強，必不就。可留陳公博爲實業部長。」蓋汪已準備出國，欲留公博通政治情報也。事後蔣氏仍呈請國府，令顧孟餘爲交通部長，屈陳公博不用，以吳鼎昌爲實業部長。顧果辭不就。如是蔣內閣內，僅有陳樹人任僑務委員會委員長。其餘閣席不錄，官書已有記載。

廿五日，國民政府令：「自北平學生請願抗日事件後，奸徒煽動，治安可虞，令軍委會於必要地區宣佈戒嚴，以維持秩序。」如是愛國學生被視爲奸徒。試想汪氏在職時，曾有上述荒謬措施及鎮壓學生運動之事乎？世人健忘，後輩又不知其事，汪氏任內之政績及苦心全被抹殺矣！

廿五日，前外交次長唐有壬在滬寓被刺殞命，CC系之報紙傳其「賣國，犯眾怒，以致被刺」，眾口鑠金，無從辯白。時余在英留學，思有壬不過區區一次長，凡國家之國防外交政策，非透過汪蔣不可。英國之外交政策，雖外交部長不能自專，必由首相主持。美國之外交政策亦由總統主持，國務卿不得自專也。有壬望輕，何致因外交而被刺？有壬又有何權賣國，何況汪長政院時之外交頗有成就，乃大疑其別有隱情。民國廿八年，余自長沙赴香港訪顧孟餘，曾詢：「公何以不同意唐有壬出任外次？」顧答曰：「國防及外交非由汪蔣二人共同商定不可。汪當其衝，蔣不懼汪之洩漏機密，蓋二人同爲國民黨之領袖，彼此雖失和，爲爭取群眾，對外發言彼此均有顧忌。此中山艦案及廖案汪蔣均不發言之故也。有壬望輕，有何資格與蔣共機密？歷史上資輕宰相與帝王共機密者，無不遭殺身之禍，余不願置有壬於危地，故反對其任外次。汪先生誤解余意，以有壬曾爲余所推薦，故用爲外次，其實有壬能充政治會議之秘書長，決不能任外次也。」余甚服顧先生之周密。其實汪之每一措施必咨於顧，外交亦不例外，顧在任時絕口未透漏外交一辭，國民黨之政治人物實以顧爲巨擘，無人可及，乃蔣氏竟忌之如虎，實國家之不幸也！

廿六日，國民政府明定首都、武漢、淞滬宣佈戒嚴，意在鎮壓學生救國運動。

僞滿洲國之日本官吏達一萬五千人以上。

廿七日，僞滿洲國軍攻掠蒙綏邊境。

廿八日，劉桂堂部復投降日本，竄擾察綏一帶。對以上二役，蔣軍仍不赴援。

（七）記蔣中正兼任行政院長以後之事

廿五年一月一日，以豫、鄂、贛三省剿匪總司令部秘書長楊永泰爲湖北省政府主席，開始起用政學系人物。楊永泰，粵人，本舊國會議員，在議會中甚活動，爲政學系主幹人物之一。其人無學識，而工於權術。岑春煊爲護法政府主席總裁時，彼本擁岑，曾爲廣東財政廳長，與各方均相得。迨民國八年岑春煊失敗，中山復返粵組府，楊仍回國會議員職，不似章士釗遠走歐洲，從此放棄憲政思想而主張業治。其實章之此一主張亦非，各業利害衝突，何能爲治。舊國會內之孫系議員及孫之左右均詆章爲政學系首腦，實則章未曾一日入政學系，朋友關係則有之。

蔣介石打倒北洋軍閥後，爲實力派之首腦，楊氏權力慾極重，百端鑽營入蔣幕，用張群之荐，蔣任爲秘書長。楊氏手腕靈活，與西南各省政府主席及軍人均有聯繫，聲勢煊赫。大凡帝王政治及獨裁政治，權在親近，而不在正式大員，故古代宦寺之權常在宰相之上，召覆亡之禍。此時之楊氏，眞是左右睥睨，雖蔣氏素所親信之張群亦須讓楊一步。因此ＣＣ系目楊、張爲政學系二大巨頭。

先是蔣氏組閣後以張群為外交部長，現又任楊永泰為湖北省政府主席，為蔣氏宰制西南，西南各省黨政亦有被楊氏攘奪者，故CC忌此二人尤切，蔣則運用權力制衡政策（Balance of Power）操縱兩系而兩用之。現在不能不說到張群之出身。

張在民國元年本隨陳其美任參謀，黃郛任參謀長，蔣中正任團長，四人為盟兄弟。民國二年二次革命失敗後，陳其美倚中山力主組織中華革命黨，排斥黃克強，黃郛大不滿意，赴美倚克強，張群則在岑春煊護法政府內任副官長（時章士釗任秘書長，張受章指揮），蔣流浪於上海，此四人亦已星散矣。迨陳炯明叛變，蔣中正隻身赴難，頗得中山信任，從此扶搖直上，世人已知，不必再述。在民國十三年段奉馮（玉祥）合力倒吳佩孚後，張群隸胡景翼部，曾為洛陽警察廳長，復擢升河南警務處長，曾代表胡景翼謁段祺瑞（時任執政），段未接見。黃郛在北洋政府內活動，一度曾任閣揆而攝政。迨蔣介石任革命軍總司令，張群再倚蔣而蒙寵待。黃郛自民國十七年後方再加入國民黨。此四人之離合如此。

初，蔣見汪精衛之聲望日增，一部分CC被其吸收，且顧孟餘、陳公博等及《現代評論》社主幹周鯁生、王世杰以及若干北大教授均擁汪，蔡孑民清望尤高，亦支持汪、顧。蔣黨內嫡系如陳果夫、陳立夫、邵力子、葉楚傖等決非汪、顧之對手。且國民黨員亦不過全國人口之一小撮，決不能統治全國。故就行政院長職後，著手以金錢名位吸收知識份子，以與汪精衛抗。已用楊永泰矣，但永泰無清望，缺號召力，乃思起用久被國民黨排斥之章士釗，請章入南京。初欲用為司法行政部長，章不就，繼乃向章提議改行政院秘書長為特任，以章充任，蔣出外指揮軍事時，畀章全權處理院務，且云：「孔祥熙不過形式上之副院長，專司財政金融，其餘均由君主持，大事可直接電商」等語，CC系聞之大懼，乃在京滬各報紙力詆：「章曾事北洋軍閥，又素非同盟會員及國民黨員，何能掌理國民黨之政務？」章乃返上海，聲明不就政府任何職務，仍執行律師職務。且章本與汪精衛善，亦無意入蔣之彀。（此事章語余甚詳）

蔣既無法用章，乃用楊永泰之薦，羅致丁文江，次及浙江同鄉翁文灝。丁號地質學者，曾在北京大學任地質學教授，但政治慾極強，曾投孫傳芳，任淞滬督辦，大殺國民黨及共產黨青年，後白崇禧率國民革命軍抵滬，始驅之去位。厥後又回任北京大學教授，百計鑽營交歡楊永泰。蔣用楊薦，擬任之爲行政院秘書長，初派丁赴湖南視察，又有任湖南省政府主席之謠傳。丁赴湖南後，報紙喧傳，中煤氣毒而死，又有謠傳謂係被當地軍人及省政府主席設計殘害而死，眞相莫明。丁死後，蔣乃任翁文灝爲行政院秘書長，另於院內設政務處，以蔣廷黻爲處長。蔣廷黻本專治歷史，任清華大學教授，丁文江、翁文灝均不能文，乃受資於蔣介石，由蔣廷黻在北平主辦《民主評論》。時余在英，以爲既以「民主」爲號，乃購閱之，見其第一篇創刊文章即力詆「民主憲政無效力，不如師法希特拉、墨梭里尼改行獨裁政制」，余始知蔣廷黻爲一投機份子，思接近政權，從此不閱《民主評論》。讀者如有疑吾言者，可查看當日《民主評論》之言論。

此外，另一重要人物不可不述。中國眞正之地質學者爲李四光，決非丁文江及翁文灝。四光鄂人，爲李書城之同族兄弟，且爲同盟會開創會員之一，亦任北京大學地質學教授，與石瑛善。其人個性剛強，深惡蔣中正之作風。憶民國廿九年，李四光曾赴英接受劍橋大學之DSC榮譽學位（此爲英國之最高學位，輕易不授人者），余曾往訪，李初見余時以爲凡中央黨部所派之留學生均蔣家嘍囉，倨傲無言，余乃聲明：乃顧孟餘先生所派之鐵道部公費生，四光即曰：「君係顧先生所派耶。」以後乃數數過從，傾談無忌。厥後民國卅年，余與四光先生同任國民參政會參政員，見李不發一言，亦不赴蔣中正之宴會，會後即返西南聯合大學。彼來開會，不過訪友而已，從不接近政要。一九四九後中國共產黨卒用爲科學院副院長，李亦安之。李本與精衛善，在英時常語余云：「汪先生以一文人而與蔣中正鬥，必失敗無疑。」可見其眼光之銳利。李四光決非蔣中正可羅致之人，乃起用翁、蔣等三流角色！仍不足與汪、蔡、顧抗衡也。

蘇俄與新疆省政府主席盛世才訂立協定，俄以軍事、政治、經濟援助新疆，西北形勢緊急。

毛澤東在瓦窯堡會議決議進攻榆林、綏德，蔣中正仍僅令察哈爾主席安愼處理察哈爾省政務。

四日，僞滿洲國軍受日本嗾使與掩護，侵佔察哈爾省東北五縣。

張學良、楊虎城與閻錫山會商陝北軍事。蓋蔣將西北防務已全交與不可靠之張、楊矣。

十日，日軍佔領塘沽車站，國民政府僅急電地方政府查報眞相。

十二日，冀東僞組織扣留北寧路款。政府事後雖號稱解決，但由北寧路局償付僞方每月十萬元，是不啻承認冀東僞組織。

同日，日本關東軍特務機關長土肥原到天津舉行侵華會議。同日，日本增設駐綏遠特務機關。

十四日，行政院任張發奎爲閩浙皖贛邊區清剿總指揮，可見赤軍勢力仍在該區活動。同日，宋哲元以中央通緝之石友三任北平保安司令，蔣中正不過問，可見政治之凌亂。

十七日，僞滿軍佔張垣之大清門。

廿一日，日本外相廣田在貴族院演說，提出日本對華三原則：中日親善提攜；調整中日滿關係；共同防共。第一條乃虛語也。

廿九日，僞滿洲國軍李守信部在張家口北設立臨時軍政府。

二月十日，禁煙總監蔣中正通令辦理煙民登記，仍准煙民吸鴉片、種鴉片，蔣氏重徵煙稅，收入從未公佈，亦未繳入國庫，財政部亦不敢過問。此一措施在汪精衛任行政院長時即有建議，汪氏嚴予拒絕，此亦爲汪蔣衝突之一因。

十三日，美財政部長 Morganthau 宣佈決定與中國合作，援助解決幣制問題及法幣價值問題，此亦汪精衛任行政院時派宋子文赴美協商之結果。

十四日，立法院通過「鐵路建設公債條例」，蔣中正此時始感於內地交通對於軍事之重要，命鐵道部長張嘉璈積極修路。顧孟餘任鐵道部長時，屢請據中山實業計畫發行公債修路，蔣氏懼其有功，概予拒絕，以致顧氏將近四年之任內，僅修成隴海路由鄭州、洛陽至西安一段，完成了正太路及同蒲路及粵漢路南段，並整理了北寧路、京滬路、平漢、津浦各路，且因此引起了政潮及彈劾。蔣氏當國後急事修路，已措手無及矣，蓋次年民國廿六年即發生蘆溝橋事變，導致中日大戰。蔣氏自私誤國，於此可見。

三月八日，于學忠就甘肅省政府主席，如是張學良部盡據陝甘，蔣氏令之剿赤。其實張部已被共產黨人滲入，蔣氏仍昏瞶無知。

十一日，冀察政務委員會委員長宋哲元發表「告民眾防共書」，不再提抗日。蔣氏集全力剿赤，力求與日本妥協，種種表現更激起民眾之抗日情緒，蔣氏莫能善後。

十二日，蘇俄與外蒙訂立軍事互助協定，日本既據東北，蘇俄又據外蒙，蔣氏之外交完全失敗。

廿日，日滿軍攻擊外蒙古之阿克多倫。

卅一日，日本以大批私貨運天津，秦皇島關員緝私，被日本浪人痛毆，華北經濟秩序大亂。是時外交緊急，蔣氏猶飛四川、雲南、陝甘不息，指導剿赤，置外交於不顧。

四月二日，北平學生聯合會被解散，以其高唱抗日也。各省之抗日運動更加激烈。可見蔣氏之愚昧！

廿六日，日本武官在天津舉行會議，準備繼續侵華。

廿八日，行政院特派龍雲爲滇黔剿匪總司令，何鍵兼長沙綏靖主任，可見西南各省遍地皆赤矣！

卅日，德國與滿洲國在東京簽訂商務協定，以東北所產大豆交換德之機器與軍火。如是，中國又失去一與國。

五月十四日，日本藉口保僑，又增兵華北。

廿八日，蔣中正任陳誠爲晉、陝、綏、寧四省邊區剿匪總指揮，由閻錫山節制指揮。

廿九日，日軍大批開抵天津。

六月一日，全國各界救國聯合會成立，發表大會宣言及抗日救國初步綱領，國民黨已無力控制全國輿論。平心而論，蔣軍無力抗日已成既定事實，但蔣氏在外交方面肆應無方，對民眾之抗日運動反採高壓政策，激起民眾之反感益深，同時又屯兵閩粵邊境，威脅粵桂兩省，共產黨人素高呼抗日，以緩和蔣軍之攻擊，蔣氏御用之中央黨部及封疆大吏無能，如是蔣氏之部隊中亦高呼抗日，蔣氏在事實上已失其軍隊統率權矣！

六月五日以後，西南實力派開始與蔣分裂，廣西軍隊以抗日爲名開入湖南永州。

九日，粵桂軍下動員令。

十一日，粵桂軍逼近衡陽，蔣氏已無力大規模用兵，電陳濟棠，希望會談，面商一切。

同日陳濟棠、李宗仁、白崇禧等將領覆電蔣氏，申述動員及抗日決心。

十六日，蔣中正與西南各派代表在衡陽進行和平談判。

廿二日，粵桂組織獨立軍事委員會，陳濟棠任委員長兼總司令，李宗仁副之。但無黨政領袖，內部不鞏固。時余在德，思及汪民國廿二年返國前如採用顧孟餘之建議，汪氏此時能交涉英法等國餉械回國，必可入粵組府，蔣氏必將崩潰。民國五年存有一相同之事例：袁世凱稱帝時，黃克強命章士釗、周孝侯擁岑春煊赴日本，交涉取得餉械後，擕之入桂，陸榮廷乃俯首聽命，卒斃袁氏。顧孟餘之智略，並不高於克強也，乃汪氏卒聽陳璧君之言，急於返國，再入蔣氏之彀中，最後幾不保其生命。牝雞司晨，惟家之索，信矣！可憐顧孟餘如離汪，則無政治資本，一籌莫展。

廿八日，內蒙成立僞軍政府，以德王爲首腦，受日本控制（蘇俄控制外蒙）。

蔣中正對粵採分化手段，以重金收買粵軍余漢謀及粵空軍張惠長，如是於七月十三日免陳濟棠本兼各職，特派余漢謀爲廣東綏靖主任兼第四路軍總司令，同時廣東空軍司令張惠長亦率機飛南京投蔣。余漢謀得蔣軍之援助，自韶關向廣東內部推進，十八日陳濟棠乃離粵赴香港。

蔣氏對桂系無力用兵，乃採妥協政策，特派李宗仁為廣西綏靖主任，白崇禧為副主任，黃旭初為廣西省政府主席。廣西以廣東失敗，桂省孤立無援，態度轉趨和緩，停止組府運動，暫與蔣氏妥協。

八月，蔣氏猶秘密策劃消滅桂軍政策，故廣西又組織獨立政府，李宗仁、白崇禧、蔡廷鍇分任正副主席，並歡迎李濟琛、陳銘樞入桂，翁照垣率兵入粵之北海，蔣氏以桂軍團結甚堅，改變意旨，撤銷陳銘樞、李濟琛之通緝案，仍許李、白、黃留桂，各主軍政職務，蔡廷鍇第七路軍亦撤回廣西，翁照垣退出北海，回廣西。西南事變，就此彌縫。

九月，中日事件又趨緊急，十八日豐台中日軍隊發生衝突，我軍撤駐趙家庄，日本軍佔豐台，握北寧路之命脈。蔣氏仍通電豐台事件解決，以掩飾其失敗。

廿一日，日本外海陸三省會議決定對中國採取強硬態度，同日，日艦由滬開漢口，武裝登岸，蔣氏無力應付。

十月十九日，中日談判，日方要求中日共同防共，並要求中國鎮壓各地民眾抗日運動。

十月卅一日，蔣中正猶為其五十壽辰策動全國各地獻機祝壽！

十一月三日，華北日軍開始大演習，遷入北平市。

十二日，日本嗾使察哈爾境內偽蒙軍進犯綏遠省。

十四日，德王在內蒙組織親日的軍政府，成立蒙古軍。

十六日，朱德、徐向前部萬餘人全部西渡黃河，突破蔣軍河防陣地。

廿六日，德日宣佈反共協定，我官方表示「我恃自力反共，不須與第三者協議」，此一宣告等於放棄對德外交。

廿七日，僞滿洲國與日本關東軍共同發表公告，對僞內蒙軍侵犯綏遠表示同情。

廿八日，義大利與日本成立協定，竟承認僞滿洲國，日本以承認義大利兼併阿比西尼亞爲交換，如是我對義之外交亦失敗。

（八）續記蔣中正行政院長任內之事

廿五年十二月二日，朱德、徐向前、蕭克、賀龍等共軍二萬餘人開抵會寧、海源、靖邊休補，蔣軍無力圍攻。共軍已得蘇聯濟接，當然不提抗俄之事。

同日，日軍出動兩師團，攻擊商都及附近一帶。

同日，青島日營紗廠全部工人罷工，二萬五千勞工失業。

三日，日本海軍陸戰隊在青島登陸，擅自以武力搜索我黨政機關。五日，我駐日大使許世英奉命訪日本外相有田，抗議日軍登陸青島，別無有效行動。同日，日大使川越自南京返上海，中日交涉完全停頓。

五日，日本卵翼之華北匪軍集中察北，並以日本飛機轟炸百靈廟。

六日，蔣介石於華北緊急之時，尚好整以暇，在西安連日召見陝西、甘肅諸將領，諮詢情況，勉以完成剿赤全功。七日，召見西北剿匪代總司令張學良、陝西綏靖主任楊虎城，加緊圍攻共軍，但此時之張、楊已不爲蔣用。

十一日，青島事件告一段落，我國接受日本之七項要求，但日本海軍陸戰隊仍不撤退，我國在此一交涉中完全失敗。

十二日，西安發生大事變，蔣介石被張學良、楊虎城部扣留。此一事變後果非常嚴重，關繫國民黨政權之存亡，須另章述之。

自第十八章（一）至（八）各節所述，可得綜合結論如次：

（1）自廿一年汪精衛就任行政院長後，原請蔣駐南昌剿赤，己則負內政及外交之衝，期清內以攘外。

（2）汪氏至廿四年遇刺前之任內，尚有若干成就可言：

a. 塘沽協定後，華北僞軍已經解散，長城以內之領土仍保持完整。

b. 大連交涉後，日本已撤至長城以北，北寧路交通恢復原狀，且與瀋陽通車。

c. 撤除張學良之職務，整肅了軍隊之紀綱。

d. 淞滬、塘沽、大連各項協定，我方未取得任何損失補償，此乃國力所限，不能苛責汪氏。且爲蔣氏同意。

e. 逐漸取得外援，中美棉麥借款及九國白銀協定安定了法幣的價值，穩定了國內的經濟。

f. 國際聯盟聲明不承認僞滿洲國。

g. 國聯決議技術援助中國。

h. 英國建議英、德、日各國共同貸款，開發中國。

i. 美國國務卿赫爾發表聲明：不承認華北自治運動，警告各國尊重九國公約。

j. 至於不能收復東北，乃國內實力及國際形勢所限制，吾人均不能苛責汪蔣二氏。

（3）汪氏當政之有若干成就，亦有其客觀原因：

日本向有南進及北進二派，南進即攻擊中國，向太平洋發展，由日本軍閥主之。中國力弱，太平洋英美各國防禦空虛，此舉易於獲得初步成就，爲對日本之一大引誘。北進派主張妥協中國，全力抵抗蘇聯，元老派及日本文人主之。蘇聯之國力已遠強於日本，北進亦不過抵禦蘇聯之威脅，談不到進攻，故侵佔東北時，日本軍閥猶得爲抵禦蘇聯之藉口，以問執元老派及文人之主張。但日本青年軍閥忽略了一事實，縱進攻中國及南洋一帶大獲勝利，如英、美、蘇三國之勢力存在，日本任何勝利均無保障，且召致將來之更重大之危險，正如希特拉在一九四四年後幾掃蕩了全部歐洲，但英、美、蘇之勢力仍日趨強大，故終致德國之崩潰。

迨日本侵佔東北後，仍繼續向華北進攻，置陳兵百萬於東北邊境之蘇聯於不問，元老派及文人派就發生異議了。國際聯盟及英美援華之行動至少在經濟方面已逐漸具體化，故日本此時有近衛及內田二系之親華論，日本軍閥已暫時斂跡。

（4）汪精衛原意利用日本元老派及文人派之主張，暫置東北問題於不問，圖抑制日本軍閥向華北之進攻，保全內蒙及華北各省之完整，東北問題俟國際形勢有重大變化時再圖解決。汪氏原希望蔣介石在此稍安時期敉平共產黨軍，再禦外侮，不可謂其毫無政略。

（5）蔣軍剿赤完全無功，內部軍事腐敗，凡官軍所至之地，劫掠一空，故大量群眾寧與共軍合流，而懼官軍如豺虎。

（6）當汪、蔣協議分擔政治、軍事責任之時，蔣氏仍事事掣汪氏之肘，干擾政治，故有廿一年冬及廿二年春汪氏之憤慨辭職及以後之請假。

（7）汪氏於廿二年不聽顧孟餘之建議，留歐不歸，另圖發展，此汪氏之大失策，亦牝雞司晨之過。上文已述。

（8）廿五年蔣氏自任行政院長後，章法大亂，一面高唱抗日，一面高唱剿赤，但抗日並未派一卒北上，剿共則共勢日張，馮玉祥在察哈爾組織抗日救國軍，原可任其自為，如劉邦不問齊王韓信之故事可也。馮玉祥決不能變抗日為反蔣，屢次聲明俱在，豈可狐埋狐搰，同時馮氏殘破之餘，亦無反蔣之實力。乃蔣氏不欲以國內政權及兵權絲毫分與別人，百方制裁，解散馮氏新招之所部，此尚有抗日之意志乎。

（9）在蔣氏當政時期，日本軍閥派復起，灤東之偽組織經汪精衛敉平後再行爆發，殷汝耕、劉桂堂部復叛，不可謂非蔣氏之大罪惡。

（10）日本軍閥既再進攻中國，中國民情日憤，各種抗日救國組織紛起，蔣氏不能善為利用，此等抗日份子全無實力，蔣氏又不支持，日軍一來，逃亡不及，反為抗日之累。蔣氏志在對內，本無抗日意志。

（11）共產黨自長征達到陝西、甘肅山區後，已取得蘇聯之接濟，勢力日張。

（12）廣東、廣西各省，亦藉抗日之口號以自保，並與蔣立異，四川亦然。北方之閻錫山、宋哲元輩見形勢不佳，只求自己保全實力。此時之蔣氏可謂焦頭爛額，此乃彼一意排汪及其他異己所招來之橫禍。

（13）陝西、甘肅一帶民情激昂，蔣所卵翼之張學良部亦已滲入左傾份子，結連共黨，高呼抗日以自保。

（14）蔣氏所領導之國民黨，在輿論中不能發生絲毫影響，全國輿論盡被左傾報章操縱，全部軍人又從而和之。和之僅爲口號，且各有私圖，而不能有實力表現。蔣氏自排汪精衛，失去有號召力之中心力量，又失去統率軍隊之力量，此時之國民黨已名存實亡。

（15）此一形勢至西安事變又蒙受一更不利之轉變。

第十九章　西安事變之前因後果

(一)西安事變前後之政局

民國廿五年後，日本軍閥派復起掌政，排斥了元老派及文人派，大舉進攻內蒙古及華北一帶，卵翼內蒙及華北自治之僞組織，並派兵登陸青島及天津。日本之特務活動以駐華各地之領事館爲中心，遍及全國。又派重艦駐淞滬外海，威脅及於首都。

全國人心大憤，高呼抗日，各省軍隊包括蔣家之軍隊亦高呼抗日。表面上全國似已團結，實則軍隊各有懷抱。廣東、廣西軍事領袖抗日浪潮原爲藉抗日口號抵禦蔣氏之兼併，共產黨之抗日口號原爲緩和蔣軍之進攻，且進而交通蘇聯，直接與蘇聯合作。共產黨志在全國政權，思藉日軍實力消滅國民黨之軍力，一舉而取得全國之政權，此列寧利用德國威廉第二之故智。列寧乃受威廉第二派兵護送返俄，因而得推翻沙皇，成立共產主義政府，布利斯託條約犧牲歐俄領土三分之一亦所不惜。迨威廉第二失敗，此一條約全爲廢紙。在共產黨人看來，此爲推翻蔣氏專政之無上妙計，當政以後謀國之日正長，不妨另俟時機，以資挽回。西北各省之軍隊，以張學良、楊虎城爲首，亦已勾通中國共產黨及蘇聯，並直接受斯大林之指揮，高呼抗日，實則與共產黨爲桴鼓之應。可是蔣氏仍任張學良爲西北剿匪副總司令，楊虎城爲陝西綏靖主任，恃若長城。蔣家軍隊內之抗日口號乃全被左傾輿論牽著鼻子走。蔣氏實力既不能剿匪，何能抗日！此外，國內人心激昂，本可運用，但蔣氏又不許別人組織抗日救國軍，分去自己之實力。處處自私，明眼人無不看破，蔣氏亦不得不偽唱抗日口號，否則將全失其統率軍隊之力量。總之，蔣氏此時之一切行動，處處被動，全失其主宰，徒為共產黨及左傾份子之傀儡，但不自量力，仍藉藍衣社之宣傳欲為全國之專政領袖，愚昧昏聵已達極點。（關於藍衣社之組織，另節述之）

自汪精衛於廿四年被刺離職後，國民黨失去對人民講話之首腦，蔣氏之囉嘍如陳果夫、陳立夫等無一能向民眾說話，只能奉承蔣氏之顏色。汪精衛當政時，猶在設法運用日本之元老派及文人派，使內蒙古及長城以內之華北仍得保持粗安局面，俾蔣氏得全力攻共，但蔣氏師潰無功。此一形勢余在民國廿六年秋返國謁汪時，汪曾為余詳言之，前文已述。

蔣氏繼任行政院長後，以張群為外交部長。張氏乃軍人出身，民國八年仍為岑春煊之副官長，所謂副官長，實無異軍政府總裁之侍從也，無論就聲望、學識、國際常識而論，均不如汪精衛遠甚，根本無法接觸日本任何界之人士，只能追隨蔣氏高呼無補國事之口號。

可憐汪精衛當政時，僅有顧孟餘一人為其臂助，其餘文人亦無實際政柄。顧氏原為一極謹慎及愛惜羽毛之人，雖具國際知識，亦無拂逆民心而為緩和輿論之勇氣，汪氏只得自己一身當之！自汪氏去職後，國民黨內已無人能將國內、國際形勢向民眾作實際之分析，蔣氏排汪，乃國民黨存亡之關鍵。

民國廿五年十二月初旬，蔣氏仍徇張學良之請，入西安安撫軍隊及群眾。十五日，張、楊乃奉斯大林之命扣留蔣氏。全國震駭。

蔣氏被扣後，國民黨召開全會緊急會議，凡稍有政治經驗及明白事理之委員，咸認非討滅張學良、楊虎城不足以維持國民黨之生命。如是以蔡元培、戴傳賢、吳稚暉、張靜江、何應欽、朱家驊爲首，均主張立即頒令討伐張學良，但蔣妻宋美齡則哭鬧謂：「如此則介石之命休矣！」宋子文、孔祥熙以蔣氏親戚關係，默不一言，陳果夫、陳立夫輩更無銜發言。國民黨群龍無首，如是第一次會議無結果而散。次日，戴傳賢乃假謁中山陵爲名，祭告中山。全會第二次集會時，傳賢報告曰：「余昨謁陵，昏昏沉沉，忽見中山先生赫在余面前，指示曰：『季陶！國有緊急危難，須團結一致，頒令討伐，並召精衛立即返國領導黨政。』此係中山聖靈親自指示，不可違抗。中山並曰：『凡違抗余之此一命令者，余之陰靈必殛死之』等語。」如是全會決議雙管齊下：一面下令討伐，特派何應欽爲討逆軍總司令，調集大軍駐洛陽，督師向陝西進發，並一致決議張學良褫職嚴辦；並由全體中央執行委員及監察委員署名，電請汪精衛返國領導黨政，一面請宋子文及蔣介石之澳籍顧問端納赴西安，交涉蔣介石脫險，徇蔣妻宋美齡之請也（此事黨內人士皆知之，非謠傳也）。

蔣氏被扣留時，余適在柏林，不明國內情形，倫敦《泰晤士報》（*London Times*）著論，謂「國民黨之政權即將轉讓於共產黨」，《柏林新聞》（*Die Berliner Zeitung*）則謂蔣介石已被砍頭。余之私斷，亦以爲張學良既能扣留蔣氏，決無釋放蔣氏之理，所謂捉賊易放賊難也！

汪精衛聞蔣介石被扣，三日後即由瑞士赴義大利之熱那亞（Genova）乘輪返國，此事曾引起余極大反感，謂「汪氏何以熱衷政權一至如此，徒啓國人輕視！何不俟情況明朗後，萬不得已方行返國，稍示淡泊寧靜，黨國事端反可容易著手。」此一誤解至民國五十年後，方始冰釋。不妨提前說明。緣程天放於斯時（精確時日已記不起，可查《中央日報》）發表《使德回憶錄》，按日載於中央日報，曾述此事，綜其大意謂：汪精衛於離開熱那亞前，曾召集駐英大使郭泰祺、駐法大使顧維鈞、駐蘇聯大使傅秉常、駐德大使程天放、駐義大利大使劉文島在熱那亞開會。各大使以國內毫無消息，紛紛詢問蔣氏是否安全。汪氏答曰：「中央黨部每日有電報致余，蔣氏尚安全，唯於被困時逃難跌跤受傷，邵元沖則已殉難。」汪氏並出示中央黨部全體中央委員促其返國之電報，並曰：「余以黨員資格不得不應召返國，共赴國難。」程天放自述，首先發言謂：「汪先生此次返國必發表政策聲明，願聞其內容。」汪先曰：「繼續剿共抗日。」程天放曰：「此時再提剿共，不將危及蔣先生之生命乎？」汪先生乃提筆改曰「國策不變」，以示含蓄。天放又曰：「汪先生在返國前，可否向英美等國及國聯交涉到具體援助，以遏止日本之進攻？」汪先生曰：「此乃汝輩外交大使之事，汝輩如能立即進行交涉成功，速即電告，只要不影響國家主權，酌予經濟開發利益，以為交換，余立即簽字照辦。萬眾雖罵余賣國，余亦甘願接受！若只有空洞抗日之口號，而無實力為繼，徒召日本之強烈進攻，據過去經驗，中國抗日每大戰一次，國軍即蒙受重大犧牲，長此演變，國民黨之政權必將不保。望君等在外交方面竭力進行，余以國民黨領導人資格，授君等全權。」諸大使咸無言以對。（以上請見程天放《使德回憶錄》）據此，汪精衛之經驗識解尚高於諸大使也！

十二月十二日，張學良、楊虎城於扣留蔣介石後發表對時局宣言：反對剿共，主張抗日，並電政府提出八項要求，有不達目的不止之勢。端納於十三日飛洛陽轉西安，十四日電京報告蔣氏安全（端納曾任張學良之顧問）。十七日，張學良約蔣百里語蔣氏，強蔣函中央請討逆軍在三日內停止軍事進攻，並派蔣鼎文攜函返洛陽，此無非緩兵之計，蔣氏竟允之！宋子文飛抵西安，交涉釋蔣，蓋宋久任財政部長，偵知張學良有私人存款二千餘萬美元在美，並出示各處行帳之記載，謂「不釋蔣，即將扣留此款」，張學良乃一庸材，不免為其所動！

但以上各舉仍未立即發生效果。

十八日，蔣鼎文飛抵南京，持蔣氏致何應欽親筆函，令停止轟炸渭南，可見蔣氏猶為其自己之生命掙扎。蔣要宋美齡偕宋子文、端納飛西安，交涉釋蔣。

廿三日，局面急轉直下，斯大林忽命張學良釋蔣，以次述事項為條件：（1）停止剿共。（2）與蘇聯及中國共產黨合作共同抗日。（3）如蔣氏接受此項條件，即擁蔣氏為抗日領袖，不僅為一黨之領袖。蔣氏全部接受此項城下之盟，乃得於廿五日獲釋。

斯大林初命張學良扣留蔣氏，原期中國國民黨及國民政府之崩潰，迨聞國民黨團結，汪精衛已返國在途，何應欽又大舉進攻，睹此形勢，斯大林不懼蔣氏，而反懼汪精衛重掌政權。蓋知汪氏為有原則之人，且具國際知識及聲望，必不致放棄剿共政策，寧與日本元老派、文人派交涉，緩和日本之進攻。蔣氏確較汪氏容易對付，且蔣氏重掌軍權、政權，必繼續與汪氏分裂，蘇聯之最後目的（以共產黨替代國民黨執政）反容易達到。斯大林可謂極狡猾而深具眼光之人物。

蔣氏被釋後大唱其張學良被彼所德化之言論，眞是白日見鬼。張學良自不戰而淪陷東北後，蔣氏始終卵翼之而為北方王，資以鎮壓閻、馮，並為汪精衛樹政敵，至此已達七年之久，何以過去未被蔣氏德化，而獨於臨危之時反被其德化乎？雖三尺婦孺亦無人相信，不過城下之盟未為人所詳知耳。政治向無長期秘密，蔣氏豈可一手掩盡天下人之耳目？

（二）記西安事變後之嚴重影響

蔣氏對於全盤國內局勢只有自私的看法：

他尚在西安，全部中委就主張迎接汪精衛主領黨政，可見平日高唱擁蔣全是假的，一遇危難，即會變節事汪，尤以蔡孑民、顧孟餘所領導之北京大學一系為尤甚，因而對於全部中委失去信心，進而大事疑懼，即葉楚傖、陳果夫、陳立夫之價值亦被大打折扣，乃決心重組幹部，逐步摒除舊日幹部，以軍統局長戴笠（雨農）及蔣經國為中心，一切機密只有此二人知之！（初蔣經國尚在蘇聯，旋被召返。）

對於何應欽之極力主張討逆，並迅速進兵攻擊，認為係欲置彼於死命，而取代其軍事地位，故返京以後立即撤銷討逆軍總司令部，解除何氏兵柄，從此何氏無一卒可用，只擁軍政部長之虛銜。對於汪精衛之急於返國，認為係串通中委之顯明奪權運動，因而決意加緊排汪及汪氏所領導之群眾，其辦法為誣汪賣國親日，自己則為全民抗日之領袖。

對於自己所一手造成之藍衣社（即中國之Nazist）亦失去信心。藍衣社之名單只有彼自己及藍衣社之秘書長知之。何應欽就討逆軍總司令時，任賀衷寒為討逆軍總政治部主任，賀適為藍衣社之秘書長（第一任秘書長為酆悌，均無恥之湘人，寫於此處猶覺污吾之筆墨），據賀當時之判斷，蔣氏無獲釋之可能，乃戎裝制服，呈藍衣社之全部名單於何應欽，表示效忠新軍事領袖。蔣氏聞之大怒，立撤賀衷寒之全部職務，並逐漸摒棄藍衣社。此系人物以後改投勢力日起之陳誠。

蔣氏既已接受西安城下之盟，故從此不談剿赤，妄稱自己為全民抗日領袖而高唱抗日，抗日又無兵力，且不能利用日本兩派內部之喧爭緩和日本之進攻，國事更無可爲。此一形勢至第二次世界大戰爆發，英美決定實力援華時，蔣氏政權方又告暫時安定。

以上是蔣氏之全盤政略。

蔣氏獲釋後，中央仍決議請蔣氏休假六個月，由何應欽率領全軍剿滅張學良，蔣氏大怒拒之，只假惺惺自請處分，中央奉承顏色，准其休假一月養病，仍慰留之。（蔣氏在西安曾受傷）

其次爲處置張學良問題。張氏有斯大林作後台，亦無所懼，旋即來京。十二月卅一日軍事委員會軍法會審判處張學良徒刑十年，褫奪公權五年，同日蔣中正呈請國民政府特赦張學良，此一幕滑稽劇如是告終。但張學良到京後雖蒙蔣氏特赦，蔣氏因有西安之恥辱盟約，不願事被洩漏，故仍將張學良交軍委會監視，其住宅亦由蔣氏親信特務服役，言論行動均無自由可言。此一監視直達數十年之久，至今仍未解除，等如終身監禁。余留台北時，曾在榮民總醫院數遇張學良，每次均有便衣數人監視，誠如陳公博所云：「凡開罪蔣先生者，蔣先生終生不饒之。」（見陳公博於日本投降後在獄中談話）

再其次爲處理東北軍問題。對此事蔣氏已接受城下之盟，胸有成竹，但仍有種種表面文章及事實曲折。

廿六年一月一日，楊虎城在西安閱兵，聲言決聯合紅軍，貫徹抗日主張。三日，日本飛機在青島、濟南上空散發傳單，要求蔣介石下野，中國另組政府，與日本合作剿共抗俄，此與蔣、張西安之盟遙遙對抗。

蔣氏裁撤討逆軍總司令部後，以顧祝同任西安行營主任，惟此次中央軍入陝，非爲討逆，乃欲與東北軍平分秋色，故同時任命孫蔚如爲陝西省政府主席，王樹常任甘肅省政府主席，楊虎城、于學忠褫職留任，張學良舊部任事如故。蔣氏乃欲聯合此二力量進而圖川，以共同抗日爲名圖謀調川軍出境。

張、楊等部仍與蔣軍有小衝突，但大原則已定（放棄剿赤，共同抗日，擁護蔣氏爲全民抗日領袖，杜絕汪精衛之再掌政權），經張學良之化解，楊虎城、于學忠及東北軍全部最後仍遵命。但眞正共產黨軍則坐大。七日，彭德懷部萬人自陝西淳化進據三原，毛澤東部進駐長武。以後之演變，容待續述。

（三）汪精衛返國以後之情形

汪精衛於一月十四日返國，到達香港前，中央一無歡迎表示，但不得不敷衍其顏面，並欺騙國人無分裂之事，臨時僅派陳公博赴香港歡迎，蔣系之中委無一人參加，顧孟餘則早已隱居北平之西山，杜門謝客。

汪精衛返國後處境尷尬，不知如何著手參與政治，乃派谷正綱攜親筆函赴西山謁顧，詢以大政方針，及返國後之作法。顧孟餘立即書數條方略，命正綱攜返：

△汪先生再出國休養，不問政事。汪先生如不出國，我即出國！

△堅持繼續剿共，剿平共產黨後，從事全力抗日。

△堅持民主、法治，反對任何獨裁政制，表面上從反對希特拉式、墨梭里尼式之獨裁著手，藉以警告

蔣介石。

△汪出國須先赴英美，交結其政治領袖及社會賢豪。絕不可赴德義等獨裁國家，致招國人誤會。

△汪先生如赴英美，我即隨來相助。

（以上據谷正綱所告）

汪精衛以多年在外流亡，同時聽信陳璧君之言，不採顧再出國之主張，欲以中央政治會議主席資格在黨內活動，並接洽日本之元老派及文人派，圖緩和日本之進攻，俾蔣氏全力剿共。可是蔣氏不容其活動了，派張群為政治會議秘書長，藉以監視汪之行動。調王寵惠為外交部長，思藉王之聲望，竭力交涉，緩和日本之進攻，但王於日本情形甚為隔膜，對日外交毫無建樹。

顧孟餘見汪不肯出國，知國事一時無可為，乃決心圖謀出國，避免蔣氏之注意，並培養聲望。但困於資斧，汪聞之，乃遣曾仲鳴致贈程儀五萬元，顧拒收，語仲鳴：「汪先生乃寒士，此款可留為汪先生自己之活動費。」蔣氏聞之，乃遣大員致贈十萬元。顧曰：「余既不受汪先生之餽贈，當然亦不能受蔣先生之餽贈。個人事小，國家事大，望蔣先生好自為之！」

顧與學術界關係頗密，中央研究院院長蔡元培立贈萬元，並電教育部部長王世杰、中央大學校長羅家倫、武漢大學校長周鯁生曰：「顧先生之聲望功勛乃北大之光榮，吾人須全力助其成行。」如是教育部、中央大學、武漢大學亦各贈萬元，顧均接受，並訂約以在外之研究報告為謝。國內之知識群眾益服顧之人品。顧乃得攜夫人赴歐洲。

顧本清末留德學生，此次出國後，初居德國之漢堡，避免接見中外各方政要。時余尚在德國柏林，曾由駐漢堡總領事館轉致顧一函，請往訪謁，未得覆，度總領事館亦無從轉達。駐德大使程天放曾偵知其地址，去電謂：「將往訪謁。」顧接電即乘飛機赴英，空費天放往返。蓋顧之個性，遇任何事件不在事先以態度示人也。抵英時，駐英大使郭泰祺曾迎其住大使館，顧拒之，乃爲其租賃一出閒之法國公寓，旋遷倫敦郊外。顧之英文、英語頗佳，有無政治活動，不得而知。居英約半年，即轉赴美國定居柏克萊，受聘爲加州大學之 Consultant，常至圖書館及東方問題研究所閱覽典籍。對於政治人物，一無接見。駐美大使王正廷曾欲往訪，亦被拒絕！曾有一研究報告致蔡孑民，酬其援助之德，但囑其只作私人參考，不得公開，事後顧夫人對余如是云云。

（四）記藍衣社之組織

希特拉於一九三三年取得德國政權，廢止威瑪憲法，取消總統制，稱自己爲德國領袖（Der Führer für Deutschland）。蓋總統乃法治下之總統，其職掌及任期均受法律限制，領袖則德國全民之首腦，高居法律之上，領袖之敕令（Decree）即爲法律，形式上雖有議會，但議會只能遵照領袖之意旨制成法律，換言之，即領袖高出法律之上，職權毫無限制，任期亦無限制。其職權可以干涉私人之生活，無任何人權可言。納粹黨的特務遍布全國。領袖政府並無國務總理之設置，只有聯邦之各邦方有總理（Kanzler），直隸於領袖，並任命納粹黨之第二把交椅戈林爲普魯士邦之總理，兼聯邦空軍總監，至於號稱副領袖之赫斯，徒擁虛名而已。

蔣介石非常羨慕此一獨裁制度，故彼自民國廿六後始終稱自己爲領袖，著手遣其親信組織中國納粹黨（即藍衣社），並提倡新生活運動，干涉私人生活。

若干迷信武力、亟欲接近政權之份子，以丁文江、翁文灝為首，迎合蔣氏意旨，乃使蔣廷黻創辦《民主評論》，內容則力詆民主而倡獨裁，為藍衣社舖路，畀擁蔣氏正式登上領袖寶座，自己則盜竊高位。

蔣介石於民國廿三、四年大量派遣黃埔軍官學生赴德習軍事，實則研究藍衣社之組織方法。於初，為使此事不做得過分露骨，乃以俞大維、譚伯羽為駐德大使館參事，一面購買德國武器，一面培育藍衣社，大使不得過問也。

CC以外又創立一更親信之系統矣。

俞大維，浙江青田人，係清代漢學家俞樾（曲園）之孫，初在美國哈佛習數學，後轉德國習哲學。蔣家為重用之起見，大事宣傳，倡俞大維為世界上之第一流學人。余與大維來往卅年，亦不知其學問何在，蓋從未見到彼發表文章也。譚伯羽係譚延闓之長子，在德學醫，蔣氏極感譚延闓為其策劃排汪之功，故譚延闓逝世後，蔣氏強將其次女譚祥歸於其親信之陳誠，其實陳誠早已有婦，與宋美齡之事如出一轍。曾國藩之幼女婚於俞曲園之子。曾、俞、譚、趙各家均為國內巨室，且久已互為姻親，趙夷午之姑為曾國藩之孫媳（其夫為晚清名士曾廣鈞（仲伯））。蔣宋聯姻，蔣氏已躍為中山之連襟，今又益之以譚陳結合，純粹封建手法也。如是曾氏姐弟、俞譚子孫均高呼領袖萬歲矣！惟趙夷午有人品，且以事功起，不以此自豪，但蔣氏仍優禮之，其遠房族姪某堂緣得為蔣氏之宦豎，（因不願污吾筆墨，故不舉其名，然國人皆已知之矣。）其妻則私侍蔣經國，穢聲四播，夷午亦不能制。蔣氏每書禮義廉恥以訓部曲，而不省自身究爲何等人也，蔣氏棄其尚存之三婦而娶美齡，禮義廉恥云乎哉。在彼看來，「帝王有三宮六院，余又何尤」。

大使館參事本隸於大使，惟因負購買軍火之責，經費龐大，大使不能過問，程天放徒爲傀儡矣。伯羽乃一花花公子，且爲遠嫌，不與購買軍火及培育藍衣社之事；大維則有政治野心，且富技巧，經費既無節制，且佣金豐富，故竭力資助並招待留德之軍官學生，爲隱蔽痕跡，偶亦招待留德之公費學生閒談。余曾一赴其約，見其豪奢無度，大爲駭異。蔣氏又派黃埔第一期畢業學生酆悌爲駐德武官。武官處之經費本獨立，大使不得過問。酆悌出身布店之學徒，投入黃埔爲學生，毫無知識，更不通西方語言，蔣氏乃命其受大維之節制。如是俞大維爲事實上之大使矣。藍衣社旋在德國成立，酆悌任秘書長，故培育藍衣社擁蔣爲全民領袖者乃負學者空名之俞大維也！此事國人知之者甚少。

大維旋被召返國，任軍政部之兵工署長。軍政部之組織龐大，各署均轄四司，大維既負軍事工程責任，仍專購買軍火之責，兼藍衣社之指導人，權勢駸駸與部長抗衡。大維隱以將來獨裁政體下之行政院長自期。

迨賀衷寒洩漏藍衣社之名單，蔣氏乃黜賀衷寒，再以酆悌爲藍衣社之秘書長。藍衣社之份子仍高呼領袖如故，擁蔣獨裁如故，蔣氏既苦心經營於先，決不致放棄擁己之勢力於後，但蔣氏機心極重，常制衡各系而並用之，凡CC也，政學系也，藍衣社也，無一能獨擅權力，亦無一偏廢，各系主幹人士仍各自爭寵，被蔣氏愚弄而不自覺。比之歷史上之舊人物，彼可大駕袁世凱之上，有人比之如曹孟德、司馬懿，則不倫不類。曹孟德文學、政事俱美，確以智慧及實力敉平群雄。蔣氏則稚魯無文。

司馬懿軍略超時，且能「忍人所不能忍」（此司馬懿臨終訓子之語），不對東吳、西蜀用全力，乃養寇以自重，殺盡曹氏、夏侯氏之子孫後，仍不自踞爐火之上，傳丞相及晉公之位於其佳兒。師、昭兄弟亦能吸收全國之人才，凡當時之第一流人才如羊祜、鍾會、杜預、王濬、王渾、張華等，無不入司馬氏之府中，杜預且爲司馬昭之女婿。蔣氏則不能忍，對內濫用武力以致動搖國本，排斥不和於己者之任何人才，盡收無能闒庸之奴才以爲己用，且重用青洪幫，以致社會秩序大亂。當司馬懿之欲廢其婦張氏也，師、昭力諫，司馬懿乃曰：「老拙何足道哉，苦我佳兒耳。」卒不廢張氏。蔣介石則無故棄其二三婦而再娶行爲不檢之宋美齡僭稱夫人，蔣氏之兒子則皆豚犬耳，不及師、昭遠矣。以李世民之英武，於《晉書》中猶力贊司馬昭之才識，可見司馬氏父子亦當時之英雄，惟其品德則背中國聖賢相襲之傳統耳。蔣氏毫無基本一貫之政略。當汪精衛之秉承中山遺教以聯共也，蔣氏則力排之；迨形勢變更，汪氏力圖團結國內派系，主張剿共，緩和日本之進攻，蔣氏既剿共無功，西安事變後又轉而親共，圖緩和日本之進攻而無其方術，隨聲附和抗日，實則資以對內剷除異己。自己之行動時時矛盾，故卒召覆亡。

藍衣社之名單既洩，乃專任軍委會統計局長戴笠及其愚昧兒子蔣經國另組幹部及特務，特務份子遍布於全國各界及全軍，凡全國文武官吏均在其監視之中，排汪尤力。舊日之親信幹部如何應欽、戴傳賢、葉楚傖、陳果夫、陳立夫、朱家驊、吳鐵城均不能參與密事矣，何況他人！

（五）蔣氏獲釋後之中日糾紛及國內政情

蔣介石雖獲釋，放棄剿赤政策，但仍恨東北軍，尤恨楊虎城。蓋張學良扣留蔣氏時，楊虎城率兵圍蔣之官邸，並正式開鎗射擊，蔣逃出官邸，翻越荒山，跌跤受傷後，被學良所捕。此恨畢生難忘，故仍派顧祝同、陳誠率中央大軍入陝甘圍調張楊所部出陝甘，移至內地分別整編，尤其欲置楊虎城於死地。但張、楊所部初不奉命，與蔣軍仍不斷發生衝突。

朱德、毛澤東等所領之共軍，以張、楊並非共產黨嫡系，且不願共軍混入外系部隊，貶損其領導權，故亦不予支援。

廿六年一月十一日，楊虎城以受中央軍壓迫，赤軍又不爲援，撤離西安，移駐臨潼。

一月十五日、李宗仁、白崇禧通電請入陝中央部隊停止西進，盼蔣氏領導全國抗戰，一面爲張、楊所部之聲援，一面藉抗日之名抑制蔣氏對西南之野心，蓋此時李、白之政策不欲蔣氏乘機擴展實力也。

一月十六日，楊虎城等要求張學良回陝，以張學良爲陝甘綏靖主任，楊爲副主任，陝甘由張、楊部隊及赤軍駐防，自由訓練。

十九日，日本已悉知西安之盟，各地日本武官集天津會議，籌商攻華。

廿日，宋哲元發表告冀察同志書：（1）不參加內戰；（2）保衛主權；（3）剿匪剿共。重心在第一款，即反對蔣氏對陝甘用兵，二、三兩條不過空言而已！

一月廿日，北平各界救國聯合會宣言：要求中央立即實行和平協議的救國政策，召集國民救亡大會，反對內戰。此時之輿論全操在左傾份子之手，國民黨在蔣氏之內心矛盾下，既不敢言抗日，亦不敢言剿赤矣！

可憐汪精衛一無政柄，於一月廿二日廣播「怎樣救亡圖存，勿為共產黨搖惑」。此時之蔣氏已決心放棄剿赤，認汪氏之廣播為決心拆彼之台。

廿八日，蔣氏令全國沉痛紀念「一二八」五週年紀念（即指淞滬協定），此無非欲加重汪精衛親日之罪，己則為抗日英雄。

廿九日，汪精衛呈請國民政府特赦行刺本人各犯，表示不念舊惡，其實行刺內幕除蔣氏、汪氏本人外，已無人知及。蔣家宣傳則陳銘樞為主犯，汪氏此一呈請實對陳銘樞而發。

二月一日，張學良奉蔣介石命函勸所部，遵照中央命令撤防。

二月八日，蔣軍入西安，陝局告一段落。

中國共產黨以蔣氏已接受西安之盟，致電國民黨中央委員會，要求集中國力、團結禦侮，並表示：（1）停止推翻國民政府的武裝暴動方針。（2）蘇維埃政府改稱中華民國特區政府。（3）紅軍改名為國民革命軍。此不過促蔣氏履行盟約，蔣氏此時成為共產黨之俘虜矣！

二月十三日，陝西事件既解決，陳誠總司令部開回潼關，蔣氏之嫡系宋希濂任西安警備總司令。國民政府令恢復張學良公權，不再究西安事變矣。其實張氏仍被監視。

二十一日，邵力子繼任中央宣傳部長。邵氏於民國八年為共產黨發起人之一，蔣氏不能諉為不知，蓋蔣氏已決心聯共也。

二十二日，國民黨五屆三中全會閉幕宣言：「對外方針仍當繼續不變，對內共守和平統一信條。」前語含混，既不敢明言抗日，又無緩和日本進攻之方術；後語乃放棄剿赤之明確公告，又宣言「決不縱容階級鬥爭之謬說，亦不釀成貧富不均之厲階」，前語爲敷衍汪精衛之反共主張，後語爲敷衍共產黨之宣傳，反正此皆空談。造成貧富不均之厲階者，除蔣宋孔陳四大家族及其所屬之軍閥封疆大吏外，誰爲厲階，蔣氏能杜絕之乎！

廿三日，國民政府特派李宗仁、白崇禧爲第五路軍正、副司令，欲藉抗日之名調其出桂也。蔣氏仍在步步清除異己！

廿四日，劉廬隱因楊永泰被刺案被捕，其實楊永泰之死，或言CC系之特務所爲，或言係蔣氏自己派特務所爲，蓋蔣氏後來亦惡楊永泰之通於廣西及西南也。內幕詳情，無人知及。劉旋被監禁於四川，判處徒刑十年，反正胡漢民已死，無人爲之申冤。

三月一日，我國與蘇聯簽定互換包裹協定廿二條，是開始聯赤之外，又開始聯蘇矣。西安持劫之盟約逐漸實現矣！

八日，日本新外相佐藤發表對華政策宣言，主張以協議精神打開中日僵局，蓋猶顧慮英美之經濟技術援華及蘇聯之威脅也。

十二日，日本外相佐藤在下議院演說對華政策，並聲明不放棄既得利益。既得利益字樣竟無界說。

十二日，中國共產黨宣言：接受杜絕赤禍四項決議，願開始談判。共產黨自此否認有赤化中國之企圖，以爭取人心，並對外宣佈共產黨只主張土地改革，以搖惑英美人士之視聽。事實上國際共黨份子已滲入英美政府，詆毀國民黨之信譽。共產黨之顚覆政策係逐步有計畫之行動，不似蔣介石之章法大亂也！

十四日，日本經濟考察團兒玉謙次等至上海，僞爲與英全協調，參加開發中國經濟，實則考察中國之政情也。

十六日，天津日本駐屯軍司令部召開華北駐在武官會議，仍積極謀我，蓋日本軍閥始終不顧國際輿論及其內閣之命令也。

十七日，東北軍將士發表致西北同胞告別書，如是張學良所部調離西北，更受蔣介石之擺佈矣。惟楊虎城率殘部退陝北延安，厥後楊虎城離職，盡被共軍吸收。

十八日，于學忠所部第五十一軍離蘭州東開由中央軍（蔣軍）第九十七師孔令恂接防。

廿二日，日本武官喜多到濟南訪韓復榘，仍蔑視我國中央，希圖個別訂地方協定。韓復榘只圖固位，亦不效忠蔣氏。

廿四日，日艦七十艘來華，在青島作大演習，以中國爲假想敵示威。

廿五日，西北問題既獲解決，蔣介石進一步謀川。先是因剿共已有中央軍數師駐成都，並於重慶設行營，以張群爲主任，賀國光以參謀長代理主任，二人皆川人，以金錢分化相互對峙之川軍，並由陝西增兵入川。斯大林及中國共產黨只要達到蔣氏抗日之目的，故任其凝積實力，未予掣肘，明知蔣雖凝積實力亦非日本對手，俟其實力削滅，即圖奪取其政權。

前義大利財政部長史丹法尼到上海，應聘爲財政部顧問，其實義大利毫無經濟財政實力，蔣氏徒欲效法希特拉、墨梭里尼之獨裁政治，故親德義而不切實聯絡英美，而不知德義亦聯絡日本，圖推翻世界現狀。蔣氏所謂死到臨頭尚不知也。汪精衛坐擁政治會議主席之虛名，已毫無決策力量。

國民政府明令：鄧錫侯特加陸軍上將銜，增強其威望及實力以制劉湘。

先是蔣氏以團結抗戰爲名，恢復馮玉祥之自由，並分別任閻錫山、馮玉祥爲軍事委員會副委員長。馮氏襲國民軍二軍（胡景翼、孫岳、岳維峻等）之餘蔭仍在河南，洪幫中有巨大之潛勢力，樂得以中央軍職爲掩護，靜待時機！是日赴奉化訪蔣。

四月一日，李宗仁、白崇禧就任第五路軍正、副司令。李、白之意，蔣氏既以團結對日抗戰爲名，雖馮玉祥亦優容之，故不虞其消滅其實力，且侷促於廣西一隅，亦非良策，思乘機向中原發展，故由白崇禧統一部分桂軍出桂。蔣氏初劃湖北爲其防地，並任黃紹竑爲湖北省政府主席，俟時機調其北上抗日，藉日本兵力之手消滅其實力。李、白、黃亦知其謀，故不肯離開華中一步。勾心鬥角，達於極點。

四月十四日，重慶行營代主任賀國光到成都與劉湘商川軍六方案。所謂六方案，無非欲調大部分川軍出境，優其供給。如對日戰爭失敗，仍可以四川爲根據地，陝甘黔爲附庸，廣東爲其支援。川軍劉湘等爲坐地虎，川軍不出，蔣氏終不敢入川。此與三國時期，法正（孝直）不死，李嚴不調巴東，劉備終不敢出川征吳也。蓋法孝直及李嚴乃坐地虎，既能出賣劉璋，豈不能出賣劉備。事後諸葛亮嘆曰：「使法孝直若在，必能制主上東行。」此一制字非常重要，若法孝直等仍在，劉備何敢東行？故劉備入川後即調李嚴鎮巴東防吳，以孟達為上庸太守，交關羽監視；以法正為尚書令，由劉備自己監視。分此三人各處一方，實力削弱矣。不善讀書者閱諸葛亮之言，以為法正之智計高於諸葛亮，可謂不明政略及不善讀書矣。劉備乃梟雄，惟諸葛亮知其心事，故有是言。此意古人從未說過，余故書其所見於此。

同時國府主席林森親巡廣西，以安撫李宗仁。林氏向為蔣氏之傀儡。

中央於四川設立經濟委員會分會，蔣氏開始建設四川。

二十日，行政院通過任劉尚清為安徽省政府主席，數日後又任命于學忠為江蘇省政府主席，如是東北軍盡在蔣氏肘腋之下。

廿五日，日本華北駐屯軍開始演習。同日，日本又策動偽蒙軍侵犯綏遠。

五月一日，楊虎城辭職，並奉派赴國外考察，受蔣氏兵力之壓迫也。厥後楊虎城所部盡為共產黨軍所吸收，蔣氏此舉無異為淵敺魚。察北偽蒙軍在商都一帶增兵南犯，蔣氏並未遣兵北上禦敵。

四日，日本關東軍司令植田抵卜嘉寺，與德王召集日偽首腦會議，策劃綏蒙邊境軍事並調遣日軍增兵熱邊綏東，情勢突告緊張。

軍政部長何應欽與劉峙、于學忠、陳誠、何柱國（何亦張學良部）、繆澂流等開始商談東北軍問題，華北如此緊急，猶在空談整理，可見張學良部仍為抗戰之累。

廿六日，日本東京方面反華空氣益趨激烈，各報紛作煽動宣傳。

蔣介石仍好整以暇，抵廬山籌畫廬山暑假訓練。

蔣介石於處理西南陝甘各省後，方開始處理行政院務。

孔祥熙以賀英皇加冕特使名義，分訪墨梭里尼、希特拉，可謂與虎謀皮。

英外相聲明：英日談判無損於中國利益，蓋英國已知日本進攻中國已不可遏，仍希望中國能保持長江流域及華南一帶，藉以保全英國利益。孔祥熙賀加冕時曾數見英外相，一無所知，不知所司何事！

六月一日，日本近衛文麿組閣，廣田弘毅任外相。

四日，中共代表周恩來到廬山晤蔣介石，商國民大會代表問題，國共合作已具體化矣！

日本外相廣田弘毅發表談話，對華三原則已不適用，將力使外交脫離軍事。此係對西方之障眼法，近衛內閣已不能制裁軍閥之行動也。

八日，行政院決議設全國糖業監理會，專管糖業生產分配，一如食鹽之事。如是民生日困。

十五日，日本內閣通過日滿經濟一體方案，開始融化東北入於日本體系。

十六日，四川大學校長任鴻雋辭職，蓋任乃為北大系，蔣氏欲盡剷除北大在教育方面之勢力也。

十九日，蔣氏決定召集廬山談話會，邀請名流學者商談國事。汪、蔣原意在將國情、國力作一實際報告，希望名流學者出面緩和輿論，不料此等名流學者一無用處，前文已述。

廿五日，英下院討論遠東問題，外相艾登聲明：決不犧牲中國之利益而與日本成立諒解。此是「此地無銀三百兩」之宣傳，事實上英國已與日本有諒解，承認日本在華北之既得利益，英國則保全在長江流域及華南之利益。

廿九日，日本關東軍司令部、朝鮮總督府、華北駐屯軍司令部、滿蒙總裁等人在大連舉行重要會議，侵華形勢日趨緊張。近衛文麿政策使外交脫離軍事，徒使軍閥能自由行動也。

六月廿九日，軍事委員會派何應欽爲川康整軍委員會主任委員，顧祝同、劉湘爲副主任委員，賀國光、鄧錫侯、劉文輝、楊森、徐源泉（徐屬山西系）、夏斗寅等十九人爲副主任委員。北方緊急，川軍方在整理。

七月七日，中日軍隊在蘆溝橋發生衝突，事變拖延數月之久不得解決，官書已詳，此地不重述。作者即於此後被停止公費返國。

日軍由天津市開抵豐台，遂佔我豐台，平漢路、平奉路交通中斷，平津間電話亦不通。

同日，天津日軍部派代表赴長春，商調關東軍入關增援。

中國共產黨主張武裝保衛華北，建立民族統一陣線，國共兩黨親密合作，抵抗日本進攻。

同日，毛澤東、朱德、彭德懷、劉伯承、賀龍、林彪、徐向前電蔣介石，嚴令宋哲元廿九軍保衛天津華北，紅軍願爲國效命。可是蔣、共雙方均未派兵赴戰，只有宋哲元一軍抗戰。共軍實仍志在利用日軍推翻蔣氏。在共軍看來，以蔣爲傀儡乃正確政策！抗日之事，非共軍取得政權後無從著手。蔣氏亦明知之，志取得民族領袖之頭銜。亦輕估共軍實力及潛力。

十日，北平局勢突趨緊張，蘆溝橋戰事下午六時復起，日軍大隊調赴北平附近，關外尚有十一列車源源開入，二列車抵達天津。

蔣介石電宋哲元從速建築國防工事，並未派兵赴援。

同日，川康綏靖主任劉湘電呈中央願率師出川抗戰，如是中央得以準備遷赴重慶。

日本首相近衛文麿及參謀總長閑院宮召集日本陸、海、外、財四相會議決定：（1）發動自衛權；（2）向中外聲明；（3）支出必要經費，並期望舉國一致擔任華北事件之處理，並決定以重兵三路進攻華北。

蔣中正電宋哲元、秦德純就地抗日，並令中央軍駐保定為援，是中央軍止於保定，是非主力，宋哲元等何能單獨抗日？

日寇自國內增調兩師團軍隊來華，日軍行動敏捷，我軍則遲緩。

十二日，美國國務卿赫爾分別照會中日兩國駐美大使，勸告雙方停止衝突。

英外相艾登告日本駐英大使吉田茂謂：「英政府對遠東和平極為關懷。」措辭空洞，蓋所關懷者為中國長江流域及華南之利益也。

日軍進犯北平之南苑，並派飛機飛北平偵察。

中國共產黨發表團結禦侮宣言，同日成立陝甘寧三省邊區政府。共黨名義上擁蔣氏為領袖，已坐大於西北矣！

十六日，中國外交部向英、美、法、德、義、葡、俄、荷、比各國政府提備忘錄，指責日本破壞九國公約。中日戰事已經緊張，我國猶尋外交途徑解決，毫無效果。

廬山談話會此時方開始討論救亡圖存，可見蔣氏並無堅定主張，當然亦鑒於實力之不敵。

十六日，日軍以五師團之眾佔領豐台，並進攻宛平，同日佔天津東站（即北寧路總站）。

何應欽電宋哲元等：日本大舉出兵，準備攻佔北平，望勿為政治談判所誤，應作軍事準備，於北平南苑、宛平集結兵力，構築工事，作持久抵抗等語。可是蔣氏仍在廬山主持暑期訓練，並未派兵北上增援。

十八日，日本飛機三度轟炸平津間火車，死傷慘重，且在天津建築飛機場。

宋哲元迫不得已，往訪日軍司令香月，對示歉意，但日本方面反謂對宋氏之形式之道歉不能滿意，並謂此事之解決須待中國政府立即改變其抗日態度，如態度不即改變，日軍將採取斷然手段云云。可憐，自蔣氏承認西安劫盟、停止剿赤後，只有民眾高呼抗日，蔣氏欲為全民領袖，亦隨著群眾附和，並無抗日之準備，更談不到事實表現。日本軍閥之政策針對西安劫盟事件而加急，蔣氏仍循汪氏當政時之政策，進行和平交涉，但不如汪氏之尚有辦法，蓋停止剿赤及結連蘇聯為蔣政權之致命傷及日本軍閥之藉口也。

二十日，駐華日大使館反要求：（1）南京應承認華北之一切地方協定；（2）立即停止反日煽動，並停止中央軍開赴華北。外交部長王寵惠態度軟弱，僅答以：（1）中國政府並無取消任何地方協定之企圖，惟規定任何協定之簽訂須先得中央政府之核准；（2）中國政府不獨無引起戰事之意圖，且願在不擴大及純粹地方之原則下，尋求和平解決之途徑。是不啻完全承認日方之要求。可憐此時之中國政府，既無以對民，亦無以對日，對日政策徒被日本軍閥及共產黨劫持，蔣氏完全喪失其主動。汪精衛謂「中國政府每高呼抗日一次，即遭受日本全力進攻，政府又束手無策」之言驗矣！

蔣氏令「蘆溝橋、衙門口、龍王廟、八寶山等地，我駐軍後撤，以昭講和之大信。」抗日云乎哉，如是各方通電更擁護蔣委員長抗日，抗日原所以緩和自身受蔣軍之壓迫也！

日本機械化部隊陸續向華輸送。華北猶無中央軍增援。

廿五日，中央航空委員會接收川康綏公署飛機，移交事宜定下月辦竣，可見蔣氏仍在全力呑噬四川實力，置抗日於次次要！

廿六日，宋哲元部廿九軍副軍長指揮教導團千六百學生軍浴血抗日，壯烈犧牲。同日，日本攻陷張家口，並轟炸廊房。

廿七日，蔣氏接見德義等國大使，希望國際主持公道，而不知德義早已勾通日本以牽制西歐之行動。無知如此，何能當外交之衝？

同日，日內閣再發佈三個師團動員令。北平被日軍包圍，四郊激戰。我軍事前一無撤退準備，故犧牲慘重。

廿八日，北平形勢突變，宋哲元等離北平赴保定。

廿九日，廿九軍退出南苑，傷亡官兵約五千人，第一三二師師長趙登禹爲國捐軀。獨力抗日之宋哲元部已犧牲過半。如是以後各軍抗日之士氣日形低落，蔣氏不負其責乎？

三十日，日軍佔據大沽，國軍撤出天津。同日，日軍越永定河追擊長辛店方面之國軍，未遭遇抵抗。

江朝宗之北平治安會成立，如是北平完全淪陷，事先蔣氏僅派飛機迎蔣夢麟、胡適等脫險，北京大學學生則步行逃出。文物盡失！

八月一日，天津治安維持會成立，高凌霨出任傀儡！

八月三日以後，中國內地各軍事統帥如李宗仁、余漢謀、白崇禧、劉湘、龍雲、何鍵、唐生智、馮玉祥等均齊集南京，表面上擁護蔣氏爲抗日軍大元帥率兵抗日，可是各有企圖，弭滅蔣氏對內之私願。蔣氏已喪失其對內之統率權，何能抗日？故西安事變，斯大林之政策，使中日互鬥，解除其東顧之憂，完全成功，蔣氏則完全失敗。試問汪精衛當政時，國事曾敗壞至此乎？

六日，日本下令撤退漢口僞民，決心侵佔京滬、漢口。同日再增兵三師團至天津等地。

共產軍總司令朱德抵南京，蔣介石歡迎之，商對日軍事。

十一日以後，國民政府只圖保持長江流域，北方抗日部隊任其自生自滅，一部分附於共產黨。同日，我海軍破除江陰下游各航行標誌，阻塞江陰要塞水道。交通部令各輪船公司迅將海輪駛入或停在香港各安全地帶，以免資敵。

八月十三日，中日上海戰事爆發不可收拾，是爲八一三事變，蔣氏所謂全面抗戰方開始。

我國封閉長江江陰下游長山港口面軍事機關，徵用招商局輪船嘉禾、新銘、同華、遇順、廣利、泰順、公平等七艘，皆航海巨輪，民營輪船十六艘、海軍艦艇及躉船廿八艘一併沉下，成第一道長江封鎖線，以阻敵艦上駛，長江下行輪船亦止於鎮江。敵人未到，而我先已自毀其航業及海軍，與後來張治中之大燒長沙如出一轍！當日事實，縱令日艦不得上駛，而日本空軍已分擾華北及京滬漢鄭（鄭州）各地，步軍猶橫行無阻，試問此種犧牲於國何補！

同日，國民政府財政部令國家及商業銀行在十月十六日以前一律暫停營業，後方之經濟金融全被滯殺。時華北日軍尚止於長辛店，張家口以南猶在混戰，國軍猶扼守南口要塞，蔣於後方反自毀其資源及經濟，舉措荒謬，中華四千年歷史上無其事也。昔蜀漢馬謖以偏師在街亭敗於張郃，諸葛亮猶能遷魏之天水、安定、南安三郡之富戶以實漢中，民忘其敗。長期作戰全恃人力物資，蔣氏則在敵人未到已自毀其抗戰實力！

十四日，日本木更津空軍聯隊轟炸機十八架自臺灣新竹基地襲杭州，並轟炸筧橋我空軍基地，我空軍曾奮勇攔截，擊落日機六架，事後蔣氏誇稱爲八一四之光榮歷史，對於自己之損失則避而不言。我空軍基地旋遷重慶。

十四日，英國提議中日軍退出上海四周地帶，各國向日本擔保上海日僑安全，並向中國擔保不利用公共租界爲根據地。蓋英國仍只關心其在上海之利益也。

十九日，日本因在上海作戰互有勝負，乃派陸軍上將松井石根來滬指揮。

政府劃江蘇南部及浙江爲第三戰區，蔣氏自任司令長官，以張治中指揮淞滬反攻作戰，但張氏毫無作戰經驗，以師長霍揆彰守備長江南岸，以師長常恩多指揮長江北岸守備，以張發奎指揮杭州灣北岸守備，以劉建緒（湘軍）指揮浙東守備。各路因無海空軍掩護故無功。

廿二日，蔣中正任朱德、彭德懷爲國民革命軍第八路軍正副總指揮，但八路軍仍未出陝甘，只進佔山西南部，擴展實力。

日軍三師團在川沙、獅子林、寶山同時登陸，並進攻羅店及瀏河以包圍上海，並威脅南京。張治中軍根本無力抵抗。

廿四日華北戰事：日軍攻陷南口，國軍退守居庸關，此時日本攻華之重心已在淞滬，並進窺南京。

日本海軍第三艦隊司令宣言：封鎖中國海岸，自上海至汕頭。如是中國對外交通只留香港及廣州。

中俄互不侵犯條約在莫斯科與南京同時公佈，事實上俄方資助共產黨軍擴大，坐看中日互鬥，得以一意經營西歐，爲抵抗德義之準備。

三十日，京滬鐵路停駛。

日機轟炸廣州，毒焰伸及華南矣！如是粵軍余漢謀、桂軍李宗仁部均無力出粵桂，蔣氏乃下令徵集國民兵。

九月一日，吳淞失陷，日軍登陸楊樹浦。

中國因要地連陷，財政日困，乃發行救國公債，令各省封疆大吏全力徵募，人心未盡翕服。

日本政友會要求日內閣宣佈日本對華用兵目的，蓋該會人士深懼蘇聯之威脅，坐收漁人之利也。

二日，日本改稱華北事變爲中國事變，蓋日本認中國聯赤抗日，如是和戰兩派合流，先圖打垮脆弱之中國，然後捍禦蘇聯之威脅，而不知日軍百萬陷於中國戰場，東北之邊備益虛。此日本缺乏政治家之證驗。

三日，日本海軍佔領東沙群島，因中國無軍駐防。

日空軍轟炸粵海之虎門、馬江。

前日本陸相寺內大將及駐華陸軍武官喜多中將由日抵天津，擴展日本駐華軍事機構與關東軍平衡，司令部駐北平，由寺內任總司令，喜多爲參謀長。

五日，日本第二、第三兩艦隊司令宣佈封鎖中國北起秦皇島、南迄北海口之中國海岸，所有中國船隻不許通航。

楊杰、張沖飛莫斯科。張沖係共產黨人，其實莫斯科只援共產黨而不援蔣。

蔣中正派胡適赴美、蔣方震赴德義求援，其實美國以在華無特殊利益，且道遠難援，德義正在暗中勾結日本構成軸心，此行毫無功效！

形勢演變至此，蔣氏在外交方面已全無辦法矣！

八日，淞滬日軍增援，向我總攻。

寶山失陷，守軍僅一營，全部殉難。

九日，我國國防臨時參議會成立，以汪精衛爲議長，包括中國共產黨代表周恩來、林祖涵、董必武，青年黨曾琦、李璜、左舜生，國社黨張君勱、江庸、張東蓀，國民黨陳布雷、周佛海、傅斯年等，以示各黨各派一致抗戰。

十日，津浦線日軍第十師團突破馬廠，宋哲元部南退，馬廠失陷。

十一日，軍事委員會劃津浦線爲第六戰區，任馮玉祥爲司令長官，轄宋哲元及龐炳勛部。韓復榘、石友三已不受指揮，馮氏所部已成強弩之末。

十二日，日本海軍陸戰隊在廣東大鵬灣登陸。

十三日，大同淪陷，山西危急。

十四日，日本板垣征四郎部自河北固安渡過永定河。

日寇陷晉北廣靈，進向平型關。

美國禁止政府船隻運載軍需品前往日本及中國，如是我所希望之美援告絕！胡適乞援毫無用處，世人以爲胡適對美國有無上影響，胡氏亦以此自負，乃欺人之談。胡適之名或傳於美國老太婆、婦孺以及中下層無知人士之間，美國政治人物及學術界並不重視之也。辦理外交須通曉國際政治潮流，並通曉國際公法，在此點，胡適尚比不上過去之伍廷芳、顏惠慶、鄭天錫輩也。

自九月十五日至十八日河北固安、琉璃河及涿州均淪陷。

日機五十架襲我首都南京。

國民政府發表中國共產黨共赴國難宣言，向國民政府提出四項諾言：（1）擁護三民主義；（2）取消赤化運動；（3）取消蘇維埃政府；（4）紅軍改編爲國軍。此一公告徒增加日本軍閥侵華之氣焰，共產黨則驅使蔣介石抗日，爲奪取全國政權鋪路。

日機炸沉寧海、平海兩艦於江陰，如是我海軍幾全消滅。

廿四日，保定失陷。

十月一日，日本外務省聲明拒絕國際聯盟調解中日戰爭。

五日，德州失陷，國軍一團全部殉國。

七日，淞滬日軍增至廿萬人以上。

九日，平漢線日軍二十五萬，展開猛烈攻擊，國軍退石家庄。

十日，石家庄失陷。

十三日，軍事委員會著手改編江南各地共軍，成立新編第四軍，以葉挺、項英爲正副軍長，正式受國民政府供養。

廿五日，上海日軍突破我大場陣地，我軍退蘇州河南岸，如是上海淪陷。淞滬之戰，日本準備充足、大舉進攻時，我國殘破之地方軍方開抵前線，無法鞏固陣地！

國民政府決定遷都重慶。

十一月二日，日本外務大臣廣田向德駐日大使提出對華和平條件。

德國駐華陶德曼（Trautman）訪蔣介石，轉達日本政府和平條件，主要內容爲中國重新剿赤，放棄聯俄。事實上蔣氏已無改變政策之統率能力。

日本勾結德義兩國成立反共公約，即所謂軸心國是也。

十三日，日寇軍艦十五艘入長江。

十七日，國民黨中央常會決議國防最高會議代行中央政治委員會之職權，國防最高會議的主席即是蔣介石，如是排斥汪精衛之一切措施完全達成目的。

同日，日寇成立大本營，主持侵華軍事。

十九日，蘇州失陷，京滬全線客車停駛，同日嘉興失陷。

日艦七十艘進入長江，中國已無海軍可資抵抗，可見前此之沉船封鎖實爲毫無意義之犧牲，蔣氏實是敗國的首犯。日艦隊司令長谷川改稱日本第二、第三兩艦隊為日本駐華海軍艦隊。

上海市社會局統計，上海之工業損失達八億元之鉅，工廠五千兩百五十五家完全被燬，南市大火延燒九日，盡成焦火，人民生命房屋損失不可匡計。至於軍隊之損失，政府從無官書報告，只有汪精衛曾為余詳言之。可是蔣氏以後仍稱以德報怨。

首都淪陷後，又是一新局面，並包含若干新發展，容另章述之。此書既包括「余之一生」，不能不抽出篇幅，專述余本人之行動。

第二十章　大學教授生活

（一）任大學教授之經過

余自一九三六年至一九三七年由倫敦大學轉入柏林大學哲學研究院攻讀，博士論文《中立貨幣論》初稿已成。適蘆溝橋事變起，日軍全力攻華，政府停止余之公費，召余返國；余妻及長兒弘、長女穀，亦同居柏林，用費浩繁，力所不支。博士論文雖成，但須打字五份，呈校核閱，校方審核委員會由多人組成，一一校閱，須經時一年。余無力久待，乃以一份呈交吾師海耶克評審。海耶克覆函謂：「過去若干爭論已成陳績，不必複述，爲之刪去三章，僅存七章。」此七章海耶克未修改一辭，謂爲佳作，出余望外，乃交德國世界經濟文庫發表。中立貨幣之觀念，本由威克塞及海耶克所提出，原稿不足數千言，余文乃達八萬言之多，與 Koopmans 及 Eagle 之作鼎立而三矣！著文時期與 Koopmans 多有討論，互有發見，文章內容不同，毋慚於後出。（後出僅一年。）

時新任國立湖南大學校長皮宗石先生聞余困境，乃聘余爲教授，余欣然應命。於一九三七年八月攜眷束裝返國，抵上海後，時蔣、汪二先生徵集國內名賢開會於廬山，議和戰。本欲藉名賢之口，緩和輿論全力抗戰之壓力，以待國際形勢之轉變，不料所謂名賢均眾口嘵嘵，附和無節制之輿論，地方軍事長官、派系紛紜，亦力主抗戰，實另有私圖，無抗戰之準備及實力也。余時無被徵資格，亦未被徵，因念及余之公費出國本汪精衛、顧孟餘二先生竭力玉成，時顧先生已去歐洲，乃自費赴廬山，謁汪、蔣二先生。時蔣介石已下山返京，僅晤汪先生二次。余進言，「輿論嘵嘵，公既不執政，和戰均非公所能主張，何不稍安含默，以養清望，且公主政之時數簽和平協定，激怒輿情，歷被無理指摘，亦云苦矣，其實和平協定乃當時以蔣先生爲主之中央協議而成。外間不諒，公蒙垢特多，且書生從政，既無武力，唯一資本，乃輿論之支持，公似只宜主張民主自由，以退獨裁之風，和戰之事一聽蔣先生決之。時日推移，輿望自可復收。」先生聞之憤然作色曰：「余知國人多詆余爲漢奸，余隨孫先生革命數十年，祖宗墳墓均在中國，何致爲外間所詆：唯今日形勢危迫，過去國軍每戰必潰，淞滬之戰，國軍之精英蔣光鼐、蔡廷鍇二師幾全部喪失，黃埔軍隊毫無用處。」如是歷數戰爭中，國軍之喪失不堪力戰，並曰：「昔南宋偏安，尚維持百餘年之久，今日國際形勢豈容日本獨霸遠東，余料數年之內，國際形勢即將大變，何不暫忍斯須之辱，爲國家民族保全元氣。余膺政治會議主席，余不提出正確主張，誰提？有跳火坑亦所願爲，且輕舉力戰，各方步調不齊，必致全軍潰敗，國民黨之政權必將喪失，他黨起而代之，爲禍更無窮期。」余乃曰：「先生云爲國家民族保全元氣，係至大至公之主張，何必言及一黨之政權？」先生曰：「到底你們青年人頭腦靈活，我從事黨務數十年終不免有所蔽宥。」次日仍設宴款余，在座者僅爲仲鳴谷正綱等。汪先生留余任政治會議經濟專門委員，余告以：「已膺湖南大學之聘，失信不仁。他日如公主政，當效犬馬之勞！」在廬山時又晤周鯁生師，彼請余任武漢大學教授，余告以前言，皮宗石先生亦曰：「武漢大學人才濟濟，湖南大學初改國立，汝不可與我爭教授。」周師乃罷。此余任教湖南大學之經過也！

九月初抵湖南大學，皮師指定余兼經濟系主任，擔任四課，工作繁重，無研究之暇豫矣！四課爲一年級之經濟學原理，二年級之國際貿易，三年級經濟思想史，四年級經濟名著選讀，任務繁重。當時湖大之老教授最大部分均民國初年返國之留學生，學力、思想已不與時代銜接，皮師欲轉移風氣，故命余獨任其難，欲一舉改變學風也。余教經濟名著選讀，不能謂為成功，取材於英、奧、德及北歐學派各名家之專論，前無頭，後無尾，內容繁難，不似教科書之釐然有序，但學生程度甚淺，不能領悟，即英文一項，均須逐句講解，余深以為苦，學生亦不得益。蓋學問須有堅強基礎，無超越之可能，余無教學經驗，只求自己之表現，將胸中所蓄傾囊而出，不知形勢之鑿枘也。教授本只任二課已足，乃請教務長任凱南先生兼任斯課，任先生曰：「君初返國，學德新穎豐富，尚感困難，余老矣，又何能為？」遂暫停斯課。

（二）前人之貢獻

任凱南先生為中國南方經濟之雄，早歲曾為章行嚴所敦請，任國立編譯館館長，稍後又任省立湖南大學校長，改國立時方為皮先生長校，改聘任先生為教務長，欣然就任。任先生民初留學於倫敦政治經濟學院，得經濟學士學位。當時英國教育政策，對本國及外籍學生一無軒輊，同受最嚴格之訓練，自一九二〇年後方改弦易轍，蓋鑑於中國留日學生達三萬人之多，濫予學位，返國後形成龐大之日本派，為帝王及軍閥之爪牙，壟斷中國之政治。英國殖民地遍全球，英人不習當地民情風俗，難於統治，乃放鬆外籍學生之程度，尤減輕外籍學生課業負荷，博士評審資格大加放寬，以求多士返國加入統治層，能與日本競爭也。故一九二三以後之博士程度，未必勝於其本國之學士也。

據余所知，自清末至民國十年以前，中國學生受英國大學嚴格訓練得學士學位者僅約數人，最早爲長沙章行嚴先生，於清末得阿伯汀（Aberdeen University）之學士學位，習碩士未成，適逢辛亥革命，孫中山及黃克強先生召其返國，又被胡展堂（時任臨時總統府秘書長）所排斥，乃轉任《民立報》總主筆，以非同盟會會員主同盟會之機關報，攻之者多，不安於位而離職，《民立報》經理吳忠信先生跪地挽留，先生弗顧也。實則先生之筆鋒，當時無偶。（詳見章著〈與黃克強相交始末〉，左舜生之《黃興評傳》亦載其事。）先生旋創辦《獨立週報》，羅致國內名賢，不分黨派均爲記者，如章太炎、于右任、楊昌濟、李劍農、顧孟餘諸先生，暨其妻吳弱男等，均有文章發表。先生倡言：民國初建，須網羅全國名賢共襄治理，放棄一黨之偏見，以示無私。即梁啓超，過去啓迪民智不爲無功，不宜排之過甚，致爲叢敺雀。如斯言論不爲時尚所容，卒被暴徒夏重民搗毀。事有主者，不必名指（此事先生曾有長函致楊昌濟〔懷中〕先生，事連楊篤生，述其神經失常。篤生即楊懷中先生之姪也。此函現收入錢基博之《中國文學史》。）余在北京大學就讀時，得見《獨立週報》合刊二巨冊。

民國二年秋，章隨黃克強先生倡導二次革命，其討袁檄文即先生所草。二次革命失敗，隨黃先生流亡東京。孫、黃二公以討袁失敗，宜辦一刊物續張討袁之幟，黃先生初提胡展堂先生任總主筆，孫先生以胡先生黨人色彩太濃厚，不能網羅黨外名賢，乃指名章先生主其事，並資助經費廿萬元（見先生晚年所著〈與黃克強先生相交始末〉），先生乃顏之曰《甲寅》，出刊於民國三年，凡留日學生之良，如陳獨秀、李大釗、高一涵、劉文典暨其他多士，均爲記者；留歐學生如楊昌濟、周鯁生、李劍農諸先生亦爲記者。然胡適之先生留美，曾有函致先生，推崇備至，並譯西方名著小說（如《柏林之圍》）刊登於《甲寅》。國內如蒲殿俊等亦有函往覆辯難聯邦與邦聯之治。章先生政論光耀，冠冕當時，群賢俯首，爲文均效先生之體裁。胡適之先生稱之爲「甲寅派」，亦稱之爲邏輯文，於培育反袁風氣、啓迪民智，實爲巨擘。民九，先生曾刊行《甲寅雜誌存稿》二巨冊，可能不下百萬言，均先生之政論文；二年之內成此巨製，亦云勞矣。惟先生不善理財，不二年而款竭，時無濟者，袁項城聞之，乃遣使訪先生，謂願資助經費，惟望先生轉移論旨，並聲明一心維護民國，決無帝制自爲之心。蓋袁氏與先生夙有瓜葛：章妻弱男乃山東提督吳長慶之女孫，袁氏曾隸吳部，故於民國二年牒章氏爲北京大學校長，章氏力辭，袁氏仍以一王府寓先生，時召先生入府議事，陰露帝制自爲之心，並謂先生：「如隨我，將來可掌國務，隨孫、黃僅爲資匪耳。」先生聞之大駭，乃襆被離京。時宋教仁被刺案已發生，先生到滬，初晤黃克強先生，主張立即興兵討袁，黃先生答以各方準備未成，須稍待時日；訪孫先生，則力嘉其志。此事之大部分已見於〈與黃克強先生相交始末〉，惟袁氏收買《甲寅》一事，先生曾無片言，余聞之於先生摯友柳午亭先生。柳曾任直隸教育廳長，民國廿六年任教於湖南大學，與余共事，爲話章先生之事甚多。

民五，奉克強之命，擁岑春煊入粵組撫軍院，岑春煊以副撫軍長代撫軍長事（撫軍長爲首義之唐繼堯），先生爲其秘書長；陸榮廷素推重梁啓超，遂爲軍務院政務委員會委員長，職位雖崇，而岑春煊一惟章氏之言是聽，以其爲克強先生之代表也。梁氏遂與章氏齟齬。項城暴斃後，段祺瑞任國務總理，不改袁氏之專橫，迨黎元洪繼任，梁氏即離軍務院之職，任段內閣之財政總長，發表通電謂：「法統既復，軍務院即當解散。」世人遂同指梁氏爲陰謀家，無心革命者也。北洋政府既專橫，段氏初謂「我北洋系軍人須團結一致，以圖全國統一」，不知有國，更不知有民，見於當時之公私各報。使南方之政府猶存，尚有商討改革政治之餘地，軍務院既解散，則一事無可爲矣。章氏入北京後，僅補選爲參議員（章氏本民元臨時革命政府之參議員，民國二年大選，章氏未返省競選，遂落選，至民五方得補選入院）。親黃克強之幹部丁世嶧爲總統府之秘書長，李根源、金永炎、哈漢章爲總統府之顧問，力反段氏之專橫，段氏乃指之爲公府四凶，府院之爭日烈。時黎元洪擬以先生爲民政總長（內務總長之改稱），已授勛章及勛位矣，梁啓超慫恿段祺瑞力排之，遂罷。事見於當時之報章。

民國八年，孫先生率海軍南下，入粵組府，以反段爲職志，章氏猶隨之加入非常國會。當時陸榮廷、唐繼堯不聽命令，南北實力不侔，章氏遂主和議，以甦民困，竟遭除名之懲。從此章氏一生顚沛流離。余考，自清季癸卯起，切至民八，章氏固革命志士，亦一時之儒俠，功績遠在汪、胡之上，論其學歷則僅英國之一學士耳。至民八以後，不親西籍，以致素所持之邏輯及法學不免落伍，黨政之排擠實爲其主因，章氏之不自振作、孤立寡援亦有以致之。厥後南北各有內變，民國十年後遂有孫、段、張同盟，與北言和，世人多謂先生爲策略不擇手段，實不知孫先生主旨不變而策略時變也。余悲章氏之遭遇，故著其民八以前之事蹟於此。民國廿九年至卅一年，余與章先生同任參政員，寓所咫尺之隔，常相過從。某日晚餐後，章先生慨然嘆曰：「以子之個性及言行，不宜於政治，盍速著成傳世之書，不宜如老夫之一事無成也。」且痛詆當時之執政黨，謂：「黨乃一流氓集團，自始即親會黨而排學人，黨豈能容子？」余深感斯言，目爲知己。今余著章先生之事，世人或指摘余有私感，余亦不辭。章先生晚年著《柳文旨要》，辭多悖謬，且容共特甚，余不憚摘發之（見拙著〈自然法與禮俗〉），擬身後刊行，爲眞理而闡眞理，余亦無所於歉。

民八前後得英國之學士者僅數人，陶孟和先生以日本同文書院畢業之資格，入倫敦大學一年即得學士；周鯁生先生、王雪艇（世杰）亦祇得英國之學士，返國路經巴黎，入巴黎大學一年而得博士，非國家主博士也（博士分二類乃法國之特制）；章先生之中表兄弟劉東麟先生亦祇得英國學士，任凱南（翳忱）先生得學士、已著於前；有名之工程師詹天佑先生亦祇得美國學士。以後博士多如過江之鯽，有建樹傳世者蓋鮮。陳仲甫先生曾於《新青年》慨言之，甚矣，名實之不當有如是者。惟自對日抗戰後，留學生居外研習久，英美學術水準亦提高，我國方有國際馳名之學人，如李政道、楊振寧、丁肇中、袁家騮、吳健雄、華羅庚、陳省身、錢學森等人。君子內舉不避親，吾女周芷治微分生物學，亦名揚國際，今已爲美國國家科學院之資深科學家，亦可包舉在內，爲國家民族爭光，足可述也。

（三）

寫教授生活本應專重學術，余既有多種著作行世，可供後人參考，故本節專寫余之特立獨行之作風，有轉移社會風氣之若干事實。蓋風俗教化原爲學術之本，清人顧亭林一言及風俗教化，即毅然有守先待後、舍我其誰之概；司馬遷著《史記》，以禮樂八書冠首，鄭康成註經，杜佑著《通典》，言禮俗者十居其六，馬端臨、王伯原之所纂集，莫不兢兢於禮俗，均與周公、孔子之教相符。余願守此傳統，身體力行，以示風範。

（1）

湖南大學本極守舊，但非守其精華。老教授均視教授為鐵飯碗，畢生不越洞庭，排斥新進甚力。皮師有政治大力支持（皮師本與汪精衛及當時之教育部長王世杰交厚），亟求改革，敦聘新人物甚多，計經濟系有：李壽雍、樊宏、王傳曾；政治系有吳世英（後改任外交官，曾任參事、司長，及駐外大使等職）及鄒文海（遷台後任政治大學教務長及法學院長）、曹學濂、周蔭棠；法律系有周枏（留比博士）、李祖蔭；英文系有陳世驤（一九五〇後改就美國加州大學講師，升至教授，並兼任美國西部八大學東方語文聯合研究所所長）及李氷（留英文學博士）；中國文學系有楊遇夫、曾星笠（二君均中央研究院院士，以漢學名於時）及駱鴻凱（章太炎之大弟子，工文學源流及漢學）；哲學系有唐碧黃、蔡樂生（一九五〇後改就美國南加州大學教授，專授心理學）；理工學院亦加入若干新人，如是講學之風大異往昔。守舊派大懼，新舊之爭僅潛伏未發，然個人喧排之事實所在多有，皮宗石、任凱南二先生調護其間，甚費苦心。

余於拙著〈湖南大學誌〉曾述自己之學曰：

> 周氏傳播英奧及北歐諸國學說，闡發自由精神，力闢共產主義，並對抗當時統制經濟之潮流，由是經濟系從游者日眾，成為最大之一系。後來文法學院學生出而應世，類皆忠貞不屈，清廉自守，絕不受共產主義之渲染動搖，實諸先生講學之風有以召之。周氏之學不限於經濟，其研究興趣擴及政治、法理、倫理、哲學等科，而衷以東西聖哲心性之學。廿六年文

學院長李壽雍先生創辦《中國之路》半月刊，周氏實為主編，發表政論甚多，自稱為主觀學派，極尊自由主義及個人主義。近世以系統之學理打擊共產主義、集體主義者，周氏實開其先河。然狂風暴雨之中，周氏所蒙受之非難亦最多，終能屹立不移。抗戰時期中，周氏曾力言墨梭里尼、希特拉、東條英機之問題容易解決，亂天下者厥惟共產主義及蘇聯，以及中國共產主義，不加遏止，則滔天之禍必將來臨。廿九年膺選參政員後，世界大戰正烈，即倡言大戰後，世界和平條款須保持完整之德國，以使東西勢力維持平衡，並為文警告西方各大國必須放棄殖民主義及人種偏見，且倡言基本人權應高於憲法及法律之上，果能實現此等措施，則戰犯之懲治、戰爭責任之追究，實為次要問題。周氏實已預告德、義、日之必敗，共產主義之披猖。此論一出，聞者大駭，均嗤其妄，不久遂失其議席，今日方服其先見。蓋其見解之深遠，一出於學理，有非政治領導人物所能及者。周氏常稱述德詩人席勒之言曰：「予乃未來世紀之公民，我之時代尚未來臨。」

周氏又工為文章，常謂六經而外，古人中惟司馬子長、柳子厚、王安石為足師法。於近人則好侯官嚴氏、長沙章氏之文，而厭棄新會梁氏之排比堆砌，績溪胡氏之淺俗誇大。並謂近人之考證，乃不問蒼生問鬼神，有「朽骨得值，蒼生誰問」之名句。又謂時俗所趨之幽默文，則揚尖酸刻薄之風，無補於學理人心。曾自言其文章淵源，謂王船山、魏默深如源，嚴、章如洪河大川，己則為海。並非謂其文優於諸氏，特以範圍較廣、含理較多而已。所著文理密察，言詞典雅，邏輯謹嚴確如嚴、章，而含融哲理、議論閎肆則遠過之。文氣剛勁、抉發精微確如以上諸氏，而放言高論、無所忌諱則時代精神為之也。績溪胡氏曾語之曰：「吾子之文深矣，至矣，其如與社會不生交涉何，余不為高中學生看不懂之文；君文，則非哲人專家不能喻，君每一文出，余必二讀三讀，續加深思方能洞明其理。余敢斷言，君志雖大，君術則疏，余不解君何以必作此艱深之文也。」周氏應之曰：「文有二途，一通俗，一達理。達理之文，豈能以悅俗為旨，果爾，則真理無由闡明，學術囿於庸俗，其弊將不堪設想。康德、萊卜尼茲、乃至尊師杜威之文，豈高中學生所能喻乎。中國四千年文化，除去聖哲及學人之著作，余不知所存幾何，帝王英雄徒遺廢墟耳。前人著作，豈高中學生所能盡喻乎。」然而胡氏仍弗是也。周氏又應之曰：「君享其名，我持其實可也。」最初惟衡山趙夷午、長沙皮宗石、楊樹達，浙江顧孟餘、朱騮先，天津陶孟和，河南徐炳昶，鹽城李壽雍，寶山張嘉森諸先生極稱之。楊氏且譽為世之顯學，載於所著〈周壽椿先生軼事〉，張氏謂：「君說得行，君學得採，則共禍不致披猖。」卅三年，有不慊於周氏者，設謀傾陷，楊先生首發其謀，且攘袂而起曰：「周君國之瑰寶，若遭陷害，余必與之共死生。」楊氏以名學人而為俠烈之行，益為時人所推重，然非湖大禮義之鄉，不能產斯非常之人也。一九六一年英國《劍橋經濟學報》，介紹中國經濟學人，以周氏冠其篇，著作已刊行，不於此著錄。

此段讀者必疑爲自炫，其實乃完全事實，本人之其他著作可證，明達之士必能諒之。〈湖南大學誌〉寫他人之貢獻亦多，特列爲本書之附錄。

余風頭既健，故爲舊派攻擊之的，余弗之顧也。新教授中亦有思想左傾者，如法律系主任李祖蔭乃共產黨人李達之弟，周枏雖得博士，思想實未成熟，亦附和李氏，故余於授經濟學理外，以糾正左傾思想爲亟務。

（2）

一九三七年秋，中日戰爭發生後，華北各大學倉卒均向西南撤退，事先難爲周密之計畫，學生來湖南大學借讀者不少。所謂借讀者，就其所修課程，及格後給與學分，持回原校可以充數，此教育部之規定也。學生來源既不同，思想龐雜，尤以燕京大學之學生爲甚。該校校長原爲司徒雷登，教授亦多左傾共產黨人，學生受其影響，不悅余所倡導之自由主義（後余改譯此辭爲『自由立茲』，說見拙著《海耶克學說綜述》，台北正中書局出版）、主觀學派論據、康德之超經驗論及奧國學派之心性分析，詆余頗甚。惟彼等淺薄，不足與余抗，余初惟循循誘導而已！

學校內部亦有淺薄之教授，只圖迎合學生心理以固位，如政治系主任伍薏農，摭拾新名辭予以濫用，常在報紙上發表文章，淆亂視聽。如謂「國民政府、省政府採委員制，係合議制度，近於西方之民主制度；縣政府縣長總其成，則係獨裁制。」某日在教員休息室閒談，理工學院教授多譽伍能文，余乃笑曰：「所謂獨裁者，乃只有政府領袖一人超於法律之上，能憑己意創法、造法以治理百姓，並專擅國事。德國只有希特拉獨裁，義大利只有墨梭里尼獨裁，蘇聯只有斯大林假無產階級專政之名獨裁，整個政治體系內決無法治觀念及主權在民之觀念，只有敕令及領袖萬能觀念，而奴役全體人民。

我國有千七百餘縣，據伍先生之論，竟有千七百餘個獨裁者。縣長受層層上級及法令管轄，如何獨裁？循伍先生之論，則美國五十州均以州長總司州政府之政務，亦獨裁制乎？州長能脫離立法、司法之羈束以施政乎？此乃舉世所未有之獨裁政體，爲吾國所創乎？」如是聽者大笑；伍氏亦從此不敢發表文章，如是伍氏恨余轉甚。此本瑣事，不值污吾筆墨，但伍氏乃陰謀結合左傾學生向余圍攻，余幾被傾陷。余獨立不移，敉平風潮，亦與正風氣、重師道有關，故簡述於此。左傾學生受伍氏及理工學院教授曾昭權等之慫恿，發出傳單謂「周某乃不學之傖夫，在倫敦及柏林只住公寓五年，來到湖南大學騙人，爾如不走，吾輩將以手槍相向」等語。時文法學院院長李壽雍兄，早年從事黨務，工組織及偵查能力，偵得滋事學生之名單，均借讀生所爲，持以示余，囑余謹慎處理。余乃以迅雷不及掩耳之手段，召該生等至余之辦公室，出示其傳單，並曰：「不論承認與否，余已認定係爾等所爲。爾等係懦夫，只能暗地發傳單，毀人名譽，不能面對事實。爾等本無本校學籍，余已決定限汝等即日離校，凡余講學之地，不容爾等敗壞風紀。爾等如不從命，余即請校長懸牌，驅爾等離校。今日覿面相逢，余願嘗爾等之手槍。」學生初無準備，不虞余有此突擊，乃全體退出，次日即紛紛離校，從此風氣整肅。余有湖大經濟系全體學生及李壽雍君爲援，故能掌握機會，一舉息事。事後校長謂余曰：「君以片言即能敉平風潮，誠勇士哉，余生平所僅見者也。」

（四）

民國廿六年（一九三七）十月，日本陷上海，政府決定遷都重慶，汪精衛抵漢口，召集舊日國民黨改組同志會中央負責同志及各省負責同志會議，徵取各方意見。余於民國十九年（一九三〇）曾任湖南改組同志會書記，故應徵與會。開會於漢口法租界汪氏之行館，汪氏僅以茶點招待與會各員，即席發言：「今日抗戰勢不容已，惟戰爭問題乃民力之綜合問題，牽涉軍事、政治、經濟、文化各方面，均須作萬全之準備，請諸君各抒所見，尤以政治、經濟、文化為重，供余參考。若多數人民及知識分子只作壁上觀，只恃中央之武力，則危險殊甚。力量不侔，前事足證，余及君等均已知之矣。」時中央負責同志參加者，陳公博、王法勤、朱霽青、郭春濤及谷正綱等（谷曾任改組同志會各省市聯合同志會主席），各省書記及組織主任均與會。中央負責同志以與汪氏素接近，讓省級同志首先發言。谷正綱痛哭陳辭，力主抗戰到底，寧為玉碎，毋為瓦全，對於汪氏所詢政治、經濟、文教各點無絲毫意見。蓋谷氏有血氣之勇，並懷出風頭之心，而無學識。與會諸人大都隨聲附和，蓋時尚所趨也。惟余及谷正鼎默無一言，湖南改組同志會司組織之伍仲衡亦能察余之意向，亦無言。蓋當時情形，如有其他意見，對戰爭持慎重態度，將被指為漢奸。汪氏大失所望，亦不願於蚩蚩群眾前發抒自己之懷抱及經驗，即宣佈散會，命正鼎及余獨留。汪氏語余二人曰：「國際戰爭關係國家民族前途甚大，必須士氣足恃，人心團結，領導無私，官吏守職，軍事、政治、文化、經驗各方而措施完備，方可減少犧牲，獲致有利之成果。二同志默無一言，想必另有寶貴意見，請二同志暢所欲言。」正鼎推余先言，余即曰：「汪先生虛懷若谷，且過去已有指示，甚為欽佩。惟抗戰首須有抗戰之人才及兵力。春秋時，晉國重耳之出亡也，幾搶走晉國之全部人才，故各國表示歡迎，秦穆公尤予特殊優待，故終能復國。畢士麥之統一德國也，亦從培育人才、改良政制、增強普魯士之力量著手。今日位高任重之大員，久在一人卵翼之下而起，似不足幹國家之重。凡事領導曰可，群僚即可之，領導曰否，群僚即否之，政府既捨眾智而自臧，良策嘉謨何由而生？詩曰：『具曰予聖，誰知烏之雌雄？』中國有數千年之文化，豈無人才？自黨爭以來，黨國大員收攬群眾，均持抱腿主義，凡抱要人之腿者無不飛黃騰達，否則必召災禍。人才或被排斥，或早已遠颺，故今日亟務在改組政府，容納俊彥，不必問其派系，改變政治設施，以收拾人心爲本。又自民國十八年東北淪陷後，我國軍隊遇敵即潰，淪陷國土之長官，仍優遊自得，獎遇有加。刑賞顛倒，何以激勵士氣？又各統兵長官，驕奢斂財，各顧其私，將無鬥志、無能力，士兵又安知適從？財力既殫，財政、經濟措施亦不孚學理，妄談統制經濟，而愈制愈糟，高談計畫，而糜費愈甚，此均非所以爲國也。兩民族間之戰爭，形勢更複雜，國際支援亦非短期及空談所可獲致。今人動謂寧爲玉碎，毋爲瓦全，試問玉碎之後，一堆灰燼，不知政府何以對四萬萬人民負責。」汪氏即曰：「君言良值，余任行政院長數年，受命於危難之際，又無國際支援，著手極難，故一面作戰，一面談和，各方交責，無從剖白。其時張學良擁兵數十萬，全無抗戰意圖，且有人資之以爲鎮壓異己之工具；各省封疆大吏表面上高呼抗戰，實則祇圖苟安，保全實力。北方戰爭僅視宋哲元爲主力，祇派關麟徵一師赴援，敵我勢力懸殊，馮玉祥雖居心難測，然既失地盤，並無可懼之處，其籌組救國軍也，在察綏邊區，如令其加入戰爭，亦係一策；而百計阻之，使其離軍，淞滬戰爭僅犧牲蔣光鼐、蔡廷鍇之精兵，無人爲援，故余祇得簽訂淞滬協定及塘沽協定，事先且得主將之主動支持，而各方交責，余遂蒙喪權辱國之惡名。其實東北早失，余並未喪權也。今日人心渙散，抗戰之呼聲雖高，逃難之士兵及人民反如洪潮之湧入；輿論幾盡爲左傾分子把持，堂堂國民黨竟無宣傳力量及於民間。異黨又各有企圖，高呼抗戰而滋擾後方，此列寧倒沙皇之故智也。今全面戰爭爆發，必須改革政治，各方放棄私圖，作十年之打算，盡最大之忍耐，國際形勢必有變化，不致讓日本獨呑中國及遠東。若均如正綱等之隨聲附和，摭拾流行口號以自炫，行見國民黨之政權不數年即將讓度於共產黨，此乃余之大慮。」余即曰：「汪先生何必僅言國民黨之政權，易爲民族生命即將斷送，豈不更顯闊大？」汪先生曰：「余隨孫先生從事國民革命數十年，夢寐不能忘黨，究不如周同志新自海外歸來，頭腦靈活也，尚望同志提出書面計畫，補余不逮。」余續謂：「今日之事，戰既不由汪先生，和亦不由汪先生，當政者豈肯輕易授人以柄，鄙意汪先生稍安含默，惟提倡民主自由，以收人望，不必遭無謂之中傷，書生資本全在輿情。」汪先生又詢正鼎有何意見，正鼎曰：「當尊先生之命，以書面提出。」余又續謂：「德偉擬返湘辦一刊物，集合氣類相同之人士，研究建國及抗日之長期政略及戰略，但絀於資斧，勢難進行。」汪先生曰：「余每月助君三千元如何？」余大喜過望，乃曰：「既承資助，返湘後即著手籌備。」此日後《中國之路》之所以發刊也。

（五）

政府決議遷都重慶前，尚有一重要秘密外界無從得知，附誌於次，以存信史。

當上海淪陷之時，日本海軍自長江直入，陸、空軍更橫行無阻，陸軍且有進入安徽繞經蕪湖，自長江上游圍攻南京之勢，南京危急。蔣家部隊遇敵即一鬨而散，蔣氏知非撤走不可。蔣氏召開軍事委員會，商議何人留守南京，以利國軍之撤退，目視何應欽、李宗仁、白崇禧、馮玉祥等，希望其中有一人承擔鎮守南京大任，但何、李、白、馮均顧左右而言他。蔣氏大憤曰：「你們都不肯出力，我自己鎮守南京，死在首都好了！」如是，唐生智乘機起曰：「委員長係全軍統帥，何能自守京師。生智不才，願肩斯任。」蔣氏聞之大喜，乃任唐生智為首都衛戍司令長官，其實蔣氏亦知南京將不守，蓋倉卒只求一替死鬼，敷衍全面抗戰之顏面而已。

時唐生智並無一兵一卒，蔣氏派黃埔破爛部隊，宋希濂師、胡宗南軍之殘部及新募之國民軍供唐氏之指揮。其實主將與部將不協，將與兵亦非素習，何能聽唐氏之命？唐氏何以願擔當此重任？乃純粹投機行為。唐生智認為：日本廣田外相已宣佈和議條款於先，主要內容為中國繼續剿赤，廢棄中蘇友好條約，蔣氏下野，中國另組和議政府。中國如接受此項條件，日本即撤出淞滬，停止轟炸中國後方，華北事件亦由中國新政府與日本和談解決。唐氏據此等資料，認為日本決不致進佔中國首都，以致以後無轉圜之餘地。日本如將百萬大軍久駐中國，北方遭受蘇聯之威脅日甚，駐華部隊陷入滬足，無從拔出，危險更甚。唐氏乃認為此正是謀和之時機。唐氏意在取得和談總代表資格，擁汪精衛為黨政領袖，己任軍事委員會委員長，然後向日本大借款，中國犧牲若干經濟開發利益以為交換條件，資以收買蔣氏之部隊，多年倒蔣之志願，得以實現，而己則無本起家，國民政府仍是汪、唐之天下。不料日本軍閥竟無唐生智一類之梟雄人物，知進不知退，大軍仍沿京滬路及浙東南下，並攻佔蕪湖，合圍南京；一面從京滬鐵路南下，一面由合肥渡江，佔領蕪湖，距南京僅數十里。我軍全無鬥志，遇敵即潰；日軍抵南京郊外，蔣軍又不應戰，如是唐氏乃不得不逃過江北，沿隴海路逃入陝西，轉達重慶，隨行者僅參謀長龔孟希及侍衛數人而已。後方不明實情者，萬口雷同，竟謂唐氏為「逃得快」。

蓋德國駐華大使中文名陶德曼，曾奉希特勒之命調停戰事、中止中日戰爭，使日本向蘇聯宣戰，乃日軍一意孤行，其事無成。逃得快與陶德曼，相映成趣，此諷刺也，亦謔而虐已！唐氏逃抵重慶後，蔣氏原意本僅資以爲撤退時之緩衝，唐氏亦曾解其國防最高會議之危，故亦未加譴責，仍留任軍事委員會委員兼軍事參議院院長。

此事乃唐生智之密友龔孟希爲余言之（龔在民國十六年本任唐氏之第四集團軍之參謀長，後改任武漢政府軍事委員會參謀長，加上特銜，爲唐氏在湘十盟兄弟之一。龔氏亦爲余之友好。），當屬不誣。時龔氏任河南民政廳長，唐氏接任首都衛戍司令長官後即密電龔氏，請其即去南京爲其上位，謂：「余即將組織政府，與日本言和，日軍決不致進攻南京，余等可取得全國政權矣。望兄即來。此正吾人奮起之時也。」龔氏又電邀余赴京，時余任教國立湖南大學，知事無可爲，乃置未覆。

（六）中國之路

余得汪氏資助後，即返湖南大學與文法學院長李壽雍兄商量創辦《中國之路》半月刊，請李氏任社長，蓋李之經營及籌款能力遠強於余也，余任主筆及總編輯，其他幹部記者爲吳世英、周栴、陳世驤、黃如今等，最初亦各有貢獻。余每期均有文章數篇，憶第一篇爲〈法治之路〉，主旨在反對獨裁政制，師英人休謨、析爾克、白芝浩等之說，重法治下之個人自由。第二篇爲〈自由之路〉，本古典學派亞丹．斯密及近人米塞斯及海耶克之說，力主自由企業發揮個人之創發力。時余已熟知海耶克之初期著作，對於其集體主義之經濟，凡反駁社會義之論據尤爲嫻熟，其時米塞斯之 *Gemeinwirtschaft*

（英文本後出，譯爲《社會主義》，其實乃反對社會主義之巨製）已經出版，余已熟讀，余盡發其蘊，聳人權於最高無上之地位而爲國家之唯一目的。其辭甚繁，分上下兩篇發表。第三爲〈節約與抗戰〉，分上中下三篇發表，內容乃一儲蓄與投資論，並反對計畫經濟，謂政府之計畫將阻滯個人之創發，並反凱恩斯之膨脹政策及政府支持之完全就業政策。時國內學人反對負盛名之凱恩斯者，唯余一人。第四爲〈自由主義與保護主義之論爭〉。此爲一歷史性之著作，極述亞丹・斯密以來自由主義何以興起，何以有助於產業之發展、國力之充盛，保護主義何以沒落，並斷定自由主義乃一和平哲學，保護主義則導致各國之經濟對抗，並導致戰爭。大凡產業落後國家無不提倡保護主義，中國亦不例外。余並採近人哈伯勒（Gottfried Haberler）之國際貿易論以實余說。時余初返國任教，理解及記憶力特強，大都不假參考書，即能信筆所之，發爲系統之文章。文法學院之學生驟睹新說，對余咸表敬意。如是，經濟系學生每年均有增加，成爲湖南大學內最大之一系。

幹部記者吳世英、周枏、陳世驤諸先生亦各有文章發表。吳先生係倫敦大學博士，河北人，父母均係留美學生，童年即習英語，故英文甚佳，寫中文則甚艱難。余嘗戲稱曰「小陶孟和」，蓋孟和師民八以後在北京大學任教時，手不釋卷，經常瀏覽英文典籍，且德文亦佳，於政治、經濟、社會各學均得其大要，並時教授中外文之佳、讀書之多、知識之廣泛，以陶師爲最，胡適之所不及也。惟其人博覽而不好深思，讀書甚少分析，且不作箚記，對於發表文章亦不感興趣，一書讀過之後即擱置一旁，另易他書。與其閒談，則覺其所知甚富，與其詳細研究則嫌費時。吳世英君常識亦極豐富，余留英與同居，常見其讀馬歇爾《經濟原理》一編，亦無扞格之處。惟寫中文則甚艱難，余必須潤色之。

陳世驤，北京大學英文系畢業，成績突出，甚爲林語堂所器重，彼能翻譯英文名家短篇小說及劇目，余亦潤色其中文。此類文字能調劑艱深之學理分析，閱者亦甚歡迎。周枏字叔夏，留比法學博士，惟彼習現行法，不習法理學及法律哲學，凡談及理論常被唯物史觀及唯物辯證法所沾污，如遇此地議論，余必易以英美及古羅馬希臘之法治觀念，常與周君討論，謂「共產主義只有敕令觀念，而無法治觀念。所謂理論，均執政者便利私圖，或階級利益之杜撰，而與學理不符；所謂根據，無非腐朽、無主動意志之物質，人爲物所奴役，不可採也。」周君亦不以爲侮。余常勸其習《周易》、《中庸》及三禮，以明中國之自然法思想，與西方之自然法相通。周君少國學基礎，似力有未逮。人各有能，有不能，不能相強也。惟有黃某，北京師範大學國文系畢業，亦曾留學美國，返國後曾從事黨務，屬朱師騮先一系，與ＣＣ陳系對抗。李壽雍君籠罩各方，頗重其關係，亦請其作文。迨余閱其文章，常發見全文牴觸不通之處太多，且誤解古籍，如謂鬼鬼祟祟爲鬼鬼崇崇，不一其類，余必大加刪削修改，彼大憤，挑撥吳、周、陳諸君不作文，諸君子不爲其所動，此則社長李壽雍君之力也。李君亦能文章，但事忙，無暇作文，惟慎思明辨，評騭文章極具慧眼，凡《中國之路》之每一初稿，彼必徹頭徹尾閱覽，然後審慎修改，必使本刊之議論一貫。惟對余文不贊一辭。事後又招宴諸君爲歡，故月刊得以順利進行。投稿者必致薄酬，余以著文獨多，拒不受酬，以免招致內部扞格。刊物每期出版二千份，銷行於湖南、武漢、重慶各地，影響頗大。每期余贈汪精衛先生十份，以表所贈資金不爲虛耗，汪亦覆函致謝。又好友谷錫五君，任國民參政會秘書，每期必索數十份，分贈友人及相知之參政員，因此得入顧孟餘先生之目。余與顧先生斷音問已七年矣，因此恢復曩日情誼，余甚感之。

又湖南大學文法學院學生既聞吾說，亦漸有投稿者，可用者亦不少。幹部諸君子既無暇常作文，亦有缺稿之事，常迫不及待，余乃闢「尊德性齋劄記」一欄以實之，取材於古籍，尤以《通鑑》及《國語》爲多。此事甚易，命學生抄錄原文，余僅以己意繫其下，藉以風世。據記憶所及，錄數則如次：

（1）子思曰：「以吾觀衛，所謂君不君，臣不臣者也。」公丘懿子曰：「何乃若是？」子思曰：「人主自臧，則眾謀不進。事是而臧之，猶卻眾謀，況和非而長惡乎？夫不察事理之是非而悅人讚己，闇莫甚焉；不度理之所在而阿諛求容，諂莫甚焉。君闇臣諂，以居百姓之上，民不與也。若此不已，國無類矣！」子思言於衛侯曰：「君之國事將日非矣！」公曰：「何故？」對曰：「有由然焉。君出言自以爲是，而卿大夫莫敢矯其非；卿大夫出言亦自以爲是，而士庶人亦莫敢矯其非。君臣既自賢矣，而群下同聲賢之；賢之則順而有福，矯之則逆而有禍，如此則善安從生？」（見《通鑑》第一卷）

余繫之以辭曰：「今日雖無君臣之分，官守豈無上下主從之別？今日政情，毋乃類此？不知何以爲國。夫自古君之最高道德爲明。明者，明於政理，事理，人情人理，物情物理，臣工莫得而欺也。臣之最高道德爲忠，爲信。忠者，忠於職守，非忠於一人。信者，不自欺，更不欺人，言必顧行，行必顧言者也。學之最高境界爲誠。誠者，眞理也，言行之最高標準亦爲誠。眞理不可必得而立意必誠，立意不誠，則欺詐生矣，奸佞生矣，上下相欺使詐，奸佞流行，亂之源也。今日上果明乎？下果忠乎？信乎？奸佞欺詭果杜絕乎？爲政者幸三思之！夫子思無官守，古人所謂布衣之士也，而能批人主之逆鱗，未知今之視古何如！不禁擱筆三嘆！」

（2）余又命學生錄《史記．伯夷列傳》全文，而繫之以辭曰：伯夷、叔齊積仁潔行而餓死；顏回好學而卒早夭；盜蹠日殺不辜、肝人之肉而以壽終。降至近世，慷慨發憤、忠於國事而遭災禍者，尤不可勝數。故「天道無親，常與善人」亦虛言耳，天人本不相知，天亦無意志、無心靈。近有人焉，竟倡天人合一之說，不知如何合法，豈眞信有眞命天子哉！

又曰：太史公曰：「伯夷、叔齊雖賢，得夫子而名益彰。顏淵雖篤學，附驥尾而行益顯。巖穴之士，趨舍有時，若此類，名堙滅而不稱，悲夫！閭巷之人，欲砥行立名者，非附青雲之士，惡能施於後世哉！」蓋〈伯夷列傳〉總全部立傳之總綱，意若曰「列傳諸君子，均賴余之筆札以傳也。」余寫此書，志意亦如斯，讀者幸毋笑其狂簡！

（3）余又錄柳子厚〈天說〉以實上文天人不相知之論。文僅數百言，明白意曉，繫之以辭曰：「善乎柳州之言曰：『若知天之說乎？吾爲子言天之說。今夫人有疾痛、倦辱、饑寒甚者，因仰而呼天曰：殘民者昌，佑民者殃！又仰而呼天曰，何爲使至此極戾也！若是者，舉不能知天。……天地，大果蓏也；元氣，大癰痔也；陰陽，大草木也。其烏能賞功而罰禍乎？功者自功，禍者自禍，欲望其賞罰者大謬；呼而怒，欲望其哀且仁者，愈大謬矣。』夫天不能禍福人，在今日已爲常識，在柳州時代則爲特識。當時與柳州齊名之韓愈，即呼天引神，以〈勸封祥書〉爲其代表作；又造爲神怪之說以自欺欺人，〈祭鱷魚文〉即其著例。鱷魚能識人之語言文字乎，能有感於昌黎之文字？又〈羅池廟碑〉稱柳州降神，是厚誣子厚。子厚以天下民生爲志，反對稱神引怪，縱有靈，何致祇降福於羅池一地，並圖自己之祭餉，何況人死後與木石無異！

余讀中國古籍，文王、周公、孔子三聖演易，祇言人道，不言天命及五行生剋之說。《易》有六十四卦，祇取法於自然現象，而歸本於『同人』，終之以『未濟』。未濟者，人力永有做不完之事也，祇有日新又新、繼續因革之一途。周公制禮，全爲人道，孔子不語怪力亂神，墨子雖主法天，乃取法於自然，亦歸本於仁義，未見其有天能禍福人之說，子思、孟子均祇言人道。此數聖外，余僅得數人不言天道而言人事，即司馬遷、鄭康成、諸葛亮、柳子厚數人而已，此外無有也。司馬遷詆誹劉邦龍種之說，實爲巧筆（見後文）；鄭康成注經，摒棄天命陰陽、五行生剋之說，復文周孔之舊；諸葛亮之〈隆中對〉、〈出師表〉及其僅存之短札，無一語言及天道，如『高帝明並日月，謀臣淵深，然涉險被創，危而後安』，此人道也；其〈前出師表〉，主旨只安排賢良，戒後主『諮諏善道，察納雅言』，此人道也；其〈後出師表〉謂，『今伐賊亦亡，不伐賊亦亡，與其坐而待亡，孰與伐之』，此人道也；最後曰：『臣鞠躬盡瘁，死而後已』，此又人道也。以宰相之重，不言天道及天運，祇言人事，三代而後，諸葛亮一人而已。而又爲杜工部之詩句『霸氣西南歇，雄圖歷數屯』所亂。工部詩雖盡美，而觀念仍不免陳腐。柳州〈天說〉已見於前文，劉禹錫續之以〈天論〉三篇，了無新義，大可不作。試觀漢儒崇讖緯之說，此箕子《洪範》之流毒。箕子殷人，篤信鬼神，無怪其然，然兩漢之時，董仲舒、劉向、揚雄、劉歆、班彪、班固均歷陳天命，何其陋也。天能禍福人之說，仍潛伏於今日之士君子之心中，一遇不幸，即呼天搶地，遑論愚夫愚婦。人與人相較，慧業見解相去甚遠，豈非大大怪事！」

（4）劉邦出身流氓，必言不驚人，貌不出眾，故造爲龍種之說，以證實自己爲眞命天子，而壓伏群臣，並欺騙人民。試看司馬遷如何力闢此一謊言。《史記．高祖本紀》：「高祖，沛豐邑中陽里人，姓劉氏，父曰太公，母曰劉媼。其先劉媼嘗息大澤之陂，夢與神遇。是時雷電晦冥，太公往視，則見蛟龍於其上，已而有身，遂產高祖。」此夢也必為宋玉巫山雲雨之夢，蛟龍於其上，必野男子也。寥寥數語，即破龍種之說，可謂巧矣！史家寫漢室穢事甚多，並明寫審食其私侍呂后之事，故後世稱為謗書。史公秉筆直書，何謗之有！劉邦之得天下，本賴張良之奇謀，使項羽備多力分，韓信將兵多多益善，戰必勝，攻必取。純賴人力，與天命及龍種何關？故史公寫張良、韓信之事獨詳，可謂特識矣，並留下信史，而後人不察，何也！

（5）後世稱隱者之功德，必以商山四皓為首，流傳二千年，詩文詠嘆不絕，鮮有疑之者。其實此又係劉邦及張子房之巧計，以玩弄戚姬者。緣劉邦曾與項羽戰，敗走滎陽以西，寓民家，逼淫戚姬，許以產子將立為太子，戚姬乃從之。試看《史記》如何處理此事，〈留侯世家〉云：「上欲廢太子，立戚夫人趙王如意為太子，……呂后恐，不知所為。人或謂呂后曰：『留侯善計策，上信用之。』呂后乃使建成侯呂澤劫留侯，曰：『君常為上謀臣，今上欲易太子，君安得高枕而臥乎？』留侯曰：『始上數在困急之中，幸用臣策，今天下安定，以愛欲易太子，骨肉之間，雖臣等百人何益。』呂澤強要曰：『為我畫計。』留侯曰：『此難以口舌爭也。顧上有不能致者，天下有四人。四人者年老矣，皆以為上慢侮人，故逃匿山中，義不為漢臣。然上高此四人。今公誠能無愛金玉璧帛？令太子為書，卑辭安車，因使辯士固請，宜來。來，以為客，時時從入朝，令上見之，則必異而問之。問之，上知此四人賢，則一助也。』於是呂后令呂澤使人奉太子書，卑辭厚禮，迎此四人。四人至，客建成侯所。」

此一段也。

第二段曰：「漢十二年，上從擊破布軍歸，疾益甚，愈欲易太子。留侯諫，不聽，因疾不視事。叔孫（通）太傅稱說，引今古，以死爭太子。上佯許之，猶欲易之。及燕，置酒，太子侍。四人從太子，上怪之，問曰：『彼何爲者？』四人前對，各言名姓，曰東園公，綺裏季，夏黃公，角里先生。上乃大驚曰：『吾求公數歲，公避逃我，今公何自從吾兒遊乎？』四人皆曰：『陛下輕士善罵，臣等義不受辱，故恐而亡匿。竊聞太子爲人仁孝，恭敬愛士，天下莫不延頸欲爲太子死者，故臣等來耳。』上曰：『煩公幸調護太子。』」此第二段也。

第三段曰：「四人爲壽已畢，趨去。上目送之，召戚夫人指示四人者曰：『我欲易之，彼四人輔之，羽翼已成，難動矣。呂后眞而主矣。』戚夫人泣。上曰：『爲我楚舞，吾爲若楚歌。』歌曰：『鴻鵠高飛，一舉千里。羽翮已就，橫絕四海。橫絕四海，當可奈何。雖有矰繳，尙安所施。』歌數闋，戚夫人噓唏流涕，上起去，罷酒。竟不易太子者，留侯本招此四人之力也。」

上文據余意係留侯自述，否則宮闈之事，留侯何從知之？史公乃據此直書，但其中有若干脫卯處。第一段謂「四人義不爲漢臣」，何以獨願爲太子之臣？第二，既爲賢者，何以受金玉碧帛，見財動心？賢者必能澹定寧靜，何以遽受辯士之騙！張子房又何以預告其「宜來」？第三，四人既爲高士，何以輕易匿諸呂之一之建成侯所，建成侯固無名無行者也。第二段四人各言名姓，竟無姓，且無片言傳世，其無力量宜矣！劉邦何以獨重此四人？夫劉邦以流氓出身，不知詩書，天不怕，地不怕，不怕秦皇、項羽，且誅韓信、彭越、黥布，何以獨畏此四人？又劉邦輕視儒生，以儒冠當溺器，何嘗知求賢之重要，何嘗有求賢之事實？又史稱「太子柔弱無能」，未稱其「仁孝，恭敬愛士，天下莫不延頸爲太子死者」，四人何以造爲此論！且太子從未秉政，一無表現，且《史記》另段稱：「且太子所與諸將，皆嘗與上定天下梟將也，今使太子將之，皆不肯爲盡力，其無功必矣。」是與上文「天下莫不延頸爲太子死」直接矛盾。第三段「戚夫人泣」，泣號者非懼此四人輔太子，乃自傷劉邦食言，無易太子意也。歌辭曰：「雖有矰繳，尚安所施」，劉邦能取天下，豈矰繳無所施之人哉！

緣劉邦本無意易太子，蓋與劉邦定天下者，皆殺豬屠狗、販布及縣中末吏之流，不識禮義，決非柔弱之太子所能制，趙王如意年幼，更不中用，故須留一陰狠、政治經驗豐富之呂后以制之。蘇老泉〈高帝論〉曰：「呂后者，遺其憂者也。」老泉文章，本乏識解，獨此語中的。

人誰無私生活，審食其侍呂后，居項羽軍中數年，歸來以後又無忌諱，常私侍呂后，均見於《史記》，是漢家之大穢事。劉邦甘於受穢，是流氓眞色，無非重呂后之才（呂后能獨斬韓信，陰狠有才可知），留以制諸將耳。呂后既色衰，且行檢不端，故劉邦日夜與戚夫人遊樂。家庭之間，威有所不能施，故不欲逕傷戚夫人之心，故與張子房串通，不知何處覓來鬚眉皓白之老頭，稱爲商山四皓，且爲周之遺民。然商山四皓，名不見經傳，其不足懼明矣！徒以愚弄戚姬耳！

後人均不識此中關鍵。余曾讀王荊公詩，有〈商山四皓〉一首，頗盡恭頌之力，曾棄擲之，曰：「荊公政治家，何不識此關鍵？」後讀至末卷，乃荊公罷相後居金陵時，又有〈詠四皓〉一首，全詩不復省記，惟記得結句有云：「商山兵馬地，何能容四皓？」是荊公晚年亦不信四皓之說也。可見古今人智慧相去不遠，荊公之言在余之斷案以前千年之久，故不敢自矜發見，只得歸功於荊公！

（6）柳子厚力闢天命之說，有一至文竟未爲人注意，〈貞符篇〉是也。余自幼讀書，歷中學、大學，從師受國學，乃未有以此文相授者，實大大怪事。文太長，今節錄一段如次：

「故仲尼敘《書》：於堯曰『克明俊德』；於舜曰『濬哲文明』；於禹曰『文命祗承於帝（帝指舜）』；於湯曰『克寬克仁』；於武王曰『有道曾孫』。稽揆典誓，貞哉！惟茲德實受命之符，以奠永祀。後之妖淫囂昏好怪之徒，乃始陳大電、大虹、玄鳥、巨跡，白狼、白魚、流火之烏以爲符。斯爲詭譎闊誕，其可羞也，而不知本於厥貞（即德）。」（以下敘漢唐之得民心，魏晉隨之失民心，不錄）結語曰：「澤久而愈深，仁增而益高……是故受命不於其天，於其人；休符不於其祥，而於其仁。惟人之仁，匪祥於天；匪祥於天，茲惟貞符哉！未有喪仁而久者也，未有恃祥而壽者也。」余繫以辭曰：柳州將前古祥瑞天命之說一概推倒，何其壯也！受命於人、於仁，不於天，與今日民主之說完全符合，三代而後切至清末，余僅見此宏識卓文。吁！可歎也已！

（7）又命學生錄柳州〈黔之驢〉，余繫以辭曰：凡無其中而有其外，肆鳴惑以炫人者，皆黔驢之類也。又今之淺學及達宦，好著書，尤寫自己之事功，其所著之書較所讀之書，不止十倍、百倍、千倍，成爲有史以來之大怪事。黔驢僅聲形徇其身，此則用以殺人，並扼殺學術及文化，安得秦皇一舉而焚之坑之！

（8）又錄柳州〈羆說〉，余繫以辭曰：「夫獵人不過炕其術，召殺身之禍，歷代暴君及當路在位者，均蓄養徒眾以自衛，其前後左右比虎狼也，以爲計出萬全，迨其勢敗，鮮不遭親信之虎狼所賊害，秦二世、隋楊堅、楊廣及有唐憲宗以後之君主，無不遭宦豎弒害，歷史不將重演乎？何其智慧更出獵人之下！」

（9）又錄柳州〈牛賦〉，余繫以辭曰：「〈牛賦〉盛稱牛有飼人之功，利滿天下，卒之皮角見用，肩尻莫保！注家謂柳州以牛自喻，感憤而作。實則柳州等八司馬，位不過尚書員外郎，無從利滿天下，遭禍亦不如皮骨見用、肩尻莫保之甚。以之影射當時之賢相及好友王叔文尤宜。宋相司馬光殆識其中機杼，作〈冤牛問〉，辭雖異，義則全同於柳州，殊識得其中機杼。若推廣其義，則離亂之世，凡忠臣烈士，如關龍逢、比干、韓信，黨錮諸賢，宋之岳武穆、明之熊廷弼、袁崇煥，均牛也；無辜之萬民，平日出粟米絲麻、作器皿、通財貨以事其上，卒遭屠殺離亂之慘，舉皆牛也。今日人口蕃殖，遷移甚於往日，尤可畏哉，尤可畏哉！」柳州及君實二文，均極簡短，讀者幸參閱之，必感慨萬千！

（10）又錄柳州〈謫龍說〉，注家僅注「有激而然者也！」余廣其義曰：「此實柳州自吟，文中遂入居佛寺諸家焉」。爲全文之一閱目。柳州謫永州司馬員外同正，員外同正猶今語額外司馬，薪級同正。刺史不知禮賢，柳州無所事事，亦無官署重位，遂居永州龍興寺（見柳州〈龍興寺西軒記〉），一居十年方遷柳州）。古制，朝廷大員遭貶斥，天子雷霆之怒一息，常召還，召還之後仍復原職。西漢京兆尹張敞，因殺掾屬，宣帝縱之逃匿，復召還，任膠東太守，再拜京兆尹。即以唐事而論，劉幽求因遭太平公主之間，貶廣州安置，太平公主命都督周利用殺之，桂州都州強留於署，因得免。後太平公主被誅，玄宗乃召還之，仍爲宰相。子厚之岳丈楊憑，本爲京兆尹，元和四年被譖，貶臨賀尉，三年後被召還，任王傅，擢太子詹事（正三品）（見子厚〈與楊京兆書〉及〈祭楊詹事〉文）。賢相陸贄貶忠州別駕，王叔文爲相時，曾請憲宗召還，將續任宰相，不幸陸贄未及奉召，已前卒，仍贈兵部尚書，予謚曰宣。陽城亦再被召還，復任諫議大夫。八司馬中之程異，貶遠州司馬，復被召還，任江南轉運使，因佐斐度平淮西有功，任至工部侍郎同平章事。此類事甚例多，不必縷舉。惟杜甫以天子近臣貶華州椽，刺史不曉事，委以繁瑣之任，工部不勝其辱，遂棄官入秦，從此不復出仕。張鎬初亦與甫相似，起自左拾遺，後遷給事中，中書人不數年，遂爲名相，可謂有幸有不幸也！柳州嫺於此及往例，初貶，蓋仍有望被召還之日，故說中有「化爲白龍，迴翔登天」之語，是仍望有起復之時也。（確有其事，宰相重其才，曾請憲宗移子厚爲袁州刺史，諫官忌其才，堅執不可，故作罷。實則憲宗亦惡之，事見《通鑑》。）厥後子厚知自己被讒太甚，不復作此想。（見與許孟容、楊京兆、劉禹錫及其他知友之書）。又子厚小品文中，每有一語點清原意，〈謫龍說〉中「非其類而狎之，不可哉」，此反映子厚初遭貶謫時，必有同僚輕視而侮辱之，故子厚以一語申斥之。又化爲白龍迴翔登天，意氣何其豪也！不似司馬遷〈報任少卿書〉之憤慨卑下，一則曰皇帝「以弄臣畜之」，再則曰「刑餘之人」。夫司馬遷爲文章之王都，子厚所不逮，然其意氣則與子厚有別。遭遇不同，環境不同，個性不同，余於此不敢軒輊於間也！客有難之者曰：「謫龍中之龍，乃女身，不類。」余曰：「柳州此文重在一『狎』字，故曰『非其類而狎之，不可哉』，狎施之於女身尤切，女子且不可狎，況士君子哉。柳子蓋戒小人，不得謾侮士君子，其義甚廣，男身女身之別，在本文已無關宏旨。」客曰唯，余如是夫書。

（11）又錄柳州之〈蝜蝂傳〉，此傳子厚在末段已明述原旨，無需多言，惟余仍廣其義曰：「古今不乏狂妄誇誕之人，不審時，不度德，不量力，一意攘位自雄，任重力微，臨大難則喪身敗國，如騎劫之代樂毅，趙括之代廉頗，關羽之毀荊州。近人希特拉、荒木貞夫，黷武不戢，以一國而抗全世界，皆蛽蝂之類也。人苦於不自知，不自知鮮有不爲蛽蝂者。」默察時勢，又慨於蛽蝂之多，不禁擱筆三嘆。

士君子必審於出處，「難進易退」實專制時代下之名言，故孔子時而後出言，孟子曰：「雖有智慧，不如乘勢，雖有鎡基，不如待時。」士君子之出，必審其人之可與共事否？其時與勢可以有爲否？自己之才力足以勝其任否？昔子思居衛，或問曰：「子既不爲衛相，何不去之？」子思曰：「山東各國（終南山以東之各國，非今之山東）紛爭不已，廿年之後均將入於秦，余又何往？」故士君子之出，必須知人，審時度力，如不可爲，則寧爲原憲、郭林宗之澹定，諸葛武侯、陶潛之寧靜，亦足以風世勵俗，有助於教化。諸君子宜勤學業技能，完成足己之學，躁進無益！

余錄柳州小品文，取其寓意深遠．不爲世人注意者，至若〈捕蛇者說〉，〈梓人傳〉，司馬光已錄入《通鑑》，今日之國文教材亦多有錄之者，故不多錄。

（12）又錄《史記．滑稽列傳》多篇，余繫以辭曰：「若遇橫暴昏闇之君，諍言不入於耳，以滑稽出之，常得奇效。故古之史臣不廢俳，聖人亦不廢俳。縱遇明智之君，良臣亦不多言，多言必遭忌。張子房可謂奇士矣，然非高帝困急求救之時，不輕爲畫策，困急而求救，適足應其需要，小事多言，必嫌其聒噪，或批其逆鱗。劉備與孔明號稱魚水相得，然劉備篤信關羽，過於孔明，居荊襄時，兵權盡握於關羽，與吳時生嫌隙，敗聯吳之大計。孔明只得經營湖南，自駐臨蒸以避之。當時亮之長兄諸葛瑾，適爲孫權之長史，亮若堅持正見，必遭兄弟勾結之誣，竟處無可如何之境，亦只得暫安含默。劉備征吳爲羽報仇，實爲僨兵，孔明初未亟諫，先主敗後，孔明嘆曰：『法孝直若在，必能制主上東行。』不善讀書者，竟謂法正之才略高於諸葛亮，得劉備之親信，亦過於諸葛亮，此眞癡人說夢。法正乃縱橫之士，川人，有操縱四川文武大吏之力，世俗所謂坐地虎也，能賣主求榮，出賣劉璋，劉備若蒙不利，豈不能出賣劉備？故備以正爲尙書令，始終挾持於左右，自度能制法正也。法正若在，劉備決不敢出川東征，此『必能制主上東行』之正解也。趙雲不曾亟諫乎，謂『兩國兵鋒一交，豈可驟解？不如屯兵白河上流，爲獻帝發喪，討伐曹魏，則名正言順，必可有成。曹魏既滅，則孫吳自服。』劉備竟叱退之（見《三國志》）。當時形勢，枉諫必更觸劉備之憤。注家頗責孔明不諫，可謂無識。劉備究爲明君，故於託孤之時，詔孔明曰：『君才十倍曹丕，必能安邦定國』，不再提東吳之事，孔明卒取得全權。

陸敬輿爲翰林學士知制誥時，適逢德宗多難，遷都數次，所謂困急求救之時也，故陸贄得以指揮將相，芟夷大難，德宗亦極親之，至呼爲陸九而不名。迨大難既平，陸贄爲相，余讀《陸宣公翰苑集》，見其遇小事亦必聒噪上言，故德宗大怒，竟欲誅之，陽城極諫，觸怒忿甚。幸禁衛大將軍張萬福率兵萬人於宮門外，高呼萬歲爲賀，德宗曰：『何事可賀？』萬福曰：「賀陛下得直臣。」言既委婉，又有兵力爲援，於是德宗之怒稍解，陸贄、陽城仍遭貶黜。今日號稱民主，得無有類似之事乎？他日同學用世，宜三復斯文。有大志大略者，不保身即不能救國！愼之愼之！」其實，余雖守正不阿，性則急燥，所謂能爲人謀而不能自謀者也，故平生憂患萬端。

余自一九七九年十月割去膽囊之後，病狀毫無起色。壯年所患之腸胃病，經多年休養，本已漸入佳境，不料又復引發。進食日少，精神頹喪，所有著作，已擱筆者二年有半。今行年八十有一，康復已無希望，如自傳不能續成，無以慰兒女之熱情，且國民黨之秘辛，亦將永遠堙滅，後有賢者，亦將無從評斷，前稿堆積，無力整理，暫時只得任之。決自今日起，續寫「我與國民黨的點滴」，每日工作以二小時爲限。節省精力，避免病狀之惡化。至於與前稿之銜接，去其重複，存其精英，均留待兒周渝整理。又在此二年以內，有若干學術通訊，原稿副本大部分已寄渝兒保管，手中尚留小部分，亦待渝兒整理。身後刊行《周德偉學術通訊集》，渝兒亦明社會科學，並通若干哲理，曩日刊行之著述，多經彼過目，當能負此重任。散文存稿亦容有增益，其中論政及出席聯合國國際貿易大會之報告則擬刪去，以保存完整體制。渝兒如認爲有保存價值，可移入余之《社會哲學論著》。又〈中西法治思想之比較研究〉，成於一九七五年，並已譯成英文，流傳歐美各國多所同情，亦命渝兒增入斯著，俟後賢評鑒。又有詩歌若干篇。亦擬列入散文存稿之附錄。望渝兒不負余任。是所至囑。

一九八三年一月卅一日。周德偉補記。

綠蠹魚叢書 YLC58

落筆驚風雨——我的一生與國民黨的點滴

作　　者：周德偉
周德偉先生回憶錄編輯小組
召 集 人：周渝、林慧峰
副總編輯：吳家恆
專案主編：劉佳奇
編輯委員：江玉英、溫洽溢、鄭村棋、戴芫品（依姓氏筆劃排列）

發 行 人：王榮文
出版發行：遠流出版事業股份有限公司
地　　址：台北市南昌路二段81號6樓
傳　　真：(02)2392-6658
電　　話：(02)2392-6899
劃　　撥：0189456-1

著作權顧問：蕭雄淋律師
排　　版：中原造像股份有限公司
2011年6月1日 初版一刷
2015年6月1日 初版二刷
定價◎新台幣690元 (如有缺頁或破損，請寄回更換)

ISBN：978-957-32-6788-1

遠流博識網
http://www.ylib.com E-mail: ylib@ylib.com

國家圖書館出版品預行編目資料

落筆驚風雨：我的一生與國民黨的點滴／周德偉著 .
-- 初版 . -- 臺北市：遠流 , 2011.06

面； 公分 . --（綠蠹魚叢書 ; YLC58）

ISBN 978-957-32-6788-1（平裝）

1. 周德偉 2. 中國國民黨 3. 回憶錄

783.3886 100008668